Comparaison du chef de l'État et du chef du Gouvernement en France et en Allemagne

Logiques Juridiques

Fondée par Gérard Marcou
Dirigée par Jean-Claude Némery et Thomas Perroud

Le droit n'est pas seulement un savoir, il est d'abord un ensemble de rapports et pratiques que l'on rencontre dans presque toutes les formes de sociétés. C'est pourquoi il a toujours donné lieu à la fois à une littérature de juristes professionnels, produisant le savoir juridique, et à une littérature sur le droit, produite par des philosophes, des sociologues ou des économistes notamment.
Parce que le domaine du droit s'étend sans cesse et rend de plus en plus souvent nécessaire le recours au savoir juridique spécialisé, même dans des matières où il n'avait jadis qu'une importance secondaire, les ouvrages juridiques à caractère professionnel ou pédagogique dominent l'édition, et ils tendent à réduire la recherche en droit à sa seule dimension positive. À l'inverse de cette tendance, la collection « Logiques juridiques » des éditions L'Harmattan est ouverte à toutes les approches du droit. Tout en publiant aussi des ouvrages à vocation professionnelle ou pédagogique, elle se fixe avant tout pour but de contribuer à la publication et à la diffusion des recherches en droit, ainsi qu'au dialogue scientifique sur le droit. Comme son nom l'indique, elle se veut plurielle.

Dernières parutions

Henri BOUILLON, *Droit de la laïcité*, 2024.
Nadine NAJEM, *Théorie des intérêts moratoires*, 2024.
Caroline PELOSO, *L'autorité de la chose jugée au pénal à l'égard des décisions européennes, Essai de droit comparé franco-italien*, 2023.
Bamba Nonféni Michel ZARATIONON, *Les mesures provisoires de la CourADHD. Le contentieux du provisoire devant la Cour Africaine des droits de l'Homme et des Peuples*, 2023.
Jean LEFEBVRE, *Le droit du financement participatif (crowdfunding). Deuxième édition*, 2023.

Eric Fèvre

Comparaison du chef de l'État et du chef du Gouvernement en France et en Allemagne

L'Harmattan

5-7, rue de l'Ecole-Polytechnique, 75005 Paris

http://www.editions-harmattan.fr

ISBN : 978-2-336-45967-7

EAN : 9782336459677

Sommaire

Introduction.. 7

Première partie – Présidence étatique et direction gouvernementale.. 35

Titre 1. Caractère décisif du déroulement et résultat électoral.. 36

Titre 2. Nature de la relation réciproque selon le choix du type de présidence.................................. 120

Seconde partie – Direction du pays en fonction du type de présidence et de gouvernance................................ 165

Titre 1. Relations envers le Parlement et le reste du Gouvernement.. 167

Titre 2. Rôle et actes administratifs présidentiels en cas de circonstances exceptionnelles...................... 205

Conclusion... 267

Bibliographie.. 287

Table des matières... 347

Introduction

1. Le chancelier Adenauer a déclaré lors d'une allocution le 8 avril 1959 : « La position, la tâche et le travail du Président fédéral sont sous-estimés dans l'opinion publique en Allemagne et donc aussi au niveau international. Ils sont bien plus grands que ce que l'on croit tout simplement. ».[1] Selon le premier chancelier de la République Fédérale actuelle, il existerait donc en Allemagne un champ d'action présidentiel inexploré dans l'ombre de la pratique constitutionnelle. De son côté, la plus grande voisine de l'Allemagne, la France,[2] a effectivement dû faire face à une soudaine application présidentielle très différente des décennies précédentes, avec l'apparition de la cohabitation. De plus, depuis son début en 1958, l'art. 5 al. 1 de la Constitution de la Vème République dispose que : « Le Président de la République [...] assure, par son arbitrage, le fonctionnement régulier des pouvoirs publics ainsi que la continuité de l'État. ».[3] L'absence à ce jour

---

[1] « Die Stellung, die Aufgabe und die Arbeit des Bundespräsidenten wird in der deutschen Öffentlichkeit und damit auch international zu gering eingeschätzt. Sie ist viel größer, als man schlechthin glaubt », v. DETJEN, S., *Die Präsidentschaftskrise [La crise présidentielle]*, 1999, https://www.deutschlandfunk.de/die-praesidentschaftskrise.934.de.html?dram:article_id=131551 (dernièrement consulté le 21/03/2022) et ADENAUER, K., *Erinnerungen 1955-1959 [Mémoires 1955 -1959]*, Stuttgart, Deutsche Verlags-Anstalt, 1967, p. 515.

[2] En superficie terrestre, le voisin danois est encore plus grand, en raison de son territoire ultra-marin gigantesque, la plus grande île du monde, le Grönland, v. MINISTRY OF FOREIGN AFFAIRS OF DENMARK, *Kingdom of Denmark, Greenland : the world's largest island*, https://denmark.dk/people-and-culture/greenland (dernièrement consulté le 07/06/2022).

[3] Version complète : « Le Président de la République veille au respect de la Constitution. Il assure, par son arbitrage, le fonctionnement régulier des pouvoirs publics ainsi que la continuité de l'État. ».

d'application arbitrale de la présidence française a, de manière regrettable, conduit à une baisse significative de recherche en ce sens de la part des constitutionnalistes français depuis 1958.[1] Une flexibilité constitutionnelle au sommet de l'État, s'inspirant des expériences des deux côtés du Rhin, pourrait donc être explorée. L'importance du chef du Gouvernement est directement liée à celle du chef de l'État. L'impact de la flexibilité constitutionnelle présidentielle peut mener à une flexibilité constitutionnelle gouvernementale, notamment à sa tête. Une flexibilité constitutionnelle au sommet du Gouvernement s'inspirant des expériences des deux côtés du Rhin pourrait donc être également explorée. Enfin, le rapport entre le chef de l'État et le chef du Gouvernement est toujours d'une importance fondamentale, surtout en périodes de désaccord ou de crise. On comprend bien mieux une Constitution si elle mise en relation avec la forme concrète de Gouvernement et la population concernée.[2] Cette étude va donc particulièrement prendre en considération les arrière-plans historiques et les cadres de droit constitutionnel respectifs, au sens de Montesquieu.[3] Le droit comparé représente un atout dans la recherche de la propre amélioration

[1] V. AUVRET, P., *La faculté d'empêcher du Président de la République*, RDP, 1986, p. 141, 152.

[2] V. EICHLER, H., *Verfassungsbewegungen in Amerika und Europa [Mouvements constitutionnels en Amérique et Europe]*, Francfort-sur-le-Main ; Bern, Lang, 1985, p. 261.

[3] V. MONTESQUIEU, Charles Louis de Secondat, baron de La Brède et de Montesquieu, *De l'esprit des loix, Ou du rapport que les loix doivent avoir avec la Constitution de chaque Gouvernement, les Mœurs, le Climat, la Religion, le Commerce &c., à quoi l'Auteur a ajouté, Des recherches nouvelles sur les Loix Romaines touchant les Successions, sur les Loix Françoises et sur les Loix Féodales*, Tome I, Genève, Chez Barrillot & Fils, 1748, Livre XXIX Chapitre XI à la fin.

constitutionnelle.[1] La France et l'Allemagne sont de grandes démocraties amies qui peuvent encore beaucoup apprendre l'une de l'autre. Les différences tenant à l'Histoire, à la culture et aux traditions font que l'on ne peut certes pas automatiquement transposer et adapter des règles et habitudes constitutionnelles.[2] Mais, à tout le moins, de nouvelles options sont envisageables à la suite de la comparaison quand on sait que le pays voisin en a prouvé l'efficacité.

2. Les régimes actuels en France et en Allemagne ont pratiquement le même âge : la République Fédérale d'Allemagne date de 1949 et la République française (la Vème République) de 1958.[3] La France et l'Allemagne sont des États de droit démocratiques, avec, à la différence des monarchies, un chef d'État élu. Les deux pays ont en parallèle, à la différence des États-Unis d'Amérique, un chef du Gouvernement. Dans les deux pays, et par rapport aux régimes antérieurs, le Président a dû jouer un rôle significativement différent. En Allemagne, son rôle a été réduit alors qu'en France, il devait désormais occuper une position plus importante. Mais, ni en Allemagne ni en France, la logique n'a été menée à son terme. L'Allemagne a laissé d'importantes prérogatives à son chef de l'État et la France n'a pas instauré de régime présidentiel : il existe encore et toujours un chef du Gouvernement. L'on peut noter à cet égard que le seul autre pays au monde à avoir un Président et un chancelier fédéral (en tant que chef du

---

[1] V. GÉLARD, P., *Quelques conseils au constitutionnaliste de droit comparé*, in : BON, P., DELPÉRÉE, F., GHEVONTIAN, R., MAUS, D., MÉLIN-SOUCRAMANIEN, F., ROUX, A. (dir.), Renouveau du droit constitutionnel, Mélanges en l'honneur *de Louis Favoreu*, Paris, Dalloz, 2007, p. 705, 710.

[2] Cf. ibid.

[3] Sauf autres précisions, il s'agit par la suite systématiquement des Républiques actuelles.

Gouvernement)[1], à savoir l'Autriche, a évolué, par rapport à l'Allemagne, comme la France : l'Autriche est partie d'un Président aux prérogatives ressemblant sous la République précédente à celles de la Loi fondamentale pour parvenir aujourd'hui à des prérogatives ressemblant à celles du Président de la République de Weimar.[2]

3. Comme c'est le cas au Royaume-Uni, un régime parlementaire est fondé sur la collaboration entre le Parlement et le Gouvernement ; c'est une séparation souple des pouvoirs, où l'exécutif et le législatif ont des moyens d'action réciproques et où le Gouvernement est obligé de démissionner en cas de vote de défiance des députés.[3] Le chef de l'État – Président ou monarque – assume avant tout des fonctions représentatives.[4] Le régime parlementaire est celui qui vaut aujourd'hui en Allemagne. L'Allemagne a toutefois instauré l'idée de la motion de censure constructive, exigeant que le renversement du chef

---

[1] Outre donc la Suisse, qui possède littéralement également un Président et un chancelier fédéral, mais dont les fonctions diffèrent sensiblement ; en particulier le chancelier n'est pas le chef du Gouvernement, v. art. 179 phrase 2 et art. 180 al. 1 phrase 1 de la Constitution suisse (c'est le Bundesrat, qui, là encore, n'est pas comparable au Bundesrat allemand ou autrichien).

[2] V. l'ancien président de la Cour constitutionnelle autrichienne ADAMOVICH, L., *Der österreichische Bundespräsident als Grenzwächter des Gesetzgebers [le Président fédéral autrichien en tant que gardien des limites du législateur]*, in : HERDEGEN, M., KLEIN, H. H., PAPIER, H.-J., SCHOLZ, R. (dir.), *Staatsrecht und Politik, Festschrift für Roman Herzog zum 75. Geburtstag [Droit étatique et politique, hommage à Roman Herzog pour son 75ème anniversaire]*, Munich, C.H. Beck, 2009, p. 1, 1.

[3] V. DUVERGER, M., *Droit public*, Paris, PUF, 1957, p. 132 et 133.

[4] Cf. VON MÜNCH, I., MAGER, U., *Staatsrecht I, Staatsorganisationsrecht unter Berücksichtigung der europarechtlichen Bezüge [Droit étatique, Droit d'organisation de l'État tenant compte des références au Droit européen]*, 8e éd., Stuttgart, Kohlhammer, 2016, n° 281.

du Gouvernement ne soit possible qu'avec l'élection de son successeur (v. art. 67 al. 1 phrase 1 GG[1]). Dans un régime présidentiel, comme aux États-Unis,[2] le Président détermine les directives de la politique et dirige en même temps les affaires gouvernementales.[3] Dans un régime semi-présidentiel (que l'on pourrait également décrire comme semi-parlementaire), les responsabilités sont partagées entre le Président et le chef du Gouvernement. C'est un cumul des régimes parlementaire et présidentiel classiques.[4] C'est le régime actuel de la France.

4. Dans de nombreux pays, les systèmes sont influencés par ceux dont la France et l'Allemagne sont les exemples majeurs. Même s'ils n'étaient respectivement pas les premiers à en avoir l'idée,[5] ce sont néanmoins les plus importantes démocraties au monde à appliquer leur système constitutionnel respectif (semi-présidentialisme pour la France ; motion de censure constructive pour

---

[1] Grundgesetz – Loi fondamentale.

[2] Et pays au monde où ce régime fonctionne sans doute encore le mieux, v. ROUSSILLON, H., *Préface*, in : ZARKA, J.-C., *Fonction présidentielle et problématique majorité présidentielle-majorité parlementaire sous la Cinquième République (1986-1992)*, Paris, LGDJ, 1993, p. 1, 8.

[3] V. VON MÜNCH, I., MAGER, U., *Staatsrecht I, Staatsorganisationsrecht unter Berücksichtigung der europarechtlichen Bezüge [Droit étatique, Droit d'organisation de l'État tenant compte des références au Droit européen]*, 8e éd., Stuttgart, Kohlhammer, 2016, n° 281.

[4] V. VEDEL, G., *Préface*, in : MASSOT, J., *Chef de l'État et chef du Gouvernement*, Paris, la Documentation française, 1993, p. 9, 9.

[5] Notamment avant la Ve République de 1958 la République allemande de Weimar avait déjà un régime semi-présidentiel (v. ZIPPELIUS, R., WÜRTENBERGER, Th., *Deutsches Staatsrecht [Droit étatique allemand]*, 33e éd., Munich, C.H. Beck, 2018, § 1 n° 17) et, avant la République allemande actuelle de 1949, sous la IIIe République (française), le député influent Jean Jaurès militait déjà pour l'instauration d'une motion de censure constructive (v. JAURÈS, J., *Constitution républicaine*, éditorial dans La Dépêche du 6 mai 1888).

l'Allemagne). Tout en ayant la même forme de principe, il peut il y avoir des différences d'exécution entre les différents pays ayant opté pour le même type de régime. Parmi les pays influencés par la France et ayant un régime semi-présidentiel, c'est-à-dire un Président élu au suffrage universel direct avec des compétences non négligeables et un chef du Gouvernement responsable devant la chambre basse, l'on peut nommer de nombreux pays[1]. Parmi les pays influencés par l'Allemagne et ayant la motion de censure constructive, exigeant que le renversement du chef du Gouvernement en place ne se fasse que par l'élection de son successeur, l'on peut également nommer de nombreux pays,[2] et aussi différents territoires français, notamment ultra-marins, par exemple la Polynésie française[3]. La Pologne et la Slovénie (ainsi que jusqu'en 2022 la Tunisie)[4] présentent la particularité de s'inspirer à la fois de la France et de l'Allemagne, en ayant un régime semi-présidentiel et la motion de censure constructive vis-à-vis de leur chef du Gouvernement.[5]

---

[1] La Bulgarie (Constitution du 13 juillet 1991), la Corée du Sud (Constitution du 25 février 1988), la Pologne (Constitution du 2 avril 1997), le Portugal (Constitution du 2 avril 1976), la Roumanie (Constitution du 8 décembre 1991), la Slovénie (Constitution du 23 décembre 1991), le Sénégal (Constitution du 22 janvier 2001) et l'Ukraine (Constitution du 28 juin 1996).

[2] La Belgique (Constitution coordonnée du 17 février 1994), l'Espagne (Constitution du 27 décembre 1978), la Hongrie (Constitution du 25 avril 2011), Israël (Lois fondamentales d'Israël), le Népal (Constitution du 20 septembre 2015), la Pologne (Constitution du 2 avril 1997) et la Slovénie (Constitution du 23 décembre 1991).

[3] V. la loi organique n° 2004-192 du 27 février 2004 portant statut d'autonomie de la Polynésie française.

[4] V. arts. 77, 91 et 97 al. 2 phrases 1 et 2 de la Constitution tunisienne de 2014 (remplacée par la Constitution de 2022).

[5] V. arts. 126, 127 al. 1, arts. 148 et 158 al. 1 phrases 1 et 2 de la Constitution polonaise de 1997 et arts. 102, 103 al. 1, arts. 107 et 116 al. 1 phrase 1 de la Constitution slovène 1991.

5. Suite à son discours de Bayeux[1] en 1946, le général de Gaulle n'avait pas pu convaincre les Français de la nécessité d'un chef de l'État plus fort[2] : La IVème République, régime de nature parlementaire classique, faisait du Président de la République un arbitre qui exerçait une fonction purement morale, comme déjà sous la IIIème République.[3] La position présidentielle a été considérablement valorisée par la Constitution de la Vème République, qui a pour but de rationaliser le régime parlementaire.[4] De tout ce que le général de Gaulle avait accompli de 1958 à 1969, ce sont les institutions dont il avait doté la République qui ont obtenu des Français l'adhésion la plus nette.[5] Dans un discours devant le Conseil d'État le 27 août 1958, peu avant de devenir le premier chef du Gouvernement de la Vème République, Michel Debré décrivit le Président de la République comme selon lui la « clef de voûte » du nouveau régime.[6]

6. Sous la Vème République, le Président est omniprésent. C'est un immense contraste par rapport à la Ière République, qui n'a même pas eu de Président de la Répu-

---

[1] V. DE GAULLE, Ch., *Discours et Messages, Tome II : Dans l'attente 1946-1958*, Paris, Plon, 1970, p. 10.

[2] V. INSTITUT FRANÇAIS D'OPINION PUBLIQUE, CHARLOT, J., *Les Français et de Gaulle*, Paris, Plon, 1971, p. 29.

[3] V. ESPLUGAS-LABATUT, P., in : CAPORAL-GRÉCO, S., ESPLUGAS-LABATUT, P., SÉGUR, Ph., TORCOL, S., *Droit constitutionnel*, Paris, Ellipses, 2017, p. 237.

[4] V. LE POURHIET, A.-M., *Droit constitutionnel*, 11e édition, Paris, Economica, 2021, p. 324 et 325 ; ROUDIER, K., *Droit constitutionnel, En fiches pratiques*, 3e éd., Levallois-Perret, Bréal, 2021, p. 64.

[5] V. INSTITUT FRANÇAIS D'OPINION PUBLIQUE, CHARLOT, J., *Les Français et de Gaulle*, Paris, Plon, 1971, p. 133.

[6] V. DEBRÉ, M., *Discours devant le Conseil d'État le 27 août 1958,* http://mjp.univ-perp.fr/textes/debre1958.htm (dernièrement consulté le 29/05/2021).

blique.[1] L'histoire de la Vème République est associée aux Présidents successifs, à l'instar des monarques sous l'Ancien Régime : il y a les années Pompidou, les années Giscard d'Estaing, etc.[2] L'énorme importance qu'occupe à ce jour le Président fait aussi l'objet de nombreuses critiques, jusqu'à des appels récurrents au changement de République. Autant en Allemagne la République actuelle et son mode de fonctionnement constitutionnel sont aujourd'hui largement acceptés, autant en France, certaines critiques sont vives depuis le début et l'instauration d'une VIème République est régulièrement proposée. Les propositions en faveur de l'instauration d'une VIème République sont défendues soit par des cercles universitaires[3] soit par des responsables politiques de différentes tendances. L'on peut nommer au XXIème siècle par exemple François Bayrou (arrivé troisième à la présidentielle 2007)[4], Ségolène

---

[1] V. ÉLYSÉE, *Les Présidents de la République*, https://www.elysee.fr/la-presidence/les-presidents-de-la-republique (dernièrement consulté le 09/04/2022) ; GUETTIER, Ch., *Le président sous la Ve République*, Paris, PUF, 1995, p. 4.

[2] V. FLAHAULT-DOMERGUE, I., TRONQUOY, Ph., *Le Président de la République, En 30 questions*, Paris, La Documentation française, 2017, p. 15.

[3] L'on peut nommer la Convention pour la VIème République et le Mouvement pour la VIème République.

[4] En 2007, le candidat en faveur de la Sixième République – V. le MONDE, *Tous les programmes des candidats à la présidentielle 2007*, 2007, http://www.lemonde.fr/societe/article_interactif/2006/10/16/tous-les-programmes_822922_3224.html (dernièrement consulté le 14/02/2020) –, a perdu, le candidat de l'UDF ayant obtenu 18,57 % des suffrages exprimés au premier tour du scrutin, à 7,3 points de pourcents du seuil pour être présent au second tour (et à 12,61 points de pourcents de Nicolas Sarkozy, le futur vainqueur), v. MINISTÈRE DE L'INTÉRIEUR, *Résultats de l'élection présidentielle 2007*, 2007, https://www.interieur.gouv.fr/Elections/Les-resultats/Presidentielles/elecresult__presidentielle_2007/(path)/presidentielle_2007/FE.html (dernièrement consulté le 14/02/2020).

Royal (deuxième à la présidentielle 2012)[1] ou Jean-Luc Mélenchon (lors de la présidentielle 2017 éloigné de juste 4 points de pourcents du futur vainqueur Emmanuel Macron[2] et troisième à la présidentielle 2022 – éloigné d'1 seul point de pourcent du second tour[3]). En dépit de cette menace continue à son existence, la Vème République vit

---

[1] En 2007, la candidate pour une Sixième République – v. L'OBS, *Ségolène Royal propose une « VIe République »*, 2007, https://www.nouvelobs.com/politique/elections-2007/20070318.OBS7656/segolene-royal-propose-une-vie-republique.html (dernièrement consulté le 29/05/2021) –, a perdu. C'est seulement au second tour que la candidate du PS à la présidence de la République a perdu contre Nicolas Sarkozy, avec 46,94 % des suffrages exprimés, v. la note de bas de page précédente.

[2] En 2017, le candidat en faveur de la Sixième République – v. DUPAS, M., GIRARD, Ch. (dir.), *L'avenir en commun, Mélenchon 2017, Changer de République pour faire place au peuple*, 2017, https://avenirencommun.fr/livret-assemblee-constituante/ (dernièrement consulté le 10/04/2022), p. 17 et s. – a perdu, candidat de la France Insoumise, a obtenu 19,58 % des suffrages exprimés au premier tour de scrutin, à 1,72 points de pourcents d'arriver second et par là être admis au second tour (et à 4,41 points de pourcents du futur vainqueur Emmanuel Macron, v. MINISTÈRE DE L'INTÉRIEUR, *Résultats de l'élection présidentielle 2017*, 2017, https://www.interieur.gouv.fr/Elections/Les-resultats/Presidentielles/elecresult__presidentielle-2017/(path)/presidentielle-2017/FE.html (dernièrement consulté le 14/02/2020).

[3] En 2022, le candidat en faveur de la Sixième République – v. CADALEN, P.-Y., GARRIDO, R. (dir.), *Pour une assemblée constituante, Les livrets thématique de l'Avenir en commun, édition 2022*, 2022, https://melenchon2022.fr/wp-content/uploads/2022/03/Livret_UP_40_6e-REP_web.pdf (dernièrement consulté le 10/04/2022), p. 13 et s. – a perdu, candidat de la France Insoumise, a obtenu 21,95 % des suffrages exprimés au premier tour de scrutin, à 1,20 points de pourcents d'arriver second et par là être admis au second tour, v. MINISTÈRE DE L'INTÉRIEUR, *Résultats de l'élection présidentielle 2022*, 2022, https://www.resultats-elections.interieur.gouv.fr/presidentielle-2022/FE.html (dernièrement consulté le 11/04/2022).

un enracinement croissant[1] et est en passe de devenir le régime politique le plus stable que la France ait connu depuis la Révolution française. En effet, si la IIIème République, qui a duré 70 ans, est laissée de côté, ainsi que la Vème République, qui fêtera ses 70 ans en 2028, la durée moyenne des régimes politiques français depuis la Révolution française a seulement été de 12 ans.[2]

7. Un examen minutieux de la genèse de la Loi fondamentale en Allemagne révèle que le droit comparé y a joué un rôle particulièrement important.[3] En s'appuyant sur les Constitutions française et italienne (de l'époque), il a été décidé de renoncer à l'élection plébiscitaire du Président fédéral.[4] La Loi fondamentale devait en particulier

---

[1] V. ZORGBIBE, Ch., *De Gaulle, Mitterrand et l'esprit de la Constitution*, Paris, Hachette, 1993, p. 55 ; JEANNENEY, J., *Le réformisme constitutionnel sous la Ve République*, in : BLACHÈR, Ph. (dir.), *La Constitution de la Ve République, 60 ans d'application (1958-2018)*, Issy-les-Moulineaux, LGDJ, 2018, p. 135, 135.

[2] V. ZARKA, J.-C., *L'essentiel de l'histoire constitutionnelle et politique de la France (de 1789 à nos jours)*, 8e éd., Paris, Gualino, 2017, p. 3 ; Robert Badinter, ancien garde des Sceaux et président du Conseil constitutionnel disait en particulier : « Parmi les démocraties, la France apparaît comme le plus grand producteur et consommateur de Constitutions » (v. ibid).

[3] V. DÖLLE, H., *Der Beitrag der Rechtsvergleichung zum Deutschen Recht [La contribution du droit comparé au droit allemand]*, in : CAEMMERER, E. V. (dir.), *Hundert Jahre Deutsches Rechtsleben: Festschrift zum 100jährigen Bestehen des Deutschen Juristenttages 1860-1960; im Auftrag der Ständigen Deputation des Deutschen Juristentages, Band 2 [100 ans de vie du droit allemand: Hommage au 100ème anniversaire du jour allemand des juristes 1860-1960; conformément à la mission de la délégation permanente de la députation permanente du jour allemand des juristes, tome 2]*, Karlsruhe, Müller, 1960, p. 19, 32.

[4] V. VON DOEMMING, K. B., *Jahrbuch des öffentlichen Rechts, Band 1, Entstehungsgeschichte der Artikel des Grundgesetzes [Annuaire du droit public, tome 1, Histoire de la genèse des articles de la Loi fondamentale]*, Tubingue, Mohr, 1951, p. 399.

éviter les carences de la Constitution de Weimar.[1] En 1949, et pendant encore très longtemps par la suite, l'avis dominant a été que la position forte du Président était l'une des raisons ayant mené à l'échec de la République de Weimar.[2] Les compétences du chef de l'État de la Loi fondamentale ont de ce fait été clairement réduites par rapport à celles de celui de la Constitution de Weimar,[3] et le texte constitutionnel à ce sujet est resté inchangé depuis lors. Ses rédacteurs n'ont ici cependant pas suffisamment pris en compte à cet égard l'impact des crises économiques gravissimes de 1922 à 1924 et 1929 sur l'Allemagne entière, jugeant à tort que le système semi-présidentiel était la cause fondamentale des maux de la République de Weimar.[4] Selon une nouvelle approche des

[1] V. KÄMMERER, J. A., *Staatsorganisationsrecht [Droit d'organisation de l'État]*, 4e éd., Munich, Franz Vahlen, 2022, n° 32 ; HEINZE, A.-P., *Systematisches Fallrepetitorium Verfassungsrecht, Staatsorganisationsrecht, Grundrechte, Europarecht [Cas préparatoires systématiques en Doit constitutionnel, Droit d'organisation de l'État, en Droits fondamentaux et en Droit européen]*, Berlin, De Gruyter, 2014, p. 30..

[2] V. ZIPPELIUS, R., WÜRTENBERGER, Th., *Deutsches Staatsrecht [Droit étatique allemand]*, 33e éd., Munich, C.H. Beck, 2018, § 1 n° 17.

[3] V. KORIOTH, S., *Staatsrecht I, Staatsorganisationsrecht unter Berücksichtigung europäischer und internationaler Bezüge [Droit étatique I, Droit d'organisation de l'État prenant en compte des références européennes et internationales]*, 5e éd., Stuttgart, W. Kohlhammer, 2020, n° 49.

[4] V. BUTZER, H., in : SCHMIDT-BLEIBTREU, B., HOFMANN, H., HENNEKE, H.-G. (dir.), *GG Kommentar zum Grundgesetz [GG, Commentaire de la Loi fondamentale]*, 15e éd., Cologne, Carl Heymanns, 2022, art. 54 nos 5 et 6, « Nach heutigem Forschungsstand war das [semi-präsidentielle Regierungssystem als der Konstruktionsfehler der Weimarer Verfassung] allerdings eine verkürzte Sicht der Dinge. Denn die Ausnahmbefugnisse des art. 48 Abs. 2 WRV, die ein Regieren des Reichspräsidenten möglich machten, gediehen erst im Zeichen der Wirstchaftskrise 1922-1924 zu einem fast fortlaufend eingesetzten

constitutionnalistes (allemands), la Constitution de Weimar a incarné un modèle de gouvernement que l'on retrouve avec certaines variantes dans de nombreuses Constitutions actuelles produisant des conditions politiques stables.[1] Ce sont plutôt les manifestations de crises politiques de l'époque de Weimar et le manque de consensus démocratique qui ont conduit à son échec.[2]

8. En Allemagne, l'évolution politique du pays se réfère aux chanceliers successifs. Le chancelier est, en règle générale, également président d'un parti, même s'il y a eu régulièrement de courtes périodes au cours desquelles les deux tâches n'ont pas été exercées par la même personne.[3] La coordination de la chancellerie et de la direction d'un parti a constitué une importante rupture par rapport à la République de Weimar, où les chanceliers n'étaient pas, en règle générale, des chefs de parti, certains n'appartenant même pas à un parti.[4]

Verfassungsinstitut. [En l'état actuel de la recherche, le [système de gouvernement semiprésidentiel comme étant la faute de construction de la Constitution de Weimar] était considérer les choses à une courte vue. Car ce n'est que dans le cadre de la crise économique de 1922 à 1924 que les prérogatives d'exception de l'article 48 al. 2 de la Constitution de Weimar, qui permettaient au président du Reich de gouverner, sont devenues un instrument constitutionnel employé de manière presque continue.] ».

[1] V. ZIPPELIUS, R., WÜRTENBERGER, Th., *Deutsches Staatsrecht [Droit étatique allemand]*, 33e éd., Munich, C.H. Beck, 2018, § 1 n° 17.

[2] V. ibid.

[3] V. KELLERHOFF, S. F., *Müssen Kanzler immer Parteivorsitzende sein? [Est-ce que les chanceliers doivent toujours être présidents de partis ?]*, 2018, https://www.welt.de/geschichte/article182965986/Bundesrepublik-Muessen-Kanzler-immer-Parteivorsitzende-sein.html (dernièrement consulté le 24/03/2021).

[4] V. KLECHA, S., *Bundeskanzler in Deutschland, Grundlagen, Funktionen, Typen [Le chancelier fédéral en Allemagne, Fondements, fonctions, types]*, Opladen; Berlin, Budrich, 2012, p. 33.

9. Dans les deux pays, le Parlement joue un rôle crucial pour déterminer les marges de manœuvre du chef de l'État et du chef du Gouvernement. Le chef du Gouvernement doit composer avec le chef de l'État, mais aussi et même prioritairement avec le Parlement. Le rapport entre chef du Gouvernement et Parlement peut également être influencé par le rapport entre chef de l'État et Parlement. Le rapport qu'entretient dans les deux pays le Président avec les parlementaires peut être très formel, notamment lorsqu'il s'exprime devant tous les parlementaires. Mais le rapport présidentiel avec les parlementaires peut aussi être beaucoup plus informel, en particulier lorsqu'il reçoit des parlementaires influents (tels des chefs de groupe) à sa résidence officielle.[1]

10. Lors de l'interprétation des normes constitutionnelles, il faut aussi prendre en compte l'application que les forces politiques en ont faite.[2] Le droit constitutionnel possède en effet une importante dimension politique.[3] Il est même considéré que les normes constitutionnelles se

---

[1] V. KLOEPFER, M., *Verfassungsrecht, Band I, Grundlagen, Staatsorganisationsrecht, Bezüge zum Völker- und Europarecht [Droit constitutionnel, Tome I, Bases, Droit étatique, Rapports au droit international et européen]*, Munich, C.H. Beck, 2011, § 17 n° 28.

[2] V. GIESE, F., *Einführung in die Rechtswissenschaft [Introduction à la science juridique]*, Wiesbaden, Betriebswirtschaftlicher Verlag Gabler, 1950, p. 63.

[3] V. VERPEAUX, M., DE MONTALIVET, P, ROBLOT-TROIZIER, A., VIDAL-NAQUET, A., *Droit constitutionnel, Les grandes décisions de la jurisprudence,* 2e éd., Paris, PUF, 2017, p. 3 ; TSATSOS, D., *Das Grundgesetz im internationalen Wirkungszusammenhang der Verfassungen, Eine Einleitung [La Loi fondamentale dans l'interdépendance internationale des constitutions, Une introduction]*, in : BATTIS, U., MAHRENHOLZ, E. G., TSATSOS, D. (dir.), Das Grundgesetz im internationalen Wirkungszusammenhang der Verfassungen, 40 Jahre Grundgesetz [La Loi fondamentale dans la corrélation internationale des constitutions, 40 ans de Loi fondamentale], Berlin, Duncker & Humblot, 1990, p. 9, 14.

trouvent à l'intersection entre droit et politique.[1] Les circonstances politiques sont ainsi à prendre en considération.[2] Les juges constitutionnels accordent toujours une marge de manœuvre aux forces politiques – dans laquelle des objectifs partisans peuvent être atteints –, jusqu'à la limite de l'interdiction d'abus (judiciairement toutefois difficilement vérifiable).[3]

11. Certains principes et décisions fondamentales de droit constitutionnel, auxquels sont subordonnées les différentes dispositions constitutionnelles, résultent de l'ensemble du contenu de la Constitution.[4] Le doyen

---

[1] V. VILAIN, Y., in : GAILLET, A. et al., *Droits constitutionnels français et allemand, Perspective comparée*, Issy-les-Moulineaux, LGDJ, 2019, n° 108.

[2] V. HIRSCH, B., *In bester Verfassung? – Parlament und Parteien [Dans la meilleure constitution? – Parlement et partis]*, in : BUCHWALD, M., BAHR, E., *In bester Verfassung? Anmerkungen zum 40. Geburtstag des Grundgesetzes [Dans la meilleure constitution? Annotations à l'occasion du 40ème anniversaire de la Loi Fondamentale]*, Gerlingen, Bleicher, 1989, p. 35, 37.

[3] V. STERN, K., *Das Staatsrecht der Bundesrepublik Deutschland, Band 1, Grundbegriffe und Grundlagen des Staatsrechts, Strukturprinzipien der Verfassung [Le droit étatique de la République Fédérale d'Allemagne, tome 1, Principes de base et bases du droit étatique, Principes structuraux de la Constitution]*, 2e éd., Munich, C.H. Beck, 1984, p. 1016.

[4] V. le recueil officiel de décisions de la Cour constitutionnelle fédérale [Amtliche Sammlung von Entscheidungen des Bundesverfassungsgerichts ; BVerfGE], tome 1, p. 14, 32 et 33; RESS, G., *Bericht von Professor Dr. Dr. Georg Ress [Rapport du professeur Georg Ress]*, in : LINK, H.-Ch., RESS, G., *Staatszwecke im Verfassungsstaat – nach 40 Jahren Grundgesetz [Buts étatiques dans l'État constitutionnel – après 40 ans de Loi fondamentale]*, in : *Berichte und Diskussionen auf der Tagung der Vereinigung der Deutschen Staatsrechtslehrer in Hannover vom 4. bis 7. Oktober 1989 [Rapports et discussions au congrès de l'association des enseignants de droit étatique allemand à Hanovre du 4 au 7 octobre 1989]*, Berlin ; New York, De Gruyter, 1990, p 56, 78.

Vedel disait qu'il fallait « déchiffrer la Constitution comme une partition de symphonie ou d'opéra, toute dans sa complexité de lignes mélodiques, de contrepoint, de rythmes, d'instruments et de voix ».[1] Le droit constitutionnel doit, plus qu'aucun autre droit, compter avec l'opinion publique. L'efficacité juridique d'un ordre constitutionnel dépend à la longue aussi de son acceptabilité, c'est-à-dire du fait que les personnes dont elle régit la vie soient dans leur grande majorité prêtes à la suivre, même sans une contrainte omniprésente, parce qu'elles la conçoivent comme un ordre acceptable.[2] Le « climat constitutionnel » est réel.[3]

12. En Allemagne, tous les organes étatiques sont expressément liés au bien commun.[4] L'utilisation de sa

---

[1] V. VEDEL, G., *Préface*, in : CARCASSONNE, G., GUILLAUME, M., *La Constitution, introduite et commentée par Guy Carcassonne et Marc Guillaume*, 15e éd., Paris, Points, 2019, p. 11, 11.

[2] FERRARIS, L. V., *Die Vorbildwirkung ausländischer Verfassungswerke [L'effet d'exemple de textes constitutionnels étrangers]*, in : STERN, K. (dir.), *40 Jahre Grundgesetz, Entstehung, Bewährung und internationale Ausstrahlung, Internationales Symposion vom 17. bis 20 Mai 1989, veranstaltet vom Institut für Öffentliches Recht und Verwaltungslehre der Universität zu Köln und der Fritz Thyssen Stiftung [40 ans de Loi fondamentale, Genèse, Probation et rayonnement international, Symposium international du 17 au 20 mai 1989, organisé par l'institut de droit public et enseignement en droit administratif de l'université de Cologne et de la fondation Fritz Thyssen]*, Munich, C.H. Beck, 1990, p. 13, 20. ; ZIPPELIUS, R., *Allgemeine Staatslehre [Science étatique générale]*, 17e éd., Munich, C.H. Beck, 2017, § 9 I 2 et § 16 I 2.

[3] V. IPSEN, H. P., *Über das Grundgesetz, gesammelte Beiträge seit 1949 [À propos de la Loi Fondamentale : contributions réunies depuis 1949]*, Tubingue, Mohr, 1988, p. 46.

[4] V. le recueil officiel de décisions de la Cour constitutionnelle fédérale [Amtliche Sammlung von Entscheidungen des Bundesverfassungsgerichts ; BVerfGE], tome 84, p. 90, 118 ; tome 94, p. 12, 36 ; LINK, H.-Ch., *Bericht von Professor Dr. Heinz-Christoph Link [Rapport du professeur Heinz-Christoph Link]*, in : LINK, H.-Ch., RESS, G.,

marge de manœuvre par le Gouvernement ainsi que les estimations auxquelles il procède doivent s'effectuer conformément au devoir.[1] Les différents décideurs ne sont pas autorisés à abuser arbitrairement de leur marge de manœuvre politique.[2] Les juges constitutionnels voient leur compétence et devoir d'examen certes limités par les marges de manœuvre respectives, mais pas écartés.[3]

13. Les chefs d'État et du Gouvernement, de par leurs fonctions suprêmes au sein du pays, ont des devoirs accrus. De tels devoirs sont explicitement inscrits dans la Loi fondamentale pour le Président fédéral : « Je jure de consacrer mes forces au bien du peuple allemand, d'accroître ce qui lui est profitable, d'écarter de lui tout dommage, de respecter et de défendre la Loi fondamentale et les lois de la Fédération, de remplir mes devoirs avec conscience et d'être juste envers tous. » (art. 56 al. 1 phrase 1 GG). Une telle liste de devoirs dans la Constitution pour le chef de l'État ou du Gouvernement n'est pas commune dans le sens où elle va de soi. Tous les chefs d'État et du Gouvernement sont tenus d'exercer leurs tâches respectives pour

---

Staatszwecke im Verfassungsstaat – nach 40 Jahren Grundgesetz [Buts étatiques dans l'État constitutionnel – après 40 ans de Loi fondamentale], in : *Berichte und Diskussionen auf der Tagung der Vereinigung der Deutschen Staatsrechtslehrer in Hannover vom 4. bis 7. Oktober 1989 [Rapports et discussions au congrès de l'association des enseignants de droit étatique allemand à Hanovre du 4 au 7 octobre 1989]*, Berlin ; New York, De Gruyter, 1990, p. 7, 20.

[1] V. le recueil officiel de décisions de la Cour constitutionnelle fédérale [Amtliche Sammlung von Entscheidungen des Bundesverfassungsgerichts ; BVerfGE], tome 62, p. 1, 43 et 112.

[2] V. ROTH, Ch. T., *Bundeskanzlerermessen im Verfassungsstaat [Marge de manœuvre du chancelier fédéral dans l'État constitutionnel]*, Berlin, Duncker & Humblot, 2009, p. 51.

[3] V. le recueil officiel de décisions de la Cour constitutionnelle fédérale [Amtliche Sammlung von Entscheidungen des Bundesverfassungsgerichts ; BVerfGE], tome 114, p. 121, 159.

le bien de leur pays.[1] L'art. 56 al. 1 phrase 1 GG présente toutefois l'avantage de préciser constitutionnellement au moins une fois ces obligations « allant de soi ».

14. Une modification du contenu du sens de la Constitution est possible sans modification de sa formulation.[2] Une telle évolution tacite du droit constitutionnel est très souvent occasionnée par une évolution des rapports sociaux et économiques ; l'évolution des échelles de valeurs et des conceptions de la justice ou dans le style de vie et dans les modes de comportement, peut durablement influencer le changement de l'interprétation de la Constitution.[3] Encore faut-il que l'évolution des conceptions soit susceptible d'un consensus socialement majoritaire.[4] Une évolution ayant une valeur juridique peut être initiée par le fait que, pendant des années, soit pratiqué un exercice marqué par des conceptions modifiées en s'écartant du contenu fixé jusque-là dans la Constitution et qu'aucun organisme déterminant ne conteste plus ; la valeur juridique de telles évolutions reste en suspens jusqu'à ce

---

[1] V. le serment d'entrée en fonctions du Président de la République Fédérale d'Allemagne à l'art. 56 GG: « Je jure que je consacrerai mes forces pour le bien du peuple allemand, pour augmenter sa prospérité, d'écarter de lui des dommages [...], que je remplirai mes devoirs consciencieusement et que je ferai preuve de justice envers chacun. ».

[2] V. MÜNCH, I. v., *Grundbegriffe des Staatsrechts, Eine Einführung anhand von Fällen [Principes de base de droit étatique, Une introduction à base de cas]*, 4e éd., Stuttgart ; Berlin ; Cologne ; Mayence, Kohlhammer, 1987, n° 196.

[3] V. ZIPPELIUS, R., WÜRTENBERGER, Th., *Deutsches Staatsrecht [Droit étatique allemand]*, 33e éd., Munich, C.H. Beck, 2018, § 7 n° 64.

[4] V. ZIPPELIUS, R., Rechtsphilosophie, ein Studienbuch [Philosophie du droit, un livre d'étude], 6e éd., Munich, C.H. Beck, 2011, § 11 II 4 et § 21 I 3.

qu'elles soient validées par les juges constitutionnels.[1] Ces derniers peuvent s'appuyer sur la preuve de cette évolution s'ils décident de la valider. C'est aussi par des modifications de la réalité de vie avec lesquelles les normes constitutionnelles sont en lien que leur sens peut changer.[2]

15. La doctrine française actuelle se focalise largement sur un Président politiquement très actif et lit la Constitution sous ce prisme. C'est à juste titre dans le sens où c'était, d'une part, la volonté de son fondateur, le général de Gaulle, désigné en 2005 comme étant le « plus grand Français de tous les temps »,[3] et, d'autre part, que c'est le régime actuel. Mais ce n'est pas le régime prévu *a priori* dans la Constitution. Cela signifie d'une part que des problèmes ne cessent de naître depuis ce constat,[4] et d'autre

---

[1] Cf. ZIPPELIUS, R., WÜRTENBERGER, Th., *Deutsches Staatsrecht [Droit étatique allemand]*, 33e éd., Munich, C.H. Beck, 2018, § 7 n° 69.

[2] V. ibid., § 7 n° 64.

[3] V. CONSEIL DE LA RÈPUBLIQUE, *Message de M. le Président de la République au Parlement, Transmis au Conseil de la République par M. le président de l'Assemblée nationale et lu par M. Gaston MONNERVILLE, président du Conseil de la République*, Session ordinaire de 1957-1958, Annexe au procès-verbal de la séance du 29 mai 1958, p. 3, « Dans le péril de la patrie et de la République, je [Président de la République René Coty] me suis tourné vers le plus illustre des Français, vers celui qui, aux années les plus sombres de notre histoire, fut notre chef pour la reconquête de la liberté[,] le général de Gaulle. » ; L'OBS, *De Gaulle plus grand Français de tous les temps*, 2005, https://www.nouvelobs.com/culture/20050405.OBS3037/de-gaulle-plus-grand-francais-de-tous-les-temps.html (dernièrement consulté le 03/01/2022), « le général Charles de Gaulle a été désigné lundi soir 4 avril „plus grand Français de tous les temps“. Lors d'une émission diffusée en direct du Sénat sur France 2 ».

[4] V. MADINIER, A.-L., *L'évolution présidentialiste des services de la présidence de la République*, 2020, https://www.revuegeneraledudroit.eu/blog/2020/03/06/levolution-presidentialiste-des-services-de-la-presidence-de-la-republique (dernièrement consulté le 22/05/2021), « la

part qu'une application plus littérale de la Constitution est applicable à tout moment. La possibilité d'un Président « arbitre » (v. art. 5 al. 1 Const.) n'est pratiquement pas explorée dans la doctrine récente. L'élection du Président au suffrage universel direct depuis 1962 a beaucoup contribué à cette évolution. De la même façon, l'on peut noter en Allemagne un large manque de recherche à propos d'un Président qui ne soit pas neutre, mais au contraire politiquement engagé. Alors qu'on peut remarquer en France une très nette différence entre les ouvrages du début de la Vème République et d'aujourd'hui à propos du Président, les auteurs allemands se sont majoritairement appuyés depuis 1949 sur une lecture généralement restrictive des compétences présidentielles prévues par la Loi fondamentale[1].

16. Depuis 1949, la doctrine allemande est restée étonnamment stable. Cela ne signifie pas pour autant que personne ne rappelle que les articles de la Loi fondamentale ne doivent être exclusivement lus à la lumière de leurs prédécesseurs weimariens ou des raisons pour lesquelles ils ont été rédigés comme ils le sont.[2] Outre quelques cas

---

problématique plus générale de la tension entre une Constitution parlementaire et une pratique présidentialiste. ».

[1] À l'exception majeure de sa possibilité de vérifier constitutionnellement une loi avant de la promulguer, v. REICH, A., *Magdeburger Kommentar zum Grundgesetz für die Bundesrepublik Deutschland [Commentaire de Magdebourg de la Loi fondamentale pour la République Fédérale d'Allemagne]*, Bad Honnef, Bock, 1998, art. 82 n° 1 ; BRYDE, B.-O., in : VON MÜNCH, I., KUNIG, Ph. (dir.), *Grundgesetz Kommentar, Band 2, Artikel 70–146 [Commentaire de la Loi fondamentale, tome 2, préambule, articles 70 à 146]*, 6e éd., Munich, C.H. Beck, 2012, art. 82 n° 3.

[2] V. DEGENHART, Ch., *Staatsrecht I, Staatsorganisationsrecht, Mit Bezügen zum Europarecht [Droit étatique I, Droit d'organisation étatique, avec des références au droit européen]*, 37e éd., Heidelberg, C.F. Müller, 2021, n° 810.

dans lesquels le Président fédéral a tenu à jouer un rôle prééminent,[1] de la recherche fondamentale peut donc être faite à propos d'un Président avec un rôle généralement élargi, voire prééminent. Il est notamment possible d'explorer les limites dures que la Loi fondamentale pose. L'absence actuelle d'applications concrètes ne signifie pas qu'il n'y en aura pas dans l'avenir. Ainsi, même après un quart de millénaire d'application de démocratie états-unienne, des zones d'ombre ont dû être éclaircies au plus haut niveau pendant, et en raison de la présidence Trump (Cour suprême en 2018 concernant le « muslim ban »[2] et le Congrès en 2021, concernant la deuxième procédure de destitution du Président Trump, devenu ex-Président avant que la deuxième chambre n'ait voté[3]).

---

[1] Notamment les Présidents Lübke et Steinmeier, v. MORSEY, R., *Hans Berger – Chef des Bundespräsidialamts 1965–1969 bei Bundespräsident Lübke [Chef de la chancellerie du Président fédéral de 1965 à 1919 auprès du Président fédéral Lübke]*, in : HERDEGEN, M., KLEIN, H. H., PAPIER, H.-J., SCHOLZ, R. (dir.), *Staatsrecht und Politik, Festschrift für Roman Herzog zum 75. Geburtstag [Droit étatique et politique, Hommage à Roman Herzog à l'occasion de son 75ème anniversaire]*, Munich, C.H. Beck, 2009, p. 299, 302, 304 et s.) et STEINMEIER, F.-W., *Erklärung von Bundespräsident Steinmeier zur Regierungsbildung [Déclaration du Président fédéral Steinmeier concernent la formation du Gouvernement]*, 2017, http://www.bundespraesident.de/SharedDocs/Reden/DE/Frank-Walter-Steinmeier/Reden/2017/11/171120-Statement-Regierungsbildung.html (dernièrement consulté le 14/09/2020).

[2] V. SCOTUS, *Trump v. Hawaii*, 585 U.S. ___ (2018), décision prise à une majorité de 5-4 et où la dénomination « muslim ban » est expressément prise en compte à la p. 27 de la décision.

[3] V. UNITED STATES OF AMERICA, *Proceedings and debates of the 117th Congress, First session*, Congressional Record, vol. 167 n° 24, p. S589; ibid., vol. 167 n° 28, p. S733; *Roll call vote 117th Congress - 1st session, Question, Guilty or not guilty (article of impeachment against former President Donald John Trump)*, 2021, https://www.senate.gov/legislative/LIS/roll_call_votes/vote1171/vote_117_1_00059.htm (dernièrement consulté le 11/06/2022) ; COLE, J.

17. L'Allemagne révèle un conservatisme[1] constitutionnel impressionnant, surtout comparé à la France, qui, elle, reste fidèle à son histoire constitutionnelle exceptionnellement mouvementée, et est toujours prête à essayer des changements rapides et importants. Outre l'option radicale, toujours encore sérieusement présente, d'une VIème République, la France a déjà exploré de nombreux territoires constitutionnels au sein de la Vème République : aussi, mais pas exclusivement,[2] les positions du chef de l'État et du chef du Gouvernement, ainsi que leur rapport mutuel, ont vécu des évolutions significatives depuis 1958, avec ou sans réforme du texte constitutionnel.

18. Une méthode infaillible pour réduire la probabilité de changement rapide et important est de réélire continuellement les sortants. Sans cesse gagner toutes les élections n'est, à la longue, en principe pas faisable dans une démocratie. Il y a cependant des exceptions qui prouvent le contraire, et où, en dépit d'une démocratie libre, établie, et reconnue comme telle, un même parti est pratiquement toujours réélu, de surcroît avec une majorité absolue de députés. Des exemples notables sont le membre du G7 et troisième économie mondiale, le Japon,[3] et le plus grand

---

P., GARVEY, T., *The impeachment and trial of a former President*, Congressional Research Service, LSB10565, 2021, https://crsreports.congress.gov/product/pdf/LSB/LSB10565/2 (dernièrement consulté le 11/06/2022), p. 1 et 2.

[1] Si ce n'est frilosité.

[2] L'on peut ainsi aussi nommer le fédéralisme français (aujourd'hui disparu) avec la « Communauté » (v. titre XII de la Constitution originelle de 1958).

[3] Le parti liberal-démocrate (LPD, 自由民主党) gouverne presque toujours seul, v. RICH, M., *Why the governing party election is the main event in Japan, The country has free elections, opposition parties and, lately, public discontent. So why are the Liberal Democrats nearly assured to remain in power ?*, 2021, https://www.

État fédéré de l'Allemagne, la Bavière[1]. Il est notable que l'Allemagne dévoile une tendance électorale japonaise ou bavaroise, lorsque l'on considère que jusqu'au 70ème anniversaire de la Loi fondamentale en 2019 – et même encore au-delà –, le dirigeant allemand effectif – jusque-là le chancelier –, a toujours été du même parti, le parti chrétien-démocrate (CDU), sauf pendant 20 ans, ce qui est certes considérable, mais tout de même nettement moins.[2] De plus, il n'y a eu jusqu'ici qu'une seule fois, en 1998, une alternance complète, avec aucun parti du Gouvernement sortant faisant également partie du nouveau Gouvernement.[3]

19. La France ne constitue certainement pas une telle exception – en tout cas plus depuis le départ du général de Gaulle en 1969. De 1958 à 1969, le général de Gaulle était au pouvoir et il a été prouvé qu'il a représenté la population française entière comme personne après lui, soutenu par un équilibre presque parfait de Français de toutes

---

nytimes.com/2021/09/28/world/asia/japan-liberal-democratic-party-election.html (dernièrement consulté le 08/04/2022).

[1] L'Union sociale-chrétienne (CSU, parti sœur de la CDU, les deux partis formant ensemble au niveau fédéral la « Union ») gouverne presque toujours seule, v. BAYERISCHER LANDTAG, *Wahlergebnisse für die Wahlperioden ab 1946 und für die in den Landtag gewählten Parteien [Résultats électoraux pour les périodes électorales à partir de 1946 et pour les partis élus au Landtag]*, https://www.bayern.landtag.de/fileadmin/Internet_Dokumente/Wahlergebnisse.pdf (dernièrement consulté le 08/04/2022).

[2] V. DER BUNDESKANZLER, *Bundeskanzler seit 1949 [Chanceliers fédéraux depuis 1949]*, https://www.bundeskanzler.de/bk-de/kanzleramt/bundeskanzler-seit-1949 (dernièrement consulté le 08/04/2022).

[3] V. LAKÄMPER, B.-M., *Koalitionen : So wurde Deutschland seit 1949 regiert [Coalitions: Ainsi a été gouvernée l'Allemagne depuis 1949]*, 2021, https://www.waz.de/politik/bundesregierung-koalition-geschichte-kabinett-cdu-spd-fdp-gruene-id233460630.html (dernièrement consulté le 09/04/2022).

sensibilités électorales : « La majorité gaulliste demeure, par la diversité sociale de son électorat, le rassemblement politique le plus représentatif de l'ensemble de la population française, dans sa multiplicité et sa variété. Son électorat est le plus proche, en effet, de la pyramide des âges ou de la structure socioprofessionnelle de la France ».[1] Comme le dira le futur (et premier pour la France) ministre de l'environnement, Robert Poujade : « Le gaullisme est une mystique de l'unité nationale. ».[2] Et même le parti gaulliste ne pouvait considérer le soutien des Français comme acquis tant que le général serait à leur tête, car de Gaulle perdit en 1969 un référendum – auquel il avait clairement lié lors d'une allocution à la nation son maintien au pouvoir.[3]

20. Contrairement à l'Allemagne, les Français apprécient clairement l'alternance et changent en conséquence souvent leurs dirigeants – en tout cas depuis 1969. Le terme « dégagisme » (mot entré dans le Larousse)[4] revient régulièrement.[5] Le record de mandats primo-ministériels a

---

[1] V. INSTITUT FRANÇAIS D'OPINION PUBLIQUE, CHARLOT, J., *Les Français et de Gaulle*, Paris, Plon, 1971, p. 74.

[2] V. ibid.

[3] V. « Si je suis désavoué par une majorité d'entre vous, […] ma tâche actuelle deviendrait évidemment impossible et je cesserais aussitôt d'exercer mes fonctions », v. INA, *Discours du 25 avril 1969*, https://fresques.ina.fr/de-gaulle/fiche-media/Gaulle00134/discours-du-25-avril-1969.html (dernièrement consulté le 09/04/2022).

[4] « Attitude d'insoumission et de rejet prônant l'éviction, par la voie des urnes ou la révolte, des détenteurs du pouvoir, sans nécessairement vouloir prendre leur place. », v. https://www.larousse.fr/dictionnaires/francais/dégagisme/188511 (dernièrement consulté le 09/04/2022).

[5] V. FRANCEINFO, *Lexique de campagne: qu'est-ce que le dégagisme en politique?*, 2017, https://www.francetvinfo.fr/elections/presidentielle/lexique-de-campagne-qu-est-ce-que-le-degagisme-en-politique_2073467.html (dernièrement consulté le 09/04/2022).

été établi avant 1969 et tient toujours – avec tout juste deux mandats. L'unique Premier ministre ayant terminé deux mandats est Georges Pompidou, pour une durée totale de seulement six ans (de 1962 à 1968).[1] Un Président terminant deux mandats est rare ; seuls deux des huit Présidents jusqu'en 2022.[2] Il n'y a jamais eu de troisième mandat présidentiel, alors que c'est permis depuis le début (1958).[3] Et en ce qui concerne les députés, la France ne connaît pas les « *safe seats* », alors que c'est le cas en Allemagne.[4] Il y a des circonscriptions françaises favorisant certes un certain parti, mais il n'y a pratiquement pas de circonscription où le député est assuré, à l'instar de l'Allemagne – ou du Royaume-Uni –[5], de garder son siège

---

[1] V. GOUVERNEMENT, *Les Premiers ministres de la Ve République de 1958 à 2020*, https://www.gouvernement.fr/les-premiers-ministres-de-la-ve-republique-de-1958-a-2020 (dernièrement consulté le 08/04/2022) en lien avec ASSEMBLÉE NATIONALE, *Les élections législatives depuis 1958*, https://www.assemblee-nationale.fr/dyn/decouvrir-l-assemblee/les-elections-legislatives-depuis-1958 (dernièrement consulté le 09/04/2022).

[2] V. ÉLYSÉE, *Les Présidents de la République*, https://www.elysee.fr/la-presidence/les-presidents-de-la-republique (dernièrement consulté le 09/04/2022).

[3] V. art. 6 de la Constitution de la Vème République, dans toutes ses différentes versions.

[4] Bien que pas que là-bas, c'est flagrant en Bavière, où souvent la CSU gagne littéralement *chaque* circonscription (à l'aide de la « Erststimme » [première voix] ; la « Zweitstimme » [deuxième voix] étant la proportionnelle, les députés élus sur liste n'ont pas de circonscription, v. § 6 al. 1 de la loi électorale fédérale – Bundeswahlgesetz, BWahlG –), v. DER BUNDESWAHLLEITER, *Ergebnisse früherer Bundestagswahlen [Résultats d'élections précédentes au Bundestag]*, Der Bundeswahlleiter, Wiesbaden, 2022, p. 106.

[5] « Conservatives have held 76 seats and Labour 47 since World War II », v. AGUILAR GARCIA, Const., TAYLOR, R., *General election 2019: how safe is your MP's seat?*, 2019, https://news.sky.com/story/general-election-2019-how-safe-is-your-mps-seat-11847672 (dernièrement consulté le 09/04/2022).

jusqu'à sa retraite ou sa mort, à peu près quoi qu'il fasse. Le député le plus ancien en France en janvier 2022 a été élu en 1988, puis réélu sept fois, en la personne de Jean-Luc Reitzer (dernière élection gagnée avec 10 points de pourcents de voix d'avance au second tour, en étant arrivé deuxième lors du premier tour).[1] Le député le plus ancien en Allemagne en janvier 2022 a été élu en 1972, puis réélu treize fois, soit presque deux fois plus souvent, en la personne de Wolfgang Schäuble (dernière élection gagnée directement, avec 16 points de pourcents de voix d'avance).[2] En ce qui concerne ses chanceliers, l'Allemagne ne les change pas non plus très souvent. Le record de mandats est codétenu par trois chefs du Gouvernement (Konrad Adenauer, Helmut Kohl et Angela Merkel) avec deux fois plus de mandats qu'en France, quatre, pour un total en années de plus du double, voire presque triple, respectivement 14, 16 et 16 ans (une semaine de plus pour Helmut Kohl, qui détient le record absolu).[3] De

[1] V. ASSEMBLÉE NATIONALE, *M. Jean-Luc Reitzer*, https://www2.assemblee-nationale.fr/deputes/fiche/OMC_PA2529 (dernièrement consulté le 09/04/2022) ; MINISTÈRE DE L'INTÉRIEUR, *Résultats des élections législatives 2017, Haut-Rhin (68) – (3ème circonscription)*, 2017, https://www.interieur.gouv.fr/Elections/Les-resultats/Legislatives/elecresult__legislatives-2017/(path)/legislatives-2017//068/06803.html (dernièrement consulté le 09/04/2022).

[2] V. DEUTSCHER BUNDESTAG, *Abgeordnete, Dr. Wolfgang Schäuble, CDU/CSU*, https://www.bundestag.de/abgeordnete/biografien/S/schaeuble_wolfgang-857936 (dernièrement consulté le 09/04/2022) ; DER BUNDESWAHLLEITER, *Bundestagswahl 2021, 284 : Offenburg*, https://www.bundeswahlleiter.de/bundestagswahlen/2021/ergebnisse/bund-99/land-8/wahlkreis-284.html (dernièrement consulté le 09/04/2022).

[3] V. DER BUNDESKANZLER, *Bundeskanzler seit 1949 [Chanceliers fédéraux depuis 1949]*, https://www.bundeskanzler.de/bk-de/kanzleramt/bundeskanzler-seit-1949 (dernièrement consulté le 08/04/2022) en lien avec DEUTSCHER BUNDESTAG, *Bundestagswahlergebnisse seit 1949 – Zweitstimmen [Résultats des élections au Bun-*

manière générale, l'on peut observer que le dirigeant sortant effectif de l'Allemagne, jusqu'ici le chancelier, est presque systématiquement réélu. Outre les élections originelles de 1949 et celles de 2021, où la chancelière sortante avait choisi de ne pas se représenter,[1] le chancelier sortant a été confirmé dans ses fonctions dans quinze des dix-huit élections entre 1950 et 2022.[2]

21. Solidement ancré sur les bases issues du passé, à jour du présent et énergiquement tourné vers l'avenir, ce travail se veut résolument moderne. La France et l'Allemagne ne se développant pas dans une bulle, l'expérience de nombreuses démocraties étrangères sera également prise en considération comme il se doit, avec en priorité des pays européens géographiquement proches, ainsi que les bastions démocratiques centenaires britannique et états-unien, car très riches en enseignements quant à la position que peuvent démocratiquement occuper le chef de l'État et le chef du Gouvernement.

---

destag depuis 1949 – deuxièmes voix], https://www.bundestag.de/parlament/wahlen/ergebnisse_seit1949-244692 (dernièrement consulté le 12/06/2022).

[1] V. MERKUR, *Beben nach Hessen-Wahl: Merkel kündigt Politik-Aus an [Tremblement après l'élection de Hesse : la chancelière Merkel annonce son départ de la politique]*, 2018, https://www.merkur.de/politik/angela-merkel-kanzlerin-kuendigt-ruecktritt-als-cdu-parteivorsitzende-an-alle-news-zr-10309374.html (dernièrement consulté le 04/03/2022).

[2] Seules exceptions étant en 1969, 1998 et 2005, v. DER BUNDESKANZLER, *Bundeskanzler seit 1949 [Chanceliers fédéraux depuis 1949]*, https://www.bundeskanzler.de/bk-de/kanzleramt/bundeskanzler-seit-1949 (dernièrement consulté le 08/04/2022) en lien avec DEUTSCHER BUNDESTAG, *Bundestagswahlergebnisse seit 1949 – Zweitstimmen [Résultats des élections au Bundestag depuis 1949 – deuxièmes voix]*, https://www.bundestag.de/parlament/wahlen/ergebnisse_seit1949-244692 (dernièrement consulté le 12/06/2022).

22. Il s'agit ici de rechercher, à l'aide de l'expérience complémentaire acquise dans les deux pays, les différentes présidences étatiques et directions gouvernementales possibles en France et en Allemagne, notamment celles encore largement inexplorées, ainsi que les conséquences que cela comporte respectivement pour la direction du pays. L'importance de la forme et de la tenue effective des élections présidentielles et législatives méritera une analyse approfondie. L'impact que cela a, le cas échéant, sur la relation entre le Président et le Premier ministre ou le chancelier sera exploré. Les conséquences pour la direction du pays des deux possibilités très distinctes de présidence étatique et de direction gouvernementale seront étudiées. Dans cette optique, la question qui se pose notamment est celle des relations respectives du chef de l'État et du chef du Gouvernement vis-à-vis du Parlement et du reste du Gouvernement. Enfin, il sera examiné en quoi l'apparition de situations extraordinaires modifie le cas échéant leurs rôles. Une première partie traitera donc des deux possibilités très distinctes de présidence étatique et de direction gouvernementale et une deuxième partie traitera de la direction différente du pays en fonction du type de présidence et de gouvernance choisi.

Première partie – Présidence étatique et direction gouvernementale

24. Dans une démocratie, quelle qu'elle soit, le critère essentiel par excellence pour savoir qui détiendra le pouvoir politique est une élection (démocratique)[1]. Basée sur ce principe, l'élection peut être organisée et effectuée de différentes manières. Le type d'élection a déjà une influence sur la position du titulaire au sein des institutions.[2] Si les électeurs boudent massivement une élection, ou, au contraire, s'ils y participent massivement, cela est significatif pour l'interprétation des normes constitutionnelles. Pareillement, si les partis politiques se disputent activement une certaine élection, ou préfèrent plutôt consacrer leurs efforts pour d'autres, cela est également significatif. Le déroulement de l'élection à l'origine de la prise de fonctions influe sur la position à laquelle le titulaire peut, si ce n'est doit, prétendre et notamment dans quelle mesure les compétences qui lui sont attribuées par la Constitution peuvent, si ce n'est, doivent être interprétées. En tout cas, dans la pratique, pour les élections les plus importantes du pays, l'intérêt des électeurs et des partis, et notamment ses chefs, est le plus souvent partagé. Les

---

[1] Une élection dont les résultats sont publiés la veille du vote n'est pas une élection, cf. PROVOST, L., *Élection en Azerbaïdjan : les résultats publiés la veille du vote*, 2013, https://www.huffingtonpost.fr/2013/10/10/election-azerbaidjan-resultats-avant-vote_n_4075830.html (dernièrement consulté le 19/02/2022), « "L'élection présidentielle en Azerbaïdjan a été un triomphe de la démocratie", a déclaré Ilham Aliev ce jeudi après avoir remporté l'élection présidentielle de cette ex-république soviétique pour la troisième fois consécutive. […] Ilham Aliev a recueilli environ 84,6 % des voix [et] a succédé à son père en 2003 ».

[2] V. FRAISSEIX, P., *Droit constitutionnel, Tout le cours + des conseils méthodologiques*, 6e éd., Paris, Vuibert, 2013, n° 228.

électeurs s'intéressent généralement surtout pour les élections pour lesquelles les partis, et notamment leurs chefs, s'intéressent également le plus. L'élection présidentielle peut donc, en fonction de ces paramètres, se trouver au cœur d'un vif intérêt et d'un combat électoral national. Le chef du Gouvernement, quant à lui, doit sa nomination par le chef de l'État au résultat des élections législatives, où les partis ont présenté aux électeurs la personne qu'ils s'engageaient à présenter comme chef du Gouvernement en cas de victoire. Le chef de l'État et le chef du Gouvernement occupent les plus hautes fonctions existantes dans le pays. Leurs rôles peuvent être unis dans un régime présidentiel, mais la France et l'Allemagne n'ont pas fait ce choix dans leurs régimes actuels. La relation réciproque entre le chef de l'État et le chef du Gouvernement est d'une importance tout à fait significative dans tous les pays du monde et n'est jamais une formalité quand tous deux disposent d'un mandat démocratique, comme c'est le cas en France et en Allemagne. La relation réciproque entre le chef de l'État et le chef du Gouvernement diffère grandement, et ce notamment en fonction de la qualité respective du mandat démocratique en l'espèce et des engagements pris lors de l'élection originelle. Un chef de l'État arbitral n'entretiendra pas la même relation avec le chef du Gouvernement qu'un chef de l'État politiquement engagé. La marge de manœuvre d'un Président politiquement engagé vis-à-vis du chef du Gouvernement est directement liée à la composition politique du Parlement.

TITRE 1. CARACTÈRE DÉCISIF DU DÉROULEMENT ET RÉSULTAT ÉLECTORAL

25. Les chefs de l'État français et allemand sont tous deux élus. Les Constitutions française et allemande

prévoient de manière exceptionnellement détaillée l'élection du chef de l'État (v. art. 7 Const. et 54 GG). Cela souligne l'importance qu'accordent les Constitutions de la France et de l'Allemagne à leur Président de la République. Comment le chef du Gouvernement est choisi est lapidairement décrit en France (une brève phrase, v. art. 8 al. 1 phrase 1 Const.) et, bien que plus longuement en Allemagne, toujours encore significativement moins amplement que celui du chef de l'État (cf. notamment arts. 54 et 62 GG). Le chancelier (allemand) est également élu avant d'être nommé par le Président fédéral. En France, bien que le Premier ministre ne soit pas directement élu, sa nomination par le Président de la République est intrinsèquement liée au résultat des dernières élections législatives. Sur la base des dispositions constitutionnelles, ses praticiens, et notamment les chefs de partis politiques, peuvent décider de se conformer à l'importance dédiée constitutionnellement à l'élection présidentielle, ou plutôt d'en dévier, notamment en raison des dispositions constitutionnelles de compétence, du déroulement des élections nationales et de la pratique établie. Les dispositions constitutionnelles de compétence, bien qu'extrêmement importantes, ne reflètent pas forcément toujours les compétences effectivement exercées au sein d'un pays. De manière générale, l'histoire du droit et le droit comparé montrent qu'un écart sensible sépare souvent dans tous les pays du monde les textes constitutionnels de l'application qui en est faite.[1] La pratique établie en France et en Allemagne diverge, avec un accent mis en France jusqu'ici sur la présidentielle et en Allemagne sur les législatives, avec une interprétation des institutions en accord avec cette pratique électorale. Sans que le texte de la Constitution n'ait été

---

[1] V. DUVERGER, M., *Les régimes politiques*, 6e éd., Paris, PUF, 1961, p. 101.

amendé, les États-Unis ont changé de pratique électorale et d'interprétation des institutions après plus de temps que les Républiques française et allemande n'ont vécu jusqu'ici. Le Congrès états-unien a en effet été vu comme dominant pendant le XIXème siècle, le Président n'étant que son « serviteur ».[1] Il en résulte que la possibilité d'une pratique différente en France et en Allemagne mérite d'être explorée.

Chapitre 1. Le caractère disputé de l'élection présidentielle

26. Le Président de la République est, en France comme en Allemagne, la personne constitutionnellement la mieux élue du pays. La façon dont le Président est élu dans les deux pays diffère de façon significative. Pratiquement depuis le début de la République actuelle, le Président français est élu directement par le peuple, alors que le Président allemand est élu par des représentants. Une victoire électorale précédée d'un combat électoral notable influe directement sur la qualité du mandat démocratique. Il n'y a pas (plus) d'autre justification efficace du pouvoir politique que dans l'idée de la légitimité démocratique.[2] Il s'ensuit qu'une absence de combat électoral réduit significativement l'étendue d'exercice du pouvoir teinté politiquement auquel le vainqueur peut démocratiquement

---

[1] V. ROGOWSKI, J. C., *Presidential Influence in an Era of Congressional Dominance*, American Political Science Association May 2016 (vol. 110, no 2), p. 325, 325.

[2] V. SULTAN, H., ABENDROTH, W., *Buerokratischer Verwaltungsstaat und soziale Demokratie, Beiträge zur Staatslehre und Staatsrecht der Bundesrepublik [État administratif bureaucratique et démocratie sociale, contributions à la théorie de l'État et au droit étatique de la République Fédérale]*, Hannovre, Goedel, 1955, p. 111.

prétendre.[1] À l'inverse, un Président non impliqué dans une campagne électorale, peut plus aisément défendre une image de puissance politique neutre et équilibrante.[2]

Section 1. Élection avec un combat électoral notable

27. Des deux côtés du Rhin, un combat électoral présidentiel, ou justement son absence, est considéré comme constitutionnellement permis. Une différence majeure dans les deux pays est qu'à ce jour un combat électoral notable est la tradition en France, alors que ce n'est pas le cas en Allemagne. Une évolution des traditions est tout à fait possible, vu les précédents républicains français et, plus récemment, portugais.

28. Les Constitutions française et allemande prévoient avec une précision remarquable l'élection du Président de la République par rapport à celle du Parlement (cf. arts. 7 et 24 al. 3 et 4 Const. pour la France et arts. 54 et 38 al. 1 phrase 1 GG pour l'Allemagne). La Constitution française est même encore plus précise, prévoyant elle-même des solutions à des cas exceptionnels (tel le décès d'un candidat, v. art. 7 al. 6, 7 et 8 Const.), ce qui est inhabituel dans la plupart des Constitutions du monde, l'Allemagne ne faisant pas exception. Le mode d'élection du Président de la République conditionne déjà partiellement sa place dans

---

1 V. le président du Sénat LARCHER, G., cité par GALIERO, E., BORDAS, W., in : *Gérard Larcher : « Macron tente d'enjamber la présidentielle »*, 2022, https://www.lefigaro.fr/elections/presidentielles/gerard-larcher-macron-tente-d-enjamber-la-presidentielle-20220314 (dernièrement consulté le 24/03/2022).

2 V. HESSELBERGER, D., *Das Grundgesetz, Kommentar für die politische Bildung [La Loi fondamentale, Commentaire pour l'éducation politique]*, 13e éd., Munich, Luchterhand, 2003, art. 54 n° 2.

le cadre des institutions. Une augmentation de l'assise électorale renforce mécaniquement la fonction.[1]

29. Une élection en plusieurs tours est possible des deux côtés du Rhin (v. art. 7 al. 1 Const. et art. 54 al. 6 GG) et la règle en France. Toutefois, la conséquence de plusieurs tours diffère grandement entre la France et l'Allemagne. En effet, la légitimité démocratique s'accroît à l'aide d'un second tour en France alors que justement elle baisse en Allemagne. Le second tour français garantit que le Président a, en tout cas, été voulu par au moins 50 % des électeurs + 1 ayant pris part au vote, plutôt que son opposant également directement élu. Il y avait des réflexions au sein du Gouvernement gaulliste pour permettre à plusieurs candidats d'être présents au second tour, comme c'est aujourd'hui le cas en Allemagne pour la présidentielle, et en France notamment aux législatives (tout le monde peut être candidat si un nombre de suffrages au moins égal à 12,5 % du nombre des électeurs inscrits a été obtenu, v. art. L162 Const. élect.).[2] Mais le général de Gaulle était contre, justement pour garantir que chaque nouveau Président soit élu par une majorité absolue des électeurs.[3] En Allemagne, dès le second tour (et encore plus lors du troisième tour décisif, où une majorité relative suffit), il est clair que le candidat n'a pas su convaincre la majorité des électeurs. Même s'il devait obtenir une majorité absolue au second tour, ses nouveaux électeurs lui ont

---

[1] V. VIDAL-NAQUET, A., *Mutations et évolutions des élections présidentielles : le regard de l'histoire. Compte rendu de la journée d'études décentralisée d'Aix-Marseille du 16 mars 2012*, in : LEVADE, A., MATHIEU, B., ROUSSEAU, D. (dir.), *L'élection présidentielle*, Paris, Dalloz, 2013, p. 23, 27 et 28.

[2] V. JAFFRÉ, J., *De Gaulle, la Ve République et les élections*, Commentaire n° 172 (hiver 2020-2021), p. 747, 751.

[3] V. ibid.

donné leur soutien que bien plutôt
e contrer ses concurrents.
ésidentiel est de cinq ans dans les
l. 1 Const. et art. 54 al. 2 phrase 1
e cas en France que depuis l'an 2000 (auparavant, le mandat présidentiel était de sept ans)[1].

31. Dans aucun des deux pays, le Président n'a le droit d'effectuer plus de deux mandats consécutifs (v. art. 6 al. 2 Const. et art. 54 al. 2 phrase 2 GG). Jusqu'à un amendement constitutionnel en 2008,[2] un Président français en exercice pouvait être théoriquement réélu indéfiniment sans pause – mais seule une réélection s'est produite en pratique[3]. Le fait que le Président puisse être indéfiniment réélu ne fait pas débat en France, dans la mesure où il n'accomplit pas plus de deux mandats consécutifs.[4] Une nouvelle réélection après une pause est également admise en Allemagne.[5] Si le successeur n'effectue pas un mandat complet, la question se pose de savoir si le prédécesseur

---

[1] V. art. unique de la loi constitutionnelle n° 2000-964 du 2 octobre 2000 relative à la durée du mandat du Président de la République, JORF n° 229 du 3 octobre 2000, texte n° 1.

[2] V. art. 3 de la loi constitutionnelle n° 2008-724 du 23 juillet 2008 de modernisation des institutions de la Ve République, JORF n°0171 du 24 juillet 2008, p. 11890.

[3] Cf. aux États-Unis jusqu'à Franklin Roosevelt, qui se fit – contrairement à la tradition – élire pour plus de deux mandats consécutifs, ce qui résulta en une réforme constitutionnelle, v. BUCKLEY, F. H., METZGER, G., *Common Interpretation, Twenty-Second Amendment*, https://constitutioncenter.org/interactive-constitution/amendments/amendment-xxii (dernièrement consulté le 05/09/2020).

[4] V. HAMON, F., TROPER, M., *Droit constitutionnel*, 42e éd., Paris La Défense, LGDJ, 2021, n° 593.

[5] V. FRITZ, G., in : KAHL, W., WALDHOFF, Ch., WALTER, Ch. (dir.), *Bonner Kommentar zum Grundgesetz (Commentaire de Bonn de la Loi fondamentale)*, Heidelberg, C.F. Müller, 1950- (livraisons complémentaires), décembre 2021, 178e livraison complémentaire 2016, art. 54 n° 258.

direct, avec dix ans de mandat passé, peut se rep
Le but d'une pause forcée dans les réélections est d
rantir constitutionnellement une alternance. Cette alt
nance n'est de bonne qualité que si suffisamment de temps
s'est écoulé. Dans le silence des Constitutions française et allemande, il apparaît préférable de s'inspirer de la Constitution portugaise, très similaire à la Constitution française concernant le Président de la République[1] : le Président ne peut être réélu pendant les cinq années suivant le terme du second mandat consécutif (v. art. 123 al. 1 Const. port.).[2] Jusqu'ici un seul ancien Président, de nationalité française, a tenté de se faire réélire après une pause (de cinq ans), mais il n'a pas réussi.[3] Un détournement flagrant de la clause de non-renouvellement immédiat du mandat présidentiel, comme cela a pu avoir lieu en Russie en 2008 (échange de fonctions entre le chef de l'État et le chef du Gouvernement pour la durée d'un mandat)[4] et initialement également envisagée pour 2024 (avant de finalement opter pour une réforme constitutionnelle convenant)[5],[1] ne serait

---

[1] V. arts. 120 et s. Const. port..

[2] Sans s'appuyer sur la Constitution portugaise, mais arrivant au même résultat BUTZER, H., in : SCHMIDT-BLEIBTREU, B., HOFMANN, H., HENNEKE, H.-G. (dir.), *GG Kommentar zum Grundgesetz [GG, Commentaire de la Loi fondamentale]*, 15e éd., Cologne, Carl Heymanns, 2022, art. 54 n° 89 (attente d'une durée d'un mandat complet, c'est-à-dire à ce jour cinq ans).

[3] V. L'EXPRESS, *Nicolas Sarkozy, l'ex-chef de l'État éliminé de la primaire à droite pour 2017*, 2016, https://www.lexpress.fr/actualite/politique/lr/nicolas-sarkozy-president-de-l-ump_1627363.html (dernièrement consulté le 05/09/2020).

[4] V. ESPLUGAS-LABATUT, P., *Les règles de l'élection présidentielle*, in : BLACHÈR, Ph. (dir.), *La Constitution de la Ve République, 60 ans d'application (1958-2018)*, Issy-les-Moulineaux, LGDJ, 2018, p. 157, 163.

[5] V. FRANCE 24, *Russie : Poutine signe la loi l'autorisant à briguer deux nouveaux mandats*, 2021, https://www.france24.com/fr/asie-pacifique/20210405-russie-poutine-signe-la-loi-l-autorisant-

pas tolérable et inconstitutionnel en France et en Allemagne car heurtant effrontément l'esprit de la loi.

32. Si l'élection présidentielle ne peut être tenue, la Constitution française précise d'une part que le Conseil constitutionnel est compétent pour décider d'un report (v. art. 7 al. 6, 7, 8 et 10 Const.) et d'autre part que le Président sortant voit son mandat prolongé pour la durée du report (v. art. 7 al. 10 phrase 2 Const.). Si les circonstances exceptionnelles ayant justifié un report devaient perdurer, le Conseil constitutionnel pourra (et devra) prendre une nouvelle décision actant ces difficultés et repousser une nouvelle fois les élections. La Loi fondamentale est silencieuse concernant la possibilité d'un report de l'élection présidentielle, mais la Cour constitutionnelle fédérale étant seule compétente pour interpréter la Loi fondamentale, la décision d'un report et ses conditions lui reviendrait *in fine*. Le Président sortant devrait conformément à l'exemple français, voir son mandat prolongé pour la durée du report.

33. Dans les deux pays, la manière dont le Président est élu donne déjà une indication sur la place qu'il occupera au sein des autres institutions étatiques. L'exécution pratique – combat électoral notable – définit l'importance de la légitimité démocratique dont l'élu disposera durant

---

%C3%A0-briguer-deux-nouveaux-mandats (dernièrement consulté le 18/02/2022).

[1] V. TAGESSCHAU, *Läuft es 2024 wie 2008?, Putins Zukunftsplan, 2018 [Est-ce que les choses se dérouleront en 2024 comme en 2008?, le plan d'avenir de Poutine]*, 2018, https://www.tagesschau.de/ausland/putin-ministerpraesident-101.html (dernièrement consulté le 14/02/2020), où sont citées les paroles suivantes du Président Poutine : « Je me suis toujours strictement tenu à la Constitution russe et je continuerai de m'y tenir. La Constitution dit clairement : pas plus de deux mandats successifs. Rappelez-vous la dernière fois que j'ai quitté la présidence. »

son mandat. Des dirigeants arrivés au pouvoir suite à une élection disputée (et une participation élevée) disposeront d'une plus grande marge de manœuvre que s'ils ne doivent leur victoire qu'à des accords politiques pas toujours entièrement transparents.

34. Différentes spécificités existent en France. La première consiste dans les conditions de candidature, qui sont beaucoup plus strictes qu'en Allemagne. La seconde consiste dans l'importance exceptionnelle apportée par la Constitution. La troisième et dernière dans l'importance exceptionnelle apportée par la pratique.

Section 2. Élection sans combat électoral notable

35. Institutionnellement, un Président issu d'une élection pas sérieusement disputée ne peut prétendre, quoi qu'il en dise lui-même, au même statut qu'un Président issu d'une élection sérieusement disputée.[1]

36. Une élection constitutionnellement prévue comme importante ne signifie pas qu'elle sera forcément vécue comme telle par les acteurs constitutionnels. Même une élection au suffrage universel direct n'est pas un obstacle insurmontable à une compréhension et un exercice différent de la fonction présidentielle.[2] Le général de Gaulle

---

[1] V. CARCASSONE, G., *Changer de régime sans changer de Constitution : l'initiative des acteurs*, in : BON, P., DELPÉRÉE, F., GHEVONTIAN, R., MAUS, D., MÉLIN-SOUCRAMANIEN, F., ROUX, A. (dir.), Renouveau du droit constitutionnel, Mélanges en l'honneur *de Louis Favoreu*, Paris, Dalloz, 2007, p. 543, 548.

[2] V. FERREIRA, O. cité par LE POURHIET, A.-M., *Les élections présidentielles. Qui t'a fait roi ? Que fait le roi ? Regards historiques et comparés sur le mode de désignation des chefs d'État – Synthèse de la journée d'études de Rennes – 31 mai 2012*, in : LEVADE, A., MATHIEU, B., ROUSSEAU, D. (dir.), *L'élection présidentielle*, Paris, Dalloz, 2013, p. 11, 18.

lui-même avait affirmé que l'élection directe ne changerait rien à la place du Président au sein des institutions républicaines,[1] et les Français pourraient lui donner raison dans le futur[2]. C'est le peuple qui, jusqu'à ce jour, en élisant telle majorité parlementaire plutôt que telle autre, a déterminé si le Président prévaudrait, ou non, sur le Premier ministre.[3] Rapidement, les partis suivraient le pas. Les partis peuvent aussi prendre l'initiative d'un changement de pratique. Il leur appartient de décider de continuer, notamment à travers leurs dirigeants, à s'investir prioritairement, ou non, dans l'élection présidentielle.[4] Ils pourraient appeler les Français à faire un choix de Gouvernement lors des législatives, et ce, de manière décisive, *avant* la présidentielle, afin de ne pas ressembler à un perdant qui essaye de se rattraper lors du « troisième tour »[5]. Ils pourraient aller jusqu'à assécher l'offre à la présidentielle, en ne proposant pas comme candidats leurs poids lourds.[6] Les partis pourraient proposer comme candidats des personnalités de second plan, ou aux ambitions poli-

---

[1] V. GICQUEL, J., GICQUEL, J.-E., *Droit constitutionnel et institutions politiques*, 35e éd., Paris La Défense, LGDJ, 2021, n° 983 (note de bas de page n° 48).

[2] Même si à ce jour cela ne semble pas actuel.

[3] V. LAUVAUX, Ph., *Destins du présidentialisme*, Paris, PUF, 2002, p. 133 et 134.

[4] V. ibid., p. 134.

[5] V. MÉLENCHON, J.-L., *Je demande aux Français de m'élire Premier ministre*, 2022, https://www.youtube.com/watch?v=gwQpG4WhxKE (dernièrement consulté le 25/04/2022), « conclu qu'une victoire était possible pour le bloc populaire lors du 3ème tour de la présidentielle : l'élection législative. ».

[6] V. CARCASSONE, G., *Changer de régime sans changer de Constitution : l'initiative des acteurs*, in : BON, P., DELPÉRÉE, F., GHEVONTIAN, R., MAUS, D., MÉLIN-SOUCRAMANIEN, F., ROUX, A. (dir.), Renouveau du droit constitutionnel, Mélanges en l'honneur *de Louis Favoreu*, Paris, Dalloz, 2007, p. 543, 547 et 548.

tiques amorties,[1] ce que l'Allemagne fait depuis des décennies. Le Président élu n'aurait pas acquis de mandat électoral pour gouverner ; le régime deviendrait surtout parlemen-taire, c'est-à-dire primo-ministériel, « sans qu'une virgule ait changé dans la Constitution ».[2]

37. À ce jour, la France a pour habitude de choisir son Président après l'élection la plus importante et disputée de la République. Cependant, il n'est pas garanti que cela soit toujours le cas. Le premier exemple est issu de la propre histoire républicaine française. Sous la IIIème République, le Président Jules Grévy, élu en 1879, annonça dès son élection qu'il n'entrerait « jamais en lutte contre la volonté nationale exprimée par ses organes constitutionnels ».[3] Ce qui n'était qu'une déclaration d'intention et que l'histoire a retenu sous le nom de « Constitution Grévy » était un engagement de ne pas dissoudre la Chambre des députés, la seule élue au suffrage universel direct.[4] Cet engagement, que les successeurs à la fonction présidentielle ont respecté – malgré quelques velléités contraires –, contribua à la diminution des pouvoirs du chef de l'État, can-

---

[1] V. BOUDON J., *Manuel de droit constitutionnel, tome 2, la Ve République,* 2e éd., Paris, PUF, 2016, n° 293.

[2] V. CARCASSONE, G., *Changer de régime sans changer de Constitution : l'initiative des acteurs,* in : BON, P., DELPÉRÉE, F., GHEVONTIAN, R., MAUS, D., MÉLIN-SOUCRAMANIEN, F., ROUX, A. (dir.), Renouveau du droit constitutionnel, Mélanges en l'honneur *de Louis Favoreu,* Paris, Dalloz, 2007, p. 543, 550.

[3] V. VERPEAUX, M., *La Constitution,* 2e éd., Paris, Dalloz, 2016, p. 130.

[4] V. VERPEAUX, M., *La Constitution de la Ve République dans l'histoire constitutionnelle française,* in : BLACHÈR, Ph., *La Constitution de la Ve République, 60 ans d'application (1958-2018),* Issy-les-Moulineaux, LGDJ, 2018, p. 1, 12.

tonné à une fonction honorifique.[1] L'équilibre des pouvoirs, tel que prévu par le constituant, fut rompu pour les décennies suivantes, jusqu'à la fin de la IIIe République.[2]

38. L'on peut aussi nommer les États-Unis, où le Président n'a pas toujours été aussi central et puissant au sein des institutions qu'il ne l'est aujourd'hui. Le Congrès a été vu comme dominant pendant le XIXème siècle, le Président n'étant que son « serviteur ».[3]

39. Le Portugal peut servir d'exemple encore meilleur. Le caractère « évolutif » de la Constitution est désormais bien connu.[4] Comme la France, le Portugal est une République semi-présidentielle.[5] Le caractère semi-présidentiel résulte du fait que le Président de la République est élu au suffrage universel avec des compétences non-négligeables, mais que le Gouvernement reste responsable devant la

---

[1] V. VERPEAUX, M., *La Constitution*, 2e éd., Paris, Dalloz, 2016, p. 130.

[2] V. ibid.

[3] V. ROGOWSKI, J. C., *Presidential Influence in an Era of Congressional Dominance*, American Political Science Association May 2016 (vol. 110, no 2), p. 325, 325.

[4] V. CARDOSA DA COSTA, M. M., *La Cour constitutionnelle portugaise face à une Constitution en changement*, in : BON, P., DELPÉRÉE, F., GHEVONTIAN, R., MAUS, D., MÉLIN-SOUCRAMANIEN, F., ROUX, A. (dir.), Renouveau du droit constitutionnel, Mélanges en l'honneur *de Louis Favoreu*, Paris, Dalloz, 2007, p. 71, 71.

[5] V. NOVAIS, J. R., in : BARRUCHO, L., *'Semipresidencialismo não é solução para o Brasil', diz constitutioncalista português ['Le semi-présidentialisme n'est pas une solution pour le Brésil', dit un constitutionnaliste portugais]*, 2016, https://www.bbc.com/portuguese/noticias/2016/03/160328_semipresidencialismo_entrevista_lgb (dernièrement consulté le 02/01/2021), « Semipresidencialismo é adotado em países como França e Portugal [Le semiprésidentialisme est adopté dans des pays comme la France et le Portugal] » ; LE MONDE DIPLOMATIQUE, *Un régime semi-présidentiel*, avril 1982 (n° 4), p. 8.

chambre basse.[1] Le Président portugais est élu au suffrage universel direct (v. art. 121 al. 1 C. port.) pour un mandat de cinq ans (v. art. 128 al. 1 C. port.), renouvelable consécutivement une fois (v. art. 123 al. 1 C. port.). Il a des compétences importantes, sans pour autant diriger le Gouvernement. Il y, a comme en France, un chef du Gouvernement chargé de conduire la politique générale du pays (v. art. 182 C. port.). Le Président portugais est le garant de l'indépendance nationale, de l'unité de l'État et du bon fonctionnement des institutions démocratiques (v. art. 120 phrase 2 C. port.). Il est de droit le chef des armées (v. ibid.). Il peut notamment dissoudre l'Assemblée de la République (v. art. 133 lit. e et art. 172 al. 1 C. port.) ainsi que nommer et révoquer le Premier ministre (v. art. 133 lit. f et g variante 2 et art. 186 al. 4 C. port.). Ces prérogatives ne sont pas soumises à contreseing (v. 140 al. 1 C. port.).

40. Au tout début de la République portugaise, en 1976, le Président a été la personne décisive du pays, comme en France. Le premier Président (António Ramalho Eanes) était comme en France très populaire et a joué un rôle décisif dans l'instauration de la nouvelle République. Il fut élu dès le premier tour,[2] comme le général de Gaulle en France. Contrairement à Charles de Gaulle – qui avait sciemment omis de faire campagne, si sûr était-il qu'il n'en aurait pas besoin –[3], l'illustre Portugais fut éga-

---

[1] V. DUVERGER, M., *I. - Un régime semi-présidentiel*, Le Monde du 26 novembre 1969.

[2] V. PRESIDENCY OF THE PORTUGUESE REPUBLIC, *Ramalho Eanes*, https://www.presidencia.pt/?idc=13&idi=3350&idl=2 (dernièrement consulté le 02/01/2021), « Elected in the first round on 27.6.1976 ».

[3] V. JAFFRÉ, J., *De Gaulle, la Ve République et les élections*, Commentaire n° 172 (hiver 2020-2021), p. 747, 754 et 755.

lement réélu dès le premier tour.[1] Son successeur direct, Mário Soares, ne fut en revanche élu en mars 1986 qu'au second tour, de justesse de surcroît (51,18 %).[2] Le nouveau Président fraîchement élu a immédiatement instauré une pratique différente, inédite. Au lieu de chercher à gouverner également et risquer des frictions régulières avec le chef du Gouvernement (l'illustre António Ramalho Eanes a eu huit Premiers ministres en dix ans, en excluant même un neuvième intérimaire encore issu de la période transitoire à la suite de la Révolution des Œillets)[3], il a laissé le soin de gouverner au Premier ministre[4]. Cela a eu plusieurs conséquences majeures.[5] Non seulement y-a-t-il désormais une plus grande stabilité au sommet du Gouvernement (le Portugal n'en a été qu'à son sixième Premier ministre différent en 2022 depuis 1986),[6] mais aussi les élections présidentielles se déroulent largement sans

---

[1] V. PRESIDENCY OF THE PORTUGUESE REPUBLIC, *Ramalho Eanes*, https://www.presidencia.pt/?idc=13&idi=3350&idl=2 (dernièrement consulté le 02/01/2021), « Re-elected in the first round on 7.12.1980 ».

[2] V. ID., *Mário Soares*, https://www.presidencia.pt/?idc=13&idi=3351&idl=2 (dernièrement consulté le 02/01/2021), « Mário Soares was elected (51,18% - 3 010 756 votes) in the second round on 16.2.1986 ».

[3] V. REPÚBLICA PORTUGUESA, XXII GOVERNO, *Consulta de Governos Anteriores [Consultation des gouvernements antérieurs]*, https://www.portugal.gov.pt/pt/gc22/governo/governos-anteriores (dernièrement consulté le 02/01/2021).

[4] Cf. PRESIDENCY OF THE PORTUGUESE REPUBLIC, *Mário Soares*, https://www.presidencia.pt/?idc=13&idi=3351&idl=2 (dernièrement consulté le 02/01/2021).

[5] V. BOUDON J., *Manuel de droit constitutionnel, tome 2, la Vᵉ République,* 2ᵉ éd., Paris, PUF, 2016, n° 293.

[6] V. REPÚBLICA PORTUGUESA, XXII GOVERNO, *Consulta de Governos Anteriores [Consultation des gouvernements antérieurs]*, https://www.portugal.gov.pt/pt/gc22/governo/governos-anteriores (dernièrement consulté le 02/01/2021).

véritable enjeu. Depuis 1986, et en commençant par Mário Soares lui-même, le Président portugais est à nouveau systématiquement élu et réélu dès le premier tour.[1] La participation, elle, a depuis diminué de moitié.[2] Le Portugal est entré dans (ce qui est devenu) l'UE le 1er janvier 1986 et dès le premier sommet européen de 1986, en juin 1986 – trois mois après la présidentielle –, c'est le Premier ministre portugais qui y est allé.[3]

41. Les résultats des élections portugaises révèlent une faille persistante entre la présidentielle et les législatives,

---

[1] V. PRESIDENCY OF THE PORTUGUESE REPUBLIC, *Mário Soares*, https://www.presidencia.pt/?idc=13&idi=3351&idl=2 (dernièrement consulté le 02/01/2021) ; ID., *Jorge Sampaio*, https://www.presidencia.pt/?idc=13&idi=3335&idl=2 (dernièrement consulté le 02/01/2021) ; ID, *Aníbal Cavaco Silva*, https://www.presidencia.pt/?idc=13&idi=103405&idl=2 (dernièrement consulté le 02/01/2020) ; COMMISSÃO NACIONAL DE ELEIÇÕES, *Eleição para o Presidente da República 2016 [Élection présidentielle de 2016]*, www.cne.pt/sites/default/files/dl/pr_2016_mapa_oficial_resultados_3_2016.pdf (dernièrement consulté le 04/01/2021); ID., *Eleição para o Presidente da República 2021 [Élection présidentielle de 2021]*, www.cne.pt/sites/default/files/dl/2021_pr_mapa_oficial_resultados.pdf (dernièrement consulté le 25/02/2021).

[2] 78,0 % de participation lors du second tour en 1986 contre 39,3 % lors de l'unique tour en 2021, v. COMMISSÃO NACIONAL DE ELEIÇÕES, *Eleição para o Presidente da República 1986 [Élection présidentielle de 1986]*, www.cne.pt/sites/default/files/dl/resultados_pr_1986_primeiravolta.pdf (dernièrement consulté le 04/01/2021) et ID., *Eleição para o Presidente da República 2021 [Élection présidentielle de 2021]*, www.cne.pt/sites/default/files/dl/2021_pr_mapa_oficial_resultados.pdf (dernièrement consulté le 25/02/2021).

[3] V. CVCE, *Group photo of the Hague European Council (The Hague, 26 and 27 june 1986)*, https://www.cvce.eu/en/obj/group_photo_of_the_hague_european_council_the_hague_26_and_27_june_1986-en-d5b14ca7-a5f1-40e3-9923-51e0c0106748.html (dernièrement consulté le 19/01/2022), le Premier ministre portugais de l'époque, Aníbal António Cavaco Silva, est le premier de gauche sur la photo de groupe.

le décalage étant même parfois impressionnant à quelques mois d'intervalle. Le comportement électoral de la présidentielle suit rarement celui des législatives car les critères ne sont pas les mêmes ; la présidentielle réunit la nation afin de déterminer la personne qui, par ses convictions et ses écrits, parvenue au terme de son parcours politique, est la mieux à même d'incarner le pouvoir modérateur.[1] Des électeurs de partis différents votent ainsi obligatoirement pour la personne prédestinée à devenir ou rester Président, considérant qu'à deux exceptions près (1987 et 1991), aucun parti portugais n'est jamais parvenu à obtenir une majorité absolue de voix lors d'une élection législative.[2] Justement lors de la deuxième exception, en 1991, c'est particulièrement impressionnant, car c'est l'année de la réélection de Mário Soares.[3] Le Président, membre du parti PS, est réélu en janvier dès le premier tour à une majorité absolue des voix.[4] La même année, alors que le PS améliore d'ailleurs nettement son score à 29 % (un quart de plus de voix que l'élection précédente), c'est un parti concurrent, le parti PSD, qui remporte à nouveau les élec-

---

[1] V. FERREIRA, O. cité par LE POURHIET, A.-M., *Les élections présidentielles. Qui t'a fait roi ? Que fait le roi ? Regards historiques et comparés sur le mode de désignation des chefs d'État – Synthèse de la journée d'études de Rennes – 31 mai 2012*, in : LEVADE, A., MATHIEU, B., ROUSSEAU, D. (dir.), *L'élection présidentielle*, Paris, Dalloz, 2013, p. 11, 18.

[2] V. ASSEMBLEIA DA REPÚBLICA, *Résultats électoraux*, https://www.parlamento.pt/sites/FR/Parlement/Paginas/Resultats-electoraux.aspx (dernièrement consulté le 02/01/2021); ID., *Résultats électoraux précédents*, https://www.parlamento.pt/sites/FR/Parlement/Paginas/RssultatsElectorauxPrecdentes.aspx (dernièrement consulté le 02/01/2021).

[3] V. PRESIDENCY OF THE PORTUGUESE REPUBLIC, *Mário Soares*, https://www.presidencia.pt/?idc=13&idi=3351&idl=2 (dernièrement consulté le 02/01/2021).

[4] V. ibid.

tions législatives haut-la-main, avec une majorité absolue des voix et de sièges.[1] S'est ainsi créée au Portugal la situation dans laquelle le chef de l'État est contraint à exercer un magistère moral, respecté, mais ne pouvant plus prétendre à un rôle comparable à celui de son homologue français.[2] En Allemagne, alors même qu'il est entièrement fait omission d'une campagne présidentielle, pour encore renforcer le caractère voulu d'une fonction surtout symbolique, le candidat prédestiné à la présidence ne réussit pas forcément une élection ou réélection au premier tour.[3] Un Président allemand sortant dont la réélection est jugée incertaine ne se représente en général même pas.[4] Si en France l'électorat venait à préférer les législatives à la présidentielle, le mandat (et le pouvoir politique en découlant) du Président s'affaiblirait alors que celui du Premier ministre se renforcerait, et ce, sans aucun changement du texte constitutionnel. À tout moment, la France ou l'Allemagne peuvent changer la tradition du moment sans avoir à procéder à une réforme constitutionnelle.

---

[1] V. ASSEMBLEIA DA REPÚBLICA, *Résultats électoraux précédents*, https://www.parlamento.pt/sites/FR/Parlement/Paginas/RssultatsElectorauxPrecdentes.aspx (dernièrement consulté le 02/01/2021).

[2] V. GARNIER, R., *Un modèle européen de démocratie : le cas portugais, Préface de Jorge Miranda*, Paris, LGDJ, 2005, p 191 ; v. aussi n°s 56 et s..

[3] V. DEUTSCHER BUNDESTAG, *Die Bundesversammlungen seit 1949 – Dokumentation [Les Assemblées fédérales depuis 1949 – documentation]*, https://www.bundestag.de/parlament/aufgaben/bundesversammlung/bundesversammlungen_seit_1949 (dernièrement consulté le 14/02/2020).

[4] V. KLOEPFER, M., *Verfassungsrecht, Band I, Grundlagen, Staatsorganisationsrecht, Bezüge zum Völker- und Europarecht [Droit constitutionnel, Tome I, Bases, Droit étatique, Rapports au droit international et européen]*, Munich, C.H. Beck, 2011, § 17 n° 33.

42. Une voie médiane est possible aussi, comme le démontre l'exemple autrichien. La République autrichienne actuelle est, comme la République de Weimar, un régime de caractère semi-présidentiel,[1] avec un Président élu au suffrage universel direct et aux compétences comparables à celui du Président sous la République de Weimar[2]. La chancellerie est vue comme le lieu central du pouvoir à conquérir pour les chefs de parti. Il y a un combat électoral notable pour la présidentielle,[3] mais les candidats des différents partis n'en sont pas les chefs. Les chefs de parti cherchent à devenir chancelier et sont candidats aux législatives.[4]

43. L'absence de combat électoral notable en Allemagne peut baisser jusqu'à une élection ressemblant à une

---

[1] V. DUVERGER, M., *I. - Un régime semi-présidentiel*, Le Monde du 26 novembre 1969.

[2] V. l'ancien président de la Cour constitutionnelle autrichienne ADAMOVICH, L., *Der österreichische Bundespräsident als Grenzwächter des Gesetzgebers [le Président fédéral autrichien en tant que gardien des limites du législateur]*, in : HERDEGEN, M., KLEIN, H. H., PAPIER, H.-J., SCHOLZ, R. (dir.), *Staatsrecht und Politik, Festschrift für Roman Herzog zum 75. Geburtstag [Droit étatique et politique, hommage à Roman Herzog pour son 75ème anniversaire]*, Munich, C.H. Beck, 2009, p. 1, 1.

[3] V. [AT] BUNDESMINISTERIUM FÜR INNERES, *Bundespräsidentenwahlen [Élections présidentielles]*, https://www.bmi.gv.at/412/Bundespraesidentenwahlen/Historischer_Rueckblick.aspx (dernièrement consulté le 03/01/2021).

[4] V. [AT] BUNDESKANZLERAMT, *Regierungen seit 1945, Zusammensetzung der Regierungen seit 1945 [Gouvernements depuis 1945, Composition des Gouvernements depuis 1945]*, https://www.bundeskanzleramt.gv.at/bundeskanzleramt/geschichte/regierungen-seit-1945.html (dernièrement consulté le 03/01/2021) en lien avec [AT] BUNDESMINISTERIUM FÜR INNERES, *Nationalratswahlen, Historischer Rückblick [Élections législatives, Rétrospective historique]*, https://www.bmi.gv.at/412/Nationalratswahlen/ (dernièrement consulté le 03/01/2021).

formalité pour valider le choix des partis politiques dominants. L'élection du Président fédéral est à ce jour devenue un simple marchandage entre les partis.[1] En Allemagne les partis possèdent pratiquement un monopole du pouvoir.[2] La démocratie allemande est parfois même qualifiée de démocratie des partis (« *Parteiendemokratie* »)[3] ou d'État des partis[4]. Ils ont un poids tellement important que leur absence est pratiquement inimaginable.[5] En France, le

---

[1] V. KOELLREUTTER, O., *Deutsches Staatsrecht [Droit étatique allemand]*, Stuttgart, Kohlhammer, 1953, p. 198.

[2] V. LAUFER, H., *Verfassungsordnung und Verfassungsentwicklung [Ordre constitutionnel et développement constitutionnel]*, in : SCHNEIDER, F. (dir.), *Der Weg der Bundesrepublik, Von 1945 bis zur Gegenwart [La voie suivie par la République Fédérale d'Allemagne de 1945 à nos jours]*, Munich, C.H. Beck, 1985, p. 154, 168.

[3] V. GEPPERT, D., *Die Einheit Deutschlands im Innern [L'union de l'Allemagne en interne]*, in : KÜSTERS, H. J., LAPPENKÜRPER, U. (dir.), *Kanzler der Einheit, Bismarck, Adenauer, Kohl, Herausforderungen und Perspektiven [Les chanceliers de l'unité, Bismarck, Adenauer, Kohl, Défis et perspectives]*, Sankt Augustin ; Berlin, Konrad-Adenauer-Stiftung, 2012, p. 45, 50 et 51.

[4] V. GAILLET, A., WENDEL, M., in : GAILLET, A. et al., *Droits constitutionnels français et allemand, Perspective comparée*, Issy-les-Moulineaux, LGDJ, 2019, n° 323.

[5] V. HOFFMANN, G., *Das Recht der politischen Parteien in der Bundesrepublik Deutschland, Parteienprivileg und Parteienpluralismus als Indikatoren für innerstaatliche Demokratie [Le droit des partis politiques dans la République Fédérale d'Allemagne, Le privilège des partis de l'art. 21 al. 4 GG et pluralisme des partis comme indicateurs d'une démocratie interne]*, in : ÁDÁM, A., SCHOLLER, H. (dir.), *Die Verfassung als Katalysator zwischen Gesellschaft und Staat, Das Grundgesetz der Bundesrepublik Deutschland nach 40 Jahren im Vergleich mit den Bestrebungen der ungarischen Verfassungsreform, Ergebnisse eines ungarisch-deutschen Kolloquiums am 18. und 19 Mai 1989 im Goethe-Institut Budapest [La constitution comme catalyseur entre société et État, La loi fondamentale de la République Fédérale d'Allemagne après 40 ans en comparaison avec les aspirations de la réforme constitutionnelle hongroise, Résultat*

système est de manière générale davantage orienté par la place des personnalités politiques individuelles et l'influence du système partisan s'en trouve quelque peu limitée.[1] Autant en Allemagne les partis créent des personnalités, autant en France ce sont bien plus des personnalités qui créent les partis. Il existe même la possibilité qu'un citoyen parvienne à convaincre les Français de lui accorder leur confiance en dehors de tout parti reconnu. Ce fut le cas en 2017, lorsque Emmanuel Macron gagna la présidentielle à l'aide d'un nouveau parti créé pour l'occasion un an avant l'élection, avec ses propres initiales dans le nom du parti (« En Marche ! »).[2] L'instabilité de la structure des partis politiques français demeure plus marquée et l'évolution des appellations et des statuts respectifs reflète cette instabilité, inconnue du droit allemand.[3]

44. Avec une absence de combat électoral notable, l'importance de l'élection baisse. Au lieu de la plus grande campagne électorale que la République puisse offrir, l'élection présidentielle pourrait n'attirer que modérément l'attention, comme c'est le cas aujourd'hui en Allemagne. Le rôle d'un Président élu de cette manière est par nature différent. Habituellement – comme c'est le cas en Allemagne –, les élus sont des personnalités éminentes de par

---

d'un colloque germano-hongrois les 18 et 19 mai 1989 à l'Institut Goethe de Budapest], Munich, Südosteuropa-Gesellschaft, 1990, p. 116, 116.

[1] V. GAILLET, A., WENDEL, M., in : GAILLET, A. et al., *Droits constitutionnels français et allemand, Perspective comparée*, Issy-les-Moulineaux, LGDJ, 2019, n° 325.

[2] V. ÉLYSÉE, *Emmanuel Macron – Biographie*, http://www.elysee.fr/la-presidence/emmanuel-macron-biographie/ (dernièrement consulté le 14/02/2020).

[3] V. GAILLET, A., WENDEL, M., in : GAILLET, A. et al., *Droits constitutionnels français et allemand, Perspective comparée*, Issy-les-Moulineaux, LGDJ, 2019, n° 324.

leur action passée et ayant renoncé à un rôle politique de premier plan.[1]

Chapitre 2. Limites strictes à respecter lors de la nomination du Gouvernement entier, dont la composition se base sur celle de l'Assemblée nationale ou du Bundestag

45. La nomination du Premier ministre en France et du chancelier en Allemagne est directement liée à la composition du moment de l'Assemblée nationale et du Bundestag respectivement. Celle-ci est fondamentalement issue des dernières élections législatives. De légers changements ultérieurs peuvent avoir, et ont généralement, lieu en cours de législature pour diverses raisons,[2] mais ces changements sont très rarement significatifs pour la survie du Gouvernement une fois formé.[3] La désignation des autres

---

[1] Cf. BOUDON J., *Manuel de droit constitutionnel, tome 2, la Ve République,* 2e éd., Paris, PUF, 2016, n° 293.

[2] Défections, sièges devenus vacants (démission, décès, incapacité, etc.) et qui restent vacants en raison d'élections générales prochaines, élection partielle résultant en un député d'allégeance politique différente.

[3] Alors même qu'au cours des deux premières législatures du Bundestag presque cent députés changèrent de groupe politique – ce qui est énorme – (v. DICK, W., *Wenn Abgeordnete die Seiten Wechseln [Quand des députés changent de côté]*, 2017, https://www.dw.com/de/wenn-abgeordnete-die-seiten-wechseln/a-40014644, dernièrement consulté le 17/08/2021), cela n'eut pas d'incidence sur la majorité gouvernementale ; au Royaume-Uni en 1977, trois ans après les élections générales de 1974, la majorité gouvernementale infime fut perdue à la suite d'élections partielles, mais le Gouvernement devenu minoritaire survécut encore jusqu'en 1979, pratiquement jusqu'au terme prévu (v. LANGDON, J., *The difficulty of ruling with a slim majority*, 2015, https://www.bbc.com/news/uk-politics-32844483, dernièrement consulté le 17/08/2021).

membres du Gouvernement est également directement liée à la composition de l'Assemblée nationale ou Bundestag.

Section 1. Règles toujours applicables lors de la formation d'un Gouvernement

46. Lorsqu'un nouveau Gouvernement est formé, ou qu'il est profondément remanié, certaines règles de base doivent être respectées.

§ 1. Désignation du Premier ministre ou du chancelier

47. Certaines règles sont communes à la France et l'Allemagne. Une condition avancée commune est que la direction du Gouvernement doit être liée directement à un chef de parti.

48. En France et en Allemagne, le Président nomme le chef du Gouvernement (v. art. 8 al. 1 Const. et art. 62 al. 2 phrase 2 et al. 4 phrases 2 et 3 GG). Sous réserve que certaines conditions de base soient remplies, le ou les vainqueurs des élections législatives pourront décider qui le Président aura à nommer comme chef du Gouvernement. Les conditions de base résultent des principes généraux du droit et tiennent au caractère particulier des fonctions publiques que possèdent les membres du Gouvernement et, en premier lieu, son chef.[1] Concrètement, doivent être données pour les personnes pressenties les conditions

[1] V. AMPHOUX, J., *Le chancelier fédéral dans le régime constitutionnel de la République fédérale d'Allemagne*, Paris, LGDJ, 1962, p. 222.

générales d'aptitude à la fonction publique en France[1] et les conditions pour devenir député en Allemagne[2].

49. Même si en France, contrairement à l'Allemagne, le chef du Gouvernement n'est pas tenu d'être élu par les députés préalablement à sa nomination par le chef de l'État (v. art. 8 al. 1 phrase 1 Const. et art. 63 al. 1 GG), le choix du chef du Gouvernement est tout de même également directement lié au résultat des élections législatives. Tant en France qu'en Allemagne, le Gouvernement est en effet responsable devant les députés et ces derniers peuvent renverser le Gouvernement à tout moment (v. art. 49 al. 2 phrase 1 Const. et art. 67 al. 1 GG). Ainsi, un Premier ministre nommé sans tenir compte de rapports de majorité défavorables à l'Assemblée nationale devrait très rapidement présenter sa démission au Président.

50. Dans la mesure où intervient un changement de personnes à la tête du Gouvernement au cours de la législature, le peuple n'a aucune influence quelle qu'elle soit, ni en France ni en Allemagne. Un problème peut ici se poser si les partis choisissent peu après les élections quelqu'un d'autre que celui présenté durant la campagne législative. En effet, bien que les électeurs élisent des députés et non directement le chef du Gouvernement, ils les élisent au moins également dans le but de donner à un parti précis une majorité permettant d'installer un certain chef du Gouvernement. Si cependant, peu après les élections et dans l'absence de changement majeur des circonstances, une autre personne est présentée au Président de la République comme devant être nommée chef du

[1] V. PRÉLOT, M., *Institutions politiques et droit constitutionnel*, 3e éd., Paris, Dalloz, 1963, p. 654 et 655.

[2] V. AMPHOUX, J., *Le chancelier fédéral dans le régime constitutionnel de la République fédérale d'Allemagne*, Paris, LGDJ, 1962, p. 222.

Gouvernement, il existe un déficit démocratique. Cette critique a ainsi été formulée en Sarre en 2018, lorsque la populaire ministre-présidente sarroise a quitté moins d'un an après sa nouvelle victoire électorale – due en large partie à sa popularité –[1] la direction de son Land pour devenir secrétaire générale de son parti (la CDU) à Berlin : « La ministre-présidente aurait dû dire aux électeurs avant l'élection qu'elle ne comptait pas rester en Sarre. [...] Les électeurs de Sarre ont voté AKK [Annegret Kramp-Karrenbauer] afin qu'elle reste ministre-présidente et la voilà qui part à Berlin. ».[2]

51. En raison du mode électoral différent entre la France et l'Allemagne, l'obtention par un seul parti d'une majorité absolue des sièges au Parlement est récurrente en France[3] et rarissime en Allemagne[4]. Des renversements de

---

[1] V. THIESER, M., BURMEISTER, A., *Kramp-Karrenbauer setzt auf eigene Popularität [Kramp-Karrenbauer mise sur sa propre popularité]*, 2017, https://www.sr.de/sr/home/nachrichten/politik_wirtschaft/Kramp_Karrenbauer_Facebook100.html (dernièrement consulté le 05/07/2021).

[2] V. SAARLÄNDISCHER RUNDFUNK, *Erste Reaktionen auf AKK-Wechsel [Premières réactions sur le changement de Annegret Kramp-Karrenbauer]*, 2018, https://www.sr.de/sr/home/nachrichten/reaktionen_akk_generalsekretaerin100.html (dernièrement consulté le 05/07/2021), « Die Ministerpräsidentin hätte den Wählern vor der Landtagswahl sagen müssen, dass sie nicht im Saarland bleiben wolle. [...] Die Wähler im Saarland hätten AKK [Annegret Kramp-Karrenbauer] gewählt, damit sie Ministerpräsidentin bleibt, nun wechsele sie aber nach Berlin. ».

[3] V. MINISTÈRE DE L'INTÉRIEUR, *Législatives*, https://www.interieur.gouv.fr/Elections/Les-resultats/Legislatives (dernièrement consulté le 01/03/2021).

[4] Cela ne s'est produit jusqu'ici qu'une seule fois en 1957 ; il manquait 1 siège sur 509 en 1953 et 5 sur 631 en 2013, v. ZICHT, W., *Ergebnisse der Bundestagswahlen [Résultats des élections au Bundestag]*, 2017, http://www.wahlrecht.de/ergebnisse/bundestag.htm (dernièrement consulté le 13/09/2020) en lien avec DEUTSCHER BUN-

Gouvernements sont très rares dans les deux pays (chute en France du premier Gouvernement Pompidou en 1962[1] et en Allemagne du dernier Gouvernement Schmidt en 1982[2]). L'ordre de droit constitutionnel interne garantit donc dans les deux pays la stabilité mais, conformément au système parlementaire, une épée de Damoclès pend quand même au-dessus du Gouvernement.

52. Une condition avancée est que la direction du Gouvernement soit directement liée à un chef de parti. En Allemagne, il est recommandé au chef du Gouvernement de devenir aussi chef de son parti s'il ne l'est pas déjà.[3] En Autriche en 2021, c'est la critique qui fut donnée lorsque le chancelier Kurz démissionna de la chancellerie (et du Gouvernement en entier), mais sans quitter la direction du parti, ce qui fit que l'on le critiqua comme n'effectuant qu'une « demi-retraite », planifiant de continuer à diriger

---

DESTAG, *Bundestagswahlergebnisse seit 1949 – Zweitstimmen [Résultats des élections au Bundestag depuis 1949 – deuxièmes voix]*, https://www.bundestag.de/parlament/wahlen/ergebnisse_seit1949-244692 (dernièrement consulté le 12/06/2022).

[1] V. ASSEMBLÉE NATIONALE, *Les élections législatives depuis 1958*, https://www.assemblee-nationale.fr/dyn/decouvrir-l-assemblee/les-elections-legislatives-depuis-1958 (dernièrement consulté le 09/04/2022).

[2] V. OBERRATH, J.-D., *Öffentliches Recht, mit Europarecht und Öffentliches Wirtschaftsrecht, Lernbuch, Strukturen, Übersichten [Droit public, y compris Droit européen et Droit commercial public, manuel, structures, vues d'ensemble]*, 7e éd., Munich, Franz Vahlen, 2021, note de bas de page n° 40.

[3] V. KÖNIG, K., *Rollenkonflikte des Regierens [Conflits de rôles lors du gouvernement]*, in : MAGIERA, S., SOMMERMANN, K.-P. (dir.), *Gewaltenteilung im Verfassungsstaat, Grenzüberschreitungen und Konfliktlösungen, Symposium zu Ehren von Klaus-Eckart Gebauer [Séparation des pouvoirs dans l'État constitutionnel, Dépassements de frontières et résolution de conflits, Symposium à l'honneur de Klaus-Eckart Gebauer]*, Berlin, Duncker & Humblot, 2013, p. 53, 54.

le pays dans l'ombre.[1] Le nouveau chancelier, de plein exercice, annonçait dès son premier discours qu'il travaillerait « naturellement très étroitement » avec le chef de son parti.[2] Que le chef du parti dirige le pays est à saluer, car c'est lui qui est responsable des voix données à son parti lors des élections. Une démocratie ne peut voir ses décisions fondamentales être prises en dehors de ses personnes élues et occupant des fonctions prévues à ce titre dans la Constitution. Certes, les décisions du dirigeant « dans l'ombre » devront toujours être transposées par des élus ou des personnes contrôlées par des élus, donc l'on pourrait être induit à penser que ce n'est pas si grave. Mais cela l'est, car les procédures de questionnement et de contrôle parlementaire visent les personnes officiellement en fonction. Des procédures sont prévues en France et en Allemagne pour que le chef du Gouvernement vienne s'expliquer le cas échéant devant les parlementaires. Soit il ne répond pas aux représentants directs du peuple à des questions difficiles, parce que son chef politique ne lui a pas donné la réponse, et c'est ridicule, soit il répond sans mandat de son chef politique, c'est-à-dire sans mandat électoral, car lui n'est pas responsable des voix données au parti lors de la dernière élection. Dans les deux cas, c'est très mauvais, ce n'est donc pas une option. « Chef de

---

[1] V. DAS GUPTA, O., SAROVIC, A., *Der halbe Rückzug des Wunderknaben [Le demi-retrait de l'enfant prodige]*, 2021, https://www.spiegel.de/ausland/oesterreich-sebastian-kurz-tritt-ab-der-halbe-rueckzug-des-wunderknaben-a-7af52932-dae2-44af-84ac-e2a6fb8342eb (dernièrement consulté le 04/03/2022).

[2] V. [AT] BUNDESKANZLERAMT, *Bundeskanzler Schallenberg: Gemeinsame Sacharbeit wieder in den Vordergrund stellen [Chancelier fédéral Schallenberg: Mettre à nouveau le travail de fond commun au premier plan]*, 2021, https://www.bundeskanzleramt.gv.at/bundeskanzleramt/nachrichten-der-bundesregierung/2021/10/bundeskanzler-schallenberg-gemeinsame-sacharbeit-wieder-in-den-vordergrund-stellen.html (dernièrement consulté le 04/03/2022).

parti » signifie que la personne est à la tête du parti, même si le nom précis de la fonction peut différer. Dans l'histoire de la Vème République, le Président n'occupe regrettablement pas forcément la présidence (ou équivalent) du parti qu'il dirige, quand bien même son implication dans le fonctionnement interne de son parti ne fait aucun doute.[1]

53. Un « chancelier dans l'ombre » n'est pas tolérable – le terme fut même choisi comme « mot de l'année » en Autriche en 2021 (« *Schattenkanzler* »).[2] En l'espèce, en Autriche, suite à la critique face à cette situation non satisfaisante,[3] les fonctions de chancelier et de chef de parti ont été à nouveau réunies très peu après, en la personne d'un troisième chancelier différent en deux mois.[4] En Allemagne, en 2018, après différents revers électoraux dans les Lands et un niveau historiquement bas atteint dans les sondages pour son parti, la chancelière Merkel se vit contrainte de quitter la présidence du parti au

---

[1] V. VILAIN, Y., in : GAILLET, A. et al., *Droits constitutionnels français et allemand, Perspective comparée*, Issy-les-Moulineaux, LGDJ, 2019, n° 170.

[2] V. REDAKTION, ORF.AT/AGENTUREN, *„Schattenkanzler zum Wort des Jahres gekürt" [« Chancelier dans l'ombre » choisie comme le mot de l'année]*, 2021, https://orf.at/stories/3238690/ (dernièrement consulté le 04/03/2022).

[3] Cf. SASE, ORF.AT/AGENTUREN, *Einhelliger Tenor, Medien sehen Kurz als „Schattenkanzler" [Ténor unanime, Les médias voient Kurz comme « chancelier dans l'ombre »]*, 2021, https://orf.at/stories/3231825/ (dernièrement consulté le 04/03/2022).

[4] V. SCHUCHTER, N., *ÖVP stellt sich mit Nehammer als Kanzler neu auf, Karner übernimmt Innenministerium, Faßmann geht [L'ÖVP se restructure avec Nehammer comme chancelier, Karner prend en charge le ministère de l'Intérieur, Faßmann part]*, 2021, https://www.salzburg24.at/news/oesterreich/karl-nehammer-neuer-kanzler-und-oevp-parteichef-113454007 (dernièrement consulté le 04/03/2022).

pouvoir – mais sans pour autant quitter la chancellerie.[1] Cela mena à la situation inconfortable démocratiquement, où la nouvelle cheffe du parti n'était jusqu'à son entrée au Gouvernement en 2019 (initialement non prévue !), justement pas représentée au Gouvernement.[2] En 2020, la nouvelle cheffe du parti au pouvoir (CDU), Annegret Kramp-Karrenbauer, a déclaré la séparation faite entre les fonctions de chef du parti (au pouvoir) et direction du Gouvernement comme ayant échoué, les deux fonctions ayant, aussi selon elle, vocation à être réunies.[3] Il est donc très regrettable que ce *modus operandi* continue d'être usuel en Allemagne ; l'élection, dès l'année suivante (2021), d'un nouveau chancelier (Olaf Scholz) également pas le chef de son parti (le SPD), le démontre.[4] En France, l'on

---

[1] V. MERKUR, *Beben nach Hessen-Wahl: Merkel kündigt Politik-Aus an [Tremblement après l'élection de Hesse : la chancelière Merkel annonce son départ de la politique]*, 2018, https://www.merkur.de /politik/angela-merkel-kanzlerin-kuendigt-ruecktritt-als-cdu-partei vorsitzende-an-alle-news-zr-10309374.html (dernièrement consulté le 04/03/2022).

[2] V. DPA, REUTERS, *Regierungssprecher bestätigt, CDU-Vorsitzende AKK wird Verteidigungsministerin [Porte-parole du Gouvernement confirme, La présidente du parti CDU Annegret Kramp-Karrenbaueur devient ministre de la Défense]*, 2019, https://www.faz.net/aktuell/politik/inland/cdu-vorsitzende-akk-folgt-von-der-leyen-als-verteidigungsministerin-16288606.html (dernièrement consulté le 04/03/2022).

[3] V. DPA, AFP, TFP, GUB, *Kramp-Karrenbauer erklärt Trennung von CDU-Vorsitz und Kanzleramt für gescheitert [La présidente du parti CDU Kramp-Karrenbauer déclare la séparation entre la présidence du parti CDU et la chancellerie pour échouée]*, 2020, https://www.welt.de/politik/deutschland/article205730443/AKK-erklaert-Trennung-von-CDU-Vorsitz-und-Kanzleramt-fuer-gescheitert.html (dernièrement consulté le 04/03/2022).

[4] V. HAFERKAMP, L, *SPD-Chefin Esken zu Ukraine-Hilfe: Kanzler Scholz handelt entschlossen [La cheffe du parti SPD à propos de l'aide pour l'Ukraine : le chancelier Scholz agit de manière déterminée]*, 2022, https://www.vorwaerts.de/artikel/spd-chefin-esken-ukrai

peut aussi regretter qu'en 1986, le dirigeant du nouveau parti au pouvoir (Jacques Chirac), ait décidé que ce soit un autre que lui (Édouard Balladur) qui devienne le Premier ministre de cohabitation.[1] La séparation *de jure* des fonctions n'empêche pas une union *de facto*, au prix cependant d'une situation juridiquement insatisfaisante.

54. Bien que cela soit fortement recommandé, il n'est toutefois pas forcément nécessaire, constitutionnellement, que le chef du Gouvernement soit lui-même le chef de parti, si celui-ci occupe une autre fonction étatique éminente. Cette autre fonction étatique éminente est notamment membre du Conseil des ministres, organe le plus solennel du Gouvernement, ou, Président du pays entier. Il se peut que, lors de la formation gouvernementale, pour des raisons diverses, un parti refuse catégoriquement que le chef de parti de l'autre ne devienne le nouveau chef du Gouvernement. Un parti ne peut influer qui doit occuper la tête d'un autre parti, mais il peut influer sur qui va occuper la tête d'un projet commun, en l'espèce un Gouvernement. En Italie, en 2018, les partis formant le nouveau Gouvernement se sont mutuellement exclu leurs chefs de parti comme Premier ministre.[2] Ils se sont en l'espèce accordés

---

ne-hilfe-kanzler-scholz-handelt-entschlossen (dernièrement consulté le 07/08/2022).

[1] V. ÉLYSÉE, *Jacques Chirac, 1995-2007*, https://www.elysee.fr/jacques-chirac (dernièrement consulté le 26/05/2021) et LE PARISIEN, *La guerre Chirac-Balladur en toile de fond*, 2010, https://www.leparisien.fr/faits-divers/la-guerre-chirac-balladur-en-toile-de-fond-23-11-2010-1161993.php (dernièrement consulté le 26/05/2021), « Normalement, c'est au chef de l'opposition, Jacques Chirac, qu'il revient de diriger le gouvernement de cohabitation. Mais Chirac préfère laisser sa place à son bras droit de l'époque, Edouard Balladur, en vue de préparer la présidentielle de 1995. ».

[2] V. IL DENARO, *Di Maio-Salvini: „Governo politico con Conte premier", Tria per l'Economia [Le chef du parti M5, Di Maio et celui de la Ligue du Nord, Salvini : « Un gouvernement politique avec*

sur un tiers pour occuper le poste de Premier ministre, prenant eux-mêmes chacun une position de vice-Premier ministre.[1] Un membre du Gouvernement, quel qu'il soit, est assujetti aisément au questionnement et au contrôle parlementaire. Le Président de la République, en revanche, est beaucoup plus difficilement questionnable et contrôlable. Ici, il faut s'appuyer sur l'idée que le Président (français ou allemand) ne peut pratiquement rien décider par lui-même et les parlementaires devront contrôler les actions qui transposent les décisions présidentielles. Il y a des différences significatives par rapport à un classique

---

Conte comme Premier ministre et le professeur Tria au ministère de l'Économie »], 2018, https://www.ildenaro.it/di-maio-salvini-governo-politico-con-conte-premier-tria-per-leconomia/ (dernièrement consulté le 13/09/2020) en lien avec PRESIDENZA DELLA REPUBBLICA, *Cerimonia di giuramento del Governo Conte [Cérémonie de prestation de serment du Gouvernement Conte]*, 2018, https://www.quirinale.it/elementi/3288 (dernièrement consulté le 13/09/2020) et ANSA, *Fiducia al Senato e alla Camera – Parte il governo Gonte [Confiance à la fois du Sénat et aussi de la Chambre des députés – le gouvernement Conte démarre]*, 2018, http://www.ansa.it/sito/notizie/politica/2018/06/06/governo-fiducia-camera-conte_2c51cf80-d0c3-46d0-9fc0-e4ea60ef732d.html (13/09/2020) ; cela n'a réussi concrètement qu'au second essai en raison du refus du Président de la République (italienne) de nommer une certaine personne à un certain ministère (personne devenant ministre des Affaires européennes lors de la seconde tentative), v.CUSTODERO, A., *Scontro istituzionale sul nuovo governo. Conte rinuncia, Mattarella convoca Cottarelli. "No a un ministro dell'Economia antieuro". E Di Maio e Meloni invocano impeachment [Querelle institutionnelle au sujet du nouveau gouvernement : le Premier ministre désigné Conte renonce, le Président de la République Mattarella convoque Corarelli. « Non à un ministre de l'Économie anti-euro ». Tant Di Maio, chef du parti M5S que Meloni, chef de la FdI, exigent la destitution du Président de la République]*, 2018, http://www.repubblica.it/politica/2018/05/27/news/il_premier_incaricato_rimette_il_mandato-197504092/ (dernièrement consulté le 13/09/2020).

[1] V. ibid.

dirigeant « dans l'ombre ». *Primo*, la fonction présidentielle est tout sauf obscure. *Secundo*, personne, en France ou en Allemagne, n'est constitutionnellement mieux élu que le Président de la République. *Tertio*, aussi le chef de l'État doit répondre de ses actes, les parlementaires pouvant à tout moment entamer une procédure de destitution. Depuis le début de la Vème République, le chef du Gouvernement a – hors cohabitation – toujours eu le Président comme son dirigeant politique.[1]

55. En France, la liberté de nomination du Premier ministre par le Président de la République dépend surtout du soutien dont il dispose à l'Assemblée nationale, chambre du Parlement devant laquelle le Gouvernement est politiquement responsable. Si le Président assure une présidence arbitrale, il doit nommer Premier ministre celui qui possède le plus probablement le soutien d'une majorité de députés, puis nommer après un contrôle apolitique ceux que ce dernier lui proposera.

§ 2. Nomination des autres membres du Gouvernement

56. Le choix de quels membres devront composer le Gouvernement, outre son chef, est caractérisé par une grande liberté constitutionnelle. Cependant, il n'existe pas de liberté absolue dans la formation gouvernementale. Lorsqu'un nouveau Gouvernement est formé, ou qu'il est profondément remanié, certaines règles de base doivent être respectées. Notamment en ce qui concerne les ministères, certaines exigences minimales existent, tout comme certaines limites maximales. Enfin, les membres du

---

[1] V. ESPLUGAS-LABATUT, P., in : CAPORAL-GRÉCO, S., ESPLUGAS-LABATUT, P., SÉGUR, Ph., TORCOL, S., *Droit constitutionnel*, Paris, Ellipses, 2017, p. 238.

Gouvernement doivent – d'un point de vue personnel – respecter certaines conditions minimales avant de pouvoir être nommés.

57. Le chef de l'État nomme et révoque, en France et en Allemagne, sur proposition du chef du Gouvernement les autres membres du Gouvernement (v. art. 8 al. 2 Const. et art. 64 al. 1 GG). Les ministres sont formellement nommés par le Président, mais il est lié à la réalité parlementaire.[1] La formation du Gouvernement est un acte hautement politique. Sans que le Gouvernement n'ait encore décidé de quoi que ce soit, sa simple formation traduit déjà des priorités de par les choix organisationnels et personnels. Les Constitutions française et allemande ne vont pratiquement pas au-delà de la précision qu'un Gouvernement existe ou doive être formé. De façon implicite, certaines conditions peuvent être trouvées, telle notamment en Allemagne l'existence présumée de certains ministères.[2] Ceci est lié en effet à la décision de qui seront les ministres et des attributions exactes des différents ministères et membres du Gouvernement. Le périmètre des attributions ministérielles est établi en Allemagne par des circulaires de la chancellerie et en France par des décrets délibérés en Conseil des ministres et contresignés par, outre le Premier ministre, les membres du Gouvernement concernés (v. art. 19 Const.).[3] Selon l'opinion très

---

[1] V. HELFRITZ, H., *Allgemeines Staatsrecht, mit einem Abriss der Staatstheorien [Droit étatique général, avec un aperçu des théories étatiques]*, 5e éd., Nauck, Carl Heymanns, 1949, p. 166.

[2] V. La Loi fondamentale nomme (et exige ainsi) les ministères de la Défense (v. art. 65a GG), Justice (v. art. 96 al. 2 phrase 4 GG) et des Finances (v. art. 108 al. 3 phrase 2 GG).

[3] V. GAILLET, A., WENDEL, M., in : GAILLET, A. et al., *Droits constitutionnels français et allemand, Perspective comparée*, Issy-les-Moulineaux, LGDJ, 2019, n° 459.

largement dominante dans la doctrine allemande, le principe de séparation des pouvoirs[1] serait enfreint si le Parlement devait fixer par la loi le nombre des ministères et leurs compétences générales.[2] Comme pour la personne prédestinée à devenir chef du Gouvernement, les personnes prédestinées à devenir ministre doivent offrir les mêmes gages de dévouement à la chose publique (condition de nationalité), de compétence (d'âge et d'intégrité mentale), de moralité (absence de condamnation pénale, etc.), que les députés.[3] Les causes de déchéance que les textes ont prévues concernent aussi les ministres et, si le droit positif se tait à cet égard, c'est bien parce qu'il considère ces faits comme évidents et qu'il fait confiance au sens du bien commun du chancelier et à la responsabilité politique dont il est chargé.[4]

58. Le Président possède la prérogative de contrôler les conditions légales pour la nomination ; par exemple la capacité à exercer des fonctions ou les incompatibilités.[5]

---

[1] art. 16 DDHC pour la France et art. 20 al. 2 phrase 2 demi-phrase 2 GG pour l'Allemagne (v. la Cour constitutionnelle fédérale – BVerfG –, décision du 27 avril 2021 – 2 BvE 4/15 –, n° 82) – protégé par l'art. 79 al. 3 GG –.

[2] V. OLDIGES, BRINKTRINE, R., M., SACHS, M., *GG, Grundgesetz, Kommentar [GG, Loi fondamentale, Commentaire]*, 8e éd., Munich, C.H. Beck, 2018 ; ZIPPELIUS, R., WÜRTENBERGER, Th., *Deutsches Staatsrecht [Droit étatique allemand]*, 33e éd., Munich, C.H. Beck, 2018, § 42 n° 10 ; BRINKTRINE, R., in : SACHS, M., *GG, Grundgesetz, Kommentar [GG, Loi fondamentale, Commentaire]*, 9e éd., Munich, C.H. Beck, 2021, art. 64 n° 29.

[3] V. AMPHOUX, J., *Le chancelier fédéral dans le régime constitutionnel de la République fédérale d'Allemagne*, Paris, LGDJ, 1962, p. 222.

[4] V. ibid.

[5] V. GEIS, M.-E., Examens-Repetitorium Staatsrecht, Staatsorganisationsrecht und Grundrechte [Cours préparatoires à l'Examen d'État : Droit étatique, Droit de l'organisation de l'État et Droits fondamentaux], 4e éd., Heidelberg, C.F. Müller, 2022, n° 341 ; GRUPP, K.,

Aucun organe de l'État ne doit clairement commettre un acte contraire au droit et encore moins contraire au droit constitutionnel ou même simplement y participer.[1] Ceci résulte en Allemagne directement de l'art. 20 al. 3 GG. Conformément à cela, le Président n'est pas seulement habilité mais, bien plus, obligé de procéder à l'examen des conditions juridiques d'une nomination. La même règle s'applique en France. Pour sa part, le chef du Gouvernement viole ses propres devoirs constitutionnels en désignant des indésirables au poste de ministre, et, pareillement, il a le devoir de se séparer d'un ministre pour lequel une cause de déchéance serait survenue.[2]

59. Des ministres nommés en raison d'un partenaire de coalition sont pratiquement inamovibles en l'absence d'accord dudit partenaire de coalition. Les révoquer par le biais du Président contre la volonté du partenaire de coalition est constitutionnellement valide mais signe possiblement l'arrêt de mort du Gouvernement. C'est par exemple ce qui est arrivé en 2019 en Autriche. Le chancelier ÖVP Sebastian Kurz a proposé au Président fédéral la révocation de son ministre de l'Intérieur.[3] Le partenaire de

---

STELKENS, U. et al., *Chefsache: Lösungsvorschlag zur Frage 1 [La proposition de solution concernant la question 1, c'est une affaire de chef]*, 2019, http://www.saarheim.de/Faelle/chefsache-loesung1.htm (dernièrement consulté le 28/07/2021).

[1] V. HALL, K.-H., *Überlegungen zur Prüfungskompetenz des Bundespräsidenten [Réflexions à propos de la compétence de contrôle du Président fédéral]*, JZ 1965, p. 305, 307.

[2] V. AMPHOUX, J., *Le chancelier fédéral dans le régime constitutionnel de la République fédérale d'Allemagne*, Paris, LGDJ, 1962, p. 222.

[3] V. REDAKTION, ORF.AT/AGENTUREN, *„Ibiza-Skandal", Kurz wird Kickl-Entlassung vorschlagen [« Scandale d'Ibiza », Le chancelier Kurz va proposer au Président fédéral la révocation du ministre de l'Intérieur Kickl]*, 2019, https://orf.at/stories/3123212/ (dernièrement consulté le 17/08/2021).

coalition FPÖ, qui dirigeait ce ministère, était contre cette révocation et s'est dans la foulée retiré de la coalition.[1] Le Gouvernement Kurz subit en l'espace d'une semaine une motion de censure, qu'il perdit, et tomba.[2]

60. Une situation voisine de proposer directement la révocation de ministres du partenaire de coalition au Président est celle de les pousser à la démission. En effet, si le chef du Gouvernement les pousse à la démission, voire sous menace de sinon les changer contre leur gré, le partenaire de coalition peut déjà décider de quitter le Gouvernement et aider l'opposition à former un nouveau Gouvernement. C'est exactement ce qui a eu lieu en 1982 en Allemagne, lorsqu'en raison d'un profond désaccord politique survenu, le chancelier SPD Helmut Schmidt exigea la démission des ministres FDP, parti qui, alors, quitta le Gouvernement et se joignit à la CDU/CSU pour une motion de censure constructive et la formation du premier Gouvernement Kohl.[3]

---

[1] V. JANKOWSKI, H., *Kurz schlägt Kickls Entlassung vor, FPÖ-Minister verlassen Regierung [Le chancelier Kurz a proposé au Président fédéral la révocation du ministre de l'Intérieur Kickl, les ministres FPÖ quittent le Gouvernement]*, 2019, https://www.diepresse.com/5631502/kurz-schlagt-kickls-entlassung-vor-fpo-minister-verlassen-regierung (dernièrement consulté le 17/08/2021).

[2] V. REPUBLIK ÖSTERREICH, PARLAMENT, *Plenarsitzung des Nationalrates, Stenographisches Protokoll, 78. Sitzung des Nationalrates der Republik Österreich, XXVI Gesetzgebungsperiode, Montag, 27. Mai 2019 [Séance plénière du Parlement autrichien, Protocole sténographique, 78ème séance du Parlement autrichien de la République d'Autriche, XXVIème législature, lundi 27 mai 2019]*, p. 68 ; ID., *Nationalrat entzieht der Regierung das Vertrauen [Correspondance parlementaire n° 589 du 27/05/2019, Le Nationalrat retire au Gouvernement sa confiance]*, Correspondance parlementaire n° 589 du 27 mai 2019.

[3] V. ARCHIV FÜR CHRISTLICH-DEMOKRATISCHE POLITIK DER KONRAD-ADENAUER-STIFTUNG, *Die Ära Kohl, 1982-1998*

61. La composition organisationnelle reflète les priorités du Gouvernement dans la gestion du pays. Il existe ainsi une très large liberté de la part des dirigeants concernant à la fois de savoir combien et quels ministères devront exister et de savoir quels seront les portefeuilles exacts. Il existe toutefois quelques limites.

62. Un nombre minimum existe. Un gouvernement trop resserré nuit en effet à son efficience, car les rares ministres ne peuvent suffisamment dédier d'attention à leurs différentes tâches. De plus, un problème de concentration trop importante des pouvoirs peut naître : que ce soit au niveau des membres du Gouvernement ou des hauts fonctionnaires au sommet des rares ministères qui voient, comme les ministres, croître leurs compétences proportionnellement à la réduction du nombre total de ministères. L'art. 65 al. 8 Const. requiert un ministre de la Justice (garde des Sceaux). Au-delà de cette obligation, il est difficile de nommer un nombre constitutionnel minimum de ministres. Une solution intermédiaire serait d'exiger une loi au vu de changements majeurs à la tradition de formation gouvernementale.[1] Une limite constitutionnelle « dure » serait de ne pas descendre en-dessous du nombre de ministres qu'avait l'Ancien Régime, soit six[2].

[L'ère Kohl, 1982-1998], Bad Honnef, Gottschalk-Graphik, 2002, p. 21.

[1] V. la Cour constitutionnelle du Land de Rhénanie du Nord-Westphalie (VerfGH NRW), jugement du 9 février 1999, VerfGH 11/98, NJW 1999, p. 1243, n° 67.

[2] V. PERROT, X., *Histoire des institutions jusqu'en 1789, Gouverner l'État monarchique (XVIème – XVIIIème siècles)*, https://cours.unjf.fr/repository/coursefilearea/file.php/155/Cours/08_item/indexI0.htm (dernièrement consulté le 26/07/2021); HARTMANN, p. Const., *Französische Verfassungsgeschichte der Neuzeit (1450-2002), Ein Überblick [Histoire constitutionnelle française des temps modernes*

En effet, si même au temps de la monarchie absolue ce nombre de ministres fut jugé nécessaire, une démocratie, *a fortiori* une démocratie moderne, ne peut aller en-deçà. L'empire allemand essaya en 1871 de s'affranchir entièrement de ministres (v. art. 15 al. 1 de la Constitution de l'Empire allemand),[1] mais dès 1878 ses secrétaires d'État occupèrent dans la pratique des fonctions ministérielles.[2] À ce jour, le risque est plutôt de s'approcher du nombre maximum de ministres. Le gouvernement Castex, formé en 2020, devint – alors même qu'il était censé être « resserré » – le plus gros en nombre de ministres de l'histoire de la Vème République avec 30 ministres (dont 14 délégués[3]).[4]

(1450-2002), Un aperçu], 2e éd., Berlin, Duncker & Humblot, 2003, p. 26.

[1] « Der Vorsitz im Bundesrathe und Leitung der Geschäfte steht dem Reichskanzler zu, welcher vom Kaiser zu ernennent ist. [La présidence du Bundesrat et la direction de ses travaux appartiennent au chancelier de l'empire qui est nommé par l'empereur.] ».

[2] V. la loi concernant la suppléance du chancelier de l'empire du 17 mars 1878 [Gesetz betreffend die Stellvertretung des Reichskanzlers vom 17. März 1878], RGBl. [Journal officiel impérial] du 21 mars 1878, p. 7 et UHLE, A., MÜLLER-FRANKEN, S. in: SCHMIDT-BLEIBTREU B., HOFMANN H., HENNEKE H.-G. (dir.), *GG Kommentar zum Grundgesetz [GG, Commentaire de la Loi fondamentale]*, 15e éd., Cologne, Carl Heymanns, 2022, art. 62 n° 3.

[3] Les ministres délégués ne siègent pas forcément au Conseil des ministres. Si c'est le cas dépend de leur décret de nomination. Par exemple, pour le Gouvernement Castex, le décret du 6 juillet 2020 relatif à la composition du Gouvernement (JORF n° 0166 du 7 juillet 2020) dispose d'une part qu'» est nommé ministre délégué auprès du Premier ministre et participe au Conseil des ministres : […] « (v. art. 2 dudit décret) et d'autre part que « sont nommés ministres délégués et participent au Conseil des ministres pour les affaires relevant de leurs attributions : - Auprès du Premier ministre : […] » (v. art. 3 dudit décret).

[4] V. décret du 6 juillet 2020 relatif à la composition du Gouvernement, JORF n° 0166 du 7 juillet 2020 et VERNAY, S., *Vers le Gouverne-*

63. À l'inverse, un nombre maximum existe également. Étendre à l'infini le Gouvernement n'est en effet ni sain ni même praticable. Le pouvoir d'organisation du chef du Gouvernement est ainsi soumis implicitement à des limites du point de vue de la capacité de fonctionnement et de l'efficience du travail du Gouvernement.[1] Une bonne capacité étatique d'agir est en effet un prérequis constitutionnel.[2] Le Conseil des ministres ne doit pas devenir énorme au point de perdre son utilité. Au Royaume-Uni, qui souffre également d'un Conseil de cabinet à tendance grandissante, de sérieuses questions se posent sur le manque de place au sein du mythique numéro 10 *Downing Street* pour accueillir tous les participants.[3] Lorsque Boris Johnson devint Premier ministre en 2019, une table

---

ment le plus étoffé de la Ve République ?, 2020, https://www.ouest-france.fr/politique/gouvernement/remaniement/vers-le-gouvernement-le-plus-etoffe-de-la-ve-republique-6901725 (dernièrement consulté le 04/06/2021).

[1] V. BLECKMANN, A., *Staatsrecht, Band 1, Staatsorganisationsrecht, Grundlagen, Staatszielbestimmungen und Staatsorganisationsrecht des Bundes [Droit de l'organisation étatique, Bases, Dispositions de buts étatiques et droit de l'organisation étatique de la Fédération]*, Cologne ; Berlin ; Bonn ; Munich, Heymann, 1993, n° 1944 ; KREMSER, H., LEISNER-EGENSPERGER, A., *Verfassungsrecht, Teil 3, Staatsorganisationsrecht [Droit constitutionnel, Partie 3, Droit de l'organisation étatique]*, Munich, C.H. Beck, 1999, § 11 n° 18 ; UHLE, A., MÜLLER-FRANKEN, S. in: SCHMIDT-BLEIBTREU B., HOFMANN H., HENNEKE H.-G. (dir.), *GG Kommentar zum Grundgesetz [GG, Commentaire de la Loi fondamentale]*, 15e éd., Cologne, Carl Heymanns, 2022, art. 62 n° 31.

[2] V. PEINE, F.-J., *Das Recht als System [Le droit comme système]*, Berlin, Duncker und Humblot, 1983, p. 124.

[3] V. MAIER, H., *Die Kabinettsregierung, Entstehung, Wirkungsweise, aktuelle Probleme, Vorgetragen in der Sitzung vom 13. Januar 2006 [Le gouvernement du cabinet, origine, fonctionnement, problèmes actuels, présentés lors de la session du 13 janvier 2006]*, Munich, Verl. der Bayerischen Akad. der Wiss. in Komm. bei Beck, 2006, p. 25.

d'enfants a dû être rajoutée pour permettre à tous les participants au Conseil de cabinet d'avoir une place assise à la table longue.[1] Cependant, compte tenu du fait que la capacité de fonctionnement et de l'efficience du travail gouvernemental peut encore être garantie dans le cas d'une bonne organisation avec un nombre important de ministres, un nombre maximum est difficile à établir.[2]

64. Une question liée à celle de la création et suppression de ministères est le changement du domaine de ministères. Avec l'évolution sociétale et économique, les priorités politiques évoluent et de tout nouveaux domaines peuvent même apparaître, tel le numérique.[3] Au fil du temps, certains domaines peuvent devenir tellement importants qu'ils obtiennent même leurs propres ministères. On peut citer comme exemple le ministère de l'environnement, ministère inexistant lors des débuts des Républiques française et allemande, et qui, désormais, est non seulement acquis, mais jouit même d'une importance croissante dans

---

[1] V. l'image de la salle du conseil pleine filmée par Sky News, montrée par le reporter en chef du politicshome TOLHURST, A., 2019, https://twitter.com/Alain_Tolhurst/status/1154311240006742016 (dernièrement consulté le 16/08/2021).

[2] V. UHLE, A., MÜLLER-FRANKEN, S. in: SCHMIDT-BLEIBTREU B., HOFMANN H., HENNEKE H.-G. (dir.), *GG Kommentar zum Grundgesetz [GG, Commentaire de la Loi fondamentale]*, 15e éd., Cologne, Carl Heymanns, 2022, art. 62 n° 31.

[3] V. MERKEL, A., *Vorwort der Bundeskanzlerin Dr. Angela Merkel zur Neuauflage der Publikation „Bundeskanzleramt und Bundesregierung» [Avant-propos de la chancelière fédérale Dr. Angela Merkel à propos de la nouvelle édition de la publication „Chancellerie fédérale et Gouvernement fédéral"]*, in : BUSSE, V., HOFMANN, H., *Bundeskanzleramt und Bundesregierung, Handbuch für Wissenschaft und Praxis, Mit einem Vorwort von Angela Merkel [Chancellerie fédérale et Gouvernement fédéral, Manuel pour la science et la pratique, Avec un avant-propos de la chancelière Angela Merkel]*, 7e éd., Baden-Baden, Nomos, 2019, p. 5, 5.

les deux pays.[1] D'autres domaines peuvent décroître en importance au point que ce qui reste est incorporé à d'autres ministères. L'on peut nommer à titre d'exemple le ministère des PTT, dissous en 1991 en France, et son équivalent en 1997 en Allemagne, en raison de réorganisations fondamentales de ces domaines (désormais des entreprises privées contrôlées par l'État se chargent de ces tâches).

65. Alléger la tâche d'un ministère en créant un nouveau ministère ne pose en principe aucun problème. En effet, si la charge ministérielle peut éventuellement sembler disproportionnellement légère, elle reste supérieure à celle d'un ministre sans portefeuille. La nomination d'un ministre sans portefeuille, qui ne comprend pas la prise en charge de tâches de direction d'un ministère fédéral mais qui se limite à la participation à la prise de décision du Gouvernement en tant qu'organe collégial,[2] est reconnue comme possible aussi bien en France[3] qu'en Allemagne[1].

---

[1] V. pour la France les décrets du 17 mai 2017 relatif à la composition du Gouvernement (JORF n° 0117 du 18 mai 2017), du 21 juin 2017 relatif à la composition du Gouvernement (JORF n° 0145 du 22 juin 2017) et du 6 juillet 2020 relatif à la composition du Gouvernement (JORF n° 0166 du 7 juillet 2020) et pour l'Allemagne la contribution du vice-chancelier de l'époque GABRIEL, S., *The German Energiewende – Our contribution to a sustainable energy system*, 2014, https://www.un-ilibrary.org/content/books/9789210568609s005-c005 (dernièrement consulté le 29/05/2021).

[2] V. HERMES, G., in : DREIER, H. (dir.), *GG, Grundgesetz Kommentar, Band II, Artikel 20–82, [Loi fondamentale, Commentaire de la Loi fondamentale, tome II, articles 20 à 82]*, 3e éd., Munich, C.H. Beck, 2015, art. 62 n° 20 ; UHLE, A., MÜLLER-FRANKEN, S. in: SCHMIDT-BLEIBTREU B., HOFMANN H., HENNEKE H.-G. (dir.), *GG Kommentar zum Grundgesetz [GG, Commentaire de la Loi fondamentale]*, 15e éd., Cologne, Carl Heymanns, 2022, art. 62 n° 31.

[3] Par exemple en 2017 la ministre Jacqueline Gourault nommé dans le Gouvernement Philippe II, v. art. 2 du décret du 21 juin 2017 relatif à

A fortiori un ministre avec un ministère au domaine réduit est possible ; la seule limite reste le nombre maximum (difficile à établir) de ministres au total.[2]

66. Les domaines des ministères sont, dans la pratique, orientés selon les objectifs fixés et les points forts des tâches du Gouvernement, ainsi que selon les données politiques (éventuellement dans le cadre d'une coalition).[3] La souplesse des Constitutions actuelles impose que, même des ministères apparaissant *prima facie* étranges, voire farfelus, ne sont pas inconstitutionnels. Un exemple de ministère atypique et dont le contenu et la tâche ne seraient pas forcément évidents à expliquer à des observateurs étrangers, est le ministère du temps libre créé en France en 1981.[4] La meilleure limite est composée des

---

la composition du Gouvernement, JORF n° 0145 du 22 juin 2017, texte n° 1.

[1] Par exemple en 2018 le ministre Helge Braun nommé dans le cabinet Merkel IV, V. le porte-parole du Gouvernement Steffen Seibert dans un tweet, 2018, https://twitter.com/RegSprecher/status/97389530870 5976321 (dernièrement consulté le 20/08/2021), « Helge Braun wird Chef des Bundeskanzleramtes und Bundesminister für besondere Aufgaben [Helge Braun devient le chef de la chancellerie et ministre sans portefeuille] ».

[2] KREMSER, H., LEISNER-EGENSPERGER, A., *Verfassungsrecht, Teil 3, Staatsorganisationsrecht [Droit constitutionnel, Partie 3, Droit de l'organisation étatique]*, Munich, C.H. Beck, 1999, § 11 n° 18 ; UHLE, A., MÜLLER-FRANKEN, S. in: SCHMIDT-BLEIBTREU B., HOFMANN H., HENNEKE H.-G. (dir.), *GG Kommentar zum Grundgesetz [GG, Commentaire de la Loi fondamentale]*, 15e éd., Cologne, Carl Heymanns, 2022, art. 62 n° 31.

[3] V. SCHRÖDER, M., in : VON MANGOLDT, H., KLEIN, F., STARCK, Ch. (dir.), *GG, Grundgesetz, Band 2,* art. *20-82 [Loi fondamentale, commentaire, tome 2, arts. 20 à 82]*, 7e éd., Munich, C.H. Beck, 2018, art. 62 n° 9 ; CERDA-GUZMAN, Const., *Cours de droit constitutionnel et des institutions de la Ve République*, 6e éd., Paris, Gualino, 2020, n° 1049.

[4] V. le décret du 22 mai 1981 portant nomination des membres du Gouvernement, JORF n° 0121 du 23 mai 1981, p. 1630.

électeurs. En l'espèce, le ministère du temps libre ne survécut même pas jusqu'aux élections nationales suivantes (présidentielle ou législatives).[1]

67. Un problème peut se poser lors de la création d'un « super-ministère » de par un domaine défini extrêmement vaste. Un cumul à titre permanent par un seul membre du Gouvernement de deux (ou encore plus) des plus grands ministères est inconstitutionnel, notamment en raison de l'absence alors de temps disponible suffisant à consacrer à ses tâches éminemment importantes.[2] Il pourrait donc être envisagé de fusionner ces ministères afin de n'en avoir qu'un, de manière artificielle. Le ministre-président du Land de Rhénanie-du-Nord-Westphalie a ainsi fusionné en 1998 les ministères de l'Intérieur et de la Justice.[3] La Cour constitutionnelle du Land a censuré cette décision.[4] Elle a jugé qu'un tel changement majeur à la tradition de formation gouvernementale nécessiterait au préalable une loi. C'est un jugement intéressant dans le sens où la Cour constitutionnelle n'a donc pas considéré qu'une telle

---

[1] V. le décret du 22 mars 1983 portant nomination des membres du Gouvernement, JORF n° 0069 du 23 mars 1983, p. 882.

[2] Cf. LYNN, J., JAY, A., *The complete Yes Minister, The Diaries of a Cabinet Minister by the Right Hon. James Hacker MP*, London, BBC Books, 1989, p. 470 ; NAVARRO, J., propos recueillis par MONOD, O., in : *Le cumul des mandats rend les élus moins efficaces*, 2014, https://www.lexpress.fr/actualite/politique/le-cumul-des-mandats-rend-les-elus-moins-efficaces_1304738.html (dernièrement consulté le 27/07/2021), « Mes recherches portent sur le Parlement européen et sur l'Assemblée nationale. On s'aperçoit que pour ce qui est de la charge de travail, les députés en situation de cumul sont moins présents que leurs collègues » ; v. aussi n° 92.

[3] V. le Landtag de Rhénanie-du-Nord-Westphalie, 12ème législature, protocole de séance 12/90, 17/06/1998, p. 7346 D.

[4] V. la Cour constitutionnelle du Land de Rhénanie du Nord-Westphalie, jugement du 9 février 1999, VerfGH 11/98, NJW 1999, p. 1243.

fusion serait *per se* inconstitutionnelle.[1] En l'espèce, le ministre-président n'a pas essayé de faire voter une loi à ce sujet par sa majorité parlementaire après le jugement, c'est pourquoi il a été mis fin à la fusion.[2] La garantie d'une efficience encore présente est décisive pour déterminer les limites minimales et maximales du nombre de ministres.[3] Cette même règle s'applique pour la délimitation du domaine de ministères, une efficience suffisante devant être présente.[4] Le domaine d'un (super-)ministère ne peut être aussi vaste que dans la mesure où il peut encore être raisonnablement géré par un seul ministre.

---

[1] Cf. GRIMM, D., KIRCHHOF, P., in : GRIMM, D., KIRCHHOF, P., EICHBERGER, M., *Entscheidungen des Bundesverfassungsgerichts: Studienauswahl [Décisions de la Cour constitutionnelle fédérale: Choix pour les études]*, tome 2, 3e éd., Tubingue, Mohr Siebeck, 2007, p. XI.

[2] V. LANDTAG NRW, *Reinhard Rauball neuer Justizminister*, Landtag intern, 30ème année, édition 4 du 02/03/1999, p. 9, « Der Dortmunder Rechtsanwalt Dr. Reinhard Rauball (Bild) ist neuer Justizminister des Landes Nordrhein-Westfalen. Ministerpräsident Wolfgang Clement (SPD) zog damit die Konsequenzen aus dem Urteil des Landesverfassungsgerichts, das die Zusammenlegung von Innen- und Justizministerium beanstandet hatte. » [L'avocat dortmundois Dr. Reinhard Rauball (image) est le nouveau ministre de la Justice du Land de Rhénanie-du-Nord-Westphalie. Le ministre-président Wolfgang Clement (SPD) a ainsi tiré les conclusions du jugement de la Cour constitutionnelle du Land, qui avait condamné la fusion des ministères de l'Intérieur et de la Justice.].

[3] V. KREMSER, H., LEISNER-EGENSPERGER, A., *Verfassungsrecht, Teil 3, Staatsorganisationsrecht [Droit constitutionnel, Partie 3, Droit de l'organisation étatique]*, Munich, C.H. Beck, 1999, § 11 n° 18 ; UHLE, A., MÜLLER-FRANKEN, S. in: SCHMIDT-BLEIBTREU B., HOFMANN H., HENNEKE H.-G. (dir.), *GG Kommentar zum Grundgesetz [GG, Commentaire de la Loi fondamentale]*, 15e éd., Cologne, Carl Heymanns, 2022, art. 62 n° 31.

[4] V. CERDA-GUZMAN, Const., *Cours de droit constitutionnel et des institutions de la Ve République*, 6e éd., Paris, Gualino, 2020, n° 1050.

68. Les personnes prenant la direction de ministères doivent être capables d'assurer la charge de travail qui en découle, limitant dans une large mesure la possibilité d'un cumul permanent de ministères. Par ailleurs, il est strictement nécessaire que ces personnes soient des nationaux du pays qu'elles vont participer à diriger au plus haut niveau.

69. La possibilité d'un cumul de ministères par une seule personne dépend surtout de son caractère provisoire ou permanent. S'il s'agit de ministères pouvant être fusionnés sans créer un « super-ministère » plus gérable, alors un cumul est toujours possible.

70. Notamment s'il y a un décès ou une démission surprise, le chef du Gouvernement peut être pris au dépourvu et ne pas avoir de remplaçant prêt tout de suite, surtout s'il s'agit d'un ministère important ou si des vérifications préalables à la nomination sont encore en cours[1]. Il est même imaginable que le choix ne dépende pas uniquement de lui, car il doit d'abord en discuter avec sa majorité parlementaire, en particulier si le poste était occupé par une personne choisie par un parti allié. En ce qui concerne la démission, il existe, en France comme en Allemagne, la possibilité d'un refus d'une demande de démission, mais si la personne voulant démissionner insiste, il est impossible de la maintenir malgré elle dans ses fonctions.[2] Un tel cas s'est présenté en France en 2018 avec le ministre de

---

[1] V. HALISSAT, I., *Transparence : les « vérifications » retardent la composition du Gouvernement*, 2017, https://www.liberation.fr/politiques/2017/05/16/transparence-les-verifications-retardent-la-composition-du-gouvernement_1569944/ (dernièrement consulté le 26/05/2021).

[2] V. UHLE, A., MÜLLER-FRANKEN, S. in: SCHMIDT-BLEIBTREU B., HOFMANN H., HENNEKE H.-G. (dir.), *GG Kommentar zum Grundgesetz [GG, Commentaire de la Loi fondamentale]*, 15e éd., Cologne, Carl Heymanns, 2022, art. 64 n° 23.

l'Intérieur Gérard Collomb. Peu après avoir annoncé sa candidature à la mairie de Lyon, il a souhaité démissionner, ce que le Président a refusé.[1] Le ministre a alors renouvelé sa démission, déclarant : « je ne veux pas que le fait que je sois candidat quelque part demain puisse troubler la marche du ministère de l'Intérieur ».[2] Le Président de la République s'est finalement résigné à accepter la démission de son ministre de l'Intérieur et, en attendant de trouver un successeur à ce très important ministère, le Premier ministre a assuré l'intérim.[3]

71. Dans l'immédiat, un cumul de ministères, même de plus de deux et concernant des ministères particulièrement importants, n'est pas problématique tant que c'est à vocation provisoire et qu'il y a une réelle volonté à ce que ne soit vraiment que provisoire.[4] Le cumul peut être effectué

---

[1] V. LES ÉCHOS, *Gérard Collomb a présenté sa démission, refusée par Emmanuel Macron*, 2018, https://www.lesechos.fr/politique-societe/politique/gerard-collomb-a-presente-sa-demission-refusee-par-emmanuel-macron-140575 (dernièrement consulté le 27/07/2021).

[2] V. FRANCE24, *Gérard Collomb candidat à la mairie de Lyon, annonce son futur départ du Gouvernement*, 2018, https://www.france24.com/fr/20180918-france-gerard-collomb-candidat-mairie-lyon-2020-annonce-futur-depart-gouvernement (dernièrement consulté le 27/07/2021).

[3] V. ID., *Gérard Collomb, toujours démissionnaire malgré le refus d'Emmanuel Macron*, 2018, https://www.france24.com/fr/20181002-france-politique-emmanuel-macron-gerard-collomb-demission-beauvau (dernièrement consulté le 29/05/2021) ; L'EXPRESS.FR, *Intérim, Passation glaciale entre Collomb et Philippe*, 2018, https://www.lexpress.fr/actualite/politique/la-passation-glaciale-de-pouvoirs-entre-collomb-et-philippe_2038037.html (dernièrement consulté le 29/05/2021).

[4] Cf. § 121 al. 1 phrase 1 demi-phrase 1 BGB [Bürgerliches Gesetzbuch, Code civil allemand], en cas de tergiversation fautive, le droit octroyé par ledit paragraphe est perdu.

par un autre ministre[1] ou par le chef du Gouvernement en personne[2]. Un nombre maximum de cumul est difficile à établir, au vu de situations très graves possibles (l'on peut penser au tragique crash aérien polonais en 2010)[3], mais il serait en tous cas inconstitutionnel que le chef du Gouvernement occupe, même provisoirement, tous les ministères.[4]

72. Un problème similaire à celui d'un trop grand ministère est celui d'un cumul à vocation permanente. Un

---

[1] V. DER BUNDESKANZLER, *Bundeskabinett, Friedrich übernimtt Aigners Aufgaben [Cabinet fédéral, Friedrich prend en charge les tâches d'Aigner]*, 2013, https://www.bundeskanzler.de/bk-de/aktuelles /friedrich-uebernimmt-aigners-aufgaben-370406 (dernièrement consulté le 20/03/2022).

[2] V. FRANCE 24, *Gérard Collomb, toujours démissionnaire malgré le refus d'Emmanuel Macron*, 2018, https://www.france24.com/fr/ 20181002-france-politique-emmanuel-macron-gerard-collomb-demis sion-beauvau (dernièrement consulté le 29/05/2021) ; L'EXPRESS.FR, *Intérim, Passation glaciale entre Collomb et Philippe*, 2018, https://www.lexpress.fr/actualite/politique/la-passation-glaciale-de-pouvoirs-entre-collomb-et-philippe_2038037.html (dernièrement consulté le 29/05/2021).

[3] V. OMTZIGT, P., *Le crash de l'avion polonais TU-154 transportant la délégation polonaise, le 10 avril 2010 sur le territoire de la Fédération de Russie, Rapport*, 2018, in : CONSEIL DE L'EUROPE, *Commission des questions juridiques et des droits de l'homme*, http://www.assembly.coe.int/LifeRay/JUR/Pdf/TextesProvisoires/ 2018/20180625-PolishCrash-FR.pdf (dernièrement consulté le 17/12/ 2020), « Le crash de cet avion à l'aérodrome Severny de Smolensk entraîna la mort de l'intégralité des 96 personnes qui se trouvaient à bord […]. Parmi les victimes figuraient le Président Lech Kaczyński, sa femme Maria et de nombreux dignitaires et responsables polonais de haut rang, dont les chefs d'état-major de l'armée (armée de terre, armée de l'air et marine) et le président de la Banque nationale de Pologne. ».

[4] Cf. CASPIT, B., cité par TAIT, R., *Netanyahu is slated as the PM who holds four ministries*, 2015, https://www.independent.ie/world-news/middle-east/netanyahu-is-slated-as-the-pm-who-holds-four-ministries-31363452.html (dernièrement consulté le 26/05/2021).

ministère a vocation à être dirigé par une personne à part entière. Les Constitutions prévoient même des règles d'incompatibilité (v. art. 23 al. 1 Const.[1] et art. 66 GG[2]), ce qui présente les avantages d'éviter les situations de conflits d'intérêts[3] et de garantir que le ministre ait le temps nécessaire à accorder à son ministère[4]. Une des raisons majeures pour lesquelles le ministre de l'Intérieur français Gérard Collomb insistait à démissionner en 2018 après avoir annoncé être candidat à de prochaines élections locales,[5] était qu'il s'y sentait obligé suite aux critiques de la

---

[1] « Les fonctions de membre du Gouvernement sont incompatibles avec l'exercice de tout mandat parlementaire, de toute fonction de représentation professionnelle à caractère national et de tout emploi public ou de toute activité professionnelle. ».

[2] « Le chancelier fédéral et les ministres fédéraux ne peuvent exercer aucune autre fonction publique rémunérée, aucune profession industrielle et commerciale ni aucun métier ».

[3] V. ASSEMBLÉE NATIONALE, *Fiche de synthèse n° 5 : Les incompatibilités*, https://www2.assemblee-nationale.fr/decouvrir-l-assemblee/folder/les-deputes/le-statut-des-deputes/les-incompatibilites2 (dernièrement consulté le 27/07/2021).

[4] Cf. LYNN, J., JAY, A., *The complete Yes Minister, The Diaries of a Cabinet Minister by the Right Hon. James Hacker MP*, London, BBC Books, 1989, p. 470 ; NAVARRO, J., propos recueillis par MONOD, O., in : *Le cumul des mandats rend les élus moins efficaces*, 2014, https://www.lexpress.fr/actualite/politique/le-cumul-des-mandats-rend-les-elus-moins-efficaces_1304738.html (dernièrement consulté le 27/07/2021), « Mes recherches portent sur le Parlement européen et sur l'Assemblée nationale. On s'aperçoit que pour ce qui est de la charge de travail, les députés en situation de cumul sont moins présents que leurs collègues ».

[5] V. FRANCE24, *Gérard Collomb candidat à la mairie de Lyon, annonce son futur départ du Gouvernement*, 2018, https://www.france24.com/fr/20180918-france-gerard-collomb-candidat-mairie-lyon-2020-annonce-futur-depart-gouvernement (dernièrement consulté le 27/07/2021) ; ID., *Gérard Collomb, toujours démissionnaire malgré le refus d'Emmanuel Macron*, 2018, https://www.france24.com/fr/20181002-

part de l'opposition qu'il était devenu un ministre « à mi-temps ».[1] Un membre du Gouvernement cumulant deux ministères est, par définition, dans chaque ministère un ministre à mi-temps.

73. Dans la mesure où une fusion de deux ministères précédemment distincts est considérée comme possible,[2] le cumul de ces deux ministères (restés distincts) doit l'être également. Si la fusion n'est en revanche pas considérée comme possible, un cumul ne peut pas l'être non plus. À l'instar d'un Président français négligeant en cas de concordance des majorités présidentielle et parlementaire son obligation constitutionnelle de se restreindre à un rôle d'arbitre (conformément à l'art. 5 al. 1 phrase 2 Const.), le membre du Gouvernement cumulard permanent enfreint son obligation constitutionnelle de se concentrer sur son seul et unique ministère[3]. Surtout au vu de l'importance du ministère (que l'on ne peut fondamentalement pas supprimer) cumulée à son rôle de chef du Gouvernement, le chancelier et ministre des Affaires

---

france-politique-emmanuel-macron-gerard-collomb-demission-beau vau (dernièrement consulté le 29/05/2021).

[1] V. L'EXPRESS.FR, *Démission de Collomb : vaudeville en sept actes*, 2018, https://www.lexpress.fr/actualite/politique/demission-de-collomb-un-vaudeville-en-sept-actes_2038085.html (dernièrement consulté le 29/05/2021).

[2] V. CERDA-GUZMAN, Const., *Cours de droit constitutionnel et des institutions de la Ve République*, 6e éd., Paris, Gualino, 2020, n° 1050.

[3] Cf. LYNN, J., JAY, A., *The complete Yes Minister, The Diaries of a Cabinet Minister by the Right Hon. James Hacker MP*, London, BBC Books, 1989, p. 470 ; NAVARRO, J., propos recueillis par MONOD, O., in : *Le cumul des mandats rend les élus moins efficaces*, 2014, https://www.lexpress.fr/actualite/politique/le-cumul-des-mandats-rend-les-elus-moins-efficaces_1304738.html (dernièrement consulté le 27/07/2021), « Mes recherches portent sur le Parlement européen et sur l'Assemblée nationale. On s'aperçoit que pour ce qui est de la charge de travail, les députés en situation de cumul sont moins présents que leurs collègues ».

étrangères Konrad Adenauer était en l'occurrence de 1951 à 1955,[1] à l'instar du Premier ministre et ministre de l'Économie et des finances Raymond Barre 1976 à 1978,[2] dans une situation constitutionnelle insatisfaisante. En Israël, au grand dam d'un des juges constitutionnels ayant dénoncé la situation lors d'une audience, le Premier ministre a cumulé à partir de 2015 pendant des années – outre son rôle de chef du Gouvernement – pas moins de quatre ministères, dont ceux des Affaires étrangères et de la Santé.[3]

74. Un ministre, exerçant des fonctions inséparables de l'exercice de la souveraineté nationale, doit avoir la nationalité du pays dont il est ministre.[4] Cette condition pourrait *a priori* paraître évidente, mais elle se heurte à un

---

[1] V. AUSWÄRTIGES AMT, *Außenminister von 1951 bis heute [Ministres des Affaires étrangères de 1951 à aujourd'hui]*, https://www.auswaertiges-amt.de/de/aamt/geschichte-des-auswaertigen-amts/aussenminister-node (dernièrement consulté le 20/09/2021).

[2] V. décret du 27 août 1976 portant nomination des membres du Gouvernement, JORF n° 0201 du 28 août 1976, p. 5196.

[3] V. GOVERNMENT OF ISRAEL, *The Government*, 2020, https://www.gov.il/en/Departments/General/gov34 (dernièrement consulté le 26/05/2021) et TAIT, R., *Benjamin Netanyahu's control of Israeli ministries challenged by senior judge*, 2015, https://www.telegraph.co.uk/news/worldnews/middleeast/israel/11726412/Benjamin-Netanyahus-control-of-Israeli-ministries-challenged-by-senior-judge.html (dernièrement consulté le 26/05/2021), « Member of Israel's highest court says prime minister is breaking the country's basic law in keeping charge of four ministries along with the premier's post. ».

[4] V. Cons. const. 30 décembre 1976, n° 76-71 DC, § 6, Rec. p. 15 ; 5 mai 1998, n° 98-399 DC, § 15, Rec. p. 245; v. pour l'Allemagne GRUBER, D., *Die Stellung des Regierungschefs in Deutschland und Frankreich, Eine rechtsvergleichende Studie [La situation du chef du Gouvernement en Allemagne et en France. Une étude en droit comparé]*, Hamburg, Hansischer Gildenverlag Heitmann, 1964, p. 8.

autre souhait qui est d'avoir la meilleure personne pour exercer une certaine fonction. À ce jour il y a régulièrement des ministres « techniciens »[1] issus de la société civile – voire des chefs de Gouvernement –[2]. L'on pourrait songer à aller encore plus loin et à faire venir les meilleurs du monde, quitte à ce que ce soient des étrangers. Le Royaume-Uni a ainsi fait le choix en 2013 de nommer, pour la première fois de son histoire, à la place d'un Britannique un étranger à la tête de la Banque d'Angleterre – le gouverneur sortant de la Banque du Canada où il avait été félicité pour son travail.[3] Cela pourrait même être fait dans un but très restreint, tel que de faire venir un ancien ministre étranger pour une période déterminée, afin de

---

[1] V. CLÉMENT, R., *Gouvernement Philippe : le grand retour de la « République des experts »*, 2017, https://www.challenges.fr/politique/gouvernement-philippe-le-grand-retour-de-la-republique-des-experts_482157 (dernièrement consulté le 29/05/2021).

[2] V. en France le Premier ministre Castex, v. FRANCE INTER, *Technicien, à droite, « monsieur sport » : 7 choses à savoir sur le nouveau Premier ministre Jean Castex*, 2020, https://www.franceinter.fr/politique/technicien-a-droite-monsieur-sport-7-choses-a-savoir-sur-le-nouveau-premier-ministre-jean-castex (dernièrement consulté le 29/05/2021) (« Un profil d'hyper-technicien, Jean Castex a l'habitude d'avoir le nez plongé dans des piles de dossiers. »); à l'étranger l'Italie est devenue coutumière du fait, v. BULL, M., *Now it's Draghi's turn: once again Italy resorts to a technician to solve its problems*, 2021, https://theloop.ecpr.eu/now-its-draghis-turn-italy-resorts-once-again-to-a-technician-to-solve-its-problems/ (dernièrement consulté le 26/05/2021), « The Italian President has invited Mario Draghi to form the next government. It is the fourth time since 1994 that Italy has resorted to a technician ».

[3] V. BBC, *Who is Mark Carney, new governor of the Bank of England?*, 2013, https://www.bbc.co.uk/newsround/23128254 (dernièrement consulté le 26/05/2021), « He's Canadian », « He's the first foreigner to run the Bank of England » et « Before this he was in charge of the Bank of Canada, where he was praised for helping to keep Canada's economy stable. He has now moved from his native Canada to live in the UK ».

réformer de fond en comble un certain ministère suite à un scandale retentissant. Un ministère à caractère scientifique pourrait être confié à un chercheur ayant obtenu le prix Nobel. Cependant, la réponse doit rester la même : à moins d'obtenir préalablement la nationalité, ils ne pourront pas partager leurs compétences au rang de ministre. En effet, un ministre, au-delà de son propre ministère, participe également à toutes les grandes décisions du pays à travers sa place à la table du Conseil des ministres. En dépit de l'intégration européenne avancée, une nationalité d'un autre pays membre de l'UE ne peut pas suffire pour devenir membre du Gouvernement, car il y va de l'intérêt national.

75. L'on peut penser au cas d'une personne naturalisée. La France a résolu cette question en ayant vu en la personne de Manuel Valls, un étranger naturalisé Français, devenir même Premier ministre (après avoir d'abord été ministre).[1] L'Allemagne a, pour sa part, vu en la personne de Philipp Rösler un étranger naturalisé devenir vice-chancelier (après avoir d'abord été ministre).[2] Le moment décisif où la nationalité doit être possédée est le moment de la nomination au Gouvernement. Pour l'hypothèse (peu probable) où la nationalité serait abandonnée ou perdue pendant le mandat gouvernemental, le ministre aurait à démissionner.

76. Il existe enfin le cas où une personne n'a pas qu'une nationalité. Pour différentes raisons, telle la naissance de parents de nationalités différentes, il arrive que

---

[1] V. GOUVERNEMENT, *Manuel Valls*, https://www.gouvernement.fr/manuel-valls (dernièrement consulté le 29/05/2021), espagnol d'origine.

[2] V. DIE BUNDESREGIERUNG, *Philipp Rösler*, https://www.bundesregierung.de/breg-de/bundesregierung/bundeskabinett/philipp-roesler-422290 (dernièrement consulté le 29/05/2021), vietnamien d'origine.

des personnes aient plus d'une nationalité. Certains pays, tel l'Algérie depuis 2017, n'acceptent pas que des plurinationaux soient membres du Gouvernement,[1] ce qui a conduit un ministre franco-algérien à démissionner du Gouvernement[2]. La France, elle, a même régulièrement des ministres possédant plusieurs nationalités,[3] et, en Allemagne, si c'est nettement plus rare (aussi parce les règles de multiples nationalités sont plus strictes),[4] ce n'est pas sans précédent non plus[5]. Cette situation peut être extrapolée pour le poste de chef du Gouvernement. En France, cette situation n'a encore jamais été rencontrée. Manuel Valls, notamment, n'avait pas deux nationalités lorsqu'il est devenu Premier ministre, car il a abandonné sa nationalité d'origine (espagnole) lorsqu'il a été naturalisé

---

[1] V. art. 2 de la loi n° 17-01 du 11 Rabie Ethani 1438 correspondant au 10 janvier 2017 fixant la liste des hautes responsabilités de l'État et des fonctions politiques dont l'accès requiert la nationalité algérienne exclusive, JO de la République algérienne n° 02.

[2] V. KARIM BEN SAÏD, *En Algérie, un ministre démissionne pour ne pas perdre sa nationalité française*, 2020, https://www.courrierinternational.com/revue-de-presse/couac-en-algerie-un-ministre-demissionne-pour-ne-pas-perdre-sa-nationalite-francaise (dernièrement consulté le 20/01/2022).

[3] V. par exemple SUDOUEST.FR, AFP, *Najat Vallaud-Belkacem : pourquoi concentre-t-elle le feu des critiques ?*, 2014, https://www.sudouest.fr/2014/08/27/najat-vallaud-belkacem-pourquoi-concentre-t-elle-le-feu-des-critiques-1652986-710.php?nic (dernièrement consulté le 29/05/2021).

[4] Cf. arts. 21-2 et s. Const. civ. et § 10 al. 1 phrase 1 n° 4 StAG [Staatsangehörigkeitsgesetz ; loi sur la nationalité] (règle fondamentale de l'abandon de sa nationalité d'origine lors de l'obtention de la nationalité allemande).

[5] V. en 2018 la ministre fédérale germano-britannique K. Barley, SCHMOLLACK, S., *SPD-Familienministerin im Wahlkampf, Das Lächeln der Katarina B. [La ministre SPD de la famille en combat électoral, Le sourire de Katarina Barley]*, 2017, https://taz.de/SPD-Familienministerin-im-Wahlkampf/!5445454/ (dernièrement consulté le 29/05/2021).

Français, en raison d'un choix imposé (à l'époque) par son pays d'origine.[1] En Allemagne, il a failli il y avoir un précédent en la personne de Willy Brandt. C'est en raison d'un concours de circonstances tout à fait extraordinaire, commencé par sa déchéance de nationalité décidée par les Nazis en 1938, rendant Willy Brandt même dans un premier temps apatride.[2] Devenu Norvégien, il ne garda cependant pas cette nationalité lorsqu'il redevint Allemand après la guerre.[3] Hors du contexte de la seconde guerre mondiale et ses conséquences (tel que l'art. 116 al. 2 phrase 1 GG toujours en vigueur),[4] l'Allemagne a déjà eu

---

[1] V. LUCAS, R., *Valls : « Je refuse que les thèmes de Marine Le Pen s'imposent dans le débat »*, 2011, https://www.leparisien.fr/politique/valls-je-refuse-que-les-themes-de-marine-le-pen-s-imposent-dans-le-debat-03-06-2011-1478646.php (dernièrement consulté le 29/05/2021), « je n'ai pas la double nationalité car, à l'époque, ce n'était pas possible. ».

[2] Le Gouvernement norvégien en exil octroya au résistant Willy Brandt la nationalité norvégienne en 1940 avant que la nationalité allemande ne lui soit rendue après guerre, en 1948, le rendant d'apatride soudainement porteur de deux nationalités, v. STIFTUNG HAUS DER GESCHICHTE DER BUNDESREPUBLIK DEUTSCHLAND, *Biografie Willy Brandt [Biographie Willy Brandt]*, 2016, https://www.hdg.de/lemo/biografie/willy-brandt.html (dernièrement consulté le 29/05/2021).

[3] V. HARPRECHT, K., *Willy Brandt*, in : VON STERNBURG, W. (dir.), *Die deutschen Kanzler, Von Bismarck bis Kohl [Les chanceliers allemands, De Bismarck à Kohl]*, Berlin, Aufbau-Taschenbuch Verlag, 1998, p. 419, 422 (l'échange de nationalités fut effectué en 1947).

[4] L'art. 116 al. 2 phrase 1 GG garantit aux anciens nationaux allemands déchus de leur nationalité entre le 30 janvier 1933 et le 8 mai 1945 pour des raisons politiques, raciales ou religieuses ainsi que leurs descendants (!) la réintégration à leur demande dans la nationalité allemande. L'obtention de la nationalité allemande par cette voie signifie qu'en dérogation à la règle fondamentale du § 10 al. 1 phrase 1 n° 4 StAG [Staatsangehörigkeitsgesetz ; loi sur la nationalité], les étrangers n'ont jamais besoin d'abandonner la leur, comme le ministère de l'Intérieur l'a encore précisé post-Brexit vis-à-vis de requé-

un dirigeant de Land avec une double nationalité (un ministre-président).[1] Parmi les voisins communs de la France et de l'Allemagne, les Pays-Bas[2] ont eu de 2017 à 2022 une vice-première ministre avec une double nationalité[3] et la Belgique de 2011 à 2014 même un Premier ministre[4]. Est logiquement déductible de ces applications dans ces démocraties voisines communes, que la même solution s'impose pour la France et l'Allemagne : la possession d'une autre nationalité n'est pas une raison empêchant la

---

rants britanniques, v. BUNDESVERWALTUNGSAMT, *Aktuelles zum Brexit und dessen Auswirkungen auf die Staatsangehörigkeitsverfahren beim Bundesverwaltungsamt [Actualités concernant le Brexit et ses conséquences sur les procédures de nationalité à l'Office fédérale de l'administration]*, https://www.bva.bund.de/DE/Services/Buerger/Ausweis-Dokumente-Recht/Staatsangehoerigkeit/_documents/Meldung/Meldung_Brexit.html (dernièrement consulté le 29/05/2021).

[1] V. HONNIGFORT, B., *David McAllister ist Niedersachsens neuer Ministerpräsident [David McAllister est le nouveau Ministre-président de la Basse-Saxe]*, 2010, https://www.badische-zeitung.de/david-mcallister-ist-niedersachsens-neuer-ministerpraesident--32866001.html (dernièrement consulté le 04/06/2021), « zwei Pässen, einem deutschen und einem britischen. [deux passeports, un allemand et un britannique.] ».

[2] Limitrophe de la France de par l'île de Saint-Martin que les deux pays se partagent dans les Antilles.

[3] V. NOS, *Vicepremier Kajsa Ollongren (D66), een vertrouweling van Rutte [Vice-première minister Kajsa Ollongren (parti D66), une confidente du Premier minister Rutte]*, 2017, https://nos.nl/artikel/2199005-vicepremier-kajsa-ollongren-d66-een-vertrouweling-van-rutte.html (dernièrement consulté le 26/05/2021), « Ze heeft twee nationaliteiten: de Nederlandse en de Zweedse. Haar moeder is een Zweedse [Elle a deux nationalités : la néerlandaise et la suédoise. Sa mère est une Suédoise.] ».

[4] V. LA DERNIÈRE HEURE, *« Di Rupo est le dernier Premier ministre belge »*, 2011, https://www.dhnet.be/actu/belgique/di-rupo-est-le-dernier-premier-ministre-belge-51b76e9ce4b0de6db97c4b37 (dernièrement consulté le 29/05/2021), « Filip Dewinter a aussi demandé que le nouveau PM abandonne l'une de ses deux nationalités, „il devrait abandonner l'italienne ou la belge, de préférence la belge" ».

prise de fonctions de chef du Gouvernement. En ce qui concerne le chef de l'État, là encore, la solution doit rester la même dans les deux pays. L'Allemagne a tacitement déjà reconnu un Président par intérim multinational. Le président du Bundesrat est le Président fédéral par intérim et les dirigeants des seize Lands se relaient à la présidence du Bundesrat.[1] L'Allemagne a déjà eu un dirigeant de Land binational (un ministre-président en l'espèce) qui a quitté la chancellerie du Land seulement quelques mois avant d'assurer également la présidence du Bundesrat et de devenir par ce biais le Président de la République par intérim prévu constitutionnellement (départ en février 2013, présidence du Bundesrat à nouveau basse-saxonne en novembre de la même année).[2] Un précédent de chef d'État de plein exercice multinational peut être trouvé

---

[1] V. arts. 57, 52 al. 1 GG et DER BUNDESRAT, *Wahlpraxis im Bundesrat, Warum politische Erwägungen bei der Reihenfolge der Bundesratspräsidenten keine Rolle spielen [Pratique électorale au Bundesrat, Pourquoi des considérations politiques ne jouent aucun rôle pour l'ordre des présidents du Bundesrat]*, Bundesrat, 2020, https://www.bundesrat.de/DE/bundesrat/praesidium/kuenftig/koenigsteiner-abkommen/koenigsteiner-abkommen-node.html (dernièrement consulté le 22/07/2020) – il n'existe pas de preuve écrite de l'accord, si ce n'est le compte-rendu de la conférence (v. *ibid.*).

[2] David McAllister était ministre-président de Basse-Saxe de 2010 à février 2013 et à partir de novembre 2013 la Basse-Saxe assurait à nouveau la présidence du Bundesrat, v. HONNIGFORT, B., *David McAllister ist Niedersachsens neuer Ministerpräsident [David McAllister est le nouveau Ministre-président de la Basse-Saxe]*, 2010, https://www.badische-zeitung.de/david-mcallister-ist-niedersachsens-neuer-ministerpraesident--32866001.html (dernièrement consulté le 04/06/2021), « zwei Pässen, einem deutschen und einem britischen. [deux passeports, un allemand et un britannique.] » et BUNDESRAT, *Präsidentinnen und Präsidenten des Bundesrates seit 1949 [Présidentes et présidents du Bundesrat depuis 1949]*, https://www.bundesrat.de/DE/bundesrat/praesidium/bisher/bisher-node.html (dernièrement consulté le 02/05/2022).

parmi les voisins communs de la France et de l'Allemagne. La reine Beatrix, cheffe de l'État néerlandais de 1980 à 2013, avait une double nationalité (en l'espèce néerlandaise et britannique, se trouvant même dans la ligne de succession officielle au trône britannique),[1] ce que le Gouvernement a tacitement reconnu, en refusant de le démentir[2]. Il est par ailleurs notoire que la reine consort Máxima a également une double nationalité, étant en l'espèce néerlandaise et argentine.[3] Différents Présidents africains ont une double nationalité.[4]

---

[1] V. TROUW, *Koningin Beatrix is ook Britse, Koningin Beatrix blijkt Brits staatsburger te zijn. De jurist prof. H. U. Jesserun d'Oliveira van de Universiteit van Amsterdam onthulde haar dubbele nationaliteit gisteren bij de VPRO-radio [La reine Beatrix est aussi britannique, La reine Beatrix s'avère être citoyenne britannique. Le professeur de droit H. U. Jesserun d'Oliveira de l'université d'Amsterdam dévoila sa double nationalité hier à la radio publique VPRO]*, 1997, https://www.trouw.nl/nieuws/koningin-beatrix-is-ook-britse~b1ddad5d/ (dernièrement consulté le 19/04/2022).

[2] V. ANP, *Kabinet zwijgt over nationaliteit Beatrix, Het kabinet wil niets zeggen over de moglijke dubbele nationaliteit van koniningin Beatrix [Le cabinet gouvernemental garde le silence à propos de la nationalité de Beatrix, Le cabinet gouvernemental ne veut rien dire à propos de la possible double nationalité de la reine Beatrix]*, 2009, https://www.nu.nl/algemeen/1927960/kabinet-zwijgt-over-nationaliteit-beatrix.html (dernièrement consulté le 19/04/2022).

[3] V. VAN ERVEN, W., *Een Argentijnse koningin [Une reine argentine]*, 2013, https://eenvandaag.avrotros.nl/item/een-argentijnse-koningin/ (dernièrement consulté le 19/04/2022).

[4] V. PAMBAZUKA NEWS, *Présidents africains à double nationalité*, 2013, https://www.pambazuka.org/fr/governance/présidents-africains-à-double-nationalité (dernièrement consulté le 17/06/2022) ; ASSOCIATED PRESS, *Somalia's President gives up US citizenship, but unclear why*, 2019, https://www.voanews.com/a/africa_somalias-president-gives-us-citizenship-unclear-why/6173028.html (dernièrement consulté le 17/06/2022).

77. En France, la nomination des autres membres du Gouvernement – outre le Premier ministre – dépend de la relation existante entre les deux têtes de l'exécutif. Cette relation est basée sur le résultat des élections présidentielle et parlementaire. Un certain cadre existe en France, qu'il y ait concordance ou non des majorités présidentielle et parlementaire. Il existe tout d'abord le rang ministériel. De plus, le Gouvernement compte plus de membres qu'il n'y a de ministres, et les parlementaires ont rejeté la disposition constitutionnelle proposée d'instaurer une limite maximale de membres du Gouvernement.

78. Les spécificités allemandes résultent surtout de la place prépondérante qu'occupe le chancelier au sein du Gouvernement allemand. Contrairement à la France, il n'y a pas de pratique passée conséquente permettant au Président fédéral d'insister à avoir un droit de regard politique sur même seulement certains ministères.

79. Le poids du chancelier est particulièrement important dans son rapport avec le Président fédéral lors de la nomination des ministres. En revanche, lors du choix des secrétaires d'État (parlementaires) – qui ne font pas partie *stricto sensu* du Gouvernement allemand –, son poids baisse considérablement face aux ministres auprès de qui les secrétaires d'État seront assignés. Enfin, des précisions sur les nombres minimum et maximum de ministères peuvent être trouvées dans la doctrine.

§ 3. Cohabitation

80. La cohabitation résulte de résultats électoraux présidentiel et législatifs divergents. Le chef de l'État et le chef du Gouvernement sont tous deux politiquement engagés, mais ne sont pas des alliés politiques. La cohabitation est toujours possible, mais nettement moins probable

en cas d'élections présidentielle et parlementaire temporellement proches. Un décalage de durée entre mandat présidentiel et parlementaire augmente fortement la probabilité d'une cohabitation. Une cohabitation partielle (coalition) voit le jour en cas de majorité présidentielle membre d'une majorité parlementaire plus large, c'est-à-dire quand le parti présidentiel a besoin d'un allié pour disposer d'une majorité de députés. Un Gouvernement minoritaire n'est pas une cohabitation partielle, car l'opposition tolère dans cette configuration un Gouvernement dont elle ne fait pas partie, soit le chef de l'État et le chef du Gouvernement sont du même bord politique.

81. Une divergence des majorités intervient lorsque la majorité parlementaire nouvellement élue ne concorde pas avec la majorité présidentielle existante, ou vice-versa. En fonction des acteurs politiques et des circonstances concrètes du moment, la cohabitation peut être plus ou moins mouvementée. En termes de logique structurelle (de régime), ce sont les élections législatives qui priment, car seules elles permettent d'effectivement diriger le pays.[1] L'ancien Premier ministre de cohabitation Édouard Balladur notait à cet égard en l'an 2000 : « Qu'il me soit permis de rappeler mon opinion, elle n'a surpris que ceux qui refusent de regarder en face la réalité : quinquennat ou pas, dès lors que le Gouvernement est responsable devant l'Assemblée, ce sont les élections législatives qui, prioritairement, fixent le cap, comme on l'a vu, dernier exemple en 1997 ».[2]

---

[1] V. MONGOUIN, D., *Les rapports entre le Président de la République et le Premier ministre, in :* BLACHÈR, Ph. (dir.), *La Constitution de la Ve République, 60 ans d'application (1958-2018)*, Issy-les-Moulineaux, LGDJ, 2018, p. 201, 210 et 211.

[2] V. BALLADUR, É., article publié dans Le Monde du 12 septembre 2000.

82. La Constitution française permet *prima facie* au Président de nommer Premier ministre la personne de son choix (v. art. 8 al. 1 phrase 1 Const.). Ensemble, ils peuvent décider seuls des personnes qui composeront le reste du Gouvernement (v. art. 8 al. 2 Const.). Mais un Gouvernement peut être renversé à tout moment par l'Assemblée nationale (v. art. 49 al. 2, art. 50 Const.). Au cas où le Président nommerait ainsi le Gouvernement sans tenir compte des rapports majoritaires qui lui sont défavorables à l'Assemblée nationale, ce Gouvernement serait, selon toute probabilité, très rapidement renversé. Mitterrand avait, lorsque la situation se présenta en France en 1986 pour la première fois, réfléchi à nommer quelqu'un d'autre que Chirac. Mais il avait rapidement filtré que ce dernier était prêt à organiser l'empêchement parlementaire de n'importe quel autre Premier ministre que lui.[1] Ceci signifierait, tant une perte désastreuse d'image pour le Président, qu'une réduction sensible de son capital politique. C'est d'ailleurs exactement ce qui s'est passé durant la IIIème République lors de la crise de 1877 : le Président Mac Mahon a nommé un chef du Gouvernement que le Parlement ne soutenait pas.[2] La majorité a voté la défiance au Gouvernement et le Président a dissous la Chambre des députés.[3] Pour reprendre les mots du député Gambetta durant la campagne électorale, le Président devrait après les élections (qu'il perdit effectivement) « se soumettre ou

[1] V. JOSPIN, L., *Lionel raconte Jospin, Entretiens avec Pierre Favier et Patrick Rotman*, Paris, Éditions du Seuil, 2010, p. 117.

[2] V. SÉNAT, *Victor Schoelcher, un sénateur philanthrope*, https://www.senat.fr/evenement/archives/D36/1877.html (dernièrement consulté le 18/08/2021).

[3] V. SÉNAT, *Victor Schoelcher, un sénateur philanthrope*, https://www.senat.fr/evenement/archives/D36/1877.html (dernièrement consulté le 18/08/2021).

se démettre ».[1] À l'époque, le Président a finalement fait les deux : soumission fin 1877 et démission en 1879.[2] Si sous la Vème République le Président venait à refuser unc nouvelle fois de respecter la composition de l'Assemblée nationale, la question de sa destitution se poserait déjà. C'est pourquoi aucun Président n'a osé jusqu'ici ignorer la composition de l'Assemblée nationale. C'est justement ce qui crée la cohabitation en France.

83. En Allemagne, c'est encore plus simple. Le Président fédéral n'a qu'un droit (et devoir) de proposition (v. art. 63 al. 1 et 3 GG). Il ne peut pas nommer de chancelier dont le Bundestag ne veut pas. La nomination des autres membres du Gouvernement serait certes décidée, comme en France, seulement entre le chef de l'État et le chef du Gouvernement (v. art. 64 al. 1 GG), mais ce stade n'est pas atteignable sans le soutien préalable du Bundestag.

84. En France, le Président peut en principe disposer de son droit de dissolution (v. art. 12 al. 1 Const.) dans le but d'obtenir une concordance des majorités. Un résultat favorable est probable si la majorité présidentielle a été nouvellement élue, comme l'atteste les dissolutions mitterrandiennes heureuses de 1981 et 1988,[3] mais sinon, c'est très risqué et cela s'est avéré défavorable en 1877[4] et

---

[1] V. LAROUSSE, *Léon Gambetta*, https://www.larousse.fr/encyclopedie/personnage/L%C3%A9on_Gambetta/120756 (dernièrement consulté le 18/08/2021).

[2] V. SÉNAT, *Le démocrate républicain*, https://www.senat.fr/evenement/archives/D24/1877.html (dernièrement consulté le 18/08/2021).

[3] V. ASSEMBLÉE NATIONALE, *Les élections législatives depuis 1958*, https://www.assemblee-nationale.fr/dyn/decouvrir-l-assemblee/les-elections-legislatives-depuis-1958 (dernièrement consulté le 09/04/2022).

[4] V. ASSEMBLÉE NATIONALE, *La Troisième République (1870-1940), La crise du 16 mai 1877*, https://www2.assemblee-nationale.fr/decouvrir-l-assemblee/histoire/histoire-de-l-assemblee-

1997[1]. Le Président Mitterrand déclara ainsi en 1986 que : « La dissolution n'est intéressante qu'après une élection présidentielle, jamais avant. […] Pourquoi mener une bataille sur 577 circonscriptions alors qu'on peut la mener sur une seule ? ».[2] En Allemagne, le Président ne peut dissoudre seul et les conditions sont draconiennes[3] et doit immédiatement s'incliner à la nouvelle réalité parlementaire. Une possibilité pour éviter la cohabitation serait que le Président démissionne. Mais, depuis la démission du général de Gaulle suite à sa défaite lors d'un vote national en 1969 (en l'espèce un référendum),[4] les Présidents français concernés ont préféré la situation de cohabitation.[5]

85. Le parti qui a remporté les législatives peut décider qui deviendra le chef du Gouvernement. Le principe dans un régime parlementaire est qu'il s'agit du dirigeant du plus grand parti participant au Gouvernement.[6] Mais

---

nationale/la-troisieme-republique-1870-1940#node_2078 (dernièrement consulté le 27/05/2022).

[1] V. ASSEMBLÉE NATIONALE, *Les élections législatives depuis 1958*, https://www.assemblee-nationale.fr/dyn/decouvrir-l-assemblee/les-elections-legislatives-depuis-1958 (dernièrement consulté le 09/04/2022).

[2] V. MASSOT, J., *L'Arbitre et le capitaine, Essai sur la responsabilité présidentielle*, Paris, Flammarion, 1987, p. 268.

[3] V. art. 68 al. 1 phrase 1 GG et Le recueil officiel de décisions de la Cour constitutionnelle fédérale [Amtliche Sammlung von Entscheidungen des Bundesverfassungsgerichts ; BVerfGE], tome 114, p. 121, 152.

[4] Qui a contribué à nourrir sa légende, v. JAFFRÉ, J., *De Gaulle, la Ve République et les élections*, Commentaire n° 172 (hiver 2020-2021), p. 747, 760.

[5] Cf. MOUZET, P., *Le Président de la République, Le pouvoir présidentiel*, in : VERPEAUX, M. (dir.), *Les annales du droit 2017, Droit constitutionnel*, Paris, Dalloz, 2016, p. 141, 142.

[6] V. DIE WELT, *Merkel: Die stärkste Fraktion stellt den Kanzler [Merkel : C'est le groupe parlementaire le plus fort qui désigne le chancelier]*, 2005, https://www.welt.de/politik/article165796/Merkel-

d'autres (rares) cas de figure sont déjà arrivés dans des démocraties reconnues usant du régime parlementaire – bien que ce soit par principe très regrettable d'un point de vue démocratique[1]. Dans d'autres démocraties reconnues, usant du régime parlementaire, il a déjà été vu que le parti majoritaire au Gouvernement ne désigne justement pas celui qui doit devenir le nouveau chef du Gouvernement (au Royaume-Uni),[2] que les chefs des partis représentés au Gouvernement le dirigent l'un après l'autre (en Israël),[3] ou qu'ils se mettent d'accord pour désigner un tiers (en Italie)[4]. En France en 1993, après avoir notamment déjà été

Die-staerkste-Fraktion-stellt-den-Kanzler.html (dernièrement consulté le 14/02/2020).

[1] V. n° 54.

[2] V. UK GOVERNMENT, *History, Past Prime Ministers, David Lloyd George,* https://www.gov.uk/government/history/past-prime-ministers/david-lloyd-george (dernièrement consulté le 13/09/2020) en lien avec AUDICKAS, L., CRACKNELL, R., LOFT, Ph., *UK election statistics: 1918-2019*, House of Commons library, 2020, p. 7.

[3] V. KNESSET, *What is a „rotation"? When was there "rotation» in the Knesset and in the Government?*, https://www.knesset.gov.il/main/eng/trivia/trivia_details_eng.asp?t_id=23 (dernièrement consulté le 08/10/2021), « A rotation was part of the coalition agreement of 1984 between the Alignment and the Likud, forming a national unity government. Shimon Peres replaced Yitzhak Shamir as Prime Minister in 1986. « ; THE JERUSALEM POST, *Bennett announces plan to form gov't with Lapid that will oust Netanyahu*, https://www.jpost.com/breaking-news/yesh-atid-new-hope-teams-to-meet-669589 (dernièrement consulté le 09/10/2021), « Lapid and Bennett have agreed that Bennet will serve first as prime minister until September 2023, and Lapid will take over until the term ends in november 2025 ».

[4] V. IL DENARO, *Di Maio-Salvini: „Governo politico con Conte premier", Tria per l'Economia [Le chef du parti M5, Di Maio et celui de la Ligue du Nord, Salvini : « Un gouvernement politique avec Conte comme Premier ministre et le professeur Tria au ministère de l'Économie »]*, 2018, https://www.ildenaro.it/di-maio-salvini-governo-politico-con-conte-premier-tria-per-leconomia/ (dernièrement consul-

ministre et Premier ministre, à plusieurs reprises respectivement, mais pas encore Président de la République, le fondateur et président du parti vainqueur (RPR) ainsi que député Jacques Chirac a choisi de laisser sa place à son bras droit (Édouard Balladur), afin de se préparer pour la prochaine présidentielle.[1] Le Président Mitterrand n'a fait que se conformer à cette décision du dirigeant de la majo-

---

té le 13/09/2020) en lien avec PRESIDENZA DELLA REPUBBLICA, *Cerimonia di giuramento del Governo Conte [Cérémonie de prestation de serment du Gouvernement Conte]*, 2018, https://www.quirinale.it/elementi/3288 (dernièrement consulté le 13/09/2020) et ANSA, *Fiducia al Senato e alla Camera – Parte il governo Gonte [Confiance à la fois du Sénat et aussi de la Chambre des députés – le gouvernement Conte démarre]*, 2018, http://www.ansa.it/sito/notizie/politica/2018/06/06/governo-fiducia-camera-conte_2c51cf80-d0c3-46d0-9fc0-e4ea60ef732d.html (13/09/2020) ; cela n'a réussi concrètement qu'au second essai en raison du refus du Président de la République (italienne) de nommer une certaine personne à un certain ministère (personne devenant ministre des Affaires européennes lors de la seconde tentative), v.CUSTODERO, A., *Scontro istituzionale sul nuovo governo. Conte rinuncia, Mattarella convoca Cottarelli. "No a un ministro dell'Economia antieuro". E Di Maio e Meloni invocano impeachment [Querelle institutionnelle au sujet du nouveau gouvernement : le Premier ministre désigné Conte renonce, le Président de la République Mattarella convoque Corarelli. « Non à un ministre de l'Économie anti-euro ». Tant Di Maio, chef du parti M5S que Meloni, chef de la FdI, exigent la destitution du Président de la République]*, 2018, http://www.repubblica.it/politica/2018/05/27/news/il_premier_incaricato_rimette_il_mandato-197504092/ (dernièrement consulté le 13/09/2020).

[1] V. ÉLYSÉE, *Jacques Chirac, 1995-2007*, https://www.elysee.fr/jacques-chirac (dernièrement consulté le 26/05/2021) et LE PARISIEN, *La guerre Chirac-Balladur en toile de fond*, 2010, https://www.leparisien.fr/faits-divers/la-guerre-chirac-balladur-en-toile-de-fond-23-11-2010-1161993.php (dernièrement consulté le 26/05/2021), « Normalement, c'est au chef de l'opposition, Jacques Chirac, qu'il revient de diriger le gouvernement de cohabitation. Mais Chirac préfère laisser sa place à son bras droit de l'époque, Edouard Balladur, en vue de préparer la présidentielle de 1995. ».

rité parlementaire. Mitterrand nomma, suite à la proposition en ce sens de Jacques Chirac, Édouard Balladur Premier ministre, sans même l'avoir rencontré.[1]

86. En France et en Allemagne, a existé au début des Républiques respectives un décalage entre le mandat présidentiel et le mandat parlementaire. Les Présidents allemands ayant jusqu'ici occupé un rôle arbitral, la question de la cohabitation et ses particularités ne s'est jamais posée. En France, avec une présidence toujours engagée, la question de la cohabitation s'est posée et les mandats présidentiel et parlementaire ont été alignés à l'aide d'une réforme constitutionnelle.

87. De 1958 à 2002, le mandat du chef de l'État était de sept ans.[2] Toutefois, une législature ne dure que cinq ans (v. art. LO121 Const. élect.). Pour éviter une cohabitation, le parti présidentiel devait donc systématiquement gagner les législatives, ce qui à terme n'est pratiquement pas possible dans une démocratie.[3] Jusqu'en 1969 le

---

[1] V. GARRIGOU, A., *La politique en France de 1940 à nos jours*, Paris, La Découverte, 2017, p. 339.

[2] V. les différentes versions de l'art. 6 Const. : https://www.legifrance.gouv.fr/loda/article_lc/LEGIARTI000019241002/2019-07-01 (dernièrement consulté le 08/04/2022).

[3] Sauf dans de très rares pays, dont la France ne fait pas partie, mais l'Allemagne révèle une tendance claire dans cette direction, lorsque l'on considère qu'entre 1949 et 2020 (71 ans), le dirigeant allemand effectif, jusqu'ici le chancelier, a toujours été du même parti, le parti chrétien-démocrate (CDU), sauf pendant 20 ans, ce qui est certes considérable, mais tout de même nettement moins, v. DER BUNDESKANZLER, *Bundeskanzler seit 1949 [Chanceliers fédéraux depuis 1949]*, https://www.bundeskanzler.de/bk-de/kanzleramt/bundeskanzler-seit-1949 (dernièrement consulté le 08/04/2022) – de plus, il n'y a eu jusqu'ici qu'une seule fois, en 1998, une alternance complète, avec aucun parti participant à la formation du nouveau Gouvernement

général de Gaulle était au pouvoir et une concordance des majorités était probable, si ce n'est prévisible, en raison de sa popularité inégalée auprès de toute la population française.[1] Depuis 1969, la situation était très ouverte et c'est en 1986 que, pour la première fois,[2] une divergence des majorités présidentielle et parlementaire a eu lieu. Cela s'est produit finalement trois fois jusqu'en 2020 et c'est ainsi que la France a été gouvernée par une cohabitation pendant neuf ans entre 1986 et 2002.[3] Bien qu'appréciée par la population,[4] la cohabitation a été considérée par les

---

n'ayant fait partie du Gouvernement sortant, v. LAKÄMPER, B.-M., *Koalitionen : So wurde Deutschland seit 1949 regiert [Coalitions: Ainsi a été gouvernée l'Allemagne depuis 1949]*, 2021, https://www.waz.de/politik/bundesregierung-koalition-geschichte-kabinett-cdu-spd-fdp-gruene-id233460630.html (dernièrement consulté le 09/04/2022).

[1] V. INSTITUT FRANÇAIS D'OPINION PUBLIQUE, CHARLOT, J., *Les Français et de Gaulle*, Paris, Plon, 1971, p. 74.

[2] En 1981, fraîchement élu Président, François Mitterrand dissolva l'Assemblée nationale dans le but d'obtenir une majorité parlementaire, ce qui réussit, v. ASSEMBLÉE NATIONALE, *Les élections législatives depuis 1958*, https://www.assemblee-nationale.fr/dyn/decouvrir-l-assemblee/les-elections-legislatives-depuis-1958 (dernièrement consulté le 09/04/2022).

[3] V. ibid.

[4] V. LES ÉCHOS, *Les Français sont de plus en plus attachés à la cohabitation selon Sofres*, 1999, https://www.lesechos.fr/23/02/1999/LesEchos/17843-011-ECH_les-francais-sont-de-plus-en-plus-attaches-a-la-cohabitation--selon-la-sofres.htm (dernièrement consulté le 05/09/2020) ; PUBLIC SÉNAT, *Sondage: 56 % des Français souhaitent une cohabitation*, 2022, https://www.publicsenat.fr/article/politique/sondage-56-des-francais-souhaitent-une-cohabitation-203610, (dernièrement consulté le 26/04/2022), « 56 % des personnes interrogées souhaitent qu'Emmanuel Macron [réélu comme chef de l'État] perde les élections législatives et „qu'il y ait une cohabitation avec un Gouvernement de l'opposition qui l'empêche de mettre en œuvre son programme“ ».

gouvernants comme un problème à résoudre.[1] La situation de cohabitation qui se produisait de manière réitérée à de courts intervalles a été en effet considérée comme nuisible car elle implique des difficultés pour gouverner la France.[2]

88. En l'an 2000, suite à un référendum voulu par les deux têtes de l'exécutif – malgré la cohabitation –[3], la durée du mandat présidentiel a été réduite à cinq ans, avec effet à partir de l'élection présidentielle de 2002.[4] Simultanément, la durée du mandat est mieux harmonisée avec l'ensemble des pouvoirs du président, ce qui souligne à nouveau que le Président, non seulement préside, mais doit aussi vraiment agir ; la réduction du mandat présidentiel fournit dans cette mesure un argument supplémentaire en faveur d'un Président dans une situation traditionnelle par rapport à « son » Premier ministre. En 2001, en vertu de la « logique des institutions »,[5] donc pour éviter autant que possible des cohabitations, le calendrier électoral a été inversé à compter de 2002 ;[6] désormais, le peuple élit d'abord le Président et un mois plus tard ses députés. À ce jour, la présomption s'est révélée juste, à savoir que le

---

[1] V. VEDEL, G., Variations et cohabitations, Pouvoirs 1997 n° 83, p. 101 et 129.

[2] V. GESLOT, Ch., *L'équilibre des pouvoirs, L'équilibre des pouvoirs sous la Ve République*, in : VERPEAUX, M., (dir.), Les annales du droit 2017, Droit constitutionnel, Paris, Dalloz, 2016, p. 190, 195 et s.

[3] V. INA, *Lionel Jospin sur le quinquennat*, 1995, https://www.ina.fr /video/I05081227 (dernièrement consulté le 05/09/2020).

[4] V. la loi constitutionnelle n° 2000-964 du 2 octobre 2000 relative à la durée du mandat du Président de la République.

[5] V. LES ÉCHOS, *Inversion du calendrier électoral : le Parti socialiste pressé d'aboutir*, 2000, https://www.lesechos.fr/2000/11/inversion-du-calendrier-electoral-le-parti-socialiste-presse-daboutir-757930 (dernièrement consulté le 05/09/2020).

[6] V. la loi organique n° 2001-419 du 15 mai 2001 modifiant la date d'expiration des pouvoirs de l'Assemblée nationale, dans la version en vigueur, art. 1.

peuple ne modifie pas son opinion en un mois et donne logiquement au parti du Président une majorité à l'Assemblée nationale. Et, en 2017, la présomption s'est même encore surpassée. Le parti de celui qui avait gagné l'élection présidentielle n'existait en effet même pas treize mois avant l'élection et n'avait jusque-là pour unique objectif que de gagner cette élection pour son fondateur.[1] C'est ainsi qu'à la surprise générale le parti réussit à créer autour du Président nouvellement élu une majorité à l'Assemblée nationale.[2] Et ce parti y a même réussi clairement ; en effet, ce parti, la « République en Marche (LaREM) a obtenu 308 sièges sur 577 et ses alliés du « Mouvement Démocrate » (MoDem) 42 autres sièges.[3]

89. Subsiste en Allemagne en cas de présidence politiquement engagée la non-concordance calendaire actuelle des élections législatives et présidentielle. La durée du mandat présidentiel est en effet de cinq ans (v. art. 54 al. 2 phrase 1 GG), alors que le mandat parlementaire est de

---

[1] Le parti a été créé le 6 avril 2016 et le premier tour de l'élection présidentielle a eu lieu le 7 mai 2017, v. ÉLYSÉE, *Emmanuel Macron – Biographie*, http://www.elysee.fr/la-presidence/emmanuel-macron-biographie/ (dernièrement consulté le 05/09/2020).

[2] Cf. le parti conservateur LR, qui devint finalement la première force d'opposition : FRANCEINFO, AFP, *Législatives: François Baroin conduira la campagne de la droite*, 2017, https://www.francetvinfo.fr/elections/legislatives/legislatives-francois-baroin-conduira-la-campagne-de-la-droite_2172334.html (dernièrement consulté le 05/09/2020) et GOAR, M., *Législatives: la droite lance la bataille de la cohabitation*, 2017, http://www.lemonde.fr/elections-legislatives-2017/article/2017/05/20/legislatives-la-droite-lance-la-bataille-de-la-cohabitation_5131150_5076653.html (dernièrement consulté le 14/02/2020), « Je vous demande d'accueillir le futur Premier ministre de la France… François Baroin ».

[3] V. MINISTÈRE DE L'INTÉRIEUR, *Résultats des élections législatives 2017*, 2017, https://www.interieur.gouv.fr/Elections/Les-resultats/Legislatives/elecresult__legislatives-2017/(path)/legislatives-2017/FE.html (dernièrement consulté le 14/02/2020).

quatre ans (v. art. 39 al. 1 phrase 1 GG). De plus existe le problème que les élections ne peuvent être aisément, comme en France, alignées, ou, selon le cas, réalignées (si jamais les élections venaient à être séparées, pour quelque raison que ce soit, mais typiquement un scrutin anticipé).

90. Une réforme de la Loi fondamentale pour introduire une concordance calendaire pourrait remédier à la différence de durée entre mandat présidentiel et mandat parlementaire. L'alignement serait probablement atteint en prolongeant le mandat parlementaire d'un an, conformément au projet discuté en ce sens depuis le début de la République[1] et conformément à la durée législative des Lands (tous sauf Brême), du Parlement européen et de la plupart des démocraties du monde, dont la France et la plus grande du monde (en nombre d'habitants), l'Inde. Il est notable, toutefois, que les États-Unis et le Royaume-Uni, bien que respectivement pour des raisons différentes, travaillent en pratique avec une législature de durée allemande, c'est-à-dire quadriennale, voire de durée encore plus brève.[2, 1] Au vu de l'exemple états-unien

---

[1] V. WISSENSCHAFTLICHE DIENSTE [Services scientifiques du Bundestag], *Sachstand, Verlängerung der Wahlperiode auf fünf Jahre [État, de la situation, Prolongement de la législature à cinq ans]*, Numéro de dossier: WD 3 - 3000 - 058/21, Berlin, Deutscher Bundestag, 2021, p. 3.

[2] Les États-Unis, conformément à leur rang actuel d'archétype du régime présidentiel, les législatives sont calqués sur la présidentielle (l'élection ayant lieu le même jour – « Election day » –, le vote parlementaire et présidentiel est devenu progressivement lié, au point qu'en 2016, chaque résultat de sénatoriale concordait dans chaque état avec le résultat présidentiel, v. BROWNSTEIN, R., *Who wins the Senate ? Watch the presidential race*, 2020, https://us.cnn.com/2020/11/03/politics/senate-and-presidential-race-analysis/index.html, dernièrement consulté le 18/02/2022) et les législatives ayant lieu deux ans après, sont appelés, de manière révélatrice, des élections de « mi-mandat » (midterms), et ce, alors que les mandats des parlementaires

multiséculaire et l'accélération générale de la vie[2], il serait également possible, si ce n'est même préférable, de raccourcir plutôt le mandat présidentiel à quatre ans.

91. Cette réforme (constitutionnelle) devrait alors également régler un problème annexe : en cas de présidentielle ou de législatives anticipées, quelle que soit la raison, un nouveau décalage est créé, et la Loi fondamentale n'a à ce jour pas de solution inhérente efficace pour y remédier. Déclencher des législatives anticipées est de manière générale notablement plus difficile sous le régime de la Loi fondamentale, que sous la République de Weimar, ce qui laisse supposer une volonté en ce sens par les auteurs de la Loi fondamentale.[3] En France, le Président peut à tout moment réaligner les élections à l'aide de son droit de dissolution (v. art. 12 al. 1 Const.). En Allemagne, le

---

concernés – deux ans seulement pour les représentants !, v. art. 1 section 2 de la Constitution états-unienne – soient bien arrivés à leur fin ! (soit tout tourne aujourd'hui autour du mandat présidentiel, qui est quadriennal, v. art. 2 section 1 de la Constitution états-unienne).

[1] Le Royaume-Uni, en dépit d'une législature théorique de (maximum) cinq ans, la règle est une dissolution avant, voire bien avant ; de 1945 à 2020 il y a ainsi eu en 75 ans 21 élections (v. PILLING, S., CRACKNELL, R., *UK election statistics: 1918-2021: A century of elections*, House of Commons library, 2021, p. 9), soit des législatives tous les trois ans et demis en moyenne.

[2] Plus de deux fois moins de temps s'est écoulé entre nous et la reine Cléopâtre (VII), qu'entre elle et la construction de la pyramide de Khéops…

[3] V. STEINMEIER, F.-W., *Bundespräsident Frank-Walter Steinmeier im Gespräch mit Daniel Goffart, Robert Schneider und Jörg Harlan Rohleder vom Focus Magazin im Amtszimmer von Schloss Bellevue [Entretien du Président fédéral Frank-Walter Steinmeier avec Daniel Goffart, Robert Schneider et Jörg Harlan Rohleder du magazine « Focus » dans son bureau de fonctions au château de Bellevue]*, 2018, http://www.bundespraesident.de/SharedDocs/Reden/DE/Frank-Walter-Steinmeier/Interviews/2018/180113-Interview-Focus.html (dernièrement consulté le 14/09/2020).

Président ne peut en principe décider de législatives anticipées qu'après que le chancelier ait perdu une motion de confiance au Bundestag (v. art. 68 al. 1 phrase 1 GG).[1] Considérant que la Cour constitutionnelle exige à ce sujet qu'un réel doute existe quant à la confiance dont jouit le chancelier au sein du Bundestag,[2] on peut en conclure que le Président allemand ne peut globalement pas dissoudre le Parlement pour des raisons purement politiques. Le Président fédéral pourrait, conformément au précédent Lübke de 1969, vouloir, en raison de la date des législatives, influer sur la date de la présidentielle en démissionnant.[3] Toutefois cela signifierait qu'en cas de législatives anticipées, le Président devrait immédiatement démissionner, conduisant à ce qu'à la fois le chef de l'État et le chef du Gouvernement ne seraient plus de plein exercice – une situation très regrettable. De plus, une telle solution n'est que difficilement compatible avec l'idée d'un Président engagé politiquement. À défaut d'une telle réforme constitutionnelle d'envergure peu envisageable à ce jour, le plus probable est qu'une divergence entre les mandats présidentiel et parlementaire soit vouée à rester pour l'avenir prévisible.

92. Il est fort possible que, bien plus qu'être un problème, ainsi que les dirigeants français l'ont vu, la cohabitation résultant de la divergence de durée de mandats soit appréciée par les Allemands, tout comme les électeurs

---

[1] Et que le Bundestag ne choisisse pas un successeur au chancelier, v. art. 68 al. 1 phrase 2 GG.

[2] V. le recueil officiel de décisions de la Cour constitutionnelle fédérale [Amtliche Sammlung von Entscheidungen des Bundesverfassungsgerichts ; BVerfGE], tome 114, p. 121, 152.

[3] C'était au moins la raison officielle, v. KELLERHOFF, S. F., *Als Lübke den Köhler machte [Quand Lübke jouait au soutier]*, 2010, https://www.welt.de/politik/deutschland/article7862004/Als-Luebke-den-Koehler-machte.html (dernièrement consulté le 15/09/2020).

français apprécient la cohabitation[1]. Les élections législatives passées prouvent que les Allemands n'apprécient depuis le début de la République actuelle pas beaucoup le changement, et encore moins s'il est rapide.[2] Il est révélateur que, jusqu'à ce jour, il n'y a eu qu'une seule fois une vraie alternance (en 1998), avec aucun parti participant à la formation du nouveau Gouvernement n'étant un parti ayant participé au Gouvernement sortant.[3] Le Bundesrat permet déjà pour les gouvernants de tempérer toute alternance trop rapide. Par ailleurs, les partis adversaires aujourd'hui seront à nouveau alliés demain, ce qui implique de ne pas se les aliéner, renforçant encore un peu plus la

[1] V. LES ÉCHOS, *Les Français sont de plus en plus attachés à la cohabitation selon Sofres*, 1999, https://www.lesechos.fr/23/02/1999/LesEchos/17843-011-ECH_les-francais-sont-de-plus-en-plus-attaches-a-la-cohabitation--selon-la-sofres.htm (dernièrement consulté le 05/09/2020) ; PUBLIC SÉNAT, *Sondage: 56 % des Français souhaitent une cohabitation*, 2022, https://www.publicsenat.fr/article/politique/sondage-56-des-francais-souhaitent-une-cohabitation-203610, (dernièrement consulté le 26/04/2022), « 56 % des personnes interrogées souhaitent qu'Emmanuel Macron [réélu comme chef de l'État] perde les élections législatives et „qu'il y ait une cohabitation avec un Gouvernement de l'opposition qui l'empêche de mettre en œuvre son programme" ».

[2] Il est rarissime que les électeurs ne confirment pas dans ses fonctions le chancelier sortant (pas été le cas qu'en 1969, 1998 et 2005), v. DER BUNDESKANZLER, *Bundeskanzler seit 1949 [Chanceliers fédéraux depuis 1949]*, https://www.bundeskanzler.de/bk-de/kanzleramt/bundeskanzler-seit-1949 (dernièrement consulté le 08/04/2022) en lien avec DEUTSCHER BUNDESTAG, *Bundestagswahlergebnisse seit 1949 – Zweitstimmen [Résultats des élections au Bundestag depuis 1949 – deuxièmes voix]*, https://www.bundestag.de/parlament/wahlen/ergebnisse_seit1949-244692 (dernièrement consulté le 12/06/2022).

[3] V. LAKÄMPER, B.-M., *Koalitionen : So wurde Deutschland seit 1949 regiert [Coalitions: Ainsi a été gouvernée l'Allemagne depuis 1949]*, 2021, https://www.waz.de/politik/bundesregierung-koalition-geschichte-kabinett-cdu-spd-fdp-gruene-id233460630.html (dernièrement consulté le 09/04/2022).

culture du compromis déjà très présente. Mais le Bundesrat et les considérations vis-à-vis du futur bénéficient de moins de visibilité pour les électeurs que le chef de l'État. Un Président fédéral ayant été élu par une majorité présidentielle différente de la nouvelle majorité parlementaire, peut être vu comme rassurant plutôt que gênant.

93. Il est possible que la majorité présidentielle ne parvienne pas à réunir à elle seule une majorité parlementaire, mais sans pour autant en être exclue entièrement. Surtout si une majorité est très proche, l'hypothèse d'un gouvernement minoritaire est une option très vraisemblable, mais la majorité présidentielle ne peut en être sûre. Un Gouvernement minoritaire n'est pas une cohabitation partielle, car l'opposition tolère dans cette configuration un Gouvernement dont elle ne fait pas partie, soit le chef de l'État et le chef du Gouvernement sont du même bord politique.

94. Le seul moyen de garantir une majorité gouvernementale est de former une coalition. La majorité présidentielle entre donc en principe en coalition pour faire partie d'une majorité parlementaire plus large. C'est particulièrement probable en Allemagne, où l'obtention d'une majorité absolue de sièges par un seul parti est rarissime.[1] Peu importe la taille de l'allié, le fait qu'un allié soit nécessaire conduit à une cohabitation partielle, une coalition. Le Président chef de parti ne peut pas aspirer à diriger le pays comme s'il y avait concordance des majorités, mais il n'a

---

[1] Cela ne s'est produit jusqu'ici qu'une seule fois en 1957 ; il manquait 1 siège sur 509 en 1953 et 5 sur 631 en 2013, v. ZICHT, W., *Ergebnisse der Bundestagswahlen [Résultats des élections au Bundestag]*, 2017, http://www.wahlrecht.de/ergebnisse/bundestag.htm (dernièrement consulté le 13/09/2020) en lien avec DEUTSCHER BUNDESTAG, *Bundestagswahlergebnisse seit 1949 – Zweitstimmen [Résultats des élections au Bundestag depuis 1949 – deuxièmes voix]*, https://www.bundestag.de/parlament/wahlen/ergebnisse_seit1949-244692 (dernièrement consulté le 12/06/2022).

pas non plus besoin de céder entièrement la place au chef du Gouvernement. En fonction du fait que la majorité présidentielle est majoritaire au sein de la coalition parlementaire, le Président est prioritaire pour être le dirigeant représentant le pays lors de sommets européens et internationaux. Si la majorité présidentielle est minoritaire, le chef du Gouvernement, choisi par l'allié dirigeant le plus de députés, endossera ce rôle. Dans les deux cas, les décisions politiques devront toujours être discutées avec l'allié, comme il est d'usage au sein de toute coalition parlementaire.

95. En cas de crise insoluble au sein de la coalition, ce n'est rien d'autre qu'une crise gouvernementale classique : si l'ex-allié du parti présidentiel parvient à réunir une majorité parlementaire adverse, la situation évoluera vers une cohabitation classique, sinon elle évoluera vers un régime présidentiel avec un Gouvernement minoritaire.

96. Un régime présidentiel avec un Gouvernement minoritaire a déjà eu lieu en France en 1988 et en 2022, mais c'est seulement en 2022 que le caractère minoritaire du Gouvernement a été clair. En effet, en 1988, seuls 14 sièges sur 577 manquaient à la majorité présidentielle relative pour être absolue.[1] Le Président pouvait à juste titre raisonnablement espérer qu'un Gouvernement formé de manière traditionnelle ne soit pas renversé dans la pratique, eu égard à la nécessité pour l'opposition d'être unie à l'extrême pour adopter une motion de censure (ce qui faillit cependant arriver en 1992, où une telle motion n'échoua que de trois voix)[2]. En 2022, il manqua 44 sièges

---

[1] V. ASSEMBLÉE NATIONALE, *IXe législature, 23 juin 1988 - 1er avril 1993*, https://www.assemblee-nationale.fr/histoire/leg5repnew.asp (dernièrement consulté le 30/07/2021).

[2] V. ASSEMBLÉE NATIONALE, *Engagements de responsabilité du Gouvernement sur son programme ou sur une déclaration de politique générale depuis 1958*, 2017, http://www.assemblee-nationale.fr/con

à la majorité présidentielle pour être absolue,[1] ce qui est considérable, et définitivement trop pour pouvoir gouverner comme lors de la (IXème) législature de 1988. Après consultations avec l'opposition, c'est finalement un Gouvernement minoritaire qui a été formé (Gouvernement Borne), en raison de « l'absence de volonté des partis de gouvernement de participer à un accord de gouvernement à toute forme de coalition »,[2] avec sa tolérance par différents groupes d'opposition,[3] dont le premier groupe de l'opposition, qui, lui, avait expressément déclaré sa volonté d'être « constructif »[4].

---

naissance/engagements-49-1.asp (dernièrement consulté le 14/09/2020); ID., *Motions de censure depuis 1958*, 2015, http://www.assemblee-nationale.fr/connaissance/engagements-49-2.asp (dernièrement consulté le 14/09/2020); ID., *Engagements de responsabilité du Gouvernement et motions de censure depuis 1958*, 2016, http://www.assemblee-nationale.fr/connaissance/engagements-49-3.asp (dernièrement consulté le 14/09/2020).

[1] V. MINISTÈRE DE L'INTÉRIEUR, *Élections législatives 2022*, 2022, https://www.resultats-elections.interieur.gouv.fr/legislatives-2022/FE.html (dernièrement consulté le 24/07/2022).

[2] V. Président Macron, cité par DAVID, R., in : *Ce qu'il faut retenir du premier Conseil des ministres du nouveau Gouvernement Borne*, 2022, https://www.publicsenat.fr/article/politique/ce-qu-il-faut-retenir-du-premier-conseil-des-ministres-du-nouveau-gouvernement (dernièrement consulté le 24/07/2022).

[3] V. REUTERS STAFF, *France : Rejet de la motion de censure contre le Gouvernement Borne*, 2022, https://www.reuters.com/article/france-politique-idFRKBN2OM1DV (dernièrement consulté le 24/07/2022), « Élisabeth Borne avait choisi de ne pas solliciter un vote de confiance après son discours de politique générale, mercredi dernier. La Nouvelle union populaire écologique et sociale (Nupes) a répondu à cette décision en déposant une motion „de défiance". Mais les autres groupes d'opposition, dont le Rassemblement national (extrême droite, 89 députés) avaient prévenu qu'ils ne la voteraient pas ».

[4] V. « Une opposition ferme à la politique annoncée par Emmanuel Macron […] Cette opposition sera également constructive », v. Informations parlementaires, Assemblée nationale, session ordinaire de

Section 2. Règles particulières en cas d'absence de majorité parlementaire claire prête à soutenir un Gouvernement

97. Dans le cas d'une majorité parlementaire claire prête à soutenir un Gouvernement – typiquement suite à des élections législatives –, le dirigeant de cette majorité peut largement imposer ses choix. Le Président n'aura d'autre choix que de s'y conformer. Si des élections législatives viennent de se dérouler, une victoire claire implique la victoire d'un seul parti ou d'une coalition connue et déterminée à gouverner ensemble avant le passage aux urnes[1]. En l'absence de majorité parlementaire claire prête à soutenir un Gouvernement, le rôle du Président est crucial. Les discussions et compromis prévalent.

§ 1. Négociations en vue de la formation d'un nouveau Gouvernement

98. Des négociations sont incontournables si aucune coalition souhaitée n'a de majorité et que la possibilité d'une coalition entre adversaires doit être explorée. Ce cas

2021-2022, Groupes politiques, Déclarations politiques des groupes, Déclaration politique du groupe Rassemblement national, ainsi que Composition des groupes, JORF n° 0149 du 29 juin 2022, texte n° 144.

[1] V. par exemple DIRECTION DE L'INFORMATION LÉGALE ET ADMINISTRATIVE, *Plate-forme commune du RPR et de l'UDF intitulée « Plate-forme pour gouverner ensemble » signée le 16 janvier 1986 par M. Jacques Chirac, président du RPR et M. Jean Lecanuet, président de l'UDF. Troisième partie : « redonner sa vraie place à la France ».*, 1986, https://www.vie-publique.fr/discours/130106-plate-forme-commune-du-rpr-et-de-ludf-intitulee-plate-forme-pour-gouve (dernièrement consulté le 05/07/2021).

de figure a par exemple eu lieu en Allemagne en 2013.[1] Le Gouvernement sortant composé des partis Union (CDU/CSU, démocrate-chrétien) et FDP (libéral) avait perdu la majorité en raison de l'échec du FDP à être de nouveau représenté avec des élus au Bundestag ; mais la coalition adverse SPD (socialiste)/Les Verts n'était pas parvenue à dégager une nouvelle majorité, car un dernier parti, Die Linke (« La Gauche »), occupait les sièges restants décisifs. Ce résultat imprévu fut le début de ce qui allait devenir la plus longue formation du Gouvernement de l'histoire de la République Fédérale d'Allemagne.[2] Le Président fédéral a attendu une durée record avant de faire sa proposition de candidat à la chancellerie au Bundestag et, non seulement cela n'a pas été critiqué, mais a même été nécessaire. Lorsque les négociations entre l'Union (CDU/CSU) et le SPD furent achevées, il proposa le dirigeant sur lequel ces partis s'étaient mis d'accord, en l'espèce la chancelière sortante et dirigeante de la CDU, Angela Merkel.

99. Au-delà de son droit et devoir de contrôle d'évidence, le Président n'a pas le droit de s'opposer à la nomination des personnes choisies par la coalition pour former le Gouvernement (en-dehors des ministères du « domaine réservé »[3] en France où la situation est moins évidente). La pratique montre que le système serait complètement dépassé s'il fallait tout négocier à partir de la

---

[1] V. DER BUNDESWAHLLEITER, *Bundestagswahl 2013, Ergebnisse [Élections au Bundestag en 2013, résultats]*, 2013, https://www.bundeswahlleiter.de/bundestagswahlen/2013/ergebnisse.html (dernièrement consulté le 09/09/2020).

[2] V. FERBER, M., *Wiedergewählt: Angela Merkel, die Dritte [Réélue : Angela Merkel III]*, 2013, https://www.augsburger-allgemeine.de/politik/Wiedergewaehlt-Angela-Merkel-die-Dritte-id28154937.html (dernièrement consulté le 09/09/2020).

[3] Au sens le plus strict la politique étrangère et la défense.

base.[1] Un recours doit être pris au consensus déjà trouvé auparavant, les règlements intérieurs des organes suprêmes constituant le cas classique d'un consensus déjà trouvé.[2]

100.Dans le cas où les négociations échouent, la première chose à faire est de voir si d'autres négociations apparaissent plausibles. À l'instar du lendemain des élections, où le Président fédéral s'informe formellement de qui a gagné les élections et qui devrait clairement réussir à réunir une majorité absolue de voix de députés en sa faveur, il peut à présent s'informer formellement de l'échec définitif des négociations. Il est notamment pensable qu'un parti pivot ait discuté avec la plus grande coalition de partis et que ces négociations aient échoué. Désormais ce parti pivot peut discuter avec une autre coalition de partis.

101.Des négociations préalables du parti pivot avec cette autre coalition de partis, alors que la négociation principale est encore en cours, ne devraient pas être possibles. En effet, des discussions parallèles favorisent de manière disproportionnée le parti pivot. Un risque de surenchère existe, signifiant que le parti pivot obtiendrait de ses partenaires de coalition beaucoup plus que ce que sa proportion de sièges au Parlement ne le justifierait. Ce

---

[1] V. GEBAUER, K.-E., *Konsensfindung in und zwischen Verfassungsorganen im System parzellierter Staatsgewalt: Ein Erfahrungsbericht [Trouver des consensus au sein et entre organes constitutionnel dans un système de pouvoir étatique éparpillé: un rapport d'expérience]*, in : MAGIERA, S., SOMMERMANN, K.-P. (dir.), *Gewaltenteilung im Verfassungsstaat, Grenzüberschreitungen und Konfliktlösungen, Symposium zu Ehren von Klaus-Eckart Gebauer [Séparation des pouvoirs dans l'État constitutionnel, Dépassements de frontières et résolution de conflits, Symposium à l'honneur de Klaus-Eckart Gebauer]*, Berlin, Duncker & Humblot, 2013, p. 63, 65.
[2] V. ibid.

risque n'existe pas si les discussions se succèdent. En effet, le parti pivot peut seulement espérer que sa négociation suivante obtienne de meilleurs résultats. Or, ce n'est pas du tout garanti, car les partenaires suivants de négociation sauront qu'un retour en arrière ne sera plus possible et que le parti pivot est tout aussi acculé qu'eux. De plus, les premiers partenaires de négociation du parti pivot savent que leur première chance est tout de suite leur dernière chance, et ils négocieront en conséquence.

102.En 2021, le risque qu'un (ou en l'espèce, deux) parti pivot obtienne grâce à sa position-clé plus dans les négociations que sa part de voix ne lui accorde en principe a été exposé. Au lendemain des élections, les Verts et le FDP ensemble pouvaient faire pencher la balance en faveur de l'Union ou du SPD, à leur discrétion.[1] Avant de finalement s'engager dans des négociations de coalition avec (seulement) le SPD,[2] ils ont discuté en parallèle et séparément avec l'Union et le SPD dans des entretiens exploratoires, dans lesquels des décisions de fond ont été prises.[3] Comme l'a reconnu l'un des deux partis-pivots,

---

[1] V. BUNDESZENTRALE FÜR POLITISCHE BILDUNG, *Die Bundestagswahl 2021 [L'élection au Bundestag 2021]*, 2021, https://www.bpb.de/politik/hintergrund-aktuell/340714/bundestagswahl-2021 (dernièrement consulté le 01/11/2021).

[2] V. STERN, *Ampel-Regierung, Koalitionsverhandlungen beginnen: Das passiert in den nächsten Wochen [Gouvernement « feu tricolore », négociations de coalition commencent: voilà ce qu'il va se passer dans les prochaines semaines]*, 2021, https://www.stern.de/politik/deutschland/koalitionsverhandlungen-beginnen--das-passiert-in-den-naechsten-wochen-30851912.html (dernièrement consulté le 01/11/2021).

[3] V. FRANKFURTER ALLGEMEINE, *Das sind die Pläne der „Ampel"-Parteien [Ceci sont les plans des partis « feu tricolore »]*, 2021, https://www.faz.net/aktuell/politik/inland/ergebnisse-der-sondierungen-das-sind-die-plaene-der-ampel-parteien-17595292.html (dernièrement consulté le 01/11/2021).

l'Union avait fait de gros efforts pour les convaincre.[1] Le fait que cela n'ait pas suffi suggère que le SPD a surenchéri avec succès. Le président du parti bavarois CSU, l'un des deux partis composant l'Union et ayant gagné à l'exception d'une seule toutes les circonscriptions bavaroises,[2] avait déjà prévenu au lendemain des élections qu'il souhaitait certes que l'Union dirige le prochain Gouvernement fédéral, mais pas que cela ne se fasse « à tout prix », « l'Union se devant de rester reconnaissable ».[3] Le fait que les partis peuvent être divisés en leur sein est un paramètre supplémentaire à prendre en considération.[4]

---

[1] V. ID., *Ampel erste Option, FDP und Grüne wollen mit SPD sondieren [« Feu tricolore » première option, les partis FDP et Les Verts veulent négocier avec le SPD]*, 2021, https://www.faz.net/aktuell/politik/bundestagswahl/fdp-und-gruene-wollen-mit-spd-sondieren-17571778.html (dernièrement consulté le 01/11/2021).

[2] V. DER LANDESWAHLLEITER DES FREISTAATES BAYERN, *Bundestagswahl am 26. September 2021, - Endgültiges Ergebnis – [Élection au Bundestag le 26 septembre 2021, résultat définitif]*, 2021, https://www.bundestagswahl2021.bayern.de/ (dernièrement consulté le 01/11/2021).

[3] V. KLÖPFER, S., *Koalitionsgespräche, Söder sieht Jamaika-Koalition als Option – aber nicht um jeden Preis [Négociations de coalition, le chef du parti CSU Söder voit une coalition « jamaïcaine » comme une option – mais pas à tout prix]*, 2021, https://www.augsburger-allgemeine.de/bayern/Koalitionsgespraeche-Soeder-sieht-Jamaika-Koalition-als-Option-aber-nicht-um-jeden-Preis-id60660046.html (dernièrement consulté le 01/11/2021), « Doch eine Regierungsbeteiligung könne "nicht um jeden Preis» erfolgen. Die Union müsse im Regierungsauftrag erkennbar sein und dürfe sich nicht entkernen ».

[4] V. VON DOHNANYI, K., *Grundgesetz und Wählerwille [Loi fondamentale et volonté des électeurs]*, in : BUCHWALD, M., BAHR, E., *In bester Verfassung? Anmerkungen zum 40. Geburtstag des Grundgesetzes [Dans la meilleure constitution? Annotations à l'occasion du 40ème anniversaire de la Loi Fondamentale]*, Gerlingen, Bleicher, 1989, p. 22, 31.

103.Le système électoral français a l'avantage de dégager habituellement des majorités claires à la suite des élections. Comme le passé l'a cependant déjà prouvé à plusieurs reprises, ce n'est pas une certitude. Un autre atout facilitant la prise de fonctions de nouveaux Gouvernements est le fait qu'un Gouvernement n'a pas nécessairement besoin d'obtenir la confiance de l'Assemblée nationale pour être nommé. Le Président est libre de nommer le Premier ministre de son choix à condition que celui-ci ne réunisse pas contre lui une majorité négative. Par ailleurs, la question du « domaine réservé »[1] doit être prise en considération, si des négociations en vue de constituer une coalition de gouvernement doivent avoir lieu.

104.En raison du système de motion de censure constructive, l'Allemagne ne peut connaître le problème d'une absence de Gouvernement de plein exercice qu'à l'issue d'élections législatives. La Loi fondamentale a la particularité de déjà réguler la marche à suivre dans le cas où le candidat proposé par le Président fédéral n'est pas élu à la majorité absolue des membres du Bundestag. Les règles prévues influencent la proposition même du Président fédéral, et, notamment, la durée qui doit s'écouler entre le jour des élections et le moment où le Président fédéral présente sa proposition au Bundestag. Si les négociations échouent, le Président fédéral exerce un poids politique considérable.

[1] Au sens le plus strict la politique étrangère et la défense.

§ 2. Le Président est l'arbitre et met in fine un terme au processus

105. Le Président a le pouvoir de « siffler la fin de la partie »[1], en pouvant en *ultima ratio* dissoudre le Parle-ment (ou nommer un gouvernement minoritaire en Alle-magne conformément à l'art. 63 al. 3 phrase 3 GG). C'est un tout dernier recours qui, de par sa simple existence, permet une accélération du processus le précédant. Le Président français peut dissoudre directement conformé-ment à l'art. 12 al. 1 Const.. La seule limite est qu'au moins un an doit s'être écoulé dans le cas où ces élections résultent déjà d'une dissolution (v. art. 12 al. 4 Const.). Le Président allemand peut dissoudre indirectement, en ayant d'abord forcé la main du Bundestag. Si le Bundestag échoue à élire dans les deux semaines après que le Prési-dent ait fait une proposition initiale un candidat à la majo-rité absolue des membres du Bundestag, le chef de l'État peut le dissoudre (v. art. 63 GG). La voie classique de la désapprobation d'une motion de confiance proposée par le chancelier (art. 69 al. 1 phrase 1 GG) est bloquée, car en l'absence de nouveau Gouvernement, il n'y a qu'un chan-celier expédiant les affaires courantes, et la proposition d'une motion de confiance est l'une des rares prérogatives qui lui sont exclues (ratio legis de l'art. 68 al. 1 phrase 1 GG).[2]

106.Si les négociations s'éternisent, le chef de l'État peut insister pour qu'elles s'accélèrent. Il peut notamment, au nom du peuple, augmenter la pression sur les partis politiques afin qu'ils trouvent une solution à la crise. C'est ainsi qu'en 2011, alors que la Belgique avait déjà battu depuis des mois le record du monde d'absence de nouveau

---

[1] V. MITTERRAND, F., *Déclaration sur Europe 1*, 9 décembre 1986.

[2] V. GROß, R., *Zur geschäftsführenden Regierung [À propos du Gouvernement chargé d'expédier les affaires courantes]*, DÖV 1982 (Heft 24), p. 1008, 1018.

Gouvernement,[1] le chef de l'État, le roi Albert II a fait connaître son opinion sur le sujet lors d'un discours à l'occasion de la fête nationale : « Albert II a tenu un discours très ferme en cette veille de 21 juillet 2011, tant dans la forme que dans le contenu. *"Trop longue période d'instabilité politique", "urgence", "nécessité", "inquiétude"*. Les mots employés sont forts : le roi déplore l'absence d'un Gouvernement depuis 400 jours. Le "body language" du roi est éloquent : il ne tape pas du poing sur la table mais presque. Il exhorte les hommes politiques à mettre fin à cette situation. Il se dit affligé ».[2] Contrairement à la Belgique, le Parlement ne doit en France ou en Allemagne pas voter son approbation à une dissolution (cf. art. 46 de la Constitution belge). Le Président français ou allemand peut donc brandir la menace de la dissolution. Il peut, à terme, donner une date butoir aux partis pour déjà trancher la question de principe de savoir si une coalition sera constituée. Cette action est notamment importante si les négociations s'enlisent sans qu'elles ne soient pour autant formellement abandonnées. Si les partis déclarent qu'une coalition sera constituée, mais qu'il leur faut encore du temps pour négocier le contenu précis de la future coalition, le Président peut accorder un nouveau délai. Comme dans le cadre du premier délai, le Président peut, à terme, mettre une date butoir aux partis. Juridiquement, l'accord de principe déclaré avant l'expiration du premier délai ne lie pas les partis et un échec des négociations continue d'être possible. Au terme du second délai, les partis

---

[1] V. FRANCE 24, *La Belgique bat le record du monde de la plus longue crise politique*, 2011, https://www.france24.com/fr/20110217-belgique-crise-politique-prive-gouvernement-record-monde-battu-irak-presse-flamands-francophones, dernièrement consulté le 27/05/2021).

[2] V. RÉDACTION RTBF, *21 juillet: le Roi hausse le ton*, 2011, https://www.rtbf.be/info/belgique/detail_21-juillet-le-roi-hausse-le-ton?id=6481543 (dernièrement consulté le 30/07/2021).

prenant part aux négociations peuvent décider que, finalement, une coalition leur est impossible. Mais, si une dissolution devient incontournable pour cette raison, les partis concernés seront seuls responsables devant l'électorat du retard et de ses conséquences qu'a engendrés cette tardive découverte au pays.

107.Fixer une date limite à la durée que doit prendre au maximum la négociation est impossible. Celle-ci dépend de trop de facteurs : nombre de partis devant participer aux négociations, distance politique entre les partis, présence ou non d'une crise extrapolitique actuelle (économique, sanitaire, etc.). Le Président est l'arbitre et peut décider de la durée. Il peut mettre un cadre temporaire de démarrage après avoir fait un premier point de la situation, mais ce cadre peut et doit pouvoir être adapté en fonction de l'avancée des négociations. En Allemagne, la Cour constitutionnelle fédérale peut fixer des règles d'arbitrage plus précises au Président fédéral, notamment peut-elle juger si le chef de l'État a mal exercé son pouvoir d'appréciation et que le délai alloué par lui était au vu de la situation clairement trop généreux, ou justement clairement trop ambitieux. La voie procédurale serait d'attaquer, conformément à l'art. 93 al. 1 n° 1 variante 1 GG, la décision de proposer au Bundestag un candidat à la chancellerie (art. 63 al. 1 GG) comme étant inadéquate au moment présent.

108.Décider de simplement garder le Gouvernement expédiant les affaires courantes pour toute la durée de la législature n'est en tous cas pas une solution définitive pour la simple et bonne raison qu'il n'y a pas (plus) de mandat populaire pour ce Gouvernement.

109.En Allemagne, les négociations peuvent *de facto* échouer de par des négociations qui se sont installées dans la durée sans espoir réaliste de succès. Elles peuvent *de jure* échouer lorsque l'un des partis prenant part aux discussions les déclare échouées en se retirant des discussions. D'autres négociations peuvent alors être entamées. En cas d'échec de cette voie également, les seules options démocratiques restantes sont alors de nouvelles élections ou un Gouvernement minoritaire.

110. En principe, l'art. 63 GG doit être appliqué pour aboutir soit à un gouvernement minoritaire, soit à de nou-velles élections. Mais, en 2017, le Président fédéral a choi-si d'éviter cette voie et a insisté pour d'abord rencontrer tous les dirigeants politiques dans le but de permettre la reprise de négociations, ainsi que, ce qui est à saluer, les présidents du Bundestag, du Bundesrat et de la Cour cons-titutionnelle fédérale.[1]

§ 3. Gouvernement expédiant les affaires courantes existe pendant les négociations

111. Même si obtenir un Gouvernement de plein exer-cice est une priorité absolue, il existe encore, quoi qu'il arrive, le Gouvernement qui expédie les affaires courantes. En cas de circonstances extraordinaires un Gouvernement est généralement formé rapidement ; par exemple, un Gouvernement « d'union nationale » ; mais, même si ce n'était pas le cas, le Gouvernement expédiant les affaires courantes peut prendre toutes les mesures qui s'imposent. De plus, les parlementaires sont présents et pourront voter en urgence les textes exigés par les circonstances.

---

[1] V. STEINMEIER, F.-W., *Erklärung von Bundespräsident Steinmeier zur Regierungsbildung [Déclaration du Président fédéral Steinmeier concernent la formation du Gouvernement]*, 2017, http://www.bundespraesident.de/SharedDocs/Reden/DE/Frank-Walter-Steinmeier/Reden/2017/11/171120-Statement-Regierungsbildung.html (dernièrement consulté le 14/09/2020).

TITRE 2. NATURE DE LA RELATION RÉCIPROQUE SELON LE CHOIX DU TYPE DE PRÉSIDENCE

112.La nature de la relation entre le chef de l'État et le chef du Gouvernement dépend fondamentalement du fait que le chef de l'État assure une présidence arbitrale (comme jusqu'ici en Allemagne) ou plutôt une présidence politiquement engagée (comme jusqu'ici en France). Une présidence arbitrale est constitutionnellement plus simple à appliquer, car le Président ne cherche pas à avancer à propos d'un programme politique et évite par là-même de nombreuses matières propices à conflits. Il arrive cependant que des situations surviennent pour lesquelles son arbitrage est requis, arbitrage qui peut avoir des conséquences significatives et ainsi ouvertes à un contrôle juridictionnel ou électoral. En Allemagne, la Cour constitutionnelle fédérale est toujours compétente pour statuer (v. art. 93 al. 1 n° 1 var. 1 GG) et en France, en l'absence de compétence du Conseil constitutionnel, la Haute Cour veille à ce que le Président reste responsable de ses actes (v. art. 68 al. 1 Const.). Un Président politiquement engagé est par nature plus enclin à risquer des situations conflictuelles, pourvu qu'il puisse avancer sur le programme politique qu'il pense être le meilleur pour le pays, en principe celui sur lequel il a été élu. En cas de concordance des majorités présidentielle et parlementaire, ces situations perdent dans une large mesure leur caractère conflictuel, car, en raison de leur statut d'alliés politiques, des plaintes de compétence ne sont pas probables et en effet très rares en France. Les mots d'un ancien Premier ministre, à propos, en l'espèce, du sujet des nominations le soulignent : « [...] ou bien le consensus ne se fait pas et le Président choisit. Point. Le Premier ministre est l'un des proposants les mieux placés. Pas plus. Mais c'est Cinquième République. Ce n'est pas le cas Rocard. ».[1] En cas de concordance seulement partielle, c'est-à-dire dans le cas d'une coalition, le chef de l'État et le chef du Gouvernement sont voués à œuvrer de concert, ne dirigeant qu'ensemble la majorité parlementaire. Que la présidence soit de nature arbitrale ou politiquement engagée, une rencontre personnelle n'est pas toujours nécessaire. Des collaborateurs proches de l'un peuvent utilement rencontrer l'autre. D'importants collaborateurs du chancelier Kohl rendaient ainsi régulièrement visite au Président von Weizsäcker pour des entretiens d'information qu'il décrivit lui-même comme « humainement et matériellement précieux ».[2]

Chapitre 1. Présidence arbitrale

113.Une présidence arbitrale (comme jusqu'ici en Allemagne) se concentre à veiller scrupuleusement au respect de la Constitution sans prendre elle-même les décisions politiques essentielles.[3] « Pouvoir modérateur » exprime également bien le rôle du Président au sein de l'État.[4] Elle est caractérisée par une ferme neutralité dans tous ses différents actes. Un Président arbitre peut être amené à devoir prendre des décisions fortes lors

---

[1] V. l'ancien Premier ministre ROCARD, M., cité par SPONCHIADO, L., *La compétence de nomination du président de la Cinquième République*, Paris, Dalloz, 2017, p. 557.

[2] V. VON WEIZSÄCKER, R., *Vier Zeiten, Erinnerungen [Quatre époches, Souvenirs]*, 2e éd., Berlin, Siedler, 1997, p. 424, « Wichtige Mitarbeiter des Kanzlers, insbesondere Horst Teltschick und Eduard Ackermann, besuchten mich von Zeit zu Zeit zu menschlich und sachlich wertvollen Informationsgesprächen ».

[3] V. INSTITUT FRANÇAIS D'OPINION PUBLIQUE, CHARLOT, J., *Les Français et de Gaulle*, Paris, Plon, 1971, p. 106.

[4] V. DUVERGER, M., *Institutions politiques et droit constitutionnel*, 7e éd., Paris, PUF, 1963, p. 556.

d'arbitrages constitutionnellement requis – c'est ce qui le distingue de chefs d'État parlementaires classiques.[1] En effet, le Président arbitre « assure, par son arbitrage, le fonctionnement régulier des pouvoirs publics » (art. 5 al. 1 phrase 2 Const.). Le moment exact où le Président doit intervenir n'est pas nécessairement identique en France et en Allemagne. On peut définir le domaine d'action du Président par l'expression « prendre soin de l'État ».[2]

114.La Constitution française exprime textuellement comment la Constitution allemande est vécue. Le Président doit être un arbitre (v. art. 5 al. 1 phrase 2 Const.) et c'est le Gouvernement qui détermine et conduit la politique du pays (v. art. 20 al. 1 Const.). Il semble *a priori* évident que le Gouvernement dirige le pays, ce pourquoi ce n'est pas explicitement dit dans la Loi fondamentale, mais en France, considérant les prérogatives présidentielles substantielles, l'art. 20 al. 1 Const. écarte tout doute possible, confirmant que c'est bel et bien le rôle du Gouvernement, dont notamment de son chef, – et non le rôle du chef de l'État. L'art. 20 al. 1 Const. exclut la participation normale du Président à la conduite politique du pays.[3] Pour beaucoup de personnalités politiques importantes de la IVe République, dont les ministres d'État Mollet et Pflimlin, « l'arbitre est un personnage qui ne prend jamais

---

[1] V. BOUDON J., *Manuel de droit constitutionnel, tome 2, la Ve République,* 2e éd., Paris, 2016, PUF, n° 294.

[2] V. GRÖPL, Ch., *Staatsrecht I, Staatsgrundlagen, Staatsorganisation, Verfassungsprozess, mit Einführung in das juristische Lernen [Droit étatique I, Fondements de l'État, Organisation de l'État, Procédure constitutionnelle, Avec introduction aux études juridiques]*, 13e éd., Munich, C.H. Beck, 2021, n° 1311.

[3] V. BURDEAU, G., *Droit constitutionnel et institutions politiques : conforme au programme des facultés de droit et écoles d'enseignement supérieur*, Paris, LGDJ, 1962, p. 464.

parti sur les grands problèmes ».[1] Ce n'est que dans des circonstances exceptionnelles, s'agissant de la continuité de l'État ou de l'indépendance de la nation, que le Président trouverait dans son pouvoir d'arbitrage le droit de se mêler à l'activité gouvernementale.[2] Dans la pratique présidentielle allemande, le Président peut donner des impulsions, même publiquement, mais ne doit ni gouverner ni prendre manifestement parti. La distinction entre des déclarations privées et officielles par le Président fédéral pourra être difficile dans certains cas particuliers.[3] Un Président arbitre peut apparaître comme étant au-dessus du pouvoir exécutif comme du pouvoir législatif, haussé à un niveau supérieur de la Constitution, dont il doit assurer le respect.[4] Ce point de vue renvoie à la difficulté allemande d'attribuer la présidence de la République à l'un des trois pouvoirs classiques (législatif, exécutif et judiciaire). Le Bundestag considère par exemple le Président fédéral comme membre de l'exécutif,[5] mais la Cour

---

[1] V. MASSOT, J., *Chef de l'État et chef du gouvernement : la dyarchie hiérarchisée*, Paris, La Documentation française, 2008, p. 40.

[2] V. BURDEAU, G., *Droit constitutionnel et institutions politiques : conforme au programme des facultés de droit et écoles d'enseignement supérieur*, Paris, LGDJ, 1962, p. 464.

[3] V. HAMANN, A., *Das Grundgesetz für die Bundesrepublik Deutschland vom 23. Mai 1949, ein Kommentar für Wissenschaft und Praxis [La Loi fondamentale pour la République Fédérale d'Allemagne]*, 2e éd., Neuwied, Luchterhand, 1960, p. 305.

[4] V. TROTABAS, L., *Manuel de droit public et administratif : conforme au programme de capacité en droit (arrêté du 12 juillet 1956), Capacité, première et deuxième années*, 13e éd., Paris, LGDJ, 1962, p. 60.

[5] V. DEUTSCHER BUNDESTAG, *Bundespräsident [Président fédéral]*, https://www.bundestag.de/services/glossar/glossar/B/bundespraes-245354 (dernièrement consulté le 14/05/2022).

constitutionnelle fédérale le déclare comme ne pouvant pas être attribué à l'un des trois pouvoirs classiques[1].

115.Dans les deux pays, c'est le premier Président qui a influencé la pratique future de manière décisive. Les pratiques actuelles dans les deux pays ramènent directement à sa manière d'avoir exercé le pouvoir. En Allemagne, le locataire de la présidence[2] s'est comporté de manière très réservée, alors qu'en France, le locataire du Palais de l'Élysée a pris une place prépondérante. L'histoire des Présidents de la République française montre que la lettre d'une Constitution avait moins d'importance que l'esprit dans lequel elle était appliquée.[3] Nantis par la Constitution de 1875 de très importants pouvoirs, les Présidents de la IIIe République les ont, dans la pratique, progressivement perdus, alors que, dotés de pouvoirs importants, les Présidents de la Vème n'ont cessé de les accroître.[4] L'importance du Président apparaît aussi par la place qui lui est réservée par la Constitution : un chapitre entier lui est respectivement consacré en France (v. premier titre) de la Constitution de 1958) et en Allemagne (v. cinquième partie). Mis-à-part le préambule, ainsi que les textes auxquels il est fait référence et que le Conseil constitutionnel a rattachés au « bloc de constitutionnalité »,[5] la Constitution française commence même par le Président ; cela

[1] « Der Bundespräsident lässt sich nach der Ausgestaltung seines Amtes nicht einer der drei klassischen Gewalten zuordnen [Le Président fédéral ne se laisse pas, vu l'aménagement de sa fonction, pas attribuer à l'un des trois pouvoirs classiques] », Le recueil officiel de décisions de la Cour constitutionnelle fédérale [Amtliche Sammlung von Entscheidungen des Bundesverfassungsgerichts ; BVerfGE], tome 136, p. 277, 310 et 311.

[2] À l'époque encore la villa Hammerschmidt à Bonn.

[3] V. BERSTEIN, S., *Chef de l'État, L'histoire vivante des 22 présidents à l'épreuve du pouvoir*, Paris, A. Colin, 2002, p. 173.

[4] V. ibid.

[5] V. Cons. const., 16 juillet 1971, n° 71-44 DC, visa et § 2, Rec. p. 29.

souligne, en comparaison avec l'Allemagne, une importance encore plus grande allouée par la Constitution française au chef de l'État par rapport à celle qui lui est allouée outre-Rhin. Un autre signe que dans les deux pays le chef de l'État est appelé à occuper un rôle significatif est que respectivement lui seul personnifie un organe constitutionnel entier. Le chef du Gouvernement n'est, dans les deux pays, pas à lui seul un organe constitutionnel, mais seulement avec son Gouvernement entier.

116.Dans les pays de Common Law, il est notoire que transgresser la tradition est difficile et rare. Pourtant, lorsque les enjeux sont considérés comme le justifiant, la tradition peut devoir céder la place à une nouvelle pratique. Un exemple récent remarquable est la « guerre de tranchées » parlementaire du *Brexit* de 2017 à 2019.[1] Après que le Gouvernement conservateur eut perdu sa majorité,[2] plus le combat progressait et plus la tradition ne fut – au pays de la tradition –, plus une frontière pour personne. L'on peut nommer pour les *Brexiteers* la prorogation (jugée illégale) du Parlement[3] et la loi Benn pour les *Remainers*[4]. La loi Benn dirigeait le chef du Gouvernement comme un pantin, lui dictant littéralement à la lettre ce

[1] V. dès 2018 WILLIAM, J., *PM faces parliamentary 'war of attrition' to deliver Brexit*, 2018, https://www.reuters.com/article/uk-britain-eu-vote/pm-faces-parliamentary-war-of-attrition-to-deliver-brexit-idUSKCN1NS1D0 (dernièrement consulté le 14/09/2020).

[2] V. MCCARTHY, N., *Theresa May's snap election gamble has backfired spectacularly*, 2017, https://www.forbes.com/sites/niallmccarthy/2017/06/09/theresa-mays-snap-election-gamble-has-backfired-spectacularly-infographic/ (dernièrement consulté le 04/04/2022), « The UK's Conservatives have lost their majority after Prime Minister Theresa May's gamble to call a snap election backfired. ».

[3] Jugée illégale par la Cour suprême, v. UKSC 41, UKSC 2019/0192, p. 24.

[4] V. European Union (Withdrawal) (No. 2) Act 2019.

qu'il aurait à faire vis-à-vis de l'UE –[1] au besoin, et comme ce fut effectivement le cas, contre son gré[2]. La loi Benn serait inconstitutionnelle en France ou en Allemagne, car enfreignant le principe de la séparation des pouvoirs[3]. La recherche assidue par les parlementaires britanniques de moyens (légaux) pour remporter la victoire pour leur camp était approuvée par la population.[4] *A fortiori* des pays du *Common law*, où transgresser la tradition sur des questions majeures arrive, il est possible d'appliquer une nouvelle pratique depuis de mêmes fondements juridiques – qui le permettent bien sûr – dans des pays de *Civil law* comme la France ou l'Allemagne. Une pratique antérieure n'implique pas forcément que la pratique future soit identique.[5]

---

[1] V. European Union (Withdrawal) (No. 2) Act 2019, Schedule, Form of letter from the Prime minister to the president of the European council.

[2] V. BOFFEY, D., *Brexit: Johnson sends unsigned letter asking for delay, and second arguing against it, PM sends to Donald Tusk a photocopy of the request required by Benn Act, with a conflicting view in a second letter*, 2019, https://www.theguardian.com/politics/2019/oct/19/eu-will-grant-brexit-extension-if-johnson-sends-letter-says-brussels (dernièrement consulté le 27/03/2022).

[3] V. art. 16 DDHC pour la France et art. 20 al. 2 phrase 2 demi-phrase 2 GG pour l'Allemagne (v. la Cour constitutionnelle fédérale – BVerfG –, décision du 27 avril 2021 – 2 BvE 4/15 –, n° 82) – protégé par l'art. 79 al. 3 GG –.

[4] V. CURTICE, J., *What do the people think*, in : BALE, T., CYGAN, A., RUSSEL, M. (dir.), *Parliament and Brexit*, 2020, https://ukandeu.ac.uk/wp-content/uploads/2020/03/Parliament-and-Brexit-report.pdf, p. 8, 10, « And getting what they wanted […] was the central motivation behind many people's views of the role that Parliament should play in the Brexit process. ».

[5] V. ESPLUGAS-LABATUT, P., in : CAPORAL-GRÉCO, S., ESPLUGAS-LABATUT, P., SÉGUR PH., TORCOL S., *Droit constitutionnel*, 2e éd., Paris, Ellipses, 2019, p. 284.

117.Un Président arbitre présente différents avantages, aussi en dehors des situations de crises constitutionnelles où il est appelé à intervenir. Il peut en effet être vu comme dommage que la présidence de la République, symbole de l'union nationale, soit le foyer de divisions et de tensions partisanes.[1] Un chef de l'État neutre est plus en mesure de rassembler tous les citoyens au-delà des préférences politiques.[2] Un Président « neutre » peut ainsi s'exprimer sans que l'auditoire ne l'écoute à travers le prisme d'une certaine couleur politique.[3] De plus, il peut d'une certaine manière discuter de sujets plus librement, étant nettement moins lié aux exigences de la politique quotidienne, notamment de devoir penser aux implications de ses dires en vue de la prochaine élection majeure.[4] Selon une note du 16 juin 1958 au général de Gaulle de Raymond Jeannot, secrétaire du groupe de travail qui préparait l'avant-avant-projet de Constitution : « Au cours de la première réunion consacrée aux problèmes constitutionnels, un accord a paru de réaliser sur le fait que le Président de la République pouvait avoir un rôle d'arbitre. [...] Pour des hommes formés par la tradition parlementaire française de ces dernières années, un Président de la République arbitre est un personnage qui ne prend jamais parti sur les grands

---

[1] V. BOUDON J., *Manuel de droit constitutionnel, tome 2, la Ve République,* 2e éd., Paris, 2016, PUF, n° 294.
[2] V. ibid.
[3] V. PFLÜGER, F., *Wenig Macht – viel Autorität, Das Amt des Bundespräsidenten [Peu de pouvoir – beaucoup d'autorité, La fonction de Président fédéral]*, in : BENZ, W., MOOS, D. (dir.), *Das Grundgesetz und die Bundesrepublik Deutschland, 1949-1989, Bilder und Texte zum Jubiläum, mit 1159 Abbildungen im Text und auf Tafeln [La Loi Fondamentale et la République Fédérale d'Allemagne, 1949-1989, Images et textes pour le jubilé, avec 1159 illustrations au sein du textes et dans des tableaux]*, Munich; Rehm; Gräfelfing, Moos, 1989, p. 65, 66.
[4] V. ibid.

problèmes, qui ne prononce que des phrases très générales, et dont l'autorité morale est d'autant moins contestée qu'elle ne s'exerce pratiquement pas. ».[1] Le chef de l'État est, en toutes circonstances, un gardien soucieux de la Constitution : aucune complaisance n'est à craindre de sa part.[2] La personne occupant le poste se trouve habituellement en fin de carrière politique, ne briguant pas d'autre mandat ; son élection suffrage universel (direct en France, indirect en Allemagne), il a l'indépendance, l'impartialité et l'autorité requises pour faire respecter les règles imposées par la Constitution.[3] La fonction de Président de la République est marquée de manière décisive par la personnalité et le style de représentation du titulaire.[4] La vocation donne au Président un droit, mais également un devoir, celui ne pas prendre parti.[5] Un chef de parti ne peut pas de manière crédible occuper la fonction de Président arbitre. Au lieu d'être au-dessus des partis, il en ferait alors intrinsèquement partie.

118.Il manque au chef de l'État la légitimité démocratique pour rendre considérablement plus difficile la tâche de gouverner du chef du Gouvernement. Le Président ne peut jamais se considérer comme un contre-Gouvernement

---

[1] V. AVRIL, P., *Le Président de la République, Chef de la majorité ou arbitre*, in : MAUREY, H., DE GUERDAVID, F., MONTASSIER, W. (dir.), *L'Austerlitz politique de la Ve République, Colloque du 25e anniversaire de l'élection du Président de la République au suffrage universel*, Paris, L'Harmattan, 1987, p. 119, 121.

[2] V. BOUDON J., *Manuel de droit constitutionnel, tome 2, la Ve République,* 2e éd., Paris, 2016, PUF, n° 294.

[3] V. ibid.

[4] V. KATZ, A., SANDER, G., *Staatsrecht, Grundlagen, Staatsorganisation, Grundrechte [Droit étatique, Bases, Organisation étatique, Droits fondamentaux]*, 19e éd., Heidelberg, C.F. Müller, 2019, n° 415.

[5] V. RICHIR, I., *Le Président de la République et le Conseil constitutionnel*, Paris, PUF, 1998, p. 204 et 205.

ou jouer un rôle d'opposant.[1] La réserve du Président dans la gouvernance du pays est une condition essentielle pour qu'il puisse efficacement jouer son rôle constitutionnel d'arbitre.[2] Il ne pourrait en particulier pas refuser de ratifier des traités internationaux et de signer des lois pour des raisons purement politiques. Le Président n'étant pas le principal acteur de la vie politique nationale, il n'y a pas de rivalité concevable entre chef de l'État et chef du Gouvernement – la direction des affaires appartenant sans conteste à ce dernier ainsi qu'à son Gouvernement.[3] Une « cohabitation » est impensable.[4] Le Président doit garder une certaine distance envers des objectifs et des activités de partis politiques et groupes sociaux.[5] Le Président n'en est pas pour autant réduit à « inaugurer les chrysanthèmes » (pour reprendre la formule gaullienne)[6] en raison de son rôle significatif conservé pour des situations extraordinaires, il est donc avantagé par rapport aux chefs d'État des régimes parlementaires ordinaires.[7]

---

[1] V. NETTESHEIM, M., in : ISENSEE, J., KIRCHHOF, P. (dir.), *Handbuch des Staatsrechts, Band II, Verfassungsstaat [Manuel du Droit étatique, tome II, État constitutionnel*], 3e éd., Heidelberg, Müller, 2004, § 61 n° 2.

[2] V. BURDEAU, G., *Droit constitutionnel et institutions politiques : conforme au programme des facultés de droit et écoles d'enseignement supérieur*, Paris, LGDJ, 1962, p. 452.

[3] V. BOUDON J., *Manuel de droit constitutionnel, tome 2, la Ve République,* 2e éd., Paris, 2016, PUF, n° 294.

[4] V. ibid.

[5] V. le recueil officiel de décisions de la Cour constitutionnelle fédérale [Amtliche Sammlung von Entscheidungen des Bundesverfassungsgerichts ; BVerfGE], tome 89, p. 359, 362 et s.; tome 114, p. 121, 159; tome 136, p. 277, 311.

[6] V. MASSOT, J., *Chef de l'État et chef du gouvernement : la dyarchie hiérarchisée*, Paris, La Documentation française, 2008, p. 24.

[7] V. BOUDON J., *Manuel de droit constitutionnel, tome 2, la Ve République,* 2e éd., Paris, 2016, PUF, n° 294.

119.Le chef de l'État personnifiant l'État, il est impensable qu'il ne sache pas vers où se dirige ce qu'il incarne. Sa présence au Conseil des ministres n'est pas obligatoire dans un régime parlementaire. En France elle est prévue au Conseil des ministres (v. art. 9 Const.) et en Allemagne le chef de la présidence fédérale est présent au Conseil de cabinet conformément à une disposition modifiable du règlement intérieur du Gouvernement fédéral (v. § 23 al. 1 GOBReg [règlement du Gouvernement fédéral] ; de plus, le Conseil de cabinet peut être restreint par le chancelier aux seuls membres du Gouvernement, v. § 23 al. 4 GOBReg [règlement du Gouvernement fédéral]). Le chancelier informe conformément au règlement intérieur du Gouvernement continuellement le Président des affaires gouvernementales (v. § 5 GOBReg [règlement du Gouvernement fédéral]). Il y a une marge de manœuvre concernant comment le droit d'information est réglé (par exemple dans le texte constitutionnel comme en France ou un simple règlement intérieur comme en Allemagne), mais il existe un droit (et un devoir) d'information du chef de l'État.[1]

120.Présider le Conseil des ministres n'est pas une garantie d'importance politique. Le Conseil des ministres est certes un lieu de discussions, mais également un lieu où sont entérinées des décisions déjà prises en amont.[2] Les projets de décisions soumis au Conseil des ministres ont le

---

[1] V. GIESE, F., SCHUNCK, E., *Grundgesetz für die Bundesrepublik Deutschland, vom 23. Mai 1949 [Loi fondamentale pour la RFA du 23 mai 1949]*, 9e éd., Francfort sur le Main, Kommentator-Verlag, 1976, p. 142, où *Schunck*, ancien juge à la Cour constitutionnelle fédérale, part du principe que cette tâche est assumée par le chancelier lui-même.

[2] V. GONZALEZ, A., *Institutions de la Ve République, Une vue d'ensemble des institutions de la Ve République*, 2e éd., Paris La Défense, Gualino, 2020, p. 15.

plus souvent déjà fait l'objet d'une longue préparation, parfois au sein de comités restreints.[1] Sous la République française précédant l'actuelle, soit lors de la IVème, le Président de la République, alors même qu'il n'occupait principalement que des tâches honorifiques, présidait déjà le Conseil des ministres (v. art. 32 phrase 1 de la Constitution de 1946).[2] Pour le cas d'une cohabitation, l'ancien Président Giscard d'Estaing était d'avis que le chef de l'État effectue cette tâche comme un simple « président de séance ».[3] De plus, un Conseil de cabinet peut au besoin – comme lors d'une cohabitation – largement vider de sa substance le Conseil des ministres.[4] Dans ce type de rencontre, le Premier ministre peut présider lui-même une réunion de tous les membres du Gouvernement dans sa résidence officielle, le Conseil des ministres ne siégeant alors que formellement afin d'adopter, conformément à la Constitution, des décisions déjà prises.[5] En cas de cohabitation, des Conseils de cabinet – donc en l'absence du chef de l'État – apparaissent comme inévitables.[6] Le règlement intérieur (des travaux) du Gouvernement (français) prévoit expressément de manière différenciée le « Conseil des

[1] V. PACTET, P., *Institutions politiques, droit constitutionnel*, 10e éd., Paris ; Milan ; Barcelone ; Mexico, Masson, 1991, p. 437.
[2] Et ce, alors que le chef du Gouvernement avait comme titre « président du Conseil » (v. art. 45 de la Constitution de 1946), mais ne présidait en dépit de son descriptif de fonction pas le Conseil des ministres…
[3] V. GISCARD D'ESTAING, V., *Entrevue à L'Express*, 10 mai 1985.
[4] V. ROUVILLOIS, F., *Droit constitutionnel 2, La Ve République*, 4e éd., Paris, Flammarion, 2014, p. 228.
[5] V. ESPLUGAS-LABATUT, P., in : CAPORAL-GRÉCO, S., ESPLUGAS-LABATUT, P., SÉGUR, Ph., TORCOL, S., *Droit constitutionnel*, Paris, Ellipses, 2017, p. 235.
[6] V. ROUVILLOIS, F., *Droit constitutionnel 2, La Ve République*, 4e éd., Paris, Flammarion, 2014, p. 228.

ministres » et le « Conseil de cabinet ».[1] Déjà à la fin de la IVe République, le Conseil des ministres tendait à être moins important en pratique que le Conseil de cabinet, où s'élaboraient en fait les décisions ; le Conseil des ministres prenant l'allure d'un organe d'enregistrement.[2] Que le Président de l'actuelle Vème République préside le Conseil des ministres (v. art. 9 Const.) ne permet donc pas de tirer une quelconque conclusion sur son rôle constitutionnel.

121.Dans la mesure où un contreseing est requis, c'est seulement à travers lui que des mesures du Président sont validées. Jusqu'au contreseing, les actions sont en suspens et ne sont pas juridiquement exécutoires.[3] La responsabilité politique vis-à-vis du Parlement est prise par la personne qui contresigne, personne qui peut être questionnée par les parlementaires à ce sujet, contrairement au chef de l'État.[4] Alors que l'importance du contreseing peut être minimisée en cas de présidence politiquement engagée et de concordance des majorités présidentielle et parlementaire, le contreseing est décisif en cas de présidence arbitrale, puisque son exigence conduit à transférer l'exercice des pouvoirs concernés par le contreseing au Gouvernement, et que ces pouvoirs ne sont détenus nominalement par le Président qu'à titre d'incarnation du pouvoir

---

[1] V. LA DOCUMENTATION FRANÇAISE, *Règlement intérieur des travaux du Gouvernement*, Notes documentaires et études, n° 605 (série française – CXXXI), 1947.

[2] V. DUVERGER, M., *Institutions politiques et droit constitutionnel*, 7e éd., Paris, PUF, 1963, p. 534.

[3] V. GRÖPL, Ch., *Staatsrecht I, Staatsgrundlagen, Staatsorganisation, Verfassungsprozess, mit Einführung in das juristische Lernen [Droit étatique I, Fondements de l'État, Organisation de l'État, Procédure constitutionnelle, Avec introduction aux études juridiques]*, 13e éd., Munich, C.H. Beck, 2021, n° 1335.

[4] V. DUVERGER, M., *Institutions politiques et droit constitutionnel*, 7e éd., Paris, PUF, 1963, p. 555.

étatique et non d'après la forme de régime.[1] Mais le chef de l'État garde cependant une propre responsabilité, notamment juridique, pour sa participation à l'acte.[2] Les Présidents français et allemand peuvent, le cas échéant, être poursuivis pour leur participation à l'acte (v. art. 68 Const. et art. 61 GG). Si l'obligation de contreseing confère au chef du Gouvernement un moyen efficace de contrôle sur l'action du chef de l'État, il n'a cependant pas la possibilité d'exiger de lui un acte positif.[3] Le chef de l'État n'est en effet pas un ministre. Il est possible que le Président doive agir à la demande du chef du Gouvernement pour des raisons impérieuses pour le bien du pays. Mais l'élément décisif n'est alors pas que cela ait été le chef du Gouvernement qui ait formulé la demande, mais le fait qu'il existait des raisons impérieuses pour le bien du pays. La plupart des actes que le Président aura à signer ont en principe déjà été préparés et contresignés par les ministres ou le chef du Gouvernement avant de lui être adressés (cf. § 29 al. 2 GOBReg [règlement du Gouvernement fédéral]).

122.À l'instar des compétences présidentielles dites en Allemagne « de réserve »,[4] le Président peut être amené à

---

[1] V. BURDEAU, G., *Droit constitutionnel et institutions politiques : conforme au programme des facultés de droit et écoles d'enseignement supérieur*, Paris, LGDJ, 1962, p. 453 ; DUVERGER, M., *Institutions politiques et droit constitutionnel*, 7e éd., Paris, PUF, 1963, p. 554.

[2] V. ZIPPELIUS, R., WÜRTENBERGER, Th., *Deutsches Staatsrecht [Droit étatique allemand]*, 33e éd., Munich, C.H. Beck, 2018, § 41 n° 16.

[3] V. AMPHOUX, J., *Le chancelier fédéral dans le régime constitutionnel de la République fédérale d'Allemagne*, Paris, LGDJ, 1962, p. 361.

[4] V. PAPIER, H.-J., KRÖNKE, Ch., *Grundkurs Öffentliches Recht 1, Grundlagen, Staatsstrukturprinzipien, Staatsorgane und -funktionen [Cours de base en Droit public 1, fondements, principes de la struc-*

utiliser certaines compétences d'envergure pour lutter contre des circonstances extraordinaires. Le commissaire du Gouvernement Raymond Janot défendit ainsi devant le Comité consultatif constitutionnel en 1958 : « Un arbitre est une personne qui décide dans certains cas particulièrement graves et qui, par conséquent, a le pouvoir propre de décider en ces cas graves ».[1] Le droit de dissolution – sans même compter l'art. 16 Const., tout à fait exceptionnel –, bien qu'un droit classique et connu, conserve un caractère inhabituel, si ce n'est exceptionnel dans des régimes parlementaires comme la France ou l'Allemagne.[2] Comme le droit de référendum – sur proposition du Gouvernement –, c'est une prérogative discontinue, pensée pour n'être employée qu'à des moments assez éloignés les uns des autres.[3] De manière générale, les actions déliées du contreseing sont pensées pour être rares et solennelles.[4] Le Président peut – et doit –[5] dans les pays contribuer à éviter que des lois inconstitutionnelles ne soient promulguées. Les méthodes pour ce faire divergent en France et en

---

ture de l'État, organes de l'État et leurs fonctions], 3e éd, Heidelberg, C.F. Müller, 2019, n° 435 ; MAGER, U., *Staatsrecht I, Staatsorganisationsrecht unter Berücksichtigung der europarechtlichen Bezüge [Droit étatique, Droit d'organisation de l'État tenant compte des références au Droit européen]*, 9e éd., Stuttgart, Kohlhammer, 2021, n° 312.

[1] V. MASSOT, J., *Chef de l'État et chef du gouvernement : la dyarchie hiérarchisée*, Paris, La Documentation française, 2008, p. 40.

[2] V. DUVERGER, M., *Institutions politiques et droit constitutionnel*, 7e éd., Paris, PUF, 1963, p. 556.

[3] V. ibid.

[4] V. BOUDON J., *Manuel de droit constitutionnel, tome 2, la Ve République,* 2e éd., Paris, 2016, PUF, n° 294.

[5] V. l'art. 20 al. 3 GG et l'ancien Président fédéral, ministre-président et candidat social-démocrate (SPD) à la chancellerie RAU, J., *Vom Gesetzesprüfungsrecht des Bundespräsidenten [Du Droit du Président fédéral d'examiner les lois]*, DVBl 2004, p. 1, 2.

Allemagne, le Président français pouvant demander une nouvelle délibération ou saisir les juges constitutionnels (v. art. 10 al. 2, art. 61 al. 2 Const.), le Président allemand pouvant exercer un contrôle préalable (sur la base de l'art. 82 al. 1 phrase 1 GG), dont l'étendue exacte est discutée[1].

123.Suite à l'autorité dont jouit le Président de la Vème République, il est parfois appelé « monarque républicain ».[2] En ce qui concerne le Président Macron, la comparaison est très vite faite. Beaucoup de symboles indiquent cette direction comme par exemple sa marche théâtrale vers le Louvre le soir de sa victoire électorale, l'utilisation du château de Versailles pour des réceptions importantes de politique intérieure (pour les dirigeants d'entreprises multinationales) et étrangères (pour le Président Poutine) ou son surnom de « Jupiter » que lui dont donné ses collaborateurs.[3] Le qualificatif de « République monarchique en France »[4] est en soi un oxymore. D'une

---

[1] V. . LEIBHOLZ, G., RINCK, H.-J., *Grundgesetz für die Bundesrepublik Deutschland, Kommentar an Hand der Rechtsprechung des Bundesverfassungsgerichts [Loi fondamentale pour la République Fédérale d'Allemagne, commentaire basé sur la jurisprudence de la Cour constitutionnelle fédérale]*, 4e éd., Cologne-Marienburg, Otto Schmidt, 1971, art. 82 (p. 648) ; STENDER-VORWACHS, J., *Prüfungstraining Staats- und Verwaltungsrecht, Methodik der Fallbearbeitung [Entraînement à l'examen de droit étatique et administratif, Méthode de la résolution de cas]*, 4e éd., Neuwied ; Kriftel, Luchterhand, 2003, p. 40.

[2] V. ZORGBIBE, Ch., *De Gaulle, Mitterrand et l'esprit de la Constitution*, Paris, Hachette, 1993, p. 55.

[3] V. LE RÉPUBLICAIN LORRAIN du 7 mai 2018, p. 10, article intitulé : « Un exercice monarchique du pouvoir » [Eine monarchistische Ausübung der Macht].

[4] V. DAUTERIBES, A., *Le Premier ministre, Le Premier ministre en France et en Grande-Bretagne*, in : VERPEAUX, M. (dir.), *Les annales du droit 2017, Droit constitutionnel*, Paris, Dalloz, 2016, p. 162, 166.

part, un monarque règne fondamentalement à vie alors que le Président français est lié à des mandats qui ne peuvent même pas se suivre sans interruption. D'autre part, être un monarque ne signifie pas (plus) posséder beaucoup de pouvoir. Les monarques actuels ne possèdent presque sans exception pas (plus) de pouvoir réel mais servent avant tout à des fins de représentation. Ce sont *cum grano salis* les raisons qui font que le Président allemand est parfois décrit comme un « monarque démocratique ».[1]

Chapitre 2. Présidence politiquement engagée

Une présidence politiquement engagée (comme jusqu'ici en France) se caractérise par une participation active à la vie politique du pays et notamment, dans la mesure du possible, à sa direction. Lorsqu'en 1919, Friedrich Ebert s'est décidé à prendre en charge la fonction de Président du Reich et non celle de chancelier, il était loin d'avoir l'intention de quitter ainsi la politique active : il voulait au contraire, en tant que chef de l'État, rester aussi à la barre.[2] L'étendue de l'influence présidentielle dans la direction du pays est directement liée à la question de savoir s'il y a coïncidence ou non des majorités présidentielle et parlementaire.[3] En cas de concordance des majorités, l'influence présidentielle sur le Gouvernement sera très importante. En cas de dissociation des majorités

---

[1] V. MORLOK, M., MICHAEL, L., *Staatsorganisationsrecht [Droit d'organisation de l'État]*, 5e éd., Baden-Baden, Nomos, 2021, n° 866.
[2] V. SCHEUNER, U., *Das Amt des Bundespräsidenten als Aufgabe verfassungsrechtlicher Gestaltung [La fonction de Président fédéral comme tâche de conception de droit constitutionnel]*, Tubingue, Rainer Wunderlich, 1966, p. 17.
[3] Cf. BRACHET, B., *Droit constitutionnel, droit administratif, Capacité en droit, Deug droit, Deug AES, Préparation aux concours administratifs*, Paris, Montchrestien, 1990, p. 59 et 60.

(cohabitation), l'influence présidentielle sur le Gouvernement sera faible, sans pour autant être nulle ; le Président représentera surtout au plus haut niveau l'opposition et par là-même des courants d'opinion non représentés au Gouvernement. En cas de dissociation partielle (cohabitation partielle, coalition), l'importance de l'influence du chef de l'État sur le Gouvernement sera proportionnelle au poids de la majorité présidentielle au sein de la majorité parlementaire.

Section 1. Concordance des majorités présidentielle et parlementaire

124.En cas de concordance des majorités, le chef de l'État et le chef du Gouvernement vont en principe toujours travailler de concert et la Constitution sera interprétée en conséquence. La question de savoir qui influence qui, dépend fondamentalement de la question de savoir qui est le supérieur politique. Le supérieur politique, quel qu'il soit, devra en principe être le chef (*de jure* ou *de facto*) du parti. Si le chef du Gouvernement est le supérieur politique, le chef de l'État s'exécutera le plus souvent comme un monarque dans une monarchie constitutionnelle. Si le chef de l'État est le supérieur politique (comme jusqu'ici en France), la situation est plus intéressante, et surtout problématique, du point de vue du droit constitutionnel, car le Président n'est pas responsable politiquement devant les députés.

125.C'est dans le cas de figure d'une concordance des majorités présidentielle et parlementaire que les Présidents français et allemand peuvent bénéficier du plus de pouvoir que leurs Constitutions respectives le leur permettent. En Allemagne, le chef de l'État peut utiliser les prérogatives que lui accorde la Loi fondamentale de la manière la plus politique possible que le lui permettra la Cour constitutionnelle fédérale et le chef de l'État français peut, lui, le plus laisser l'art. 5 al. 1 Const. de côté, qui impose au Président d'être un arbitre. Avec une pratique continue – depuis le début de la République –[1], l'interprétation du premier Président de la Vème République Charles de Gaulle en ce sens – « plus grand Français de tous les temps » –[2], et l'adhésion massive des Français à l'élection présidentielle – surtout comparée à leur adhésion nettement moindre à celle législative –[3], il faut valider la possibilité

[1] V. DUVERGER, M., *Institutions politiques et droit constitutionnel*, 7e éd., Paris, PUF, 1963, p. 506.

[2] V. CONSEIL DE LA RÈPUBLIQUE, *Message de M. le Président de la République au Parlement, Transmis au Conseil de la République par M. le président de l'Assemblée nationale et lu par M. Gaston MONNERVILLE, président du Conseil de la République*, Session ordinaire de 1957-1958, Annexe au procès-verbal de la séance du 29 mai 1958, p. 3, « Dans le péril de la patrie et de la République, je [Président de la République René Coty] me suis tourné vers le plus illustre des Français, vers celui qui, aux années les plus sombres de notre histoire, fut notre chef pour la reconquête de la liberté[,] le général de Gaulle. » ; L'OBS, *De Gaulle plus grand Français de tous les temps*, 2005, https://www.nouvelobs.com/culture/20050405.OBS3037/de-gaulle-plus-grand-francais-de-tous-les-temps.html (dernièrement consulté le 03/01/2022), « le général Charles de Gaulle a été désigné lundi soir 4 avril „plus grand Français de tous les temps". Lors d'une émission diffusée en direct du Sénat sur France 2 ».

[3] Dès les débuts de la Vème République, la participation électorale a toujours été la plus élevée dans le cas d'une présidentielle (v. MINISTÈRE DE L'INTÉRIEUR, *Élections, Les résultats*, https://www.interieur.gouv.fr/Elections/Les-resultats – dernièrement consulté le 25/04/2022 –) ; en 2017, la participation à l'élection présidentielle (78 %) a même été presque le double de celle de l'élection législative (43 %), v. MINISTÈRE DE L'INTÉRIEUR, *Résultats de l'élection présidentielle 2017*, 2017, https://www.interieur.gouv.fr/Elections/Les-resultats/Presidentielles/elecresult__presidentielle-2017/(path)/presidentielle-2017/FE.html (dernièrement consulté le 25/04/2022) et ID., *Résultats des élections législatives 2017*, 2017, https://www.interieur.gouv.

constitutionnelle d'une lecture présidentialiste de la Constitution de 1958 et valider que l'art. 5 al. 1 Const., décrivant le Président comme étant un arbitre, n'est pas un obstacle insurmontable à une telle lecture. Le Conseil d'État ne lit également pas la Constitution en abstraction totale de la pratique : « Compte tenu du rôle que le Président assume depuis l'entrée en vigueur de la Constitution du 4 octobre 1958 dans la définition des orientations politiques de la nation ».[1] L'art. 5 al. 1 Const. n'a jamais été réformé et reste en vigueur, mais doit donc être interprété comme n'empêchant pas un Président chef de parti et dirigeant en cette fonction le pays. L'histoire du droit et le droit comparé montrent qu'une telle interprétation est justifiable, un écart sensible séparant souvent les textes constitutionnels de l'application qui en est faite, et ce, dans tous les pays du monde.[2]

126.Le Premier ministre de cohabitation en fonction et futur Président de la République Jacques Chirac, ayant respectivement connu dans chaque fonction la concordance des majorités et la cohabitation, avait en 1987 ceci à dire sur les avantages d'une concordance des majorités : « Dans un régime présidentiel, le chef de l'État est toujours en première ligne, en conflit avec le Parlement et en butte aux critiques des médias, et de ce fait il s'affaiblit. […] Un chef du Gouvernement qui anime le travail gouvernemental diligente les procédures législatives, exerce le pouvoir réglementaire de droit commun, contrôle l'administration et anime la majorité parlementaire, bref, „gère

---

fr/Elections/Les-resultats/Legislatives/elecresult__legislatives-2017/(path)/legislatives-2017/FE.html (dernièrement consulté le 25/04/2022).

[1] V. CE Ass., 8 avril 2009, *Hollande et Mathus*, n° 311136, Rec. Leb. p. 140.

[2] V. DUVERGER, M., *Les régimes politiques*, 6e éd., Paris, PUF, 1961, p. 101.

au jour le jour", met par ce faire le chef de l'État à l'abri des turbulences de la conjoncture et de l'usure du quotidien. »[1]. Jacques Chirac exprimait l'usure du dirigeant dans un régime présidentiel – mais le même principe s'applique tout autant dans un régime parlementaire. Lorsqu'il n'y a qu'un seul dirigeant, il doit à la fois être en première ligne et à l'arrière pour décider des grandes orientations de la politique nationale. Un système avec deux dirigeants, dont l'un se trouve « au front », et l'autre plus en arrière, offre la possibilité d'une efficience gouvernementale accrue. Le chef du Gouvernement doit, et surtout peut, gérer efficacement les crises, fondamentalement de quelque nature qu'elles soient, et quels que soient ses interlocuteurs. Le chef du Gouvernement a par nature toujours compétence pour répondre à des questions de parlementaires ou de journalistes sur la politique gouvernementale sur tel ou tel sujet. Cela permet que, plus en arrière, un second dirigeant puisse travailler sur d'autres dossiers qui sont peut-être légèrement moins actuels ou intéressants pour les observateurs, mais pas moins importants. De nombreuses tâches nécessitent d'être traitées consciencieusement, même en l'absence d'attention particulière à cet égard. Un Président plus reposé peut mieux se concentrer sur les dossiers sur lesquels il veut avancer grâce à un chef du Gouvernement occupant – constitutionnellement à juste titre – le rôle de premier interlocuteur des parlementaires. C'est tout particulièrement un avantage pour des dossiers à plus long terme ou concernant des sujets plus lointains des préoccupations quotidiennes des

[1] V. CHIRAC, J., *Clôture du colloque*, in : MAUREY, H., DE GUER-DAVID, F., MONTASSIER, W. (dir.), *L'Austerlitz politique de la Ve République, Colloque du 25e anniversaire de l'élection du Président de la République au suffrage universel*, Paris, L'Harmattan, 1987, p. 165, 173 et 174.

électeurs. Le cas échéant, les parlementaires peuvent poser des questions concernant les dossiers traités par le Président au chef du Gouvernement qui aura compétence pour répondre.[1] L'existence d'un chef du Gouvernement, responsable à la fois devant le Parlement et le Président, permet de donner aux institutions une capacité d'adaptation supérieure à celles d'un régime purement présidentiel tout en conservant à l'exécutif une réelle autorité face au législatif.[2]

127.Au-delà de la conception des lois et de la législation, le fait de gouverner se traduit par des contacts, des entretiens, des négociations personnelles ; par des engagements personnels, par des discours publics, par l'arbitrage, par la médiation, par la compensation, mais aussi par la direction de la libre activité administrative, par la planification concernant les entreprises et organismes publics, par des commandes publiques, par des subventions à des branches économiques privées.[3]

128.Pouvoir combiner à la fois les prérogatives présidentielles et primo-ministérielles n'est pas le seul avantage qu'une personne politique peut chercher à atteindre en briguant la présidence, plutôt que le poste de chef du Gouvernement. En effet, autant en tant que chef du Gouvernement, la personne politique peut rester au pouvoir pour une durée indéterminée, pourvu qu'elle continue de gagner

---

[1] Que le chef du Gouvernement réponde toujours à la pleine satisfaction des parlementaires n'est pour autant bien sûr pas garanti.

[2] V. CHIRAC, J., *Clôture du colloque*, in : MAUREY, H., DE GUER-DAVID, F., MONTASSIER, W. (dir.), *L'Austerlitz politique de la Vᵉ République, Colloque du 25ᵉ anniversaire de l'élection du Président de la République au suffrage universel*, Paris, L'Harmattan, 1987, p. 165, 174.

[3] V. HAMEL, W., *Deutsches Staatsrecht, Band 1, Grundbegriffe [Droit étatique allemand, tome 1, termes de base]*, Berlin, Duncker & Humblot, 1971, p. 139.

des élections législatives, autant elle est moins sûre de son poste et doit plus craindre de le perdre que si elle était cheffe de l'État. La présidence, qui dans les deux pays comporte une limite de pas plus de deux mandats successifs (v. en France l'art. 6 al. 1 et 2 Const. et en Allemagne l'art. 54 al. 2 GG), soit au maximum dix ans au pouvoir d'affilée, garantit dans une très large mesure de pouvoir terminer un mandat entier, nonobstant les différentes crises qu'il pourra il y avoir jusque là. En effet, la majorité parlementaire n'a pas les moyens de le renverser. Une perte de majorité parlementaire en cours de mandat ne l'affectera pas – alors que c'est de cette manière que le dirigeant du parti au pouvoir Helmut Schmidt perdit son poste de chancelier en 1982[1]. Des élections anticipées résultant en une perte de majorité parlementaire (comme en France en 1997)[2] ne l'affecteront pas non plus. Sa responsabilité ne pourra pas être engagée au Parlement sur un certain texte (v. en France art. 49 al. 3 Const. et en Allemagne art. 68 al. 1 en combinaison avec l'art. 81 al. 1 phrase 2 GG). Ce sont des raisons majeures pour lesquelles les dirigeants politiques français briguent la présidence plutôt que le poste de chef du Gouvernement. Même les dirigeants de partis et Premiers ministres de cohabitation, soit déjà les personnes les plus puissantes du pays, Jacques Chirac et Lionel Jospin étaient candidats à la prochaine élection présidentielle (respectivement en 1988 et 2002), plutôt que de chercher à rester à Matignon.

---

[1] V. ARCHIV FÜR CHRISTLICH-DEMOKRATISCHE POLITIK DER KONRAD-ADENAUER-STIFTUNG, *Die Ära Kohl, 1982-1998 [L'ère Kohl, 1982-1998]*, Bad Honnef, Gottschalk-Graphik, 2002, p. 21.

[2] V. ASSEMBLÉE NATIONALE, *Les élections législatives depuis 1958*, https://www.assemblee-nationale.fr/dyn/decouvrir-l-assemblee/les-elections-legislatives-depuis-1958 (dernièrement consulté le 09/04/2022).

129.Dans les deux pays, la juridiction constitutionnelle joue un grand rôle dans le contrôle de l'action présidentielle. En Allemagne par sa présence et en France par son absence. Conformément à l'art. 93 al. 1 n° 1 variante 1 GG, un recours à Karlsruhe – siège de la Cour constitutionnelle et devenu en Allemagne un symbole pour la fin irrévocable des voies politiques –[1] est toujours possible dans le cas d'actes présidentiels. Faire décider les juges constitutionnels est en Allemagne presque devenu un réflexe, la phrase « aller à Karlsruhe » est même entrée dans le langage courant.[2] C'est un contraste énorme avec la France, où beaucoup ne pensent pas directement aux juges constitutionnels. Il est symptomatique du potentiel de croissance considérable en renommée qu'a à ce jour le Conseil constitutionnel qu'en 2020, après dix ans d'application de Question prioritaire de constitutionnalité (QPC), 71 % des Français n'en ont encore jamais entendu parler.[3] La procédure de règlement des litiges entre organes constitutionnels (art. 93 al. 1 n° 1 variante 1 GG) fait partie du noyau dur conceptuel de la justice constitutionnelle allemande.[4] Les juges constitutionnels allemands

[1] V. MAIER, H., *40 Jahre Grundgesetz, Eine Bestandsaufnahme [40 ans de Loi fondamentale, Une analyse à ce jour]*, Bonn, Bouvier, 1990, p. 49.

[2] V. WESEL, U., *Der Gang nach Karlsruhe, Das Bundesverfassungsgericht in der Geschichte der Bundesrepublik Deutschland [La marche vers Karlsruhe, La Cour constitutionnelle fédérale dans l'histoire de la République fédérale]*, Munich, éd. Karl Blessing, 2004, p. 1.

[3] V. CONSEIL CONSTITUTIONNEL, *Communiqué de presse du 12 novembre 2020 : Enquête grand public BVA – 10 ans de la QPC*, 2020, https://www.conseil-constitutionnel.fr/actualites/communique/communique-de-presse-du-12-novembre-2020-enquete-grand-public-bva-10-ans-de-la-qpc (dernièrement consulté le 04/04/2022).

[4] V. MARSCH, N., in : GAILLET, A. et al., *Droits constitutionnels français et allemand, Perspective comparée*, Issy-les-Moulineaux, LGDJ, 2019, n° 641.

peuvent rendre des décisions à propos de questions hautement politiques, telle la dissolution présidentielle du Parlement[1] ou la licéité d'interventions militaires à l'étranger[2], ce n'est pas le cas en France. C'est une procédure très rare dans le monde.[3] Bien qu'elle n'existe pas en France, elle existe cependant aussi chez un autre de ses voisins, l'Italie[4]. En France, il existe à l'égard de l'action présidentielle une faille de compétence décisive du Conseil constitutionnel. Alors que le Président allemand doit toujours veiller à agir de manière conforme au droit constitutionnel, son homologue français a pu impunément refuser de signer des ordonnances, ce qui était inconstitutionnel[5].

130.En cas de concordance des majorités, il est imaginable que des ministres demandent directement des instructions de la part du chef de l'État sans passer par le chef du Gouvernement. C'est déjà arrivé en France – et pas seulement de ministres faisant partie du « domaine réservé »[6] du Président. À titre d'exemple symptomatique à cet égard peut être mentionné un projet de réforme de 2017 sur un sujet particulièrement éloigné du domaine de la Défense ou des relations étrangères ; il s'agissait de

---

[1] V. le recueil officiel de décisions de la Cour constitutionnelle fédérale [Amtliche Sammlung von Entscheidungen des Bundesverfassungsgerichts ; BVerfGE], tome 62, p. 1-116 ; tome 114, p. 121-195.

[2] V. le recueil officiel de décisions de la Cour constitutionnelle fédérale [Amtliche Sammlung von Entscheidungen des Bundesverfassungsgerichts ; BVerfGE], tome 90, p. 286-394.

[3] GROTE, R., *Rechtskreise im öffentlichen Recht [Espaces juridiques dans le droit public]*, AöR n° 126, 2001, p. 53.

[4] V. art. 134 de la Constitution italienne : « La Cour constitutionnelle juge : […] des conflits d'attribution entre les pouvoirs de l'État ».

[5] V. FAVOREU, L., *La politique saisie par le droit, Alternances, cohabitation et Conseil constitutionnel*, Paris, Economica, 1988, p. 126 et 127.

[6] Au sens le plus strict la politique étrangère et la défense.

l'apprentissage. La ministre du Travail fait face à un blocage et requiert une décision politique, ce vers quoi elle se tourne directement vers le Président Macron – sans que le Premier ministre ne soit présent : « Le blocage est total et une seule personne peut trancher, Emmanuel Macron. La ministre du Travail le prend à part à l'issue du Conseil des ministres. Sans Édouard Philippe. Trois minutes pour convaincre Jupiter. ».[1] Une telle pratique exige à tout le moins que le chef du Gouvernement soit mis au courant, parce qu'il est la personne responsable devant le Parlement pour les actions de ses ministres. Le Parlement ne peut en effet pas sanctionner un membre du Gouvernement directement, mais seulement le Gouvernement dans son ensemble. En France, l'Assemblée nationale vote une motion de censure contre le Gouvernement entier (v. art. 49 al. 2 phrase 1 Const.) ; en Allemagne le Bundestag vote une motion de censure seulement contre le chancelier (v. art. 67 al. 1 phrase 1 GG), ce qui revient cependant au même, car les fonctions de tous les autres membres du Gouvernement s'arrêtent immédiatement lorsque celles du chancelier s'arrêtent (v. art. 69 al. 2 demi-phrase 2 GG).

131.Le problème récurrent, c'est l'absence de responsabilité parlementaire du Président. De manière générale, un contrôle parlementaire est plus difficile.[2] Le Président est à cet égard bien avisé à ne pas insister qu'il est le « seul responsable » et qu'il faut « venir le

---

[1] V. RUELLO, A., *Apprentissage : la réforme qui a ébranlé la Macronie*, 2018, https://www.lesechos.fr/economie-france/social/apprentissage-la-reforme-qui-a-ebranle-la-macronie-132133 (dernièrement consulté le 17/05/2022).

[2] V. VERPEAUX, M., *Préface*, in : MULIER, Th., *Les relations extérieures de l'État en droit constitutionnel français*, Mare & Martin, 2020, p. 19, 20.

chercher » (comme Macron l'a proclamé en 2018)[1], quand il ne permet pas aux électeurs de voter sur son maintien en fonctions en démissionnant.[2] C'est inciter les parlementaires à s'interroger sur la possibilité d'une destitution.[3] Bien que le Président ne soit pas responsable devant le Parlement, les députés peuvent toutefois montrer leur insatisfaction en renversant le Gouvernement nommé par lui. À défaut de pouvoir stopper la politique du Président directement, les députés peuvent stopper le Gouvernement qui la met en œuvre. C'est ce qui s'est passé en France en 1962, lorsqu'en dépit de la concordance des majorités présidentielle et parlementaire, les députés ont voté la défiance au Gouvernement (Pompidou).[4] Le Président (de Gaulle) a alors choisi de dissoudre l'Assemblée nationale et, suite à une victoire, renommé le Premier ministre renversé.[5]

132.Les actions du Président nécessitent toujours un soutien considérable de l'appareil gouvernemental, qui est administrativement rattaché au chef du Gouvernement.[6]

---

[1] V. AFP, L.GAM., *Affaire Benalla : « Le seul responsable, c'est moi, qu'ils viennent me chercher », lance Emmanuel Macron à ses troupes*, 2018, https://www.20minutes.fr/politique/2312643-20180724-affaire-benalla-seul-responsable-viennent-chercher-lance-emmanuel-macron-troupes (dernièrement consulté le 21/02/2022).

[2] V. CAPORAL-GRÉCO, S., *Les mutations de la fonction présidentielle*, in : BLACHÈR, Ph. (dir.), *La Constitution de la Ve République, 60 ans d'application (1958-2018)*, Issy-les-Moulineaux, LGDJ, 2018, p. 169, 182.

[3] Cf. ibid.

[4] V. ASSEMBLÉE NATIONALE, *Les élections législatives depuis 1958*, https://www.assemblee-nationale.fr/dyn/decouvrir-l-assemblee/les-elections-legislatives-depuis-1958 (dernièrement consulté le 09/04/2022).

[5] V. ibid.

[6] MASSOT, J., *Chef de l'État et chef du Gouvernement, Dyarchie et hiérarchie*, Paris, La Documentation française, 1993, p. 144.

Qu'il s'agisse d'obtenir des informations ou exécuter des décisions, le chef de l'État a besoin des ressources rattachées au chef du Gouvernement. Le Président peut, en cas de concordance des majorités, décider librement dans les deux pays de la teneur de ses discours et autres prises de paroles. En n'étant pas un Président arbitre, il n'a même pas besoin de veiller à ce que ses paroles ne trahissent une préférence politique claire. Si en effet le Président déclare quelque chose perçue comme teintée politiquement, ce sera considéré comme émanant d'un membre (éminent, certes, mais toutefois que d'un membre) d'un parti politique et non comme du Président s'exprimant au nom de tous les nationaux.

133.Les obligations classiques d'un chef de l'État subsistent. Le Président de la Vème République doit toujours assurer un rôle de représentation. Sa présence est exigée lors de commémorations, inaugurations, réceptions, etc. Le Président de Gaulle ne s'est pas non plus dérobé à ces obligations qu'il a toujours assurées ponctuellement.[1]

134.La France a, en cas de concordance des majorités, instauré jusqu'ici un régime présidentiel. Le Président décide, ou, en tout cas, peut décider de tout. Lorsqu'il décide de ne pas décider de tout, c'est lui qui décide ce dont le Premier ministre peut décider. C'est dans une large partie approuvée par l'opinion publique, comme notamment l'importante divergence dans la participation élevée à la présidentielle et législatives suggère.[2] En dépit de la pratique présidentialiste, le Conseil constitutionnel considère

---

[1] V. PRÉLOT, M., *Institutions politiques et droit constitutionnel*, 2e éd., Paris, Dalloz, 1961, n° 444.

[2] V. MINISTÈRE DE L'INTÉRIEUR, *Élections, Les résultats*, https://www.interieur.gouv.fr/Elections/Les-resultats (dernièrement consulté le 14/09/2020).

que c'est bel et bien le Gouvernement qui détermine et conduit la politique de la nation conformément à l'art. 20 al. 1 Const.[1] « Les Sages »[2] ont explicitement jugé que le principe de la séparation des pouvoirs[3] s'applique à l'égard du Président de la République et du Gouvernement.[4] Ceci souligne donc la nécessité pour le Président que le Premier ministre transpose toujours ses décisions, en l'absence de quoi le chef de l'État ne peut gouverner à la place du chef du Gouvernement prévu par la Constitution.

135.La Constitution ne crée pas de subordination entre le Président et le Premier ministre ou entre leurs actes.[5] Mais la réalité politique fait que le Premier ministre devra généralement s'incliner devant la volonté du Président. Le Premier ministre voit alors le nombre effectif de ses tâches évoluer en fonction de ce que le Président décide de ce qu'elles doivent être. Dans tous les cas, le Premier ministre reste incontournable. L'organisation des pouvoirs

---

[1] V. Cons. const., 12 janvier 1993, n° 92-315 DC, § 12, Rec. p. 9.

[2] Comme les juges au sein du Conseil constitutionnel sont appelés en France (v. BRACONNIER, Const., *Les sages interpellés. Quelques usages profanes du Conseil constitutionnel*, Revue Française de Science politique, 2008, n° 2, p. 197, 197), mais aussi à l'étranger (par exemple au Sénégal, v. DIOUF, Y., *Les Sages du Conseil constitutionnel*, 2021, https://lequotidien.sn/les-sages-du-conseil-constitutionnel/, dernièrement consulté le 23/01/2022).

[3] art. 16 DDHC pour la France et art. 20 al. 2 phrase 2 demi-phrase 2 GG pour l'Allemagne (v. la Cour constitutionnelle fédérale – BVerfG –, décision du 27 avril 2021 – 2 BvE 4/15 –, n° 82) – protégé par l'art. 79 al. 3 GG –.

[4] V. Cons. const., 10 novembre 2011, n° 2011-192 QPC, § 20, Rec. p. 528 ; 8 septembre 2017, n° 2017-752 DC § 28, JORF n° 0217 du 16 septembre 2017, texte n° 5.

[5] V. FAURE, B., *Le Président de la République, L'ambiguïté du rôle du chef de l'État sous la Ve République*, in : VERPEAUX, M., (dir.), *Les annales du droit 2017, Droit constitutionnel*, Paris, Dalloz, 2016, p. 154, 157.

publics fait du Premier ministre la véritable « clef de voûte » du régime, parce qu'il est « à l'articulation de tous les pouvoirs » et qu'il est donc indispensable.[1] Enfin, même en acceptant que l'art. 5 Const. doit aujourd'hui être interprété comme n'empêchant pas un Président chef de parti et par là effectivement dirigeant le pays, l'on ne peut que regrettablement relever des abus du chef de l'État vis-à-vis du chef du Gouvernement qui ont eu lieu depuis le Président originel de la Vème République, Charles de Gaulle.

Section 2. Cohabitation

136.En cas de cohabitation, soit en cas de non-concordance des majorités (tel que déjà arrivé plusieurs fois en France), la Constitution est appliquée de manière très littérale pour réguler une relation propice à de nombreux désaccords. Le régime parlementaire classique est de rigueur et le chef du Gouvernement peut gouverner sans partage.[2] Cependant, le chef de l'État peut incarner au plus haut niveau l'opposition, sans pour autant pouvoir se permettre conformément à la Constitution d'abuser de son rôle de notaire de l'État[3], en refusant par exemple de signer des textes non manifestement inconstitutionnels. Des

---

[1] V. AVRIL, P., *Préface*, in : MASSOT, J., *Chef de l'État et chef du gouvernement : la dyarchie hiérarchisée*, Paris, La Documentation française, 2008, p. 10, 11.

[2] V. COHENDET, M.-A., *Droit constitutionnel, Conseils de méthodes, Sujets d'examens et exercices corrigés*, 11e éd., Paris, Economica, 2021, n° 1175.

[3] V. IPSEN, J., *Repetitorium Staatsrecht, Teil 1, Staatsorganisationsrecht [Répétitorat droit étatique, Partie 1, Droit de l'organisation étatique]*, Neuwied ; Kriftel, Luchterhand, 1999, p. 61 ; KORNBICHLER, H. et al., *Verfassungsrecht, Schnell erfasst [Droit constitutionnel, Vite appréhendé]*, 2e éd., Berlin ; Heidelberg, Springer, 2001, p. 221.

spécificités existent des deux côtés du Rhin pour le cas d'une cohabitation, notamment en France, en raison de la position présidentielle constitutionnellement globalement plus importante (cf. art. 16 C. et art. 115b GG) et des précédents existants.

§ 1. Régime général

137.Le soutien de la majorité législative est « la » condition de la prééminence présidentielle.[1] Sans elle, le Président de la République ne saurait prétendre être un acteur engagé de la vie politique, même si, par ailleurs, il n'est pas condamné au mutisme et à l'inaction.[2] Ce sont les élections législatives qui sont décisives et la personne la plus importante dans l'État, c'est le chef du Gouvernement. Dans la mesure où le Président n'est pas proche du Gouvernement, les chefs d'État des deux côtés du Rhin ne peuvent en cas de cohabitation qu'exercer un rôle d'opposition au sommet de l'État pendant que les chefs du Gouvernement décident de la politique nationale. La cohabitation, jugée longtemps inapplicable en France par de nombreux juristes, est devenue une pratique habituelle, fonctionnant avec plus ou moins de bonheur selon les hommes et les circonstances, sans conduire à un blocage des institutions.[3]

138.Un Président ne partageant pas l'opinion politique du Gouvernement peut être bénéfique pour la nation. En effet, il représente une partie de l'électorat qui n'est pas directement représentée au sein du Gouvernement. À

---

[1] V. JAN, P., *Les Constitutions de la France, Tome 3, la Constitution de 1958, La République gouvernée*, Issy-les-Moulineaux, LGDJ, 2017, p. 117.

[2] V. ibid.

[3] V. BODINEAU, P., VERPEAUX, M., *Histoire constitutionnelle de la France*, Paris, PUF, 2020, p. 122.

l'aide de ses nombreux contacts avec le Gouvernement, en France déjà par sa présence (présidence même) obligatoire au Conseil des ministres (v. art. 9 Const.), le chef de l'État peut veiller à ce que les opinions de parties supplémentaires de la population soient directement prises en considération lors de la fixation de la politique gouvernementale. De plus, le Président peut s'être engagé dans son programme électoral à vouloir veiller à ce que des modifications juridiques sur certains sujets soient observées de manière extrêmement précise et de ne promulguer dans cet esprit que des projets de loi (ou de ratification de traités) que dans la mesure où ils sont indubitablement conformes au droit. Il est difficile de qualifier cet engagement comme contraire à la Constitution, car des lois contraires à la Constitution (ou des traités internationaux correspondants) ne sont pas souhaitables en soi dans un État de droit. Par de tels contrôles juridiques, il peut influer la politique gouvernementale en bloquant au moins temporellement des lois (et des traités internationaux). De manière analogue, il peut faire examiner par la présidence d'importantes nominations, auxquelles il a à procéder hors de la formation du Gouvernement. Dans la pratique, des Présidents fédéraux ont déjà refusé une nomination de ministre ou de haut fonctionnaire (bien que très rarement).[1]

---

[1] V. le futur Président fédéral (et futur président de la Cour constitutionnelle fédérale) HERZOG, R., *Bundespräsident und Bundesverfassungsgericht [Président fédéral et Cour constitutionnelle fédérale]*, in : BÖRNER, B., *Einigkeit und Recht und Freiheit: Festschrift für Karl Carstens zum 70. Geburtstag am 14. Dezember 1984, Band 2 [Unité et droit et liberté, hommage à Karl Carstens pour son 70ème anniversaire le 14 décembre 1984, tome 2]*, Cologne, Heymanns, 1984, p. 601, 604 et 605 (exception notable en 1953 avec Thomas Dehler, que le chancelier Adenauer avait proposé la nouvelle nomina-

139.Dans le cadre d'une cohabitation, le Président ne peut naturellement pas exiger la démission du chef du Gouvernement. En dépit de leur rôle cantonné à une opposition, les deux chefs d'État possèdent une capacité considérable de surveillance du Gouvernement. Tant en Allemagne qu'en France, le Président peut exercer une influence sur l'adoption de lois douteuses du point de vue du droit constitutionnel. En Allemagne, si le Président est proche du Gouvernement, il interprètera et exercera son droit d'examen de manière restrictive et, dans le cas contraire, de manière extensive et sévère. En France, le Président de la République peut s'adresser au Conseil constitutionnel aux fins de procéder à un examen de constitutionnalité de la loi. Les Constitutions allemande et française prévoient différentes obligations de contreseing.

140.Le chef du Gouvernement peut, dans la logique selon laquelle le Président n'a pas à gouverner, faire réduire en conséquence à l'aide de sa majorité parlementaire le budget significatif d'une présidence habituée à véritablement gouverner. La différence du budget nécessaire est démontrée par la différence existant entre celui de la présidence française (généralement présidentielle) et celui de la présidence allemande (jusqu'ici arbitrale) : le palais de l'Élysée avait, en 2020 (présidence présidentielle), un budget de 105 millions d'euros,[1] plus du double de celui du château de Bellevue (48 millions d'euros en 2020)[2]. Comme avec le droit (et devoir) d'information, le chef de l'État doit continuer d'accéder aux moyens requis pour

---

tion au poste de ministre de la Justice, mais le Président Heuss a refusé).

[1] V. loi n° 2019-1470 du 28 décembre 2019 de finances pour 2020, JORF n° 0302 du 29 décembre 2019, texte n° 1.

[2] V. la loi de finances allemande pour 2020 (« Gesetz über die Feststellung des Bundeshaushaltsplans für das Haushaltsjahr 2020 (Haushaltsgesetz 2020) »), BGBl. [Journal officiel fédéral] I, 2020, p. 2890.

exercer adéquatement sa fonction.[1] Mais l'on peut clairement noter une différence dans le montant des besoins selon que le Président est le véritable dirigeant de l'exécutif ou non.

141.Même en cas de divergence des majorités présidentielle et parlementaire, le Président n'est pas seulement titulaire de « prérogatives de pouvoir » juridiquement définies et énumérées par la Constitution. L'action du chef de l'État s'effectue aussi par des « actes matériels » qui ne font pas l'objet d'une vérification juridique : rencontres à diverses occasions avec des chefs d'État ou de Gouvernement étrangers ; déplacements et discours en province, entretiens avec des journalistes, conférences de presse, allocutions télévisées (à intervalles réguliers ou à l'occasion d'événements importants ; lors d'élections nationales, de guerres, de crises, d'amendements à la Constitution etc.).[2] De Gaulle soulignait déjà l'importance de ces actes non soumis au contreseing : « Mais c'est avec le peuple lui-même et pas seulement avec ses dirigeants que je veux être lié par les yeux et les oreilles. Les Français doivent me voir et m'entendre et je dois les entendre et les voir. La télévision et les déplacements publics m'en donnent la possibilité. ».[3] Les conférences de presse étaient considérées par de Gaulle comme « l'arme absolue du régime ».[4] Ce sont en majeure partie justement ces actes qui permettent d'obtenir une limitation de la réduction de

[1] V. Cons. const., 27 décembre 2001, n° 2001-456 DC, § 47, Rec. p. 180.

[2] V. ROUVILLOIS, F., *Droit constitutionnel 2, La Ve République*, 4e éd., Paris, Flammarion, 2014, p. 176.

[3] V. DE GAULLE, Ch., *Mémoires d'espoir, Tome I : Le renouveau 1958-1962*, Paris, Plon, 1970, p. 301.

[4] V. VIANSSON-PONTÉ, P., *Les gaullistes, Rituel et annuaire*, Paris, Seuil, 1963, p. 48.

la fonction présidentielle pendant les périodes de cohabitation.[1]

142.C'est dans cette configuration, la plus conflictuelle, qu'il est le plus probable que les juges constitutionnels aient, dans la mesure où ils peuvent être saisis, le plus à intervenir. C'est aussi ici que leurs décisions seront scrutées le plus, en raison de l'importance constitutionnelle des deux partis du différend. À ce jour, en raison d'une absence de compétence du Conseil constitutionnel à juger des différends entre le Président de la République et le Premier ministre, cette question concerne surtout l'Allemagne, où la Cour constitutionnelle fédérale peut toujours être appelée. En France, comme la cohabitation ne relève pas de la compétence du Conseil constitutionnel, en cas d'acte inconstitutionnel de la part du Président, le Premier ministre a seulement la possibilité de convaincre le Parlement (et le peuple) que le Président doit être destitué[2] et, dans le cas d'un acte inconstitutionnel du chef du Gouvernement, le Président peut seulement décider de dissoudre l'Assemblée nationale (ce qui ne garantit nullement d'obtenir un résultat issu des urnes meilleur que le précédent).[3] Ce sont des conséquences extrêmes avec des suites au moins pour l'ensemble du pays et qui signifient en tout cas d'appeler tous les électeurs aux urnes (ou bien pour élire de nouveaux parlementaires[4] ou un nouveau

[1] V. ROUVILLOIS, F., *Droit constitutionnel 2, La Ve République*, 4e éd., Paris, Flammarion, 2014, p. 176.

[2] Extrêmement improbable vu les immenses difficultés liées à cette procédure.

[3] Pour le résultat des élections anticipées décidées par le Président Chirac en 1997, v. ASSEMBLÉE NATIONALE, *Les élections législatives des 25 mai et 1er juin 1997*, http://www.assemblee-nationale.fr/connaissance/elections-1997.asp (dernièrement consulté le 14/09/2020).

[4] Qui peuvent bien sûr être les mêmes.

président[1]) et de devoir gouverner dans une preuve d'impuissance éclatante des gouvernants.[2] Comme ils veulent éviter ces conséquences, cela n'arrive pratiquement jamais – et cela ne s'est encore jamais produit jusqu'ici.

143.À défaut de responsabilité parlementaire, il est prévu en France et en Allemagne la destitution possible du chef de l'État (v. art. 68 al. 1 Const. ; art. 61 al. 1, 2 phrase 1 GG). En France, il « suffit » d'une majorité des deux tiers des parlementaires pour décider d'une destitution du chef de l'État, alors qu'en Allemagne, elle ne fait qu'engager la procédure devant la Cour constitutionnelle fédérale (v. ibid.). Le Bundesrat peut également mettre en accusation le Président fédéral, également à une majorité des deux tiers de ses membres (v. art. 61 al. 1 phrase 3 GG). Les conditions sur le fond sont également plus strictes en Allemagne qu'en France. En Allemagne une violation « délibérée » de la Constitution est nécessaire (v. art. 61 al. 1 phrase 1 GG), alors qu'en France un manquement « manifestement incompatible » est suffisant (v. art. 68 al. 1 phrase 1 Const.), c'est-à-dire qu'une intention

[1] Cela peut également être le Président récemment démis de ses fonctions – ce qui va moins de soi (si tel est effectivement le cas) car il a tout de même provoqué les nouvelles élections en portant gravement atteinte à la Constitution qu'il devait au fond défendre.

[2] Voir en Allemagne après les élections au Bundestag en 2017 et suite à l'échec des négociations en vue d'un gouvernement de coalition dit « à la jamaïcaine », les mors de la chancelière chargée d'expédier les affaires courantes et présidente de la CDU : „Ich halte überhaupt nichts davon, wenn wir mit dem Ergebnis nichts anfangen können, dass wir die Menschen wieder bitten, neu zu wählen", [Je ne suis pas du tout pour le fait de demander aux gens de voter à nouveau si nous ne pouvons rien faire avec le résultat], v. DPA, *Merkel strikt gegen Neuwahlen, [Merkel est strictement contre de nouvelles élections]*, 2017, https://www.welt.de/regionales/hamburg/article170953624/Merkel-strikt-gegen-Neuwahlen.html (dernièrement consulté le 14/09/2020).

de violation de la Constitution n'est pas une condition *sine-qua-none*.

144.La Cour constitutionnelle fédérale laisse transparaître des décisions teintées politiquement sur des sujets sensibles.[1] Mais, même dans ces cas, la Cour statue fondamentalement de manière juridique. Des considérations purement politiques ne suffiront assurément pas pour que la Cour constitutionnelle fédérale tranche en faveur d'une destitution présidentielle. Toute décision est prise en tous

---

[1] V. VOßKUHLE, A., WISCHMEYER, Th. (v. l'astérisque à la p. 7: „Thomas Wischmeyer [hat mich] nachhaltig unterstützt, den ich deshalb als Mitautor ausweisen möchte"[Thomas Wischmeyer m'a durablement soutenu, c'est pourquoi je voudrais le faire figurer comme co-auteur]), *Die Verfassung der Mitte [la Constitution du centre]*, Munich, Carl Friedrich von Siemens Stiftung, 2016, p. 57; MENZEL, J., *Verfassungsrechtsprechung im siebten Jahrzehnt, Einführende Überlegungen zur Verfassungsgerichtsbarkeit, zum Bundesverfassungsgericht und zur Bedeutung seiner Judikate [Jurisprudence constitutionnelle dans sa septième décennie, réflexions introductives concernant la juridiction constitutionnelle, la Cour constitutionnelle fédéral et l'importance de ses arrêts]*, in : MENZEL, J., MÜLLER-TERPITZ, R. (dir.), *Verfassungsrechtsprechung, Ausgewählte Entscheidungen des Bundesverfassungsgerichts in Retrospektive [Jurisprudence constitutionnelle, Décisions choisies de la Cour constitutionnelle en rétrospective]*, 3e éd., Tubingue, Mohr Siebeck, 2017, p. 1, 16 et s., où l'auteur refuse certes le qualificatif de « politique » mais écrit entre autres : „Natürlich ist nicht zu übersehen, dass die Senate in ihren verschiedenen Phasen immer wieder spezifische Akzente gesetzt haben", „Insgesamt lässt sich für die Rechtsprechung des BVerfG aber festhalten, dass es gerade im Bereich der Außenpolitik bislang alle großen politischen Weichenstellungen und Entscheidungen akzeptiert hat." und „Weiten Spielraum hat das Gericht der politischen Leitungsgewalt […] gebilligt." [On ne peut naturellement pas occulter le fait que les chambres ont accentué certaines choses de manière récurrente dans leurs différentes phases » ; Mais on peut retenir de la jurisprudence de la Cour constitutionnelle fédérale que c'est justement dans le domaine de la politique étrangère qu'elle a accepté jusqu'ici toutes les grandes orientations et décisions politiques ». Et : « La Cour a accordé une large marge de manœuvre au pouvoir de direction politique. ».

cas de manière plus juridique qu'en France où un contrôle juridique n'en porte en matière de destitution *prima facie* que le nom (« Haute Cour » – qui ne se compose que de parlementaires, donc d'hommes politiques, v. art. 68 al. 1 phrase 2 Const.). Dans la pratique, les résultats devraient se rejoindre, car, d'une part, les juges constitutionnels allemands ne feront – à juste titre – pas abstraction des conséquences d'une destitution – ou non –, et, d'autre part, les parlementaires français se feront sans doute conseiller par des juristes, et, bien que décidant *in fine*, devraient largement s'inspirer des conclusions de juristes. La Haute Cour tranche par vote à bulletins secrets sur la destitution (v. art. 68 al. 3 phrase 2 Const.). Indépendamment de pressions des partis politiques, les différents parlementaires pourront donc à juste titre vouloir vérifier de manière apolitique, en se basant notamment sur des rapports ou des opinions de constitutionnalistes éminents, si l'on peut considérer l'atteinte aux devoirs comme « manifestement incompatible » avec l'exercice du mandat présidentiel exigée par l'art. 68 al. 1 phrase 1 Const.. En dépit de majorités arithmétiques, il n'est pas du tout sûr que les parlementaires veuillent respecter la discipline de groupe pour un vote aussi important. Il n'existe pas de droit de recours – des deux côtés du Rhin – pour le Président.[1]

145.En Allemagne, la question d'une destitution présidentielle s'est sérieusement posée en 2012, à la suite de menaces par téléphone de la part du Président Wulff au rédacteur en chef d'un grand journal enquêtant sur lui.[2] Le

[1] C'est surtout intéressant à noter en France, où l'organe décidant de la destitution n'est pas composé de juristes, soit le Président ne peut à aucun moment faire juridiquement vérifier la décision de destitution.

[2] V. l'analyse du professeur de droit public de l'université fédérale de Spire WIELAND, J., *Diskussion über Präsidentenanklage, Drohanrufe könnten Wulff den Job kosten [Discussion à propos d'une mise en accusation présidentielle, Les menaces par téléphone pourraient coû-*

Président, après l'avoir d'abord véhément exclu, a finalement démissionné le lendemain que le parquet de Hanovre ait requis la levée de son immunité en raison d'affaires sur lesquelles justement le journal enquêtait.[1] En France, une procédure de destitution n'a encore jamais été engagée, même quand elle aurait dû l'être (refus présidentiel inconstitutionnel de signature d'ordonnances)[2].

146.En France, depuis la concordance calendaire des élections, une cohabitation ne peut arriver que si les électeurs ont expressément voulu une cohabitation. « Point de désaveu du Président, tout juste élu, mais seulement le choix souverain du suffrage universel de dissocier les pouvoirs au lieu de les regrouper au profit du même. »[3] Si

---

ter la présidence à Christian Wulff], 2012, https://www.lto.de /recht/hintergruende/h/diskussion-ueber-praesidentenanklage-drohanrufe-koennten-wulff-den-job-kosten/ (dernièrement consulté le 22/05/2022).

[1] V. ZEIT ONLINE, *Bundespräsident, Staatsanwaltschaft will Wulffs Immunität aufheben lassen [Président fédéral : le Parquet veut faire lever l'immunité de Wulff]*, 2012, https://www.zeit.de /politik/deutschland/2012-02/wulff-immunitaet/komplettansicht (dernièrement consulté le 15/09/2020) ; AFP, DPA, REUTERS, *Affäre, Bundespräsident Wulff tritt zurück [Affaire, Le Président fédéral Wulff démissionne]*, 2012, https://www.zeit.de/politik/deutschland/2012-02/ bundespraesident-wulff-ruecktritt (dernièrement consulté le 22/05/ 2022).

[2] V. FAVOREU, L., *La politique saisie par le droit, Alternances, cohabitation et Conseil constitutionnel*, Paris, Economica, 1988, p. 126 et 127 ; COHENDET, M.-A., *Cohabitation et constitution*, Pouvoirs, n° 91, 1999, p. 33, 47.

[3] V. CARCASSONE, G., *Changer de régime sans changer de Constitution : l'initiative des acteurs*, in : BON, P., DELPÉRÉE, F., GHEVONTIAN, R., MAUS, D., MÉLIN-SOUCRAMANIEN, F., ROUX, A. (dir.), Renouveau du droit constitutionnel, Mélanges en l'honneur *de Louis Favoreu*, Paris, Dalloz, 2007, p. 543, 546 ; le Premier ministre nommé par le Président lors de sa prise de fonctions établirait un record de brièveté, v. ibid.

la situation se crée, c'est que l'électorat l'a voulue ainsi et, si elle l'a voulue, il est probable qu'elle ne soit pas indulgente par rapport à celui, du Président ou du Premier ministre, ne s'en accommoderait pas au mieux, n'acceptant pas pleinement et durablement la décision prise par elle.[1] En raison de la position présidentielle globalement plus importante (cf. art. 16 Const. et art. 115b GG) et des précédents créés, le Président français peut légitimement insister à avoir un droit de regard politique concernant ce qui a été décrit comme étant son « domaine réservé » (au sens le plus strict la politique étrangère et la défense), à moins que le Premier ministre de cohabitation n'insiste sur l'application totale du régime parlementaire, auquel cas le Président n'aura d'autre choix que de s'incliner ou de rendre la voix aux électeurs à travers une dissolution pour qu'ils tranchent. Si le Président ne peut constitutionnellement pas dissoudre, parce qu'il l'a déjà fait il y a moins d'un an (art. 12 al. 4 Const.), il n'aura d'autre choix que de se soumettre immédiatement.

147.Le fait qu'en France, les deux personnages les plus puissants du pays savent réciproquement qu'ils ne peuvent pratiquement pas poursuivre l'autre pour cause d'action inconstitutionnelle, conduit à la situation préoccupante que tous deux pourraient être tentés d'abuser de leur pouvoir. C'est en particulier le Président, irrité de ne pas pouvoir profiter de la variante présidentielle, qui a souvent outrepassé ses compétences dans le passé. Le Premier ministre de cohabitation l'a seulement peu fait, et ce, parce qu'il voulait surtout devenir Président lui-même et ne voulait par conséquent pas porter préjudice à l'institution présidentielle. Cela signifie qu'une cohabitation comme en France, dans laquelle le Président et le Premier ministre avec son Gouvernement se partagent de fait le pouvoir

[1] V. ibid.

exécutif conformément à la pratique ayant prévalu jusqu'ici (juridiquement seulement en ce qui concerne les forces armées), est exclue en Allemagne.

§ 2. Représentation du pays aux sommets européens et internationaux

148. Aux sommets européens ou internationaux, dont le G7 où à la fois la France et l'Allemagne sont membres, il n'y a pas de différence ressentie entre la fonction « chef de l'État » ou « chef du Gouvernement ».[1] La même chose s'applique pour le titre concret de chef de l'État (« Président de la République »,[2] « Roi »,[3] « Grand-Duc »[4], etc.) ou de chef du Gouvernement (« Premier ministre »[5], « chancelier »[6], « président du Gouvernement »[7], etc.). Ce qui est ressenti, c'est le poids de chaque pays participant, corrigé en plus ou en moins selon la personnalité de son

---

[1] V. VÉDRINE, H., *Préface*, in : LOMBART, L., *Le Président de la Vème République française sur la scène internationale, de Charles de Gaulle à Jacques Chirac*, Aix-en-Provence, PU Aix-Marseille, 2008, p. 11, 12.

[2] Tel qu'en France, Allemagne ou États-Unis.

[3] Tel que les voisins communs de la France et l'Allemagne, la Belgique et les Pays-Bas.

[4] Tel que chez le voisin commun de la France et l'Allemagne, le Luxembourg.

[5] Tel qu'en France ou au Royaume-Uni.

[6] Tel qu'en Allemagne et en Autriche ; le chancelier suisse n'est pas un chef du Gouvernement, mais un haut fonctionnaire, dirigeant la chancellerie fédérale et ayant un rôle consultatif pour le Conseil fédéral (Bundesrat), qui, lui, est le Gouvernement de la Suisse, v. SIEGENTHALER, P., *Que fait le chancelier de la Confédération ?*, 2019, https://www.swissinfo.ch/fre/politique/fonction-politique-_que-fait-le-chancelier-de-la-conf%C3%A9d%C3%A9ration-/45456460 (dernièrement consulté le 22/05/2022).

[7] Tel que chez le voisin de la France, l'Espagne.

dirigeant politique du moment ; ces remarques s'étendent à tous les pays du monde.[1]

149.Le chef de l'État et le chef du Gouvernement peuvent tous deux vouloir être présents aux sommets européens et internationaux. Il est déjà arrivé que la France ait été représentée à la fois par son chef de l'État et son chef du Gouvernement.[2] Compte-tenu des désaccords possibles au plus haut niveau de l'État, le principe d'une cohabitation peut être jugé comme négatif au niveau international.[3] Aux débuts de la République fédérale d'Allemagne, le chancelier Adenauer a exprimé la même crainte vis-à-vis du Président fédéral : si le chef de l'État et le chef du Gouvernement défendent des opinions différentes, cela peut brouiller le message que le Gouvernement souhaite transmettre à l'étranger et ainsi compliquer sa tâche.[4]

150.Depuis le traité de Lisbonne, les pays membres de l'UE ne peuvent plus envoyer pour les sommets du Conseil européen à la fois leur chef de l'État et leur chef du Gouvernement ; un choix leur est donc imposé (v. art. 10 al. 2 sous-alinéa 2 TUE). La question décisive pour faire ce choix est de savoir lequel, du chef de l'État ou du Gouvernement, possède au moment du Conseil européen une majorité parlementaire, permettant de représenter le pays

---

[1] V. VÉDRINE, H., *Préface*, in : LOMBART, L., *Le Président de la Vème République française sur la scène internationale, de Charles de Gaulle à Jacques Chirac*, Aix-en-Provence, PU Aix-Marseille, 2008, p. 11, 12.

[2] V. L'OBS, *Sommet européen délicat pour Chirac et Jospin*, 2002, https://www.nouvelobs.com/economie/20020315.OBS3984/sommet-europeen-delicat-pour-chirac-et-jospin.html (dernièrement consulté le 06/01/2022).

[3] V. ESPLUGAS-LABATUT, P., in : CAPORAL-GRÉCO, S., ESPLUGAS-LABATUT, P., SÉGUR, Ph., TORCOL, S., *Droit constitutionnel*, Paris, Ellipses, 2017, p. 227.

[4] V. ADENAUER, K., *Erinnerungen 1955-1959 [Mémoires 1955-1959]*, Stuttgart, Deutsche Verlags-Anstalt, 1967, p. 507.

au sein du Conseil. Il s'ensuit qu'en cas de cohabitation, le Président français ne peut (pourra) plus accompagner le Premier ministre à un sommet du Conseil européen. En 2012 en Roumanie, durant une cohabitation extrêmement conflictuelle, c'est bien le Premier ministre qui a représenté (seul) son pays au Conseil européen.[1]

151.D'autres pays se sont posés ou se posent encore la question de savoir qui, du chef de l'État ou du chef du Gouvernement, doit représenter le pays lors de sommets européens ; l'on peut par exemple nommer la Finlande et la Pologne.[2] Avec une réforme constitutionnelle de 2011, la Finlande a décidé que ce doit être le Premier ministre (v. nouvel art. 66 al. 2 de la Constitution finlandaise). La Constitution polonaise permet toujours encore les deux, précisant que « le Président de la République coopère dans le domaine de la politique étrangère avec le Président du Conseil des ministres et le ministre compétent. » (v. art. 133 al. 3 de la Constitution polonaise).

---

[1] V. GUVERNUL ROMÂNIEI, *Nouvelles fraîches, Jeudi 28 juin 2012, Le Premier ministre Victor Ponta: Si le Président ne vient pas aujourd'hui, en vertu du mandat confié par le Parlement, je représenterai la Roumanie au Conseil européen*, 2012, https://gov.ro/fr/nouvelles/le-premier-ministre-victor-ponta-si-le-president-ne-vient-pas-aujourd-hui-en-vertu-du-mandat-confie-par-le-parlement-je-representerai-la-roumanie-au-conseil-europeen (dernièrement consulté le 05/02/2022) ; L'EXPRESS, 2012, https://static.lexpress.fr/medias_7962/w_1936,h_1090,c_fill,g_north/v1389885660/sommet-europeen-bruxelles-28-juin-2012_4076674.jpg (dernièrement consulté le 06/02/2022), le Premier ministre roumain Victor Ponta est en haut à droite sur la photo de groupe du Conseil européen des 28 et 29 juin 2012, le deuxième à droite de la chancelière Merkel.

[2] Cf. PHILLIPS, L., *Spats over who gets to go to EU summit break out in Poland, Finland*, 2008, https://euobserver.com/political/26658 (dernièrement consulté le 21/10/2021).

§ 3. Cohabitation partielle (coalition)

152.Dans le cas où la majorité présidentielle, n'ayant pas réussi à former à elle seule une majorité parlementaire, n'en est que membre, une cohabitation partielle, ou plutôt, une coalition existe. Ce n'est pas un Gouvernement minoritaire, car dans une telle configuration l'opposition tolère le Gouvernement sans en faire partie, soit le chef de l'État et le chef du Gouvernement sont du même bord politique. Une coalition est tout particulièrement probable en Allemagne, où l'obtention d'une majorité absolue de sièges par un seul parti est rarissime.[1] Peu important la taille de l'allié, le fait qu'un allié soit nécessaire conduit à ce que le Président chef de parti ne peut pas aspirer à diriger le pays comme s'il y avait concordance des majorités, mais il n'a pas non plus besoin de céder entièrement la place au chef du Gouvernement. En fonction du fait que la majorité présidentielle est majoritaire au sein de la coalition parlementaire, le Président est prioritaire pour être le dirigeant représentant le pays lors de sommets européens et internationaux. Si la majorité présidentielle est minoritaire, le chef du Gouvernement, choisi par l'allié dirigeant le plus de députés, endossera ce rôle. Dans les deux cas, les décisions politiques devront toujours être discutées avec l'allié, comme il est d'usage au sein de toute coalition.

---

[1] Cela ne s'est produit jusqu'ici qu'une seule fois en 1957 ; il manquait 1 siège sur 509 en 1953 et 5 sur 631 en 2013, v. ZICHT, W., *Ergebnisse der Bundestagswahlen [Résultats des élections au Bundestag]*, 2017, http://www.wahlrecht.de/ergebnisse/bundestag.htm (dernièrement consulté le 13/09/2020) en lien avec DEUTSCHER BUNDESTAG, *Bundestagswahlergebnisse seit 1949 – Zweitstimmen [Résultats des élections au Bundestag depuis 1949 – deuxièmes voix]*, https://www.bundestag.de/parlament/wahlen/ergebnisse_seit1949-244692 (dernièrement consulté le 12/06/2022).

Seconde partie – Direction du pays en fonction du type de présidence et de gouvernance

153.Le pays n'est pas dirigé de la même manière si le décideur est le chef de l'État ou le chef du Gouvernement. Outre des constantes, la direction du pays diffère significativement selon les hypothèses du rôle et de l'influence présidentielle concrète. Le Président peut être arbitral, mais aussi politiquement engagé.

154.Un chef de l'État politiquement engagé n'est constitutionnellement intéressant que dans la mesure où il n'est pas subordonné politiquement au chef du Gouvernement. Dans ce dernier cas, le Président transpose le plus souvent les décisions du chef du Gouvernement comme un monarque dans une monarchie constitutionnelle. Un Président politiquement engagé, non subordonné politiquement au chef du Gouvernement, lui est alors supérieur en cas de concordance des majorités présidentielle et parlementaire. En cas de cohabitation, ou de cohabitation partielle (coalition), en raison d'une divergence des majorités présidentielle et parlementaire, le rapport que le chef de l'État et le chef du Gouvernement entretiennent avec les autres organes constitutionnels varie encore.

155.Les différents rapports entre organes constitutionnels s'adaptent en fonction de la configuration qui s'applique en l'espèce. Le Président français dispose d'un rapport privilégié avec l'organe juridictionnel constitutionnel national, le Conseil constitutionnel. Ce rapport privilégié s'étend de la saisine du Conseil constitutionnel jusqu'à sa composition. En raison de l'absence en Allemagne de possibilité pour le chef de l'État de saisir comme en France l'organe juridictionnel constitutionnel, il a été développé un droit – et devoir – de contrôle présidentiel avant promulgation. Le Président allemand a par ailleurs un rôle particulier défini par la Constitution en cas de vote de confiance perdu par le chancelier, qui ne résulte pas forcément dans la remise par le chef du Gouvernement au chef de l'État de la démission du Gouvernement (v. art. 68 al. 1 phrase 1 GG), alors que c'est le cas en France (v. art. 50 var. 1 Const.). Au Royaume-Uni, dans le cas d'un vote de confiance perdu par le Gouvernement, la démission du Gouvernement ou la tenue d'élections générales s'ensuit.[1] En Allemagne, ce ne sont pas les deux seules options possibles, et le Président a un rôle de premier plan lorsque le chancelier demande la dissolution du Bundestag (v. art. 68 al. 1 phrase 1 GG) ou la déclaration de l'état de nécessité législative (v. art. 81 al. 1 phrase 1 GG).

156.Le rôle de chef du Gouvernement est, conformément au régime parlementaire, toujours central en France et en Allemagne, indépendamment de la réalité politique du jour. Si le chef du Gouvernement n'est pas le décideur politique, des questions importantes se posent pour savoir comment le véritable décideur est démocratiquement contrôlé.

157.L'émergence de situations extraordinaires peut encore une fois changer les rôles concrets joués par le chef de l'État et le chef du Gouvernement au sein des institutions. En général, le rôle du chef de l'État est valorisé. Le type ou la gravité des situations extraordinaires influe sur le changement de rôle. Une menace existentielle sur la France conduit par exemple conformément à l'art. 16 al. 1 Const. à un transfert de compétence au bénéfice du

---

[1] V. INSTITUTE FOR GOVERNMENT, *Confidence motions and Parliament*, https://www.instituteforgovernment.org.uk/explainers/confidence-motions-parliament (dernièrement consulté le 22/09/2022).

Président de la République. Dans ce cas, peu importe la majorité parlementaire du jour ou la manière selon laquelle le Président avait décidé de servir son pays (en tant qu'arbitre ou acteur politique engagé). Les actes administratifs que le chef de l'État est appelé à signer évoluent en fonction de la situation dans laquelle se trouvent lui et son pays.

TITRE 1. RELATIONS ENVERS LE PARLEMENT ET LE RESTE DU GOUVERNEMENT

158.La nature des relations entre, respectivement, le chef de l'État et le chef du Gouvernement vis-à-vis du Parlement et du reste du Gouvernement, dépend souvent de la nature de la relation existant entre eux. Cette relation dépend de la question fondamentale de savoir si le chef de l'État sert son pays à travers une présidence arbitrale ou politiquement engagée. Une fois cette question tranchée, le chef de l'État cherche à servir son pays en s'appuyant sur le programme sur lequel lui et son parti ont été élus. C'est sur cette base que se fondent les rapports qu'entretiennent respectivement le chef de l'État et le chef du Gouvernement vis-à-vis du Parlement et du reste du Gouvernement.

159.Le Président français entretient un rapport privilégié avec le Conseil constitutionnel. Son homologue n'a pas de rapport comparable avec la Cour constitutionnelle fédérale mais s'est vu octroyer, en l'absence de fondement inscrit dans la Loi fondamentale, notamment par la doctrine, un droit – et devoir – de contrôle présidentiel avant promulgation. Ce droit – et devoir – a des contours pas entièrement nets. Le Président allemand a par ailleurs un rôle de premier plan à jouer lorsque le chancelier perd au Bundestag un vote de confiance. En principe, le chef du

Gouvernement est, plutôt que le chef de l'État, le premier interlocuteur à la fois avec le Parlement et le reste du Gouvernement.

160.Les contacts peuvent être de nature très formelle, mais aussi très informelle, comme c'est le cas entre tous les différents organes constitutionnels.[1] La force de persuasion personnelle, du talent tactique et des connaissances suffisantes permettent d'obtenir beaucoup.[2] Le Président peut exercer de l'influence lors de conversations confidentielles avec les représentants des autres organes de l'État en mettant en jeu son autorité.[3]

Chapitre 1. Relations du Président arbitral ou politiquement engagé

161.Les droits constitutionnels français et allemand ne font pas exception au principe selon lequel c'est le chef du Gouvernement qui est le premier interlocuteur à la fois avec le Parlement et le reste du Gouvernement. Mais la pratique française a démontré que ce principe n'est pas immuable et que le Président peut rechercher une relation beaucoup plus approfondie. La question se pose alors de savoir jusqu'où le Président peut aller sans empiéter sur des tâches strictement réservées au Premier ministre ou chancelier.

---

[1] Cf. KLOEPFER, M., *Verfassungsrecht, Band I, Grundlagen, Staatsorganisationsrecht, Bezüge zum Völker- und Europarecht [Droit constitutionnel, Tome I, Bases, Droit étatique, Rapports au droit international et européen]*, Munich, C.H. Beck, 2011, § 17 n° 31.

[2] V. MAURER, H., *Hat der Bundespräsident ein politisches Mitspracherecht? [Est-ce que le Président fédéral a voix au chapitre à propos de questions politiques ?]*, DÖV 1966, p. 665, 672.

[3] V. le futur Président fédéral (et futur président de la Cour constitutionnelle fédérale) HERZOG, R., *Allgemeine Staatslehre [Théorie générale de l'État]*, Francfort-sur-le-Main, Athenaeum, 1971, p. 288.

Section 1. Avec le Parlement

162.Dans les deux pays, le chef de l'État promulgue les lois (v. art. 10 al. 1 Const. ; art. 82 al. 1 phrase 1 GG). S'il a un doute quant à la constitutionnalité, il peut – voire doit – agir avant la promulgation ; en France, en saisissant le Conseil constitutionnel (v. art. 61 al. 2 Const.) ou en demandant au Parlement, sans que ce ne puisse être refusé, une nouvelle délibération de la loi ou de certains de ses articles (v. art. 10 al. 2 Const.) et en Allemagne, en procédant à un contrôle présidentiel *a minima* de défauts formels et matériels manifestes[1]. Le fait qu'il agisse – ou justement non –[2] est déjà un élément à prendre en considération par les juges constitutionnels si, plus tard, ils auront à prendre une décision quant à la constitutionnalité de la loi. Certes, c'est un élément mineur, parce que ce n'est pas

[1] Compétence – et devoir – qui s'est progressivement installé dans le droit constitutionnel allemand, v. REICH, A., *Magdeburger Kommentar zum Grundgesetz für die Bundesrepublik Deutschland [Commentaire de Magdebourg de la Loi fondamentale pour la République Fédérale d'Allemagne]*, Bad Honnef, Bock, 1998, art. 82 n° 1 ; BRYDE, B.-O., in : VON MÜNCH, I., KUNIG, Ph. (dir.), *Grundgesetz Kommentar, Band 2, Artikel 70–146 [Commentaire de la Loi fondamentale, tome 2, préambule, articles 70 à 146]*, 6e éd., Munich, C.H. Beck, 2012, art. 82 n° 3.

[2] Le Président peut *de facto* influencer des deux côtés du Rhin, pour des raisons politiques, l'adoption (ou non) d'une loi douteuse du point de vue du droit constitutionnel lors de son appréciation pré-promulgation. Cependant, les juges constitutionnels veillent, donc l'importance est le plus souvent limitée à un bref délai. Ce délai peut être utile pour décaler un verdict potentiellement politiquement difficile pour le parti du Président à après une échéance électorale importante, ou tout simplement à après que l'intérêt du public ait privisiblement diminué à propos de la loi en question. Si un chef de l'État français ou allemand devait poursuivre une telle voie, ce serait en violation de ses obligations constitutionnelles (v. art. 5 al. 1 phrase 1 Const. ; art. 56 al. 1 GG).

la tâche première du chef de l'État de juger de la constitutionnalité des lois, mais la Constitution précise des deux côtés du Rhin que c'est une tâche présidentielle que de veiller à son respect (v. art. 5 al. 1 phrase 1 Const. ; art. 56 al. 1 GG), ce qui implique de ne pas soutenir des lois inconstitutionnelles, soit d'émettre une forme de jugement quant à leur respect des règles fondamentales nationales.

163.La qualité du soutien présidentiel ou de ses doutes (le Président allemand peut ainsi promulguer une loi, tout en faisant part publiquement de ses doutes) est un élément que les juges constitutionnels prendront en considération conformément à leur pratique de conséquentialisme avant toute décision. Le conséquentialisme est un jugement fondé également sur les conséquences de la décision, et non seulement sur le droit. Le conséquentialisme est un élément omniprésent dans le contrôle de constitutionnalité en particulier.[1] De l'aveu même d'un président du Conseil constitutionnel en fonction (et ancien chef du Gouvernement) en 2016, Laurent Fabius : « Juge du droit et non du fait, le Conseil constitutionnel prend néanmoins en compte les conséquences concrètes lors de ses prises de décisions ».[2] Robert Badinter, ancien président du Conseil constitutionnel, confiait en 1995 dans un entretien accordé au quotidien Le Monde et publié le lendemain de la fin de son mandat, que : « la prise de décision est une opération très complexe dans le contrôle de constitutionnalité. Il faut rechercher un équilibre difficile entre ce qui est l'objet même de la décision et les conséquences éventuelles de

---

[1] V. SALLES, S., *Le conséquentialisme dans la jurisprudence du Conseil constitutionnel*, Issy-les-Moulineaux, LGDJ, 2016, p. 1.

[2] V. FABIUS, L., *Avant-propos*, in : SALLES, S., *Le conséquentialisme dans la jurisprudence du Conseil constitutionnel*, Issy-les-Moulineaux, LGDJ, 2016, p. XI, XI.

celle-ci ».[1] Est à ce titre révélateur ce qu'a dit le juge constitutionnel André Ségalat à l'occasion du débat qui devait aboutir à la censure de la loi de finances pour 1980 : « Nous ne pouvons pas, enfin, ne pas s'interroger sur les conséquences qu'aurait une annulation. ».[2] De l'aveu même du président de la Cour constitutionnelle fédérale en fonction en 2016, Andreas Voßkuhle, les juges constitutionnels allemands laissent pour leur part également transparaître des décisions teintées politiquement sur des sujets sensibles.[3]

---

[1] Cité par BREHIER, T., FERENCZI, T., in : *Un entretien avec Robert Badinter*, article publié dans Le Monde du 5 mars 1995.
[2] V. ROUSSEAU, D., *Préface*, in : SALLES, S., *Le conséquentialisme dans la jurisprudence du Conseil constitutionnel*, Issy-les-Moulineaux, LGDJ, 2016, p. XIII, XIII.
[3] V. VOẞKUHLE, A., WISCHMEYER, Th. (v. l'astérisque à la p. 7: „Thomas Wischmeyer [hat mich] nachhaltig unterstützt, den ich deshalb als Mitautor ausweisen möchte"[Thomas Wischmeyer m'a durablement soutenu, c'est pourquoi je voudrais le faire figurer comme co-auteur]), *Die Verfassung der Mitte [la Constitution du centre]*, Munich, Carl Friedrich von Siemens Stiftung, 2016, p. 57; MENZEL, J., *Verfassungsrechtsprechung im siebten Jahrzehnt, Einführende Überlegungen zur Verfassungsgerichtsbarkeit, zum Bundesverfassungsgericht und zur Bedeutung seiner Judikate [Jurisprudence constitutionnelle dans sa septième décennie, réflexions introductives concernant la juridiction constitutionnelle, la Cour constitutionnelle fédéral et l'importance de ses arrêts]*, in : MENZEL, J., MÜLLER-TERPITZ, R. (dir.), *Verfassungsrechtsprechung, Ausgewählte Entscheidungen des Bundesverfassungsgerichts in Retrospektive [Jurisprudence constitutionnelle, Décisions choisies de la Cour constitutionnelle en rétrospective]*, 3e éd., Tubingue, Mohr Siebeck, 2017, p. 1, 16 et s., où l'auteur refuse certes le qualificatif de « politique » mais écrit entre autres : „Natürlich ist nicht zu übersehen, dass die Senate in ihren verschiedenen Phasen immer wieder spezifische Akzente gesetzt haben", „Insgesamt lässt sich für die Rechtsprechung des BVerfG aber festhalten, dass es gerade im Bereich der Außenpolitik bislang alle großen politischen Weichenstellungen und Entscheidungen akzeptiert hat." und „Weiten Spielraum hat das Gericht der politischen Leitungs-

164.La communication du chef de l'État avec le Parlement présente, en France et en Allemagne, des points communs, mais aussi des différences significatives. Autant la Constitution française en fixe des règles, autant la Loi fondamentale est entièrement muette. Les possibilités offertes par la Constitution française (v. art. 18 al. 1 et 2 Const.) présentent en même temps des limites. Lorsqu'en 1975, pour la célébration du centenaire du Sénat, le chef de l'État s'est rendu au palais du Luxembourg[1], la salle des séances a été « déparlementarisée » par l'enlèvement de la tribune pour bien marquer qu'il ne s'agissait pas de l'utilisation du droit de message (régulée strictement par l'art. 18 al. 1 Const. et excluant notamment la présence physique du Président).[2] Des réunions informelles du chef de l'État avec des parlementaires sont possibles pour des raisons d'efficacité et ont effectivement lieu.[3] Elles peuvent néanmoins devenir un problème si une régularité presque systématique se dessine, où des parlementaires influents ont des entrevues privées avec le chef de l'État, sans qu'il soit connu de quoi ils parlent. En effet, la méthode de communication prévue par la Constitution du chef de l'État avec les parlementaires est le message lu dans l'hémicycle (v. art. 18 al. 1 Const.), une prérogative,

gewalt […] gebilligt.“ [On ne peut naturellement pas occulter le fait que les chambres ont accentué certaines choses de manière récurrente dans leurs différentes phases » ; Mais on peut retenir de la jurisprudence de la Cour constitutionnelle fédérale que c'est justement dans le domaine de la politique étrangère qu'elle a accepté jusqu'ici toutes les grandes orientations et décisions politiques ». Et : « La Cour a accordé une large marge de manœuvre au pouvoir de direction politique. ».

[1] Siège du Sénat.

[2] V. TOURET, D., *L'élection présidentielle au cœur des institutions de la Ve République*, Paris, Les Éditions d'Organisation, 1994, p. 50.

[3] V. SÉNAT, *Histoire, Le Sénat de la Vème République*, http://www.senat.fr/histoire/senat_cinquieme_republique (dernièrement consulté le 15/12/2020).

mais justement aussi une limite. La Loi fondamentale, dans son silence total sur le sujet, n'interdit rien au Président allemand, notamment pas d'avoir des réunions informelles avec des parlementaires ou de s'exprimer directement au Parlement. Des discours tenus par le Président fédéral au Bundestag lors d'occasions solennelles sont ainsi déjà arrivés.[1] Des discours du Président fédéral au Bundesrat lors d'occasions pareillement solennelles ont également déjà eu lieu.[2] Enfin, sans rencontres personnelles, le chef de l'État peut des deux côtés du Rhin communiquer en passant par ses services présidentiels.

165.A contrario, il n'apparaît pas exclu que le Président enfreigne le principe de la séparation des pouvoirs[3] en ayant *trop* de contacts avec les sénateurs de manière informelle. Si d'influents sénateurs allaient avec une régularité presque systématique à l'Élysée pour avoir des entrevues privées avec le chef de l'État, sans qu'il soit connu de quoi ils parlent, il y a un problème de transparence. La méthode de communication prévue par la Constitution reste en effet le message lu dans l'hémicycle. Il est bien sûr possible, voire préférable pour des raisons d'efficacité,

---

[1] V. STEINMEIER, F.-W., *Gedenkstunde des Deutschen Bundestages zum Tag des Gedenkens an die Opfer des Nationalsozialismus [Séance commémorative du Bundestag allemand pour le jour de commémoration des victimes du nationalsocialisme]*, 2020, https://www.bundespraesident.de/SharedDocs/Reden/DE/Frank-Walter-Steinmeier/Reden/2020/01/200129-Gedenken-Bundestag.html (dernièrement consulté le 19/04/2022).

[2] V. ID., *Eröffnung der 1000. Sitzung des Bundesrates [Ouverture de la 1000ème séance du Bundesrat]*, 2021, https://www.bundespraesident.de/SharedDocs/Reden/DE/Frank-Walter-Steinmeier/Reden/2021/02/210212-Bundesrat.html (dernièrement consulté le 19/04/2022).

[3] art. 16 DDHC pour la France et art. 20 al. 2 phrase 2 demi-phrase 2 GG pour l'Allemagne (v. la Cour constitutionnelle fédérale – BVerfG –, décision du 27 avril 2021 – 2 BvE 4/15 –, n° 82) – protégé par l'art. 79 al. 3 GG –.

que le Président puisse s'entretenir avec certains sénateurs de manière informelle plutôt que d'opter pour le « message », mais cette méthode ne doit pas non plus être abondamment utilisée.

166.Même si le Président lui-même ne peut plus être réélu et qu'a priori une grande impopularité ne devrait plus le déranger, cette analyse est incorrecte. En effet, pour l'essentiel de l'exercice de ses pouvoirs, le chef de l'État doit converser avec des interlocuteurs qui, eux, sont toujours encore concernés par l'opinion publique, à commencer par les parlementaires. Même si un Président souhaitait uniquement se concentrer sur son mandat, en faisant fi de l'opinion publique, il se heurterait rapidement aux parlementaires qui, eux, pensent très fortement à la prochaine élection. De plus, de manière générale, un élu souhaite de préférence que son successeur partage les mêmes convictions que lui – ne serait-ce que pour sauvegarder son héritage politique –, soit (en principe), que ce soit le candidat de son parti qui gagne la course à sa succession. Pour ce faire, l'élu ne doit pas rendre son parti impopulaire au point que ce dernier devienne inéligible pour la prochaine élection. Ceci nous mène à ce que le peuple a toujours une influence dans les actions et décisions du Président, et notamment dans sa relation avec le Parlement.

167.En France, le chef de l'État et le Parlement ont tous deux un rôle crucial dans la composition et le saisissement du Conseil constitutionnel, le juge du respect de la Constitution. Le chef de l'État entretient un rapport privilégié avec le Conseil constitutionnel qui, selon sa propre formule, veille à ce que la loi votée n'exprime la volonté générale (v. art. 6 phrase 1 DDHC) que dans le respect de la

Constitution[1]. Contrairement à outre-Rhin, le Président français peut saisir la juridiction constitutionnelle préalablement à la promulgation d'une loi, et il dispose d'une influence considérable sur sa composition, pouvant notamment, dans une large mesure, choisir librement un tiers des juges constitutionnels nommés.

168. Outre-Rhin, le Président fédéral entretient des relations générales avec le Bundestag, qui est le Parlement monocaméral de l'Allemagne,[2] ainsi que des relations générales avec le Bundesrat, qui occupe une place prépondérante dans l'État fédéral entier,[3] et qui peut occuper une place de « seconde chambre » lorsque son approbation à une loi est requise[4]. De plus, un droit – et devoir – de contrôle présidentiel pré-promulgation est aujourd'hui acquis en droit constitutionnel. Enfin, le chef de l'État joue un

---

[1] V. Cons. const., 23 août 1985, n° 85-197 DC, § 27, Rec. p. 70.

[2] V. le recueil officiel de décisions de la Cour constitutionnelle fédérale [Amtliche Sammlung von Entscheidungen des Bundesverfassungsgerichts ; BVerfGE], tome 37, p. 363, 380.

[3] V. LERCHE, P., *Entwicklungstendenzen im gegenwärtigen Verfassungsrecht der Bundesrepublik Deutschland [Tendances de développement dans l'actuel droit constitutionnel de la République Fédérale d'Allemagne]*, in : ÁDÁM, A., SCHOLLER, H. (dir.), *Die Verfassung als Katalysator zwischen Gesellschaft und Staat, Das Grundgesetz der Bundesrepublik Deutschland nach 40 Jahren im Vergleich mit den Bestrebungen der ungarischen Verfassungsreform, Ergebnisse eines ungarisch-deutschen Kolloquiums am 18. und 19 Mai 1989 im Goethe-Institut Budapest [La constitution comme catalyseur entre société et État, La loi fondamentale de la République Fédérale d'Allemagne après 40 ans en comparaison avec les aspirations de la réforme constitutionnelle hongroise, Résultat d'un colloque germano-hongrois les 18 et 19 mai 1989 à l'Institut Goethe de Budapest]*, Munich, Südosteuropa-Gesellschaft, 1990, p. 153, 166.

[4] V. ZIPPELIUS, R., WÜRTENBERGER, Th., *Deutsches Staatsrecht [Droit étatique allemand]*, 33e éd., Munich, C.H. Beck, 2018, § 45 n° 69.

rôle incontournable en cas de vote de confiance perdu par le chef du Gouvernement ou quand celui-ci veut faire déclarer l'état de nécessité législative en raison d'un projet de loi déclaré urgent rejeté par le Bundestag.

169.Conformément à l'art. 68 al. 1 phrase 1 GG, le chancelier peut poser la question de confiance au Bundestag. La Constitution de Weimar ne comprenait aucune règle expresse concernant la question de confiance ; toutefois, la pratique constitutionnelle avait développé, à l'époque, de tels cas.[1] Si le chancelier perd un vote de confiance, il ne doit pas – comme en France (v. art. 50 var. 1 Const.) – forcément démissionner (v. art. 68 al. 1 phrase 1 GG). Un remaniement ministériel d'envergure en guise de reconnaissance qu'une nouvelle politique sera suivie peut suffire. Le chancelier peut également demander au Président fédéral de dissoudre le Bundestag (v. ibid.). Dans l'éventualité que le Président n'accède pas à cette demande, et que ce refus ne soit pas sanctionné par la Cour constitutionnelle fédérale, l'état de nécessité législative peut être déclaré par le chef de l'État, sur demande du Gouvernement fédéral, approuvée par le Bundesrat (v. art. 81 al. 1 phrase 1 GG). L'état de nécessité législative peut aussi être demandé, toujours avec l'approbation du Bundesrat, lorsque les députés rejettent un projet de loi que le chancelier avait déclaré urgent (v. ibid.). Le chancelier devra le cas échéant contresigner la décision du

[1] V. LIPPERT, M. R., *Bestellung und Abberufung der Regierungschefs und ihre funktionale Bedeutung für das parlamentarische Regierungssystem, Entwickelt am Beispiel des deutschen Bundeskanzlers und des britischen Premierministers [Désignation et renvoi du chef du gouvernement et leur importance pour le système de gouvernement parlementaire, développée à l'exemple du chancelier fédéral allemand et du Premier ministre britannique]*, Berlin, Duncker & Humblot, 1973, p. 450.

Président (v. art. 58 GG)[1], mais ce ne sera qu'en principe qu'une formalité, considérant qu'il n'est pas très plausible que le chancelier change d'avis entre le moment où il formule sa demande vis-à-vis du Président, et le moment où ce dernier accède à la demande.

Section 2. Avec le Gouvernement outre son chef

170.La question se pose de savoir si une nouvelle nomination (par le Président)[2] s'impose si un ministre a de nouveaux contenus dans son portefeuille, que ce soit par un accroissement de son portefeuille ou par un changement complet de ministère. Bien que discutée, cette question doit être répondue par l'affirmative,[3] car c'est tout sauf un détail quel contenu ministériel une personnalité précise prend en charge. Il est ainsi tout à fait pensable qu'en raison de certaines opinions ou d'anciennes déclarations faites, une nomination directement à ce poste ne soit pas allé de soi. Cette solution est conforme à la pratique française[4] et allemande[5].

---

[1] Notamment l'art. 58 phrase 2 GG, nommant des exceptions, rend l'art. 58 phrase 1 GG, établissant la règle, d'autant plus strict.

[2] V. art. 8 al. 2 Const. et art. 64 al. 1 GG.

[3] V. UHLE, A., MÜLLER-FRANKEN, S., in : SCHMIDT-BLEIBTREU B., HOFMANN H., HENNEKE H.-G. (dir.), *GG Kommentar zum Grundgesetz [GG, Commentaire de la Loi fondamentale]*, 15e éd., Cologne, Carl Heymanns, 2022, art. 64 n° 14.

[4] V. décret du 30 août 2016 relatif à la composition du Gouvernement, JORF n° 0202 du 31 août 2016.

[5] V. DIE BUNDESREGIERUNG, *Kabinettsumbildung, Rösler neuer Wirtschaftsminister, Bahr übernimmt Gesundheitsressort [Remaniement du Gouvernement, Rösler est le nouveau ministre de l'Économie, Bahr prend en charge le ministère de la Santé]*, 2011, https://archiv.bundesregierung.de/archiv-de/roesler-neuer-wirtschaftsminister-bahr-uebernimmt-gesundheitsressort-429706 (dernièrement consulté le 29/05/2021).

171.La grande majorité des actions présidentielles nécessite des deux côtés du Rhin le contreseing, d'une part du chef du Gouvernement, mais d'autre part également du ministre concerné (v. art. 19 Const. et art. 58 phrase 1 GG). Si plusieurs ministres sont concernés, les différents ministres doivent contresigner. Le contact n'a bien sûr pas besoin d'être physique ; il peut même n'être le plus souvent qu'une formalité (notamment en cas de concordance des majorités) ; néanmoins il existe.

172.Le Président n'est pas le Premier ministre. Ce qui semble évident ne l'est pourtant pas forcément. La France a vécu, sous la présidence Macron, une « primoministérialisation »[1] inédite. Le Président Macron a réuni les membres du Gouvernement en séminaire de travail et, à partir de février 2018, reçu annuellement ses ministres un par un à l'Élysée, pour faire le point sur les objectifs qui leur ont été confiés lors de leur nomination – et ce, en l'absence du Premier ministre.[2] Il est inconfortable de constater que de tels entretiens s'inspirent de l'entretien professionnel annuel en vigueur dans la fonction publique et de l'entretien annuel d'évaluation propre aux entreprises.[3] C'est particulièrement critiquable, et même inconstitutionnel, car diriger l'État et diriger le Gouvernement sont deux tâches que la Constitution (française et allemande) a clairement distinctes. Que le chef de l'État dise au chef du Gouvernement ce qu'il veut qu'il fasse est une chose, mais qu'il le fasse à sa place en est une autre. À l'instar de l'absence de fondement pour un refus de signature d'un texte non manifestement inconstitutionnel, il n'y

---

[1] V. CAPORAL-GRÉCO, S., *Les mutations de la fonction présidentielle*, in : BLACHÈR, Ph. (dir.), *La Constitution de la Ve République, 60 ans d'application (1958-2018)*, Issy-les-Moulineaux, LGDJ, 2018, p. 169, 180.

[2] V. ibid., p. 182.

[3] V. ibid.

a pas de fondement dans la Constitution (française ou allemande) pour qu'il y ait un Président chef du Gouvernement.

173.L'inverse n'est d'ailleurs pas possible non plus : la Constitution (française ou allemande) n'autorise pas un chef du Gouvernement Président (hormis en France par intérim dans le cas extrêmement particulier où, *primo*, il y a intérim, et, *secundo*, le Président par intérim prévu par la Constitution – le président du Sénat – est à son tour empêché, auquel cas le Gouvernement, avec à sa tête le Premier ministre, assure provisoirement les tâches de la présidence)[1]. Le chef de l'État français Emmanuel Macron est allé encore plus loin, voulant dès le début de sa présidence en 2017 toujours être au courant de tout et n'hésitant pas à « recadrer », voire « harceler » les ministres concernés en pleine nuit.[2] Selon le cas par brefs messages électroniques ou de vive voix, le cas échéant en chuchotant pour ne pas réveiller sa femme dormant à côté de lui…[3] Le chef du Gouvernement lui-même ne peut pas constitutionnellement aller aussi loin (cf. en Allemagne le principe de ressort ministériel, art. 65 phrase 2 GG). En l'espèce, le Président Macron a voulu contrôler de très près, dès 2017, encore au-delà du Gouvernement en sa totalité, le travail des parlementaires de sa majorité ainsi que de l'administration, là encore, au sens large : des ministères

---

[1] V. art. 7 al. 4 Const..

[2] V. MACHET, A.-Y., *Emmanuel Macron "harcèle" ses ministres par SMS*, 2017, https://www.closermag.fr/politique/emmanuel-macron-harcele-ses-ministres-par-sms-728995 (dernièrement consulté le 21/02/2022).

[3] V. LA RÉDACTION [de « Voici »], *Emmanuel Macron : comment recadre-t-il ses ministres tard le soir quand Brigitte dort ?*, 2021, https://www.voici.fr/news-people/actu-people/emmanuel-macron-sen-prend-a-ses-ministres-en-chuchotant-quand-brigitte-dort-702835 (dernièrement consulté le 21/02/2022).

aux ambassades en passant par les préfectures…[1] Un Président qui court-circuite à tel point tous les corps intermédiaires risque de devenir la cible directe des manifestants et des opposants à sa politique.[2] En temps normal cela peut être simplement gênant (au-delà d'une inconstitutionnalité pouvant difficilement être réprimée), mais, en temps anormal, cela peut même devenir dangereux, comme la crise des « gilets jaunes » fin 2018 l'a démontré en France[3]. En effet, un chef du Gouvernement considéré comme étant le responsable d'avoir mis en danger la paix sociale peut être contraint de partir par les parlementaires. Pour un chef de l'État, c'est beaucoup plus compliqué vu la difficulté et la longueur de la procédure de destitution. En Allemagne, contrairement à la France, les juges constitutionnels peuvent heureusement veiller à ce qu'un acteur

---

[1] V. DJAMSHIDI, A., HACOT, V., MARTINAT, Ph., *Gouvernement, Assemblée, administration... Macron recadre à tous les étages*, 2017, https://www.leparisien.fr/politique/gouvernement-assemblee-administration-macron-recadre-a-tous-les-etages-09-08-2017-7183326.php (dernièrement consulté le 21/02/2022).

[2] V. BYRNE, Const., KLOPP, J., AFP, *"Gilets jaunes" : la "haine" contre le "roi" Macron, moteur de la colère*, 2018, https://www.publicsenat.fr/article/politique/gilets-jaunes-la-haine-contre-le-roi-macron-moteur-de-la-colere-136141 (dernièrement consulté le 21/02/2022).

[3] Le président de l'Assemblée nationale en était venu à conseiller personnellement le Président de la République à l'Élysée de ne plus s'exprimer en public dans l'immédiat, « tant sa seule apparition ajoute de la crise à la crise », v. MANDONNET, E., *Gilets jaunes : le jour où Emmanuel Macron a eu le peur de sa vie*, 2019, https://www.lexpress.fr/actualite/politique/gilets-jaunes-le-jour-ou-macron-a-eu-la-peur-de-sa-vie_2106480.html (dernièrement consulté le 21/02/2022), c'était le 4 décembre 2018, lors de sa visite inopinée à Puy-en-Velay, petite ville de 20.000 habitants ayant voté à 77 % pour lui un an auparavant au second tour de la présidentielle, et où la préfecture avait été incendiée (avec des fonctionnaires à l'intérieur qui ont vu la mort en face ! Mais ils ont heureusement tous survécu).

politique ne s'associe pas ce que la Constitution dissocie expressément.

174.Doit être distinguée en France la situation en temps normal de la situation à tel point anormale qu'elle a pu significativement contribuer à la dégénération de la crise des « gilets jaunes » qui a fait vaciller la République fin 2018.

Chapitre 2. Relations du Premier ministre ou du chancelier

175.Le chef du Gouvernement est, conformément au droit constitutionnel français et allemand, en principe le premier interlocuteur à la fois avec le Parlement et le reste du Gouvernement. Une large partie des relations du chef du Gouvernement avec le Parlement est étendue à l'ensemble du Gouvernement qu'il dirige. Le chef du Gouvernement, en principe soutenu par une majorité parlementaire, ne se confond pas avec le Parlement. Encore lui faut-il notamment faire passer des lois pour appliquer sa politique, ce qui n'est pas forcément aisé (alliés hésitants, rebelles…). Pareillement, le législateur ne peut tout imposer à l'exécutif.

Section 1. Avec le Parlement

176.Un régime général peut être développé, avant d'évoquer les différents moyens dont dispose le Parlement pour contrôler le chef du Gouvernement ainsi que son Gouvernement. En France et en Allemagne le régime est clairement parlementaire. En dépit du caractère semi-présidentiel du régime constitutionnel français, les rapports entre Gouvernement et Parlement, notamment pour tout ce qui concerne la procédure législative, sont, restés parlementaires.[1] Le Gouvernement et le Parlement agissent ensemble sous diverses formes en exerçant des prérogatives d'initiative, de recours et d'approbation.[2] Mais, en dépit de l'harmonie fondamentale entre les opinions du Gouvernement et celles de la majorité parlementaire dans une démocratie parlementaire, il existe aussi une relation faite de tensions entre le Parlement en tant qu'organe suprême législatif et de contrôle et le Gouvernement en tant que sommet de l'exécutif.[3] Le Gouvernement est plus que l'exposant de la majorité parlementaire.[4]

§ 1. Régime général

177.Le degré de liberté réservé au Parlement, en particulier dans ses rapports avec le Gouvernement, s'explique

---

[1] V. MASSOT, J., *Chef de l'État et chef du gouvernement : la dyarchie hiérarchisée*, Paris, La Documentation française, 2008, p. 145.

[2] V. MAACK, H., *Verfassungsrecht für die öffentliche Verwaltung, Teil 1, Verfassungsprinzipien und Staatsorganisation [Droit constitutionnel pour l'administration publique, Partie 1, Principes constitutionnels et organisation étatique]*, Stuttgart, Kohlhammer, 1983, p. 185.

[3] V. RAUSCHNING, D. *« Das parlamentarische Regierungssystem des Grundgesetzes in der Rechtsprechung des Bundesverfassungsgerichts » [Le système de gouvernement parlementaire de la Loi fondamentale dans la jurisprudence de la Cour constitutionnelle fédérale]*, in : STARCK, Ch. (dir.), *Bundesverfassungsgericht und Grundgesetz, Festgabe aus Anlaß des 25jährigen Bestehens des Bundesverfassungsgerichts, Band 2, Verfassungsauslegung [Cour constitutionnelle fédérale et Loi fondamentale, Hommage en raison du 25ème anniversaire de l'existence de la Cour constitutionnelle fédérale, Tome 2, Interprétation constitutionnelle]*, Tubingue, Mohr, 1976, p. 214, 223.

[4] V. LEIBHOLZ, G., RINCK, H.-J., *Grundgesetz für die Bundesrepublik Deutschland, Kommentar an Hand der Rechtsprechung des Bundesverfassungsgerichts [Loi fondamentale pour la République Fédérale d'Allemagne, Commentaire à l'aide de la jurisprudence de la Cour constitutionnelle fédérale]*, Cologne-Marienburg, Otto Schmidt, 1966, p. 370.

en grande partie par les expériences passées en France et en Allemagne.[1] L'instabilité des IIIe et IVe Républiques a conduit en France à une volonté de rationaliser le parlementarisme sous la Ve République, tandis que les dérives présidentialistes de la fin de la République de Weimar, suivies par la négation absolue de la séparation des pouvoirs sous la dictature nazie, expliquent en Allemagne la volonté renforcée de préserver l'autonomie du Bundestag.[2] Même si la révision constitutionnelle de 2008[3] a infléchi la tendance, l'autonomie du Parlement français demeure, aujourd'hui encore, considérablement limitée, surtout par rapport à celui d'outre-Rhin.[4]

178.Malgré certaines convergences observées dans la pratique, les différences conceptuelles entre les ordres constitutionnels français et allemand demeurent significatives : la Constitution française vise un renforcement de l'exécutif par rapport au Parlement, alors que la Constitution allemande est orientée par la volonté d'empêcher le Parlement de renoncer à ses prérogatives au profit de l'exécutif.[5] Alors qu'en France, le Gouvernement peut créer des normes sans y être systématiquement autorisé par une loi, et que certains domaines lui sont même en partie réservés, dès lors qu'il le juge politiquement

[1] V. GAILLET, A., WENDEL, M., in : GAILLET, A. et al., *Droits constitutionnels français et allemand, Perspective comparée*, Issy-les-Moulineaux, LGDJ, 2019, n° 301.

[2] V. ibid.

[3] Loi constitutionnelle n° 2008-724 du 23 juillet 2008 de modernisation des institutions de la Ve République, JORF n°0171 du 24 juillet 2008, p. 11890.

[4] V. GAILLET, A., WENDEL, M., in : GAILLET, A. et al., *Droits constitutionnels français et allemand, Perspective comparée*, Issy-les-Moulineaux, LGDJ, 2019, n° 302.

[5] V. MARSCH, N., in : GAILLET, A. et al., *Droits constitutionnels français et allemand, Perspective comparée*, Issy-les-Moulineaux, LGDJ, 2019, n° 517.

opportun (v. arts. 34 et 37 Const.), la Loi fondamentale interdit au Gouvernement fédéral la création de normes sans autorisation parlementaire préalable (v. art. 80 al. 1 GG).[1]

179.Des parlementaires sans fonctions gouvernementales (forcément le cas en France, où le cumul n'est pas autorisé comme outre-Rhin ou outre-Manche, v. art. 23 al. 1 Const.) ne peuvent pas systématiquement participer au Conseil des ministres. Que les dirigeants de groupes parlementaires participent systématiquement aux Conseils de cabinet, tel que l'idée fut un temps développée en Allemagne, présente en effet d'un point de vue de la séparation des pouvoirs[2] de sérieux problèmes.[3] Une interaction trop étroite entre le Parlement et le Gouvernement, surtout un amalgame de leurs tâches distinctes dans la gouvernance et l'activité législative, peut conduire à ce que le Parlement, ou certains groupes de ses membres, partage une coresponsabilité si forte pour des mesures de l'administration en place que cela entrave le pendant d'un contrôle.[4]

---

[1] V. ibid.

[2] art. 16 DDHC pour la France et art. 20 al. 2 phrase 2 demi-phrase 2 GG pour l'Allemagne (v. la Cour constitutionnelle fédérale – BVerfG –, décision du 27 avril 2021 – 2 BvE 4/15 –, n° 82) – protégé par l'art. 79 al. 3 GG –.

[3] V. STEUCK, J.-P., *Die ständige Teilnahme von Fraktionsvorsitzenden an Kabinettssitzungen der Bundesregierung – ein Verstoß gegen das Gewaltenteilungsprinzip? [La participation permanente de présidents de groupes aux conseils des ministres – une violation du principe de la séparation des pouvoirs ?]*, ZRP 1999, p. 403, 403 et s..

[4] V. SCHEUNER, U., *Politische Koordination in der Demokratie [Coordination politique en démocratie]*, in : BRACHER, K. D., DAWSON, Ch., GEIGER, W., SMEND, R. (dir.), *Die moderne Demokratie und ihr Recht, Modern Constitutionalism and Democracy, Festschrift für Gerhard Leibholz zum 65. Geburtstag, Zweiter Band : Staats- und Verfassungsrecht [La démocratie moderne et son droit,*

180.Le principe de « discontinuité », selon lequel tout projet de loi non-voté à la fin de la législature devient caduc, est applicable pour l'Assemblée nationale en France et aussi le Bundestag en Allemagne.[1] Ce principe de discontinuité ne vaut pas cependant ni pour le Sénat français, ni pour le Bundesrat allemand, en raison de leur renouvellement différent.[2] Pour cette raison, le Conseil constitutionnel a validé l'approbation d'une loi par le Sénat plus de dix ans après son adoption par l'Assemblée nationale.[3] En Allemagne, le Bundesrat peut également approuver une loi telle que le Bundestag, sous sa composition précédente, la lui a envoyée (v. art. 77 al. 1 phrase 2 GG).[4] Mais si le Bundesrat n'accepte pas le projet de loi exactement comment il l'a reçu, et formule soit une objection, soit la demande de la formation d'une commission commune (v. art. 77 al. 2 GG), alors le processus initié sous la précédente législature du Bundestag ne pourra être poursuivi et la loi nécessitera un vote des députés nouvellement élus.[5]

181.Le Parlement, plutôt que le juge, est le mieux placé pour s'assurer que le Gouvernement respecte ses engagements ou son domaine d'habilitation (v. respectivement

---

Modern Constitutionalism and Democracy, Hommage à Gerhard Leibholz pour son 65ème anniversaire, tome 2: Droit étatique et constitutionnel], Tubingue, Mohr, 1966, p. 899, 916.

[1] V. MARSCH, N., in : GAILLET, A. et al., *Droits constitutionnels français et allemand, Perspective comparée*, Issy-les-Moulineaux, LGDJ, 2019, n° 541.

[2] V. ibid.

[3] V. Cons. const., 29 novembre 2012, n° 2012-657 DC, § 2, Rec. p. 616.

[4] V. MARSCH, N., in : GAILLET, A. et al., *Droits constitutionnels français et allemand, Perspective comparée*, Issy-les-Moulineaux, LGDJ, 2019, n° 541.

[5] V. ibid.

art. 38 Const. et art. 80 al. 1 GG).[1] Si le Parlement, bloqué par une majorité favorable au Gouvernement, n'agit pas quand il devrait agir, le juge révèle son utilité aussi sur ce sujet. Le Parlement dispose de par son pouvoir budgétaire d'un contrepoids significatif aux prérogatives du Gouvernement et des autorités administratives qui lui sont subordonnées ; le droit d'organisation gouvernemental est soumis au droit budgétaire.[2] Bien que cette influence ne soit qu'indirecte, efficace que dans la négative, et l'auteur de la loi de finances n'est fondamentalement autre que le Gouvernement lui-même, le Parlement peut ôter tout moyen d'existence à un service non essentiel constitutionnellement qu'il entend voir disparaître.[3] Encore faut-il que le service ne soit pas considéré comme essentiel. En raison de la séparation des pouvoirs[4], l'autonomie parlementaire, aussi financière, est assurée,[5] mais pareillement d'autres pouvoirs publics peuvent déterminer par eux-mêmes les crédits nécessaires à leur fonctionnement[6]. Il est possible que le chef du Gouvernement sollicite, sur des dossiers techniques mais politiquement délicats, des membres de sa majorité parlementaire de déposer une proposition de loi

---

[1] V. MULIER, Th., *Les relations extérieures de l'État en droit constitutionnel français*, Mare & Martin, 2020, p. 1007.

[2] V. AMPHOUX, J., *Le chancelier fédéral dans le régime constitutionnel de la République fédérale d'Allemagne*, Paris, LGDJ, 1962, p. 208.

[3] V. ibid., p. 209.

[4] art. 16 DDHC pour la France et art. 20 al. 2 phrase 2 demi-phrase 2 GG pour l'Allemagne (v. la Cour constitutionnelle fédérale – BVerfG –, décision du 27 avril 2021 – 2 BvE 4/15 –, n° 82) – protégé par l'art. 79 al. 3 GG –.

[5] V. Cons. const., 13 mai 2011, n° 2011-129 QPC, § 5, Rec. p. 239 ; 25 juillet 2001, n° 2001-448 DC, § 25, Rec. p. 99 ; 27 décembre 2001, n° 2001-456 DC, § 47, Rec. p. 180.

[6] V. Cons. const., 27 décembre 2001, n° 2001-456 DC, § 47, Rec. p. 180.

plutôt que de passer par un projet de loi de son Gouvernement.[1]

182.Les résolutions permettent de montrer l'avis prononcé du Parlement sans devoir pour autant légiférer.[2] Elles sont courantes dans toute l'Europe pour affirmer des problèmes éloignés des préoccupations locales.[3] En France, la Constitution les prévoit à l'art. 34-1C., les assemblées pouvant voter des résolutions (v. art. 34-1 al. 1 Const.), sauf celles dont le Gouvernement estime qu'elles contiendraient des injonctions à son égard, voire que sa responsabilité soit remise en cause (v. art. 34-1 al. 2 Const.). En Allemagne, la Constitution ne les prévoit pas, mais c'est le cas du règlement intérieur du Parlement (v. § 75 al. 2 lit. c, § 88 GOBT). Pareillement, le Gouvernement peut, éventuellement à la demande d'un groupe parlementaire, faire voter une déclaration sans pour autant légiférer ou engager sa responsabilité (prévu constitutionnellement qu'en France, v. art. 50-1 Const.).

183.Les députés peuvent être convaincus, en premier lieu par le chef du Gouvernement, de voter quelque chose de contraire au programme pour lequel ils ont été élus s'ils acceptent que c'est pour le bien du pays.[4] Il n'est tout

---

[1] V. JAN, P., *Les Constitutions de la France, Tome 3, la Constitution de 1958, La République gouvernée*, Issy-les-Moulineaux, LGDJ, 2017, p. 112.

[2] V. CHAGNOLLAUD DE SABOURET, D., DE MONTALIVET, P., *Droit constitutionnel contemporain 1, Théorie générale, Régimes étrangers, Histoire constitutionnelle*, 10e éd., Dalloz, Paris, 2019, n° 129.

[3] V. ibid.

[4] V. KROPP, S., *Regieren in Parlamentarismus und Parteiendemokratie : Informale Institutionen als Handlungsressource für Exekutive und Parlament [Gouverner dans le parlementarisme et démocratie de partis: institutions informelles comme ressource d'action pour l'exécutif et le Parlement]*, in : WERNER, J., KÖNIG, K. (dir.), *Regieren*

d'abord pas possible de continuellement suivre la voie du moindre effort et repousser *ad aeternam* la gestion de grands défis ou problèmes.[1] Il est également pensable que certaines informations cruciales à la bonne compréhension du dossier soient secrètes et ne pouvaient donc être connues des partis au moment où ils s'engageaient sur un programme. Enfin, il est concevable que les circonstances aient dramatiquement changé entre le moment où le programme électoral ou accord de coalition a été conclu et le moment où les parlementaires ont à prendre leur décision. L'on peut nommer comme exemple l'invasion de l'Ukraine par la Russie en 2022 (condamnée par l'ONU – globalement le monde entier – à une majorité de 136 voix)[2], qui a conduit à un changement radical, à 180° degrés, de la politique militaire allemande.[3] Lors de l'unique séance parlementaire extraordinaire un dimanche de l'histoire de la République Fédérale d'Allemagne, le chancelier a déclaré au Bundestag que « Le monde n'est plus pareil au monde d'avant. ».[4]

---

*zu Beginn des 21. Jahrhunderts [Gouverner au début du XXI*ème *siècle]*, Tubingue, Mohr Siebeck, 2008, p. 49, 62.

[1] Cf. HEINZE, R., G., *Regieren durch Verhandeln? [Gouverner en négociant?]*, in : WERNER, J., KÖNIG, K. (dir.), *Regieren zu Beginn des 21. Jahrhunderts [Gouverner au début du XXI*ème *siècle]*, Tubingue, Mohr Siebeck, 2008, p. 230, 252.

[2] V. NATIONS UNIES, *Aggression against Ukraine : resolution / adopted by the General Assembly*, 2022, https://digitallibrary.un.org/record/3959039 (dernièrement consulté le 17/04/2022), la résolution adoptée le 2 mars 2022 étant la résolution A/RES/ES-11/1, titrée « Agression contre l'Ukraine ».

[3] V. GEIGER, K., *2011, 2015, 2022 – Die seltsame Radikalität der deutschen Politik [2011, 2015, 2022, L'étrange radicalité de la politique allemande]*, 2022, https://www.welt.de/debatte/kommentare/plus237289137/Zeitenwende-Die-seltsame-Radikalitaet-der-deutschen-Politik.html (dernièrement consulté le 17/04/2022).

[4] V. SCHOLZ, O., *Bundeskanzler Olaf Scholz: Wir erleben eine Zeitenwende [Chancelier fédéral Olaf Scholz : Nous vivons un change-*

184.Les Français et les Allemands évitent, par des moyens de procédure différents, l'écueil sur lequel se sont échoués les Britanniques en 2019, qui est qu'un Gouvernement ne pourrait pas lier le vote d'un texte qu'il juge essentiel et le maintien de la confiance en lui. Empêtré dans le *Brexit*, le Royaume-Uni a vécu les 15 et 16 janvier 2019 la situation où le Gouvernement subit la pire défaite parlementaire de l'histoire nationale sur le cœur de son programme gouvernemental,[1] mais, le lendemain, se voit allouer la confiance par les parlementaires lors d'une motion de censure[2]. Une démission de la cheffe du Gouvernement était possible, mais légitimement, comme ce fut effectivement le cas, l'on pouvait l'exclure, considérant que le Parlement venait de lui exprimer sa confiance. Des élections anticipées auraient été la seule solution. Mais, pour la Première ministre Theresa May, ce n'était pas une option qu'elle voulait poursuivre, pour différentes raisons, dont l'une étant que la dernière fois qu'elle avait décidé d'élections anticipées, deux ans auparavant, déjà en raison du *Brexit*, cela avait tourné au désastre pour son parti (perte de la majorité au lieu de l'agrandir).[3] En France, le

---

ment d'époque], 2022, https://www.bundestag.de/dokumente/textarchiv/2022/kw08-sondersitzung-882198 (dernièrement consulté le 17/04/2022).

[1] V. STEWART, H., *May suffers heaviest defeat parliamentary defeat of a British PM in the democratic era*, 2019, https://www.theguardian.com/politics/2019/jan/15/theresa-may-loses-brexit-deal-vote-by-majority-of-230 (dernièrement consulté le 04/04/2022), défaite gouvernementale de 230 (!!!) voix !

[2] V. KIRBY, J., *British Prime minister Theresay May wins confidence vote despite Brexit defeat, Labour's gambit to force general elections failed. But the UK still has to figure out Brexit.*, 2019, https://www.vox.com/world/2019/1/16/18185172/theresa-may-confidence-vote-wins-parliament (dernièrement consulté le 04/04/2022).

[3] V. MCCARTHY, N., *Theresa May's snap election gamble has backfired spectacularly*, 2017, https://www.forbes.com/sites/niallmccarthy/

moyen procédural à la disposition du chef du Gouvernement pour lier projet de loi et vote de confiance en son Gouvernement est l'art. 49 al. 3 Const. (le fameux « 49.3 »), en combinaison avec l'art. 45 al. 4 phrase 1 Const. pour également surmonter, le cas échéant, une résistance du Sénat (l'Assemblée nationale statue définitivement). En Allemagne, le moyen procédural à la disposition du chef du Gouvernement pour lier projet de loi et vote de confiance en son Gouvernement est l'art. 68 al. 1 en combinaison avec l'art. 81 al. 1 phrase 2 GG. La procédure et ses suites diffèrent significativement entre la France et l'Allemagne, sauf dans le cas d'une victoire gouvernementale, auquel cas le projet de loi est adopté tel quel dans les deux pays (v. art. 49 al. 3 phrase 2 Const. et art. 81 al. 1 phrase 2 GG).

185.Le Bundesrat se compose de membres des Gouvernements des Lands (v. art. 51 al. 1 phrase 1 demi-phrase 1 GG) et ne fait pas partie du Parlement. Conformément au principe parlementaire, « Le Parlement vote la loi. » (v. art. 24 al. 1 phrase 1 Const.) et en Allemagne « Les lois fédérales sont adoptées par le Bundestag. » (v. art. 77 al. 1 phrase 1 GG). Le Parlement allemand est monocaméral, le Bundestag est le Parlement allemand. En France, le Sénat est une chambre à part entière du Parlement, participant explicitement au vote de la loi et au contrôle du Gouvernement (v. art. 24 al. 1 phrases 1 et 2 al. 2 Const.). Le Bundesrat exerce néanmoins une influence

---

2017/06/09/theresa-mays-snap-election-gamble-has-backfired-spectacularly-infographic/ (dernièrement consulté le 04/04/2022), « The UK's Conservatives have lost their majority after Prime Minister Theresa May's gamble to call a snap election backfired. ».

tout à fait considérable dans la procédure législative et la prise de décision de l'État fédéral tout entier.[1]

§ 2. Contrôle parlementaire

186.Le contrôle parlementaire est exercé à la fois par les députés soutenant le Gouvernement et par ceux qui sont dans l'opposition. Le contrôle du Gouvernement par le Parlement revient en premier lieu à l'opposition.[2] L'opposition n'est certes pas en mesure de renverser le Gouvernement (hors l'hypothèse d'un Gouvernement minoritaire)[3], mais il est tout de même très intéressé à trouver des failles dans la bonne gouvernance du pays, afin de convaincre l'électorat qu'il est préférable qu'eux bénéficient des voix des électeurs lors des prochaines élections, plutôt que le Gouvernement sortant. La majorité parlementaire, quant à elle, est intéressée à ce que le Gouvernement

---

[1] V. LERCHE, P., *Entwicklungstendenzen im gegenwärtigen Verfassungsrecht der Bundesrepublik Deutschland [Tendances de développement dans l'actuel droit constitutionnel de la République Fédérale d'Allemagne]*, in : ÁDÁM, A., SCHOLLER, H. (dir.), *Die Verfassung als Katalysator zwischen Gesellschaft und Staat, Das Grundgesetz der Bundesrepublik Deutschland nach 40 Jahren im Vergleich mit den Bestrebungen der ungarischen Verfassungsreform, Ergebnisse eines ungarisch-deutschen Kolloquiums am 18. und 19 Mai 1989 im Goethe-Institut Budapest [La constitution comme catalyseur entre société et État, La loi fondamentale de la République Fédérale d'Allemagne après 40 ans en comparaison avec les aspirations de la réforme constitutionnelle hongroise, Résultat d'un colloque germano-hongrois les 18 et 19 mai 1989 à l'Institut Goethe de Budapest]*, Munich, Südosteuropa-Gesellschaft, 1990, p. 153, 166.

[2] V. GICQUEL, J.-É., *Le contrôle parlementaire sous la Ve République : entre illusions et faux-semblants*, in : BLACHÈR, Ph. (dir.), *La Constitution de la Ve République, 60 ans d'application (1958-2018)*, Issy-les-Moulineaux, LGDJ, 2018, p. 359-371.

[3] Et encore, ceci est à nuancer en Allemagne en raison de la motion de censure constructive, v. art. 67 al. 1 phrase 1 GG.

ne se mette pas dans des situations électoralement coûteuses, ce qui, d'une part, signifie qu'elle peut montrer un zèle moindre à ce que de potentiels scandales et problèmes soient publiés, mais, d'autre part, aussi qu'elle veuille participer activement à éviter à ce que de tels scandales et problèmes ne se produisent, ou, selon le cas, se reproduisent. Le fait que la majorité au Parlement soutienne (en principe) le Gouvernement ne veut pas dire qu'il ne puisse pas exister de tensions dans la relation entre pouvoir législatif et pouvoir exécutif.[1] Les groupes parlementaires de la coalition gouvernementale scrutent les conceptions du Gouvernement et il n'est pas rare qu'ils critiquent âprement les ministres compétents.[2] Selon les mots du chancelier Schmidt en 1976 : « Un Gouvernement démocratique est bien avisé de suivre une critique claire des parlementaires. »[3]

---

[1] V. WEWER, G., *Regierung und Parlament – fünfzehn Thesen [Gouvernement et Parlement – quinze thèses]*, in : MAGIERA, S., SOMMERMANN, K.-P. (dir.), *Gewaltenteilung im Verfassungsstaat, Grenzüberschreitungen und Konfliktlösungen, Symposium zu Ehren von Klaus-Eckart Gebauer [Séparation des pouvoirs dans l'État constitutionnel, Dépassements de frontières et résolution de conflits, Symposium à l'honneur de Klaus-Eckart Gebauer]*, Berlin, Duncker & Humblot, 2013, p. 47, 47.

[2] V. ZEH, W., *Parlament und Regierung [Parlement et Gouvernement]*, in : MAGIERA, S., SOMMERMANN, K.-P. (dir.), *Gewaltenteilung im Verfassungsstaat, Grenzüberschreitungen und Konfliktlösungen, Symposium zu Ehren von Klaus-Eckart Gebauer [Séparation des pouvoirs dans l'État constitutionnel, Dépassements de frontières et résolution de conflits, Symposium à l'honneur de Klaus-Eckart Gebauer]*, Berlin, Duncker & Humblot, 2013, p. 39, 46.

[3] Cité par SOMMER, Th., in : VON STERNBURG, W. (dir.), *Die deutschen Kanzler, Von Bismarck bis Schmidt [Les chanceliers allemands, De Bismarck à Schmidt]*, Königstein im Thaunus, Athenäum, 1985, p. 435, 449.

187.Les droits conférés à l'opposition parlementaire lui donnent les outils nécessaires pour le contrôle politique –[1] et ce, des deux côtés du Rhin. En France, la révision constitutionnelle de 2008 et celle des règlements parlementaires en mai et juin 2009 ont renforcé les droits de l'opposition.[2] L'article 51-1 Const. prévoit désormais que » Le règlement de chaque assemblée détermine les droits des groupes parlementaires constitués en son sein. Il reconnaît des droits spécifiques aux groupes d'opposition de l'assemblée intéressée ainsi qu'aux groupes minoritaires ». L'Allemagne ne nomme pas directement l'opposition, ni dans la Loi fondamentale, ni dans le règlement intérieur du Bundestag. Elle n'est trouvable qu'une seule fois dans une loi fédérale, simplement nommée.[3]

188.Différents moyens existent pour permettre le contrôle parlementaire. Il y a, bien sûr, conformément au principe fondamental du régime parlementaire, l'épée de Damoclès de pouvoir renverser, à tout moment, *ad nutum*, le Gouvernement (art. 49 al. 2, art. 50 Const. ; art. 67 al. 1 phrase 1 GG). Le simple fait que cette épée de Damoclès existe permet souvent qu'un Gouvernement en difficulté

---

[1] V. SCHNEIDER, H.-P., *Die parlamentarische Opposition im Verfassungsrecht der Bundesrepublik Deutschland [L'opposition parlementaire dans le droit constitutionnel de la République fédérale d'Allemagne]*, tome 1, Francfort-sur-le-Main, Klostermann, 1974, p. 236 et s..

[2] V. DE MONTIS, A., *La « séparation des pouvoirs » sous la Ve République : de la prééminence à la tempérance de l'organe exécutif*, in : BLACHÈR, Ph. (dir.), *La Constitution de la Ve République, 60 ans d'application (1958-2018)*, Issy-les-Moulineaux, LGDJ, 2018, p. 35, 40.

[3] V. § 92 al. 2 n° 3 du Code pénal (Strafgesetzbuch, StGB) : « das Recht auf die Bildung und Ausübung einer parlamentarischen Opposition. [le droit à la création et l'exercice d'une opposition parlementaire] ».

prenne ses responsabilités et n'aille pas jusqu'au bout de la confrontation. Un remaniement ministériel, voire une démission au sommet même du Gouvernement, est beaucoup plus probable. Les renversements de Gouvernement sont tout à fait exceptionnels[1] et il est très improbable qu'un chef de Gouvernement veuille risquer d'entrer dans l'histoire comme faisant partie de l'un des très rares dont le Gouvernement a effectivement perdu un vote de censure. Sebastian Kurz, premier chancelier autrichien à avoir été renversé (en 2019),[2] n'a pas souhaité réitérer l'expérience en 2021 lorsqu'un nouveau vote de censure était prévu pour la semaine suivante, et démissionna quand même, après l'avoir pourtant véhémentement exclu[3].

---

[1] C'est arrivé pour la dernière fois en France en 1962 (v. ASSEMBLÉE NATIONALE, *Les élections législatives depuis 1958*, https://www.assemblee-nationale.fr/dyn/decouvrir-l-assemblee/les-elections-legislatives-depuis-1958 (dernièrement consulté le 09/04/2022) et en Allemagne en 1982 (v. OBERRATH, J.-D., *Öffentliches Recht, mit Europarecht und Öffentliches Wirtschaftsrecht, Lernbuch, Strukturen, Übersichten [Droit public, y compris Droit européen et Droit commercial public, manuel, structures, vues d'ensemble]*, 7e éd., Munich, Franz Vahlen, 2021, note de bas de page n° 40).

[2] V. REPUBLIK ÖSTERREICH, PARLAMENT, *Plenarsitzung des Nationalrates, Stenographisches Protokoll, 78. Sitzung des Nationalrates der Republik Österreich, XXVI Gesetzgebungsperiode, Montag, 27. Mai 2019 [Séance plénière du Parlement autrichien, Protocole sténographique, 78ème séance du Parlement autrichien de la République d'Autriche, XXVIe législature, lundi 27 mai 2019]*, p. 68 ; ID., *Nationalrat entzieht der Regierung das Vertrauen [Correspondance parlementaire n° 589 du 27/05/2019, Le Nationalrat retire au Gouvernement sa confiance]*, Correspondance parlementaire n° 589 du 27 mai 2019.

[3] V. SRF, *Regierungskrise, Österreichs Bundeskanzler Kurz tritt nun doch zurück [Crise gouvernementale, Le chancelier fédéral autrichien Kurz démissionne maintenant quand même]*, 2021, https://www.srf.ch/news/international/regierungskrise-oesterreichs-bundeskanzler-kurz-tritt-nun-doch-zurueck (dernièrement consulté le 15/04/2022), « Mit seinem freiwilligen Abgang kommt er zudem dem Misstrauensantrag

189.Les parlementaires peuvent user de leur droit de poser des questions (v. art. 48 al. 6 Const. ; notablement pas précisé dans la Loi fondamentale, seulement dans le règlement intérieur du Parlement, v. §§ 100 et s. GOBT). Le contrôle informatif est essentiel à la séparation des pouvoirs[1], notamment au regard du fait majoritaire empêchant dans une large mesure que des sanctions soient prises par le Parlement sur le Gouvernement.[2] Tout régime démocratique et représentatif suppose en effet que le Gouvernement soit amené à rendre compte de sa politique.[3] Les questions – orales ou écrites – constituent un procédé d'information traditionnel dans un régime parlementaire.[4] C'est, des mots de l'imminent premier chef du Gouvernement de la Ve République, « la marque décisive du régime parlementaire et des droits reconnus, dans le régime, à l'opposition ».[5] Encore faut-il que le nombre de questions reste raisonnable. En 2015, l'Assemblée nationale a dû prendre des mesures pour lutter contre le nombre devenu déraisonnable de questions écrites (leur nombre ayant

zuvor, dem er sich am kommenden Dienstag in einer Sondersitzung des Nationalrats hätte stellen müssen. [Avec sa démission volontaire, il devance la motion de censure auquel il aurait dû faire face mardi prochain lors d'une séance extraordinaire du Parlement autrichien.] ».

[1] art. 16 DDHC pour la France et art. 20 al. 2 phrase 2 demi-phrase 2 GG pour l'Allemagne (v. la Cour constitutionnelle fédérale – BVerfG –, décision du 27 avril 2021 – 2 BvE 4/15 –, n° 82) – protégé par l'art. 79 al. 3 GG –.

[2] V. le professeur du Collège de France ROSANVALLON, P., article publié dans Le Monde du 17 juin 2011.

[3] V. GAILLET, A., WENDEL, M., in : GAILLET, A. et al., *Droits constitutionnels français et allemand, Perspective comparée*, Issy-les-Moulineaux, LGDJ, 2019, n° 470.

[4] V. HAQUET, A., *Droit constitutionnel*, 2e éd., Paris, Dalloz, 2019, p. 366.

[5] V. DEBRÉ, M., *Discours devant le Conseil d'État le 27 août 1958,* http://mjp.univ-perp.fr/textes/debre1958.htm (dernièrement consulté le 29/05/2021).

ainsi plus que quadruplé de 6.000 en moyenne par an sous la IIIe législature[1] à plus de 25.000 par an sous la XIIIe législature[2]), entraînant une dégradation à la fois qualitative et quantitative des réponses gouvernementales (le taux de réponse passant de 96 % au début, à 68 % à la fin de la XIIIe législature).[3] Nombreuses sont les informations reçues par les parlementaires sans qu'ils les aient sollicitées ; c'est ainsi que les parlementaires français reçoivent les publications de la Documentation française – organisme rattaché au Secrétariat général du Gouvernement – et les documents relatifs aux projets de lois de finances, sans compter l'accès au Journal officiel.[4] Le Gouvernement peut, sous le contrôle du juge, refuser de délivrer des informations dans l'intérêt de la préservation du secret défense.[5]

190. Il y a aussi le droit de former des commissions d'enquête. Les Constitutions française et allemande prévoient toutes deux expressément le droit du Parlement de créer des commissions d'enquête (v. art. 51-2 al. 1 Const. et art. 44 phrase 1 GG), la Française précisant même que c'est pour l'exercice des missions de contrôle et d'évaluation de l'action du Gouvernement (v. art. 51-2 al. 1 Const. en combinaison avec l'art. 24 al. 1 phrase 2 Const.). La Cour constitutionnelle fédérale considère ce

[1] 1973-1978.

[2] 2007-2012.

[3] V. GICQUEL, J.-É., *Le contrôle parlementaire sous la Ve République : entre illusions et faux-semblants*, in : BLACHÈR, Ph. (dir.), *La Constitution de la Ve République, 60 ans d'application (1958-2018)*, Issy-les-Moulineaux, LGDJ, 2018, p. 359, 366.

[4] V. GUCHET, Y., *La Ve République*, La Garenne-Colombes, Erasme, 1990, p. 320.

[5] V. le recueil officiel de décisions de la Cour constitutionnelle fédérale [Amtliche Sammlung von Entscheidungen des Bundesverfassungsgerichts ; BVerfGE], tome 143, p. 101, 155.

droit « l'un des plus anciens et des plus importants droits du Parlement ».[1] Les juges constitutionnels, notamment allemands, veillent étroitement au contrôle des limites qui peuvent être imposées à ce droit, tout comme au droit de poser des questions.[2] Certaines commissions d'enquête sont plutôt neutres, telle la commission d'enquête sur l'agriculture de montagne à l'Assemblée nationale ou celle sur le stockage des déchets toxiques au Sénat, et d'autres sont plus teintées politiquement, telle la commission d'enquête sur le Service d'action civique à l'Assemblée nationale ou la commission de contrôle sur la situation en Nouvelle-Calédonie au Sénat.[3] La Loi fondamentale prévoit la commission de la défense, lui attribuant les droits d'une commission d'enquête (v. art. 45 al. 1, 2 phrase 1 GG).

191.Dans un but de contrôle parlementaire, les parlementaires peuvent également user de leur droit d'amendement (v. art. 44 al. 1 phrase 1 Const. ; art. 77 al. 1 phrase 1 GG, § 82 al. 1 phrases 1 et 2 demi-phrase 1 GOBT). En effet, le dépôt d'un amendement – même s'il est au final retiré ou rejeté – contraint le Gouvernement à élaborer sur son propre texte soumis devant les

[1] V. le recueil officiel de décisions de la Cour constitutionnelle fédérale [Amtliche Sammlung von Entscheidungen des Bundesverfassungsgerichts ; BVerfGE], tome 124, p. 78, 114, « Das in art. 44 GG gewährleistete Untersuchungsrecht gehört zu den ältesten und wichtigsten Rechten des Parlaments » [Le droit d'enquête garanti dans l'art. 44 GG appartient aux règles les plus anciennes et importantes du Parlament].

[2] V. le recueil officiel de décisions de la Cour constitutionnelle fédérale [Amtliche Sammlung von Entscheidungen des Bundesverfassungsgerichts ; BVerfGE], tome 67, p. 100, 139.

[3] V. MÉNY, Y., SUREL, Y., *Politique comparée, les démocraties, Allemagne, États-Unis, France, Grande-Bretagne, Italie*, 4e éd., Paris, Montchrestien, 1993, p. 237.

parlementaires.[1] L'amendement peut également servir lorsque le Gouvernement ne propose justement pas de texte concernant le problème soulevé par l'amendement ; ici aussi, le Gouvernement devra préciser sa politique en la matière. Le bon déroulement du débat démocratique suppose que soit pleinement respecté le droit d'amendement conféré aux parlementaires, et que parlementaires comme Gouvernement puissent utiliser sans entrave les procédures mises à leur disposition à ces fins sans qu'il soit fait un usage manifestement excessif de ce droit.[2]

192.Les possibilités de former un recours devant les juges constitutionnels (v. arts. 54 et 61 al. 2 Const. ; art. 93 al. 1 n° 2 GG) ou européens (v. art. 88-6 al. 2 et 3 phrase 2 Const. ; art. 23 al. 1a phrases 1 et 2 GG) viennent compléter les droits de l'opposition parlementaire. Il est notable que le droit allemand est ici plus restrictif que le droit français, un quart des députés étant nécessaire en Allemagne, alors que 60 députés ou 60 sénateurs suffisent en France. Le Gouvernement peut décider pour des raisons politiques de retarder la prise de décrets d'application. Si les parlementaires (ou journalistes) ne veillent pas, le subterfuge peut fonctionner jusqu'à après un moment important, tel les prochaines élections.

Section 2. Avec les autres membres du Gouvernement

193.Le chef du Gouvernement dirige l'action du Gouvernement (v. art. 21 al. 1 phrase 1 Const. et art. 65 phrase 1 GG). Il est très important de noter que le fait que le chef

[1] V. GICQUEL, J.-É., *Le contrôle parlementaire sous la Ve République : entre illusions et faux-semblants*, in : BLACHÈR, Ph. (dir.), *La Constitution de la Ve République, 60 ans d'application (1958-2018)*, Issy-les-Moulineaux, LGDJ, 2018, p. 359, 359.

[2] V. Cons. const., 30 décembre 1995, n° 95-370 DC, §§ 10 et 11, Rec. p. 269; 3 avril 2003, n° 2003-468 DC, § 3, Rec. p. 325.

du Gouvernement dirige l'action du Gouvernement ne fait pas pour autant de lui le supérieur hiérarchique des ministres, ni en France,[1] ni en Allemagne[2]. Le chef du Gouvernement ne peut donc pas prendre de décisions qui incombent aux ministres. Il peut, au pire, les menacer de les remplacer (v. art. 8 al. 2 Const. et art. 64 al. 1 GG), voire effectivement le faire, afin d'obtenir la décision qu'il désire, mais il ne peut pas la prendre par lui-même. Les ministres, en revanche, sont bel et bien des supérieurs hiérarchiques vis-à-vis de leurs services, en France conformément à l'art. 20 Const.[3], en Allemagne conformément à l'art. 65 phrase 2 GG[4]. L'on parle en Allemagne à ce sujet de « double fonction » des ministres : membre du Conseil de cabinet et chef d'un ressort administratif.[5] En raison de sa position à la tête du Gouvernement, explicitement de l'art. 65 phrase 1 GG[6] en Allemagne, le chef du Gouvernement peut prendre de grandes décisions, politique étrangère incluse, avant même d'avoir informé son cabinet.[7]

---

[1] V. CE Sect., 12 novembre 1965, *Compagnie marchande de Tunisie*, n° 55315, Rec. Leb. p. 602.

[2] V. art. 65 phrase 2 GG (principe du « ressort ministériel ») : « Dans le cadre [des grandes orientations fixés par le chancelier], chaque ministre fédéral dirige son département de façon autonome et sous sa propre responsabilité.

[3] V. MASSOT, J., *Chef de l'État et chef du gouvernement : la dyarchie hiérarchisée*, Paris, La Documentation française, 2008, p. 154.

[4] V. MAURER, H., *Staatsrecht I, Grundlagen, Verfassungsorgane, Staatsfunktionen [Droit étatique I, Fondamentaux, Organes constitutionnels, Fonctions étatiques]*, 6e éd., C.H. Beck, Munich, 2010, § 14 n° 6.

[5] V. MAIER, W., *Staats- und Verfassungsrecht [Droit étatique et constitutionnel]*, 4e éd., Achim, Fleischer, 2001, p. 313.

[6] « Le chancelier fédéral fixe les grandes orientations de la politique et en assume la responsabilité ».

[7] V. IPSEN, J., *Der Staat der Mitte, Verfassungsgeschichte der Bundesrepublik Deutschland [L'État du centre, histoire constitutionnelle*

194.Les directives par le chef du Gouvernement peuvent être publiques ou non, de nature orale ou écrite, adressées directement aux ministres ou non – une directive pouvant notamment être incluse dans un discours au Parlement ou à la nation).[1] Une précision suffisante de la directive est nécessaire au regard de leur effet contraignant.[2] Si un ministre a un doute quant au contenu exact, voire sur l'existence même d'une directive, il peut demander au chef du Gouvernement (codifié en Allemagne au § 1 al. 1 phrase 3 GOBReg [règlement du Gouvernement fédéral]). Les directives du chef du Gouvernement peuvent, voire ont vocation à changer le droit existant. Mais encore faut-il que la réforme visée soit légale. Il est possible qu'une réforme préalable du texte supérieur s'impose, avant que la directive ne puisse être transposée. Les ministres devront dans un tel cas suspendre l'exécution de la directive et informer le chef du Gouvernement du problème.[3]

195.Le moyen maximum de se séparer à tout moment via le Président – qui n'a en principe aucune légitimité pour refuser d'accéder à ces demandes du chef du Gouvernement –[4] de ses ministres (v. art. 8 al. 2 Const., art. 64

---

de la République Fédérale d'Allemagne], Munich, C.H. Beck, 2009, p. 12.

[1] V. UHLE, A., MÜLLER-FRANKEN, S. in: SCHMIDT-BLEIBTREU B., HOFMANN H., HENNEKE H.-G. (dir.), *GG Kommentar zum Grundgesetz [GG, Commentaire de la Loi fondamentale]*, 15e éd., Cologne, Carl Heymanns, 2022, art. 65 n° 14.

[2] V. SCHENKE, W.-R., *Die Aufgabenverteilung innerhalb der Bundesregierung [La répartition des tâches au sein du Gouvernement fédéral]*, JURA 1982, p. 337, 347.

[3] Cf. UHLE, A., MÜLLER-FRANKEN, S. in: SCHMIDT-BLEIBTREU B., HOFMANN H., HENNEKE H.-G. (dir.), *GG Kommentar zum Grundgesetz [GG, Commentaire de la Loi fondamentale]*, 15e éd., Cologne, Carl Heymanns, 2022, art. 65 n° 15.

[4] V. DUVERGER, M., *Institutions politiques et droit constitutionnel*, 7e éd., Paris, PUF, 1963, p. 537 et 551 (« Le Président de la Répu-

al. 1 GG), ou éventuellement de redéfinir leurs portefeuilles, est un puissant pouvoir du chef du Gouvernement. Mais il est inadapté pour le quotidien. Le chef du Gouvernement ne peut constamment s'en référer à cette menace absolue et, le cas échéant, l'exécuter. Cela conduirait à une rotation trop importante à la tête des différents ministères et se heurterait par là à l'obligation constitutionnelle d'efficience gouvernementale.[1] C'est la même situation et raison pour laquelle un Président, en dépit d'une concordance des majorités et de l'application d'un régime présidentiel, ne peut constamment changer de chef du Gouvernement. Dans la pratique, les remaniements ministériels au cours d'une législature s'avèrent aussi fréquents en France qu'ils sont rares en Allemagne. La nature des portefeuilles s'avère dans la pratique également plus stable en Allemagne qu'en France.[2]

196.Il arrive quelquefois que le chef du Gouvernement, en tant que supérieur politique, s'adresse à ses ministres par circulaire.[3] En France, le Premier ministre s'en est servi comme moyen de communication avec ses mi-

blique met fin aux fonctions des ministres sur la proposition du Premier ministre : son rôle semble toujours de pure forme, la décision de révocation appartenant au Premier ministre. »).

[1] Cf. PEINE, F.-J., *Das Recht als System [Le droit comme système]*, Berlin, Duncker und Humblot, 1983, p. 124 ; KREMSER, H., LEISNER-EGENSPERGER, A., *Verfassungsrecht, Teil 3, Staatsorganisationsrecht [Droit constitutionnel, Partie 3, Droit de l'organisation étatique]*, Munich, C.H. Beck, 1999, § 11 n° 18 ; PLUEN, O., *Constitution de la Ve République, De sa rédaction initiale à sa version aujourd'hui en vigueur, Approche historique et légistique*, 2e éd., Bayonne, Institut Universitaire Varenne, 2017, p. 70.

[2] V. GAILLET, A., WENDEL, M., in : GAILLET, A. et al., *Droits constitutionnels français et allemand, Perspective comparée*, Issy-les-Moulineaux, LGDJ, 2019, n° 437.

[3] V. CE, 26 décembre 2012, *Association « Libérez les Mademoiselles ! »*, n° 358226, Rec. Leb. p. Lebon 501.

nistres.[1] En Allemagne, le chancelier adresse à ses ministres des décisions d'orientation et des circulaires définissant le périmètre des attributions ministérielles.[2]

197.Le Conseil des ministres (de cabinet en Allemagne) est un moment crucial et d'une importance maximale dans la direction du pays. Il est toutefois à noter qu'à l'encontre de la pratique allemande en vigueur (v. § 24 al. 2 phrase 1 GOBReg [règlement du Gouvernement fédéral]) et de la propre tradition républicaine précédente, le Conseil des ministres de la Vème République ne vote pas.[3] Des différends entre membres du Gouvernement sont tranchés en dernier ressort par le Premier ministre de par sa prérogative de direction (éventuellement conformément à l'avis exprimé par le Président).[4] Ceci n'empêche pas que chaque membre du Conseil des ministres français peut influer au plus haut niveau gouvernemental sur la détermination de la politique nationale, notamment lorsque le Président fait un tour de table à propos d'une question importante et demande l'avis de chacun. L'ancien Premier ministre Jospin a dit : « [certains] disent qu'il ne se passe

---

[1] V. par exemple circulaire du 25 mai 1988 relative à la méthode de travail du Gouvernement, JORF du 27 mai 1988, p. 7381 ; circulaire du 29 février 2008 relative à l'application des lois, JORF n° 0057 du 7 mars 2008, texte n° 3.

[2] V. par exemple le décret d'organisation du chancelier du 8 décembre 2021, BGBl. [Journal officiel fédéral] I, 2021, p. 5176.

[3] V. DEROSIER, J.-Ph., *Le Conseil des ministres*, in : BLACHÈR, Ph. (dir.), *La Constitution de la Ve République, 60 ans d'application (1958-2018)*, Issy-les-Moulineaux, LGDJ, 2018, p. 219, 222.

[4] V. CLASSEN, Const. D., in : SONNENBERGER H.-J., CLASSEN Const. D. (dir.), *Einführung in das französische Recht [Introduction au droit français]*, 4e éd., Francfort-sur-le-Main, Deutscher Fachverlag GmbH, Fachmedien Recht und Wirtschaft, 2012, Chapitre 1 § 4 n° 18.

jamais rien en Conseil des ministres. Moi je vous dis que rien ne se passerait s'il n'y a[vait] pas de Conseil. ».[1]

198.Le Conseil des ministres (de cabinet en Allemagne) se réunit traditionnellement une fois par semaine. Ce n'est cependant qu'un usage et pas une obligation constitutionnelle.[2] Il y a une marge de manœuvre pour que les ministres soient réunis plus ou moins souvent qu'une fois par semaine, notamment vers des réunions plus fréquentes. Le Conseil des ministres est l'organe décisionnel le plus important du pays et la quasi-totalité des plus grandes décisions gouvernementales nécessitent en amont un passage par le Conseil des ministres. Sa réunion est donc nécessaire assez régulièrement. Une réunion organisée de manière bihebdomadaire, avec une durée fondamentalement raccourcie, apparaît tout à fait possible. Au contraire, une réunion seulement bimensuelle, avec une durée alors fondamentalement prolongée, apparaît également possible. Des réunions régulières cependant encore plus fréquentes – hors crise –, ou au contraire rares, apparaissent difficilement conciliables avec l'obligation constitutionnelle d'efficience gouvernementale.[3]

199.Les crises n'arrivant pas que pendant les heures de bureau, il est imaginable, si ce n'est même souhaitable,

---

[1] V. BONTE, B., *Dans le secret du Conseil des ministres*, Paris, Éditions du Moment, 2011, p. 12.

[2] V. CARCASSONNE, G., GUILLAUME, M., *La Constitution, introduite et commentée par Guy Carcassonne et Marc Guillaume*, 15e éd., Paris, Points, 2019, art. 20 n° 145.

[3] Cf. PEINE, F.-J., *Das Recht als System [Le droit comme système]*, Berlin, Duncker und Humblot, 1983, p. 124 ; KREMSER, H., LEISNER-EGENSPERGER, A., *Verfassungsrecht, Teil 3, Staatsorganisationsrecht [Droit constitutionnel, Partie 3, Droit de l'organisation étatique]*, Munich, C.H. Beck, 1999, § 11 n° 18 ; PLUEN, O., *Constitution de la Ve République, De sa rédaction initiale à sa version aujourd'hui en vigueur, Approche historique et légistique*, 2e éd., Bayonne, Institut Universitaire Varenne, 2017, p. 70.

que le Conseil des ministres soit tenu plus souvent, voire le plus vite possible, au besoin un jour de fin de semaine en pleine nuit. C'est par exemple ce qu'il s'est passé en France le samedi 14 novembre 2015 à 00h00, en raison des attentats terroristes sanglants débutés quelques heures auparavant et partiellement encore en cours,[1] à la suite desquels l'état d'urgence a pu être déclaré, déclaration nécessitant justement un Conseil des ministres conformément à l'art. 2 al. 1 phrase 1 la loi n° 55-385 du 3 avril 1955.[2]

---

[1] Notamment, mais pas exclusivement hélas, attaque au Stade de France – où se trouvait le Président de la République ! – et la prise d'otages particulièrement meurtrière au Bataclan, v. MIRKOVIC, Ph., *13 novembre 2015 : les explosions au stade de France, premiers attentats d'une nuit d'horreur*, 2021, https://www.ouest-france.fr/faits-divers/attentats-paris/proces/13-novembre-2015-les-explosions-au-stade-de-france-premiers-attentats-d-une-nuit-d-horreur-c96ac66e-0968-11ec-82a5-fcae259b0fc1 (dernièrement consulté le 09/04/2022).

[2] V. GOUVERNEMENT, *Communiqué à l'issue du Conseil des ministres du 14 novembre, Le Conseil des ministres, convoqué par le Président de la République, s'est réuni le 14 novembre à 00h.*, 2015, https://www.gouvernement.fr/communique-a-l-issue-du-conseil-des-ministres-du-14-novembre-3254 (dernièrement consulté le 09/04/2022).

TITRE 2. RÔLE ET ACTES ADMINISTRATIFS PRÉSIDENTIELS EN CAS DE CIRCONSTANCES EXCEPTIONNELLES

200.Différentes situations extraordinaires peuvent arriver, qui, en fonction de leur nature exacte, peuvent être prévisibles et gérables de manière adéquate, mais qui peuvent également n'être connues que par le fait que des circonstances exceptionnelles peuvent toujours se présenter, et ce, à tout moment. Les situations certes *extra*ordinaires, mais nullement inquiétantes, sont l'intérim et la gestion des affaires courantes. Des questions peuvent se poser sur les compétences exactes dont disposent les dirigeants par intérim. Les mêmes questions peuvent se poser à propos de dirigeants par intérim expédiant les affaires courantes. Un dirigeant par intérim n'expédie pas forcément les affaires courantes, mais seulement lorsque le titulaire ne reviendra plus et que son successeur n'est pas encore entré en fonction.

201.Les circonstances exceptionnelles sont des situations extraordinaires inquiétantes dans la mesure où les crises les plus graves, telles des guerres sur le sol national, constituent de telles circonstances. Les droits constitutionnels français et allemand prévoient pour certains cas imaginés une évolution significative des rôles respectifs du chef de l'État et du chef du Gouvernement. En ce qui concerne la France, une « Constitution dans la Constitution » existe avec l'art. 16 Const.. Se pose aussi la question rarissime dans le monde, mais applicable à l'État de droit français, de savoir qui peut décider quand une frappe nucléaire, pouvant signifier par ricochet la « fin du monde ».[1] En ce qui concerne l'Allemagne, différentes

[1] V. EINSTEIN, A. en 1949: „I know not what weapons World War III will be fought [with], but World War IV will be fought with sticks

dispositions existent, dont le § 115b GG, qui transfère explicitement le commandement des forces armées au chancelier en cas de promulgation de l'état de défense. Une combinaison de situations extraordinaires ne peut malencontreusement pas être exclue, notamment eu égard au caractère potentiellement soudain de circonstances exceptionnelles. Les différents actes administratifs que les Présidents français et allemand émettent dans l'exercice de leurs fonctions, indépendamment du caractère normal ou non de la situation, méritera par la suite une analyse. Il y a ici un problème fondamental qui se pose : c'est la conception différente en France et en Allemagne de ce qui constitue un acte administratif.

Chapitre 1. Rôle du Président en général accru

202.« Situation extraordinaire » ne signifie pas forcément « crise ». La situation *extra*ordinaire ne fait se distinguer par rapport à la situation ordinaire que par son caractère sortant du commun. Les cas typiques de situations extraordinaires, qui ne sont pas des crises pour autant, sont l'intérim et la gestion des affaires courantes. La naissance de circonstances exceptionnelles, quant à elle, est très sérieuse et souvent synonyme de « crise ». En raison du caractère difficilement définissable autrement que par « exceptionnel », le droit en général doit se montrer pareillement exceptionnellement flexible pour faire face à la situation. Le droit constitutionnel en particulier ne fait pas exception. Cependant, le droit constitutionnel doit, en dé-

---

and stones.“, cité par CALAPRICE, A., *The new quotable Einstein*, Princeton, Princeton University Press, 2005, p. 173; DIRECTION DE L'INFORMATION LÉGALE ET ADMINISTRATIVE, *Qu'est-ce que la dissuasion nucléaire ?*, 2020, https://www.vie-publique.fr/fiches/274936-quest-ce-que-la-dissuasion-nucleaire (dernièrement consulté le 25/01/2022).

pit de toute sa flexibilité, veiller à éviter à ce qu'un dirigeant, en particulier le Président français, puisse quitter l'État de droit sur la base des dispositions constitutionnelles exceptionnelles.[1] Enfin, un cumul de situations extraordinaires est possible. C'est par exemple arrivé dans différents pays du monde en 2020 durant la pandémie du coronavirus (Covid-19).[2]

---

[1] L'une des bases juridiques de la prise du pouvoir en 1933 (« Machtergreifung ») fut l'art. 48 al. 2 WRV (« Le président du Reich peut, lorsque la sûreté et l'ordre public sont gravement troublés ou compromis au sein du Reich, prendre les mesures nécessaires à leur rétablissement ; en cas de besoin, il peut recourir à la force. À cette fin, il peut suspendre totalement ou partiellement l'exercice des droits fondamentaux garantis aux articles 114, 115, 117, 118, 123, 124 et 153. ») ; l'art. 16 Const., bien qu'inspiré de l'art. 48 al. 2 de la Constitution de Weimar, a notamment des conditions beaucoup plus strictes (d'une part, les institutions de la République, l'indépendance de la nation, l'intégrité du territoire ou l'exécution des engagements internationaux de la France doivent être menacées d'une manière grave et immédiate et, condition cumulative, le fonctionnement régulier des pouvoirs publics constitutionnels doit être interrompu, v. art. 16 al. 1 Const.).

[2] La Macédoine du Nord, dirigée par un Gouvernement chargé d'expédier les affaires courantes, a ainsi dû faire face au coronavirus en mars 2020, après avoir décidé en février d'une dissolution de son Parlement monocaméral, avant donc la tenue des élections anticipées prévue à la mi-avril (et qui durent être repoussées), v. n° art. 63 al. 4 de la Constitution de la Macédoine du Nord ; LE FIGARO, REUTERS, *Macédoine du Nord : le Parlement vote sa dissolution et fixe des élections*, 2020, https://www.lefigaro.fr/international/macedoine-du-nord-le-parlement-vote-sa-dissolution-et-fixe-des-elections-2020 0216 (dernièrement consulté le 27/01/2022) ; GOVERNMENT OF THE REPUBLIC OF NORTH MACEDONIA, *Oliver Spasovski*, https://vlada.mk/node/26298?ln=en-gb (dernièrement consulté le 27/01/2022) ; EUROPEAN WESTERN BALKANS, *Government of North Macedonia officially postpones the elections*, 2020, https://euro peanwesternbalkans.com/2020/03/23/government-of-north-macedonia -officially-postpones-the-elections/ (dernièrement consulté le 27/01/ 2022) ; l'on peut aussi nommer le Sri Lanka, v. FREEDOM HOUSE,

Section 1. Intérim et gestion des affaires courantes

203.L'intérim et la gestion des affaires courantes sont des concepts qui se chevauchent, mais qui présentent tout de même une légère différence. Le concept d'intérim est plus large que celui des affaires courantes. L'intérim concerne en effet tous les cas où le titulaire est entièrement remplacé, les règles de délégation et de suppléance ne suffisant plus. La gestion des affaires courantes ne concerne l'intérim que dans le cas où le titulaire ne reviendra plus et que son successeur n'est pas encore entré en fonction.

§ 1. Intérim

204.En France et en Allemagne, l'intérim au sommet de l'État et du Gouvernement est solidement établi comme possibilité, mais son régime précis est rempli d'incertitudes. Les Constitutions française et allemande prévoient expressément la possibilité de l'intérim pour le chef d'État. La Constitution allemande la prévoit aussi pour le chancelier. La Constitution française n'aborde pas le sujet concernant le Premier ministre, mais le Conseil d'État,[1] suivi par le Conseil constitutionnel,[2] a validé la pratique existante d'un chef du Gouvernement par intérim. Le fait qu'un intérim soit possible est cependant largement la seule chose que les Constitutions prévoient. Quand un cas d'intérim se pose, les prérogatives de la personne

---

Freedom in the world 2021, Sri Lanka, 2021, https://freedomhouse.org/country/sri-lanka/freedom-world/2021 (dernièrement consulté le 27/01/2022).

[1] V. CE Ass., 31 octobre 1980, Fédération de l'Éducation nationale, n°s 11629, 11692, 11733 et 11739, Rec. Leb. p. 395.

[2] V. Cons. const., 9 janvier 1990, n° 89-264 DC, § 5 ; 22 janvier 1990, n° 89-269 DC, § 6.

remplaçante, voire celles de la personne remplacée, sont beaucoup moins claires.

205.Différentes problématiques communes peuvent être dégagées. Tout d'abord, la question de savoir quand un cas d'intérim se pose. Puis les compétences du dirigeant par intérim. Enfin peut être notée l'absence dans les deux pays d'un « survivant désigné » pour le cas d'une catastrophe majeure supprimant d'un coup la ligne de succession prévue. La France et l'Allemagne sont tous deux de très importants pays,[1] mais c'est tout particulièrement le cas pour la France, avec entre autres sa présence littéralement mondiale (territoires français sur tous les continents hors l'Asie – aucun pays au monde n'est présent sur plus de continents).

206.L'intérim intervient lorsque le titulaire doit être remplacé et que, d'une part, les règles de délégation ou de suppléance ne suffisent plus et que, d'autre part, le titulaire n'est plus capable d'exercer convenablement ses fonctions.

207.L'intérim s'impose quand le titulaire doit être remplacé et que les règles de délégation ou de suppléance ne suffisent plus. La délégation de pouvoir consiste en un transfert de pouvoir par une autorité possédant ce pouvoir à une autorité subordonnée.[2] La suppléance consiste en un investissement total des pouvoirs par une autre personne pour la durée de l'empêchement provisoire du titulaire de

---

[1] V. CHURCHILL, W. L. S., *Speech delivered at the university of Zurich, 19 september 1946*, 1946, https://rm.coe.int/CoERMPublicCommonSearchServices/DisplayDCTMContent?documentId=09000016806981f3 (dernièrement consulté le 12/06/2022).

[2] V. MASSOT, J., *Chef de l'État et chef du gouvernement : la dyarchie hiérarchisée*, Paris, La Documentation française, 2008, p. 100.

la fonction.[1] La délégation est prévue par la Constitution française pour le Président pour son pouvoir de nomination (v. art. 13 al. 3 Const.) et pour le chef du Gouvernement pour certains de ses pouvoirs (v. art. 21 al. 2 Const.). La délégation peut être provisoire ou permanente. La suppléance est prévue par la Constitution française et dispose que le Premier ministre peut suppléer le Président aux conseils et comités supérieurs de la Défense nationale (v. arts. 15 phrase 2 et 21 al. 3 Const.) ainsi qu'exceptionnellement le remplacer lors d'un conseil des ministres (v. art. 21 al. 4 Const.). Les raisons en sont multiples. Le Président peut notamment être (légèrement) malade ou se trouver en visite d'État dans un pays lointain. Différents Présidents ont déjà été suppléés par le chef du Gouvernement au Conseil des ministres en raison d'une hospitalisation du chef de l'État, le général de Gaulle ayant été le premier concerné (en 1964).[2] Le Premier ministre ne devient pas pour autant le Président par intérim avec toutes les prérogatives attachées à ce rôle. De la même manière, bien que ce ne soit pas prévu par la Loi fondamentale directement, mais par le règlement du Gouvernement fédéral (GOBReg [règlement du Gouvernement fédéral] – dont l'existence est prévue par la Loi fondamentale, v. art. 65 phrase 4 GG), un ministre allemand, typiquement le vice-chancelier, peut suppléer le chancelier lors d'un Conseil de cabinet (v. § 8 GOBReg [règlement du Gouvernement fédéral]). Les conditions pour ce faire sont moins exigeantes qu'en France[3] et c'est ainsi déjà

---

[1] V. ibid.

[2] V. ibid., p. 101.

[3] Alors qu'il suffit d'un empêchement du chancelier (v. § 8 phrase 1 GOBReg) – sachant qu'une large marge d'appréciation doit lui être laissé –, ceci ne peut qu'arriver « exceptionnellement » en France (v. art. 21 al. 3 Const.).

régulièrement arrivé quand le chancelier prenait des vacances[1].

208.Présider un Conseil des ministres (ou de cabinet) à distance avec une visioconférence est toutefois également possible. C'est ce qu'a choisi de faire le Président français suite à son infection au coronavirus (Covid-19) fin 2020.[2] Déjà avant son infection, il présidait certes encore un Conseil des ministres en partie présentiel, mais restreint, avec différents ministres restant dans leurs ministères (pour éviter une trop grande réunion de personnes) et participant au conseil à l'aide d'un système de visioconférence.[3] Au Royaume-Uni, durant la crise du coronavirus, le Premier ministre a ainsi présidé un Conseil de cabinet à distance.[4] Si le Président devait se trouver en visite d'État à l'autre bout du monde, il est imaginable à ce jour qu'il préside en

---

[1] V. BUNDESREGIERUNG, *Beschlüsse im Bundeskabinett [Décisions au sein du Conseil de cabinet]*, 2018, https://www.bundesregierung.de/breg-de/aktuelles/beschluesse-im-bundeskabinett-1508604 (dernièrement consulté le 15/09/2020).

[2] V. FRANCEINFO, *Covid-19 : Emmanuel Macron diagnostiqué positif, annonce l'Élysée*, 2020, https://www.francetvinfo.fr/sante/maladie/coronavirus/covid-19-emmanuel-macron-diagnostique-positif-annonce-l-elysee_4223083.html (dernièrement consulté le 21/12/2020) et CARLESIMO, Const. *Emmanuel Macron touché par le Covid-19 : le Président apparaît fatigué lors du Conseil des ministres*, 2020, https://www.closermag.fr/politique/emmanuel-macron-touche-par-le-covid-19-le-president-apparait-fatigue-lors-du-conseil-des-ministres-1217719 (dernièrement consulté le 21/12/2020).

[3] V. VIGOGNE, L., *Comment le Covid-19 a reformaté le conseil des ministres*, 2020, https://www.lopinion.fr/edition/politique/comment-covid-19-a-reformate-conseil-ministres-215687 (dernièrement consulté le 15/09/2020).

[4] V. HEFFER, G., *Coronavirus: Boris Johnson hosts cabinet meeting entirely on a video call*, Sky News, 2020, https://news.sky.com/story/coronavirus-boris-johnson-hosts-cabinet-meeting-entirely-on-a-video-call-11966263 (dernièrement consulté le 15/09/2020).

visioconférence le Conseil des ministres, plutôt que de se faire suppléer par le Premier ministre.

209.Le titulaire doit être en état d'exercer de manière suffisante ses fonctions. Si le dirigeant est légèrement malade, un intérim est inutile, car d'autres solutions sont favorisées. Des rendez-vous et rencontres physiques sont repoussées et les autres moyens de contact (ordinateur, téléphone, dossiers, etc.) sont privilégiés. Après un accident de ski, Angela Merkel a ainsi dirigé en 2014 pendant un certain temps l'Allemagne depuis son domicile privé.[1] Après son infection au coronavirus (Covid-19), en 2020, le Président Macron a dirigé la France pendant une semaine depuis la résidence présidentielle « la Lanterne ».[2] Outre un cas extrême, comme un enlèvement ou une disparition à l'australienne par exemple,[3] il y a notamment le cas de figure où le dirigeant est à tel point malade qu'il ne peut raisonnablement plus exercer ses fonctions[4]. Le plus simple et le plus responsable est que le dirigeant se retire

---

[1] SÜDDEUTSCHE ZEITUNG et al., *Nach Ski-Unfall, Merkel regiert aus dem Home Office [Après l'accident de ski, Merkel gouverne depuis son bureau à domicile]*, 2014, https://www.sueddeutsche.de/politik/nach-ski-unfall-merkel-regiert-aus-dem-home-office-1.1856359 (dernièrement consulté le 15/09/2020).

[2] V. NABILI, I., *Testé positif au Covid-19, Eammanuel Macron s'isole à la Lanterne*, 2020, https://www.lci.fr/politique/coronavirus-pandemie-epidemie-teste-positif-au-covid-19-emmanuel-macron-pourrait-s-isoler-a-la-lanterne-versailles-2173101.html (dernièrement consulté le 18/12/2020).

[3] V. NFSA [National Film & Sound Archive of Australia], *The death of Harold Holt*, 2008, https://dl.nfsa.gov.au/module/1607/ (dernièrement consulté le 22/07/2020), « With Australia at war in Vietnam in 1967, suddenly Prime minister Harold Holt disappeared without a trace ».

[4] V. COHENDET, M.-A., *Le Président de la République*, 2e éd., Paris, Dalloz, 2012, p. 39.

s'il sent qu'il n'est plus capable d'exercer convenablement ses fonctions.[1]

210.La situation se complique si le dirigeant considère qu'en dépit d'un affaiblissement certain de ses capacités, elles restent suffisantes pour mener à bien les tâches incombant à sa fonction. Outre le délicat problème d'avoir accès à toutes les informations nécessaires, notamment si le dirigeant use de son pouvoir pour cacher certaines informations – comme le Président Mitterrand l'a fait –,[2] la question se pose de savoir comment déterminer quand le dirigeant se trompe et qu'il n'est plus capable d'exercer convenablement ses fonctions. Pour éviter les critiques de « gouvernement des juges », ou, dans le même esprit, de « gouvernement des médecins »,[3] une prudence extrême est de mise et les situations ambigües devraient préférablement être décidées en faveur du titulaire. Les situations claires comme quand le dirigeant se trouve soudainement à l'hôpital en soins intensifs (comme le Premier ministre britannique en 2020)[4] ne sont pas la règle. Si le dirigeant se sent rattrapé par un problème handicapant et ne pouvant probablement pas être résolu, par exemple l'âge, et qu'il ralentit en conséquence très sensiblement ses activités, la réponse doit le plus souvent être négative. En effet, il y a beaucoup de choses qu'un dirigeant peut et devrait faire,

---

[1] Cf. JARASS, H. D., in : JARASS, H. D., PIEROTH, B., GG, *Grundgesetz für die Bundesrepublik Deutschland, Kommentar [Loi fondamentale, Loi fondamentale pour la République Fédérale d'Allemagne]*, 16e édition, Munich, C.H. Beck, 2020, art. 57 n° 1.

[2] V. L'OBS, *Le précédent Mitterrand*, 2006, https://www.nouvelobs.com/politique/20051223.OBS9919/le-precedent-mitterrand.html (dernièrement consulté le 22/07/2020).

[3] Cf. PORTELLI, H., EHRHARD, Th., *Droit constitutionnel*, 13e éd., Paris, Dalloz, 2019, n° 241.

[4] V. BBC, *Coronavirus: Boris Johnson moved to intensive care as symptoms worsen*, 2020, https://www.bbc.com/news/uk-52192604 (dernièrement consulté le 22/07/2020).

beaucoup de choses que l'on souhaiterait qu'il fasse, mais il y a très peu de choses qu'il soit *obligé* de faire.[1] De plus, l'inaction sur un certain domaine peut être l'expression d'une volonté politique, ce qui fait partie de la direction du pays.

211.Un dirigeant de nature moins zélée n'est ainsi pas inconstitutionnel. Il s'ensuit qu'un dirigeant devenant moins actif, voire beaucoup moins actif, en raison de son âge ou de son état de santé, ne devrait a priori pas pouvoir être remplacé contre son gré. Un dirigeant diminué, par exemple en raison d'une longue et persistante maladie, est plus vulnérable à ce que des tierces personnes cherchent à tirer profit de la situation, au détriment du pays qu'il dirige. Celles-ci peuvent être des négociateurs étrangers, des opposants politiques voire des personnes de l'entourage-même du dirigeant (à l'instar de la femme du Président Wilson).[2] Cependant, tous les dirigeants ne se valent pas et certains sont plus habiles que d'autres ; certaines formules pour le moins maladroites d'Édith Cresson ont ainsi sans aucun doute contribué à écourter son passage à Matignon.[3] Un « mauvais » dirigeant n'est pas inconstitution-

---

[1] Cf. LYNN, J., JAY, A., *The complete Yes Prime Minister, The Diaries of the Right Hon. James Hacker*, London, BBC Books, 1989, p. 87.

[2] Cf. BLACK, A., *The First Ladies of the United States of America*, 12e éd., White House Historical Association, 2009, cité par THE WHITE HOUSE, *Edith Bolling Galt Wilson*, https://www.whitehouse.gov/about-the-white-house/first-ladies/edith-bolling-galt-wilson/ (dernièrement consulté le 22/07/2020), « After the President suffered a severe stroke, [the First Lady] pre-screened all matters of state, functionnally running the Executive branch of government for the remainder of Wilson's second term. ».

[3] V. DUSSEAULX, A.-CH., *Ayrault, victime du « syndrome Cresson » ?*, 2017, https://www.lejdd.fr/Politique/Ayrault-victime-du-syndrome-Cresson-572575-3132326 (dernièrement consulté le 22/07/2020).

nel. Il en résulte qu'un dirigeant de santé précaire ou déficiente ne peut a priori pas non plus être remplacé contre son gré.

212.Pour éviter toute vacance au pouvoir dans des pays aussi importants et influents dans le monde que la France et l'Allemagne,[1] il est impératif d'éviter un risque inutile de perdre d'un coup toutes les personnes institutionnelles les plus importantes. Voyager en avion est paradoxalement devenu particulièrement sûr en raison du risque mortel particulièrement élevé en cas de crash qui a conduit à une culture de la sécurité tout à fait exceptionnelle.[2] Néanmoins, il faut rester réaliste sur le fait qu'en cas d'accident, le risque est disproportionnellement élevé qu'aucun des dirigeants à bord n'y survive. Un crash tra-

---

[1] Notamment la France, littéralement présente sur tous les continents à l'exception de l'Asie en raison de ses très nombreux territoires ultramarins ; il est symptomatique à cet égard que le Suriname – pays qui n'entretient qu'une grosse dizaine d'ambassades dans le monde –, a, notamment en raison de la Guyane française, une ambassade à Paris, mais aucune représentation diplomatique de quelque sorte qu'il soit en Allemagne (ou Italie, Royaume-Uni ou Japon, pour ne nommer que ces autres membres du G7), v. DE OVERHEID VAN DE REPUBLIEK SURINAME, *Ambassades en consulaten [Ambassades et consulats]*, https://www.gov.sr/themas/diaspora/ambassades-en-consulaten/ (dernièrement consulté le 07/06/2022) et STARNIEUWS, *Frankrijk belangrijk in strategisch beleid [La France est importante dans la direction stratégique]*, 2010, https://www.starnieuws.com/index.php/welcome/index/nieuwsitem/2528 (dernièrement consulté le 07/06/2022). De plus, la France contrôle la deuxième plus grande surface maritime au monde (derrière seulement les États-Unis), occupe un siège permanent au conseil de sécurité onusien et détient l'arme nucléaire, sans même compter l'entretien d'une des armées les plus puissantes du monde.

[2] V. WEISS, L., *Why air travel is actually much safer than you think*, 2016, https://travel.usnews.com/features/why-air-travel-is-actually-much-safer-than-you-think (dernièrement consulté le 18/02/2022).

gique ayant causé la mort subite de nombreuses personnes (très) haut placées comme la Pologne l'a vécu en 2010 est à éviter absolument.[1] La même solution vaut de manière générale pour tous les aéronefs. Ainsi, en 2021, la reine d'Angleterre Élizabeth II a demandé (ordonné) à son petit-fils, probable futur roi, de voler désormais dans un hélicoptère différent de celui transportant ses enfants en raison des conséquences à la ligne de succession en cas d'évènement tragique.[2]

213.En France, le Président de la République et le Premier ministre ne voyagent jamais dans le même avion. Il est déjà arrivé qu'ils partent du même aéroport dans deux avions différents pour atterrir à seulement quelques minutes d'intervalle au même aéroport de destination.[3] Le

---

[1] V. OMTZIGT, P., *Le crash de l'avion polonais TU-154 transportant la délégation polonaise, le 10 avril 2010 sur le territoire de la Fédération de Russie, Rapport*, 2018, in : CONSEIL DE L'EUROPE, *Commission des questions juridiques et des droits de l'homme*, http://www.assembly.coe.int/LifeRay/JUR/Pdf/TextesProvisoires/2018/20180625-PolishCrash-FR.pdf (dernièrement consulté le 17/12/2020), « Le crash de cet avion à l'aérodrome Severny de Smolensk entraîna la mort de l'intégralité des 96 personnes qui se trouvaient à bord [...]. Parmi les victimes figuraient le Président Lech Kaczyński, sa femme Maria et de nombreux dignitaires et responsables polonais de haut rang, dont les chefs d'état-major de l'armée (armée de terre, armée de l'air et marine) et le président de la Banque nationale de Pologne. ».

[2] V. NZ HERALD, *The Queen's new helicopter rule for Prince William and Kate Middleton*, 2021, https://www.nzherald.co.nz/lifestyle/the-queens-new-helicopter-rule-for-prince-william-and-kate-middleton/G6EH6KGHTDDL7YYERC27MYFI7I/ (dernièrement consulté le 18/02/2022), « Her Majesty [...] knows William is a capable pilot, but does not think it is worth the risk for all five of them to carry on flying together and can't imagine what would happen. It would spark a constitutional crisis. ».

[3] V. LE PARISIEN, *En avion, des règles spéciales aux chefs d'État*, 2010, https://www.leparisien.fr/international/en-avion-des-regles-spe

Président de la République et la personne qui assure son intérim, le président du Sénat (v. art. 7 al. 4 Const.), ne volent également jamais ensemble.[1] C'est conforme à la pratique des États-Unis, où le Vice-président ne prend jamais le même avion que le Président, en utilisant plutôt le « *Air Force Two* ».[2] C'est une nette différence avec l'Allemagne, où chancelier et vice-chancelier voyagent hélas régulièrement dans le même avion.[3] Le Président fédéral et le chancelier ont également déjà volé ensemble.[4] L'on ne peut que regretter la situation allemande comme étant une économie de deniers publics inappropriée, vu l'importance non négligeable du risque encouru et de

---

ciales-aux-chefs-d-etat-11-04-2010-881963.php (dernièrement consulté le 17/02/2022).

[1] V. HÉRIN, J.-L., *Le président du Sénat : la voix du pluralisme au sommet de l'État*, in : BLACHÈR, Ph. (dir.), *La Constitution de la Ve République, 60 ans d'application (1958-2018)*, Issy-les-Moulineaux, LGDJ, 2018, p. 303, 303.

[2] V. SINGH, S., *The Vice President's Boeing 757 – Inside Air Force Two*, 2020, https://simpleflying.com/air-force-two/ (dernièrement consulté le 18/02/2022).

[3] V. BERLINER ZEITUNG, *Dürfen in Deutschland Kanzlerin und Minister gemeinsam im Flugzeug reisen ? [Est-ce qu'en Allemagne chancelière et ministres peuvent voyager ensemble en avion ?]*, 2010, https://www.bz-berlin.de/artikel-archiv/duerfen-in-deutschland-kanzlerin-und-minister-gemeinsam-im-flugzeug-reisen (dernièrement consulté le 17/02/2022), « Schon Bundeskanzler Helmut Kohl (CDU) reiste häufig mit seinem Vizekanzler und Außenminister Hans-Dietrich Genscher (FDP) in einem Flugzeug. Das hält auch Bundeskanzlerin Angela Merkel (CDU) so [Déjà le chancelier Helmut Kohl (CDU) voyageait souvent avec son vice-chancelier et ministre des Affaires étrangères Hans-Dietrich Genscher (FDP) dans un avion. La chancelière Merkel fait pareil] ».

[4] V. MARQUART, M., *Wie sicher fliegen Deutschlands Politiker ? [Avec quelle sécurité est-ce que les personnes politiques allemandes volent-elles ?]*, 2010, https://www.spiegel.de/politik/deutschland/katastrophen-szenario-wie-sicher-fliegen-deutschlands-politiker-a-688547.html (dernièrement consulté le 18/02/2022).

l'importance pour l'Europe et le monde qu'il n'y ait pas de vacance inutile du pouvoir en Allemagne.

214.Dans le silence de la Loi fondamentale, est connu en Allemagne le concept de « remplacement en parallèle (*Nebenvertretung*) ».[1] Ce remplacement parallèle peut avoir lieu pour le chef de l'État ou du Gouvernement.[2] C'est notamment pensé pour le cas où le dirigeant se trouve dans un lieu géographique éloigné alors que sa présence est jugée nécessaire de manière urgente à domicile, par exemple pour signer des décrets.[3] Des problèmes se posent invariablement sur les compétences de l'un et de l'autre et il a été imaginé que le remplaçant puisse avoir un mandat strict prévu par le titulaire normal (v. § 8 phrase 2 GOBReg [règlement du Gouvernement fédéral]). Si en revanche ce mandat est oublié ou incomplet, il n'est pas impossible que des actes contraires puissent être décidés. À ce jour, c'est cependant resté surtout une possibilité théorique, de même pour les problèmes qui en découlent.[4]

215.En France, au-delà des possibilités de délégation et de suppléance, le concept d'un remplacement en parallèle

---

[1] V. WAHL, R., *Stellvertretung im Verfassungsrecht [L'intérim dans le droit constitutionnel]*, Berlin, Duncker & Humblot, 1971, p. 164.

[2] V. WISSENSCHAFTLICHE DIENSTE [Services scientifiques du Bundestag], *Sachstand, Vertretungsregelungen für das Amt des Bundeskanzlers und des Bundespräsidenten [État de la situation, Règles d'intérim pour les fonctions de Président et chancelier fédéral]*, Numéro de dossier: WD 3 - 3000 - 016/14, Berlin, Deutscher Bundestag, 2014, p. 5.

[3] V. UHLE, A, MÜLLER-FRANKEN, S., in : SCHMIDT-BLEIBTREU B., HOFMANN H., HENNEKE H.-G. (dir.), *GG Kommentar zum Grundgesetz [GG, Commentaire de la Loi fondamentale]*, 15e éd., Cologne, Carl Heymanns, 2022, art. 69 n° 18.

[4] Cf. KLOEPFER, M., *Verfassungsrecht, Band I, Grundlagen, Staatsorganisationsrecht, Bezüge zum Völker- und Europarecht [Droit constitutionnel, Tome I, Bases, Droit étatique, Rapports au droit international et européen]*, Munich, C.H. Beck, 2011, § 18 n° 190.

est inconnu. Il ne peut pas y avoir deux personnes chargées en même temps de la Présidence ou du Gouvernement. Le chef d'État français a pour habitude de toujours signer ses décrets en personne, où qu'il se trouve sur le globe. L'on peut déjà nommer à titre d'exemple le décret de Moscou réorganisant la Comédie Française, décret signé par Napoléon, alors que ce dernier se trouvait en pleine campagne de Russie. Le Président de Gaulle a confirmé cet esprit pour la Vème République, en signant, alors qu'il était en déplacement vers le Québec en 1967 à bord d'un navire de guerre, différents décrets d'importance moindre, comme par exemple un relatif aux interprètes de réserve de l'armée de terre.[1]

216. Il y a déjà eu de nombreux Premiers ministres par intérim en France. S'il y a intérim, le Premier ministre titulaire perd la totalité de ses pouvoirs pour la durée de l'intérim. La plupart des décrets parlent, au lieu d'« intérim », de « délégation », ce qui est regrettable, car dans la même phrase il est alors précisé que la personne déléguée n'exercera plus aucun pouvoir, soit que c'est une délégation « totale », ce qui est contraire à ce que l'on entend habituellement par le terme de délégation[2]. Une telle précision est absente s'il est fait mention d'intérim. Ces deux approches différentes, utilisées toutes deux sous la présidence Mitterrand,[3] démontrent en tout cas que s'il

---

[1] V. décret n° 67-611 du 23 juillet 1967 relatif aux interprètes de réserve de l'armée de terre, JO du 29 juillet 1967, p. 7583 et 7584, « Fait à bord du *Colbert*, le 23 juillet 1967. ».

[2] V. CE Ass., 13 mai 1949, *Couvrat*, Rec. Leb. p. 216 (pas de délégation totale possible).

[3] V. les premiers articles des décrets du 18 février 1982 relatifs à l'exercice des attributions du Premier ministre pendant l'absence de M. Pierre Mauroy, JO du 19 février 1982, p. 615 (délégation « totale ») et du décret du 31 octobre 1990 chargeant le ministre d'État, ministre de l'Éducation nationale, de la jeunesse et des sports, de

y a intérim, la précision que le Premier ministre absent n'exercerait pas ses pouvoirs, est inutile, car l'intérim le signifie par lui-même.

217.Dans la majorité des pays du monde, il existe au moins un moment dans l'année où toutes les personnes importantes dans l'État sont réunies dans un même lieu géographique. Le principe d'un « survivant désigné » veille à ce qu'en cas de catastrophe éliminant d'un coup toute la tête de l'État, il y ait immédiatement une nouvelle tête possédant toutes les compétences requises pour faire face à la crise.

218.Vu le précédent polonais en 2010 (crash aérien),[1] un accident ou attentat majeur à un moment où beaucoup – voire tous – les hauts responsables et dignitaires sont réunis ne peut être entièrement exclu. Les États-Unis d'Amérique ont une longue liste de succession pour leur Président, mais ils sont parfois tous réunis, notamment lors du discours annuel sur l'état de l'union ou lors de l'investiture d'un nouveau Président. Les États-Unis ont

---

l'Intérim du Premier ministre, JO du 1er novembre 1990, p. 13349 (intérim, sans précisions supplémentaires).

[1] V. OMTZIGT, P., *Le crash de l'avion polonais TU-154 transportant la délégation polonaise, le 10 avril 2010 sur le territoire de la Fédération de Russie, Rapport*, 2018, in : CONSEIL DE L'EUROPE, *Commission des questions juridiques et des droits de l'homme*, http://www.assembly.coe.int/LifeRay/JUR/Pdf/TextesProvisoires/2018/20180625-PolishCrash-FR.pdf (dernièrement consulté le 17/12/2020), « Le crash de cet avion à l'aérodrome Severny de Smolensk entraîna la mort de l'intégralité des 96 personnes qui se trouvaient à bord [...]. Parmi les victimes figuraient le Président Lech Kaczyński, sa femme Maria et de nombreux dignitaires et responsables polonais de haut rang, dont les chefs d'état-major de l'armée (armée de terre, armée de l'air et marine) et le président de la Banque nationale de Pologne. ».

ainsi instauré pendant la guerre froide le concept de « survivant désigné ».[1] Cette personne – typiquement un membre du Gouvernement – se trouve le jour J exprès ailleurs et devient Président si la catastrophe redoutée arrive et que, tout à coup, plus personne n'est là. L'hypothèse d'un attentat terroriste de grande envergure, tel un avion détourné s'écrasant sur le Capitole, ne peut pas non plus être entièrement exclue.[2] Les terribles attentats du 11 septembre 2001 ont souligné la réelle possibilité d'un tel scénario catastrophe. Ces attentats ont conduit les États-Unis à des mesures de précaution encore plus strictes.[3] La simple existence d'un « survivant désigné » aide à dissuader des adversaires, notamment terroristes, de céder à la tentation d'essayer de décapiter d'un coup un pays. L'opération est virtuellement impossible. Outre de réussir un attentat d'une audace et d'une difficulté frôlant déjà l'impossible, il faudrait aussi parvenir à connaître à temps l'identité et le lieu où se trouve la

---

[1] V. BOMBOY, S., *Why is there a designated survivor for the State of the Union ?*, 2019, https://constitutioncenter.org/blog/why-is-there-a-designated-survivor-for-the-state-of-the-union (dernièrement consulté le 18/12/2020).

[2] Cf. GUGGENHEIM, D., *Designated Survivor*, ABC, 2016-2019.

[3] V. PANETTA, G., CHOI, D., *Interior Secretary David Bernhardt stayed behind during Trump's State of the Union speech – here's how past 'designated survivors' spent their evenings under high security*, 2020, https://www.businessinsider.com/past-designated-survivors-during-state-of-the-union-2018-1?IR=T (dernièrement consulté le 18/12/2020), « From [9/11] on, designated survivors were taken to an undisclosed location and didn't speak to reporters about their experiences »; SIEGEL, B., *Meet Congress' State of the Union Designated Survivors, The "designated survivors you haven't heard of"*, 2016, https://abcnews.go.com/Politics/meet-congress-state-union-designated-survivors/story?id=36177467 (dernièrement consulté le 18/12/2020), « Since 9/11, congressional leaders have done the same, selecting members to serve as designated survivors to ensure the continuity of the legislative branch. ».

personne choisie, puis organiser avec succès son attentat parallèle. D'autres pays ont également adopté l'idée d'un « survivant désigné »,[1] mais ce n'est pas le cas à ce jour, ni de la France,[2] ni de l'Allemagne[3].

219.Une réunion en France de toutes les personnes les plus importantes de l'État (notamment Président de la République, présidents de chambres et ensemble du Gouvernement) au même endroit peut notamment arriver lors de l'investiture d'un nouveau Président ou lorsque le Président s'adresse au Congrès.[4] S'il devait se passer quelque chose de très grave à ce moment précis, il y aurait de nombreux problèmes, à commencer par savoir qui aurait la tâche d'assurer l'intérim de la présidence. Cette question est particulièrement importante en France (par

---

[1] Par exemple les Pays-Bas, v. NOS, *Wie is de Nederlandse 'designated survivor' ? [Qui est le « survivant désigné » néerlandais ?]*, 2017, https://nos.nl/op3/artikel/2153841-wie-is-de-nederlandse-desig nated-survivor.html (dernièrement consulté le 17/12/2020).

[2] V. le constitutionnaliste PASCAL, J., in : HERREROS, R., BALU, M., *Congrès à Versailles : Pourquoi il n'y a pas de « survivant désigné » quand tous les pouvoirs sont réunis en France*, 2017, https:// www.huffingtonpost.fr/2017/07/03/congres-a-versailles-pourquoi-il-ny-a-pas-de-survivant-desig_a_23013511/ (dernièrement consulté le 17/12/2020).

[3] V. LEOPOLD, S., *US-Landwirtschaftsminister als "Notfallpräsident» [Le ministre états-unien de l'agriculture comme « Président d'urgence »]*, 2018, https://www.agrarheute.com/politik/us-landwirt schaftsminister-notfallpraesident-542268 dernièrement consulté le 19/ 12/2020), « In Deutschland gibt es eine solche Notfallsicherung übrigens nicht. [Une telle mesure d'urgence n'existe d'ailleurs pas en Allemagne.] ».

[4] Cf. HERREROS, R., BALU, M., *Congrès à Versailles : Pourquoi il n'y a pas de « survivant désigné » quand tous les pouvoirs sont réunis en France*, 2017, https://www.huffingtonpost.fr/2017/07/03/congres-a-versailles-pourquoi-il-ny-a-pas-de-survivant-desig_a_23013511/ (dernièrement consulté le 17/12/2020).

rapport à l'Allemagne), en raison de l'art. 16 Const., potentiellement – si ce n'est probablement – applicable dans un tel cas de crise majeure. De par la faculté du Président de nommer un Premier ministre quand les circonstances l'exigent conformément à l'art. 5 Const.,[1] il est impossible que la France se trouve dans une situation où elle aurait besoin d'un « survivant désigné » concernant l'hôtel Matignon.

220.Si la situation devait arriver, rien n'est prévu à ce jour : il faudrait improviser. Le Conseil constitutionnel – sans pour autant que son président assure lui-même l'intérim de la présidence de la République, afin d'éviter une confusion trop importante entre les fonctions d'acteur et de contrôleur constitutionnel –, aurait un rôle crucial à jouer afin d'assurer que personne ne soit tenté de profiter de la situation, voire de chercher à renverser la République au passage. L'histoire de France montre que des coups d'État ne peuvent jamais être exclus. Il serait imaginable que le président du Conseil constitutionnel[2] quitte la présidence de cet organe pour la durée de l'intérim de la présidence de la République, à l'instar du président du Sénat quittant la présidence de cet organe s'il doit assurer l'intérim à l'Élysée, mais le risque d'influence restant sur les autres juges constitutionnels apparaît trop grand dans

[1] V. Cons. const., 9 janvier 1990, n° 89-264 DC, § 5 ; 22 janvier 1990, 89-269 DC, § 6.

[2] Absent lors de la réunion du Congrès en 2017, v. HERREROS, R., BALU, M., *Congrès à Versailles : Pourquoi il n'y a pas de « survivant désigné » quand tous les pouvoirs sont réunis en France*, 2017, https://www.huffingtonpost.fr/2017/07/03/congres-a-versailles-pour quoi-il-ny-a-pas-de-survivant-desig_a_23013511/ (dernièrement consulté le 17/12/2020).

un État français, très fragilisé si une telle éventualité survenait, pour favoriser cette solution.[1]

221.L'Allemagne a moins besoin d'un « survivant désigné » grâce à son fédéralisme et notamment l'art. 115i al. 1 GG, qui prévoit qu'en cas de danger encouru par l'Allemagne et l'impossibilité des autorités fédérales d'y répondre, les gouvernements des Lands peuvent prendre les dispositions nécessaires pour y répondre (cf. art. 115f al. 1 n° 2 GG). La question de savoir qui préside l'État fédéral (ou dirige le Gouvernement fédéral) est donc moins pressante qu'elle ne l'est en France.

222.La Cour constitutionnelle fédérale aurait également un rôle important à jouer, mais moindre, considérant que toute l'Allemagne continuerait d'être dirigée relativement efficacement au vu des circonstances. Un risque de coup d'État est virtuellement inexistant, considérant que seize gouvernements locaux couvrant la totalité du pays continueraient d'exister.

§ 2. La gestion des affaires courantes

223.Différentes situations communes peuvent être dégagées lorsque le chef de l'État ou du Gouvernement doit se cantonner à la simple gestion des affaires courantes. Lorsqu'une telle simple gestion intervient, plusieurs manières d'agir identiques sont reconnaissables. Cependant, il y a entre la France et en Allemagne également des différences à propos de la gestion des affaires courantes.

---

[1] Cf. la critique formulée vis-à-vis des membres de droit du Conseil constitutionnel, pouvant siéger à côté de membres nommés par leurs soins, v. HAMON, F., TROPER, M., *Droit constitutionnel*, 42e éd., Paris La Défense, LGDJ, 2021, n° 794.

224.Les points communs entre la France et l'Allemagne concernant la gestion des affaires courantes sont surtout son principe, l'éventualité d'une expédition simultanée des affaires courantes par le chef de l'État et le chef du Gouvernement ainsi que les possibles sérieuses difficultés à former un nouveau Gouvernement.

225.Si le titulaire a un empêchement seulement provisoire, sa politique peut – voire doit – être continuée par la personne assurant l'intérim, notamment aussi à propos de dossiers hautement politiques. S'il n'est pas encore certain que le titulaire pourra ou non revenir, telle une maladie qui paraît suffisamment sous contrôle pour conclure dans l'immédiat à un empêchement provisoire, l'intérim doit changer de nature à mesure que la durée de l'empêchement se prolonge. Plus l'intérim dure longtemps, plus la personne assurant l'intérim doit se concentrer sur la gestion des simples affaires courantes. En outre, plus l'empêchement dure longtemps et plus se rapproche la situation où un empêchement définitif doit être prononcé, même s'il continue d'exister une possibilité de retour. Un intérim a en effet vocation à être bref et non à s'éterniser.

226.La gestion des affaires courantes influe à peine sur la gouvernabilité du pays. Juridiquement, dans les deux pays, les Présidents chargés d'expédier les affaires courantes peuvent décider de tout (en France de presque tout). En outre, les grandes décisions politiques sont en Allemagne prises de toutes façons par le Gouvernement et ceci est possible sans problème en France avec la pratique de la cohabitation ; il existait peut-être même déjà une cohabitation avant que n'intervienne l'exercice de l'expédition des affaires courantes par le Président.

227.Le Gouvernement sortant devrait très largement, si ce n'est même entièrement, être équivalent au Gouvernement chargé d'expédier les affaires courantes. Pour un bref délai, pouvant aller jusqu'à quelques jours en France, il peut y avoir un décalage entre la nomination du nouveau chef du Gouvernement et celle des autres ministres.[1] Dans ce cas de figure, il y a pour ce bref délai potentiellement une cohabitation de fait, qui n'a cependant jusqu'ici pas encore présenté de problèmes notables.

228.Des cas d'intérims sont possibles, à tel point que les droits constitutionnels prévoient cette éventualité, le plus souvent dès la Constitution elle-même. Il ne peut être exclu qu'un cas d'intérim se produise alors qu'il y a déjà une situation d'intérim ailleurs. En-dehors des scénarios catastrophes, tels où un « survivant désigné » serait utile,[2] il est tout à fait plausible qu'il y ait un Président âgé ou malade qui meurt par (véritable) hasard peu après que le chef du Gouvernement ait démissionné pour une raison ou pour une autre, comme cela arrive de temps en temps dans

---

[1] En 2020 trois jours entre la nomination de Jean Castex comme nouveau Premier ministre et la nomination de ses ministres, v. les décrets du 3 juillet 2020 portant nomination du Premier ministre (JORF n° 0164 du 4 juillet 2020, texte n° 1) et du 6 juillet 2020 relatif à la composition du Gouvernement (JORF n° 0166 du 7 juillet 2020, texte n° 1).

[2] Cf. OMTZIGT, P., *Le crash de l'avion polonais TU-154 transportant la délégation polonaise, le 10 avril 2010 sur le territoire de la Fédération de Russie, Rapport*, 2018, in : CONSEIL DE L'EUROPE, *Commission des questions juridiques et des droits de l'homme*, http://www.assembly.coe.int/LifeRay/JUR/Pdf/TextesProvisoires/2018/20180625-PolishCrash-FR.pdf (dernièrement consulté le 17/12/2020), « Le crash de cet avion à l'aérodrome Severny de Smolensk entraîna la mort de l'intégralité des 96 personnes qui se trouvaient à bord […]. Parmi les victimes figuraient le Président Lech Kaczyński, sa femme Maria et de nombreux dignitaires et responsables polonais de haut rang, dont les chefs d'état-major de l'armée (armée de terre, armée de l'air et marine) et le président de la Banque nationale de Pologne. » ; v. aussi n° 454.

une démocratie. Dans un tel cas, les titulaires de fonctions chargés respectivement d'expédier les affaires courantes devront faire preuve d'une rctenue particulièrement grande.

229.Ce cas de figure ne s'est à ce jour jamais présenté, ni en Allemagne, ni en France. Il a toujours été tenté de l'éviter. En Allemagne, le Président fédéral en exercice (Lübke en 1969) a ainsi démissionné prématurément officiellement afin de permettre un délai approprié entre les élections au Bundestag et à la Présidence.[1] En France, lorsque le mandat du Président a pris fin prématurément, les chefs de Gouvernement n'ont pas présenté leur démission dès l'élection du nouveau Président, comme c'est sinon la tradition républicaine,[2] mais seulement après la passation de pouvoirs lorsque ce dernier fut investi dans ses fonctions (Maurice Couve de Murville en 1969[3] et Pierre Messmer en 1974[4]).

---

[1] V. KELLERHOFF, S. F., *Als Lübke den Köhler machte [Quand Lübke jouait au soutier]*, 2010, https://www.welt.de/politik/deutschland/article7862004/Als-Luebke-den-Koehler-machte.html (dernièrement consulté le 15/09/2020).

[2] V. LE DIVELLEC A., *La nomination du Gouvernement, pierre de touche du parlementarisme négatif de la Ve République. Une lecture constitutionnelle*, 2020, http://blog.juspoliticum.com/2020/07/10/la-nomination-du-gouvernement-pierre-de-touche-du-parlementarisme-negatif-de-la-ve-republique-une-lecture-constitutionnelle-par-armel-le-divellec/ (dernièrement consulté le 03/09/2020).

[3] V. ASSEMBLÉE NATIONALE, *Tous les gouvernements depuis 1958*, http://www2.assemblee-nationale.fr/decouvrir-l-assemblee/histoire/la-ve-republique/tous-les-gouvernements-depuis-1958 (dernièrement consulté le 15/09/2020) en lien avec : ÉLYSÉE, *L'investiture de Georges Pompidou*, https://www.elysee.fr/la-presidence/l-investiture-de-georges-pompidou (dernièrement consulté le 15/09/2020).

[4] V. INA, *Pierre Messmer présente la démission du Gouvernement / Sortie de l'Elysée*, 1974, http://www.ina.fr/video/I00007081 (dernièrement consulté le 15/09/2020).

230.La formation d'un nouveau Gouvernement n'est pas toujours simple et a même tendance à se complexifier au fil des années avec le morcellement de plus en plus marqué des partis. Les solutions ne sont pas simples et le droit constitutionnel doit le prendre en compte. Cette prise en compte se manifeste par une plus grande souplesse d'interprétation si besoin est. Il existe néanmoins un certain cadre constitutionnel que les différents acteurs ont à respecter.

231.En Allemagne, le système proportionnel fait que la victoire d'un seul parti est pratiquement impossible (ceci n'a eu lieu qu'une seule fois en 1957). Il s'ensuit que les coalitions sont la règle (une coalition fut formée même en 1957 pour assurer une majorité stable). En raison du seuil électoral relativement élevé de 5 %, il n'y a pas beaucoup de partis représentés au Parlement (trois pendant des décennies jusqu'à six depuis 2017, ce qui représente un record historique). Mais qu'il n'y ait pas beaucoup de partis représentés au Parlement ne simplifie pas forcément la tâche de forger une coalition, considérant que les différences politiques peuvent de ce fait être plus importantes. En 2013 il manqua ainsi seulement 5 sièges sur 631 à l'Union (démocrate-chrétienne) pour arriver à une majorité absolue, mais pour obtenir ces cinq derniers sièges, il lui a fallu choisir un partenaire de coalition parmi les trois seuls autres partis représentés au Parlement, ce qui a conduit à des négociations ardues les plus longues (jusque-là) de l'histoire de la République fédérale.

232.En France, en dépit d'un système électoral plus favorable aux majorités stables (excepté en 1986, unique scrutin effectué à la proportionnelle)[1], les Gouvernements

[1] V. la loi n°85-690 du 10 juillet 1985 modifiant le code électoral et relative à l'éléction des députés, JORF du 11 juillet 1985, p. 7800.

s'appuient généralement sur une coalition de partis. Au fil des aléas politiques, une majorité absolue peut se muer en majorité relative au cours de la législature. Une majorité stable n'est pas garantie.

233.Une coalition étant mathématiquement toujours possible, tout dépend du nombre de compromis que les partis sont prêts à accepter sans renier leurs valeurs et bases électorales. Avant d'en arriver à un tel stade, la solution démocratique consiste à recourir à de nouvelles élections. À moins que la fin de la législature ne soit proche, des élections anticipées s'imposent, plutôt que de s'installer jusqu'à la fin de la législature avec un Gouvernement des affaires courantes ne reposant pas sur une responsabilité sanctionnée démocratiquement par le Parlement.

234.Toutefois, les élections anticipées ne constituent pas une solution miracle. Les électeurs étant libres, ils peuvent voter de manière identique ou pour un résultat électoral provoquant un blocage différent. Ce ne sont pas les électeurs qui doivent se plier aux vœux des dirigeants politiques et voter comme ces derniers le souhaitent. Il s'ensuit, que, si le résultat électoral après les élections anticipées s'avère à nouveau compliqué, ce sont bel et bien les dirigeants politiques qui doivent faire un effort accru pour résoudre la crise politique, et ce, de plus en plus rapidement. Le devoir de diligence les concernant s'accentue de manière drastique. Bien qu'il n'y ait toujours pas de date limite dans la Constitution pour savoir jusqu'à quand ils doivent avoir trouvé une personne autour de laquelle ils puissent s'unir ; avec chaque jour qui passe, les partis doivent être prêts à plus de compromis. Répéter en effet le processus entre négociations, échec, élections anticipées, nouvelles négociations, a été testé jusqu'à la destruction par les Espagnols entre 2015 et 2019. Quatre élections en quatre ans, ils restaient coincés dans un blocage institutionnel surnommé « El bloqueo político ».[1] Finalement, ce blocage n'a pu être résolu que par un compromis difficile entre deux partis politiques, compromis que les deux partis rejetaient précédemment de manière encore véhémente entre deux élections anticipées.

235.En France, une solution existe à travers le fait que le chef du Gouvernement est nommé directement par le Président, sans vote parlementaire préalable. Dès l'instant qu'une majorité négative ne peut être réunie, un nouveau Premier ministre, et par là un nouveau Gouvernement tout entier, peut être nommé.

236.Une motion de censure nécessitant la majorité des membres de l'Assemblée nationale (v. art. 49 al. 2 phrase 4 Const.), il suffit simplement qu'un parti, par exemple membre de la majorité présidentielle, s'abstienne pour permettre au nouveau Gouvernement de survivre.[2] Il est plus aisé pour un parti de seulement s'abstenir, plutôt que de devoir voter pour quelqu'un auquel il ne croit pas. Un blocage à l'espagnol devrait donc pouvoir être évité en France.

237.En Allemagne, la Loi fondamentale prévoit une solution très similaire à celle qui existe en France : le Président peut nommer un chancelier élu sur majorité relative, soit un chancelier minoritaire (v. art. 63 al. 4 phrase 3 alternative 1 GG). Autant lors de la première ou deuxième tentative, le Président peut choisir la deuxième alternative

---

[1] V. DÍEZ, A., *España se instala en el bloqueo político [L'Espagne s'installe dans le blocage politique]*, 2019, https://elpais.com/politica/2019/07/09/actualidad/1562697594_115840.html (dernièrement consulté le 04/01/2021).

[2] L'on peut notamment penser à la IXème législature, où les derniers gouvernements sous la présidence de Mitterrand s'appuyaient sur une majorité relative au sein de l'hémicycle.

qui s'offre à lui, soit redonner la voix au peuple et déclencher des élections anticipées, autant – au plus tard lors de la troisième tentative – il devrait nommer un chancelier minoritaire pour débloquer la situation à la place des partis politiques qui n'en ont pas été capables.[1] Comme en France, un blocage à l'espagnol devrait donc pouvoir être évité en Allemagne.

Section 2. Circonstances exceptionnelles

238.Une différence fondamentale avec l'expédition des affaires courantes est que de grandes décisions doivent être prises tout de suite lors de circonstances exceptionnelles. Lorsque de telles circonstances surviennent, tout le monde, jusqu'au sommet du Gouvernement et de l'État, doit faire preuve de compréhension et de flexibilité pour faire face à la nouvelle situation. Le chef de l'État et le chef du Gouvernement peuvent voir leurs rôles évoluer en raison des circonstances. L'État de droit n'est toutefois pas suspendu.[2] Les droits constitutionnels français et allemand présentent des similitudes dans la lutte pour la maîtrise constitutionnelle des circonstances exceptionnelles, avec également des différences. Une différence notable est que la France s'est dotée avec l'article 16 Const. pour les cas

[1] V. la chancelière Angela Merkel, « Je ne suis pas du tout pour le fait de demander aux gens de voter à nouveau si nous ne pouvons rien faire avec le résultat » *(„Ich halte überhaupt nichts davon, wenn wir mit dem Ergebnis nichts anfangen können, dass wir die Menschen wieder bitten, neu zu wählen“)*, in : DPA, *Merkel strikt gegen Neuwahlen, [Merkel est strictement contre de nouvelles élections]*, 2017, https://www.welt.de/regionales/hamburg/article170953624/Merkel-strikt-gegen-Neuwahlen.html (dernièrement consulté le 22/12/2020).

[2] Si une mesure est fondée uniquement sur la formule « *salus populi suprema lex* », c'est que l'État de droit aura failli.

les plus extrêmes d'une véritable « Constitution dans la Constitution ».

239.Un régime général peut être élaboré dans la gestion des circonstances exceptionnelles. L'absence de compétence centrale en raison de fédéralisme ou de délégations de pouvoir ultra-marines solidement ancrées (loi organique, voire Constitution elle-même) peut dans le cadre très spécifique des circonstances exceptionnelles s'avérer être plus un frein qu'une richesse. Les circonstances exceptionnelles les plus graves, telle par exemple une guerre mondiale, peut exiger que le cœur battant d'une démocratie, ses élections, voire ses élections suprêmes (parlementaire, présidentielle aussi pour la France), subissent un décalage. Ce décalage peut potentiellement devoir être renouvelé, ou être fait pour jusqu'à après la fin de la gravissime crise, soit un décalage pour une durée indéterminée. Les juges constitutionnels allemands et français ont un rôle crucial à jouer pour décider – selon le cas participer à la décision de savoir – quand les élections peuvent à nouveau être tenues dans des conditions et risques raisonnables.

§ 1. Régime général

240.La nature de circonstances exceptionnelles est par essence difficile à définir. Des circonstances exceptionnelles peuvent par ricochet toucher de nombreux domaines.[1] La réponse adaptée est ainsi très difficile à prévoir. Le droit des circonstances exceptionnelles concerne aussi, si ce n'est même tout particulièrement, le chef de l'État et le chef du Gouvernement. Le chef de l'État,

---

[1] Cf. POIROT, H., *Comment percevoir la logistique*, in : SMEETS, J. M. (dir.), *Logistique sans frontières ?, Grenzenlose Logistik ?*, Sarrebruck, Repa Druck, 2020, p. 60.

représentant le pays entier, doit plus que jamais incarner l'unité nationale, nécessaire pour faire face à la crise. Le chef du Gouvernement, devant de par sa fonction diriger le pays, doit plus que jamais avoir le bien commun à l'esprit. Bien qu'il reste une marge de manœuvre politique que les juges constitutionnels doivent respecter, les circonstances vont largement dicter au chef de l'État et au chef du Gouvernement les décisions qu'ils auront à prendre et leurs marges de manœuvre s'en retrouveront directement restreintes.[1] La classification même de mesures politiques, utile pour juger du respect du mandat électoral du pouvoir élu, peut s'avérer difficile. Plus qu'une mesure habituellement teintée politiquement, elle peut au vu des circonstances exceptionnelles être tout simplement jugée comme nécessaire. Annoncer ainsi que « l'État paiera » est ainsi en temps normal plutôt une politique de gauche.[2] Mais confrontée en mars 2020 de plein fouet à la pandémie du coronavirus (Covid-19), la France, dirigée par un Président libéral et un Premier ministre ainsi qu'un ministre des Finances de droite,[3] a décidée, justement ça :

---

[1] V. PEINE, F.-J., SIEGEL, Th., *Allgemeines Verwaltungsrecht [Droit administratif général]*, 13e éd., Heidelberg, C.F. Müller, 2020, n° 218 ; MAURER, H., WALDHOFF, Ch., *Allgemeines Verwaltungsrecht [Droit administratif général]*, 20e éd., Munich, 2020, § 7 nos 24 et 25.

[2] V. DELHOMMAIS, P.-A., *Coronavirus : avec Macron, le PS tient enfin son candidat à la présidentielle, ÉDITO. En annonçant que toutes les mesures nécessaires seront prises pour combattre le coronavirus, le chef de l'État prend un sacré virage à gauche*, 2020, https://www.lepoint.fr/editos-du-point/pierre-antoine-delhommais/coronavirus-avec-macron-le-ps-tient-enfin-son-candidat-a-la-presidentielle-13-03-2020-2367000_493.php (dernièrement consulté le 16/03/2022).

[3] V. HAUSALTER, L., *Saupoudrage, Partis politiques ou société civile : d'où viennent les ministres de Macron ?*, 2017, https://www.marianne.net/politique/partis-politiques-et-societe-civile-d-ou-vien

l'État paierait. Le Président de la République déclara même solennellement à la nation depuis l'Élysée : « quoi qu'il en coûte ».[1] Situation inouïe d'ailleurs identique en Autriche ; dirigée par un chancelier et un ministre des Finances de droite,[2] la même formule choc a été retenue face au coronavirus : « Koste es, was es wolle (quoi qu'il en coûte) ».[3] La décision du « quoi qu'il en coûte » a été largement soutenue par les Français (à plus de 70 %),[4] jusqu'à même la Cour des comptes, qui jugea deux ans plus tard : « Cette stratégie a été validée tant sur son principe, […] que dans les faits ».[5]

241.En aucun cas, la subordination politique habituellement possible entre chef de l'État et chef du Gouvernement, ou vice-versa, n'est possible ; l'urgence prime. En France le Premier ministre n'a pas à démissionner seulement parce que le Président l'exige : on ne change (en

---

nent-les-ministres-du-gouvernement-de-macron (dernièrement consulté le 16/03/2022).

[1] V. MACRON, E., *Adresse aux Français, 12 mars 2020*, 2020, https://www.elysee.fr/emmanuel-macron/2020/03/12/adresse-aux-francais (dernièrement consulté le 26/05/2021).

[2] V. REDAKTION, ORT.AT/AGENTUREN, *Kabinett, Das ist das Regierungsteam*, 2020, https://orf.at/stories/3149514/ (dernièrement consulté le 16/03/2022).

[3] V. INDUSTRIEMAGAZIN, *Wirtschaftliche Maßnahmen zu COVID-19, "Koste es, was es wolle": Regierung stockt Corona-Hilfspaket auf 38 Milliarden auf*, 2020, https://industriemagazin.at/a/koste-es-was-es-wolle-regierung-stockt-corona-hilfspaket-auf-38-milliarden-auf (dernièrement consulté le 16/03/2022).

[4] V. LES ÉCHOS, INSTITUT MONTAIGNE, RADIO CLASSIQUE, *Les Français et le « quoi qu'il en coûte »*, 2021, https://www.institutmontaigne.org/ressources/pdfs/elabe/sondage-les-francais-et-le-quoiquil-en-coute.pdf (dernièrement consulté le 16/03/2022).

[5] V. COUR DES COMPTES, *Les acteurs publics face à la crise : une réactivité certaine, des fragilités structurelles accentuées*, 2022, https://www.ccomptes.fr/system/files/2022-02/20220216-rapport-RPA-2022.pdf, p. 63 en 64.

principe) pas le capitaine d'un navire pendant une tempête.[1] Typiquement, en cas de crise, le consensus politique est recherché, des lois d'urgence sont votées sans grande opposition, voire un Gouvernement d'unité nationale est formé.[2]

242.Le droit exceptionnel doit rester aussi longtemps en vigueur que durent les circonstances exceptionnelles. Il peut toutefois exister des différends quant à la durée des circonstances exceptionnelles, ou à quel moment elles cessent malheureusement d'être exceptionnelles. La menace terroriste est un exemple d'une circonstance exceptionnelle qui a cessé d'être exceptionnelle. Après les attentats du 11 septembre (2001 aux États-Unis), 2015 a été, en ce qui concerne le terrorisme, une année charnière dans l'histoire de France.[3] Si la menace terroriste persiste, comme l'année suivante l'a démontré avec l'attentat le plus sanglant commis par une seule personne au cours de

---

[1] Il n'est pas cependant pas totalement exclu que le « capitaine » ait à être remplacé, comme ce fut le cas avec le Premier ministre britannique Neville Chamberlain en 1940, qui dû, suite aux revers militaires conséquents et l'énorme pression s'étant développée en ce sens, quitter en pleine guerre mondiale No 10 en faveur de Winston Churchill, v. UK GOVERNMENT, *History, Past Prime Ministers, Neville Chamberlain,* https://www.gov.uk/government/history/past-prime-ministers/neville-chamberlain (dernièrement consulté le 14/03/2022).

[2] Cf. RABIER, J., *Mesures d'urgences Covid-19 : une large approbation, des abstentions et un vote contre*, 2020, https://www.publicsenat.fr/article/parlementaire/mesures-d-urgences-covid-19-une-large-approbation-des-abstentions-et-un-vote (dernièrement consulté le 26/05/2021).

[3] Attentats de janvier à décembre 2015 notamment, mais pas exclusivement !, sur Charlie Hebdo, Hyper Casher, Stade de France, Bataclan (89 otages tués !), v. HAMON, T., AFP, *En cinq ans, le terrorisme islamiste a tué 250 personnes en France*, 2020, https://www.cnews.fr/france/2020-01-05/en-cinq-ans-le-terrorisme-islamiste-tue-250-personnes-en-france-914441 (dernièrement consulté le 14/03/2022).

l'histoire de France,[1] le droit nécessaire pour faire face à la menace doit également persister. Transposer finalement largement comme il a été décidé le droit d'urgence dans le droit commun[2] est dans un tel cas fondamentalement justifié. En l'espèce, le droit exceptionnel pour la lutte antiterroriste, restreignant des droits fondamentaux, s'est trouvé banalisé.[3]

243.Les circonstances exceptionnelles sont marquées par une nécessité d'union nationale. Cela est spécialement vrai en France, vu son histoire constitutionnelle tout particulièrement mouvementée. L'appui de la population est vital, en principe atteint à travers l'appui de la classe politique (en tous cas de sa grande majorité). C'est la raison pour laquelle mai 68 et la crise des « gilets jaunes » en décembre 2018 sont probablement les seules crises où la Vème République a vraiment tangué.[4] La population se soulevait contre le pouvoir en place. Notamment les deux Présidents de la République en place ont pris peur, le premier – le général de Gaulle ! – ayant même brièvement fui le territoire national.[5] Les deux crises n'ont pu être

---

[1] 86 morts et plus de 400 blessés le jour de la fête nationale, v. ibid.

[2] Avec la loi n° 2017-510 du 30 octobre 2017 renforçant la sécurité intérieure et la lutte contre le terrorisme, JORF n° 0255 du 31 octobre 2017.

[3] V. ROUDIER, K., *État d'exception, État d'urgence, état de droit*, in : BLACHÈR, Ph. (dir.), *La Constitution de la Ve République, 60 ans d'application (1958-2018)*, Issy-les-Moulineaux, LGDJ, 2018, p. 459, 463.

[4] En 1961, les généraux putschistes en Algérie ne cherchaient pas à prendre le pouvoir à Paris, simplement à faire plier de force l'exécutif sur la question algérienne.

[5] V. BOUSQUET, G., *29 mai 1968, la journée où le général de Gaulle disparaît à Baden-Baden*, 2018, https://www.ladepeche.fr/article/2018/05/30/2807694-29-mai-1968-journee-general-gaulle-disparait-baden-baden.html (dernièrement consulté le 21/02/2022) ; MANDONNET, E., *Gilets jaunes : le jour où Emmanuel Macron a eu le*

résolues qu'en recherchant l'unité nationale perdue. Lorsque le coronavirus (Covid-19) a frappé la France de plein fouet en mars 2020, la mesure décidée – extrêmement restrictive des droits fondamentaux (ne plus pouvoir quitter son domicile que muni d'un justificatif de domicile, en principe au maximum une heure par jour dans un rayon d'un kilomètre),[1] a été massivement soutenue par la population (à 93 % !)[2].

244.La maxime *salus populi suprema lex* est canalisée en France par la théorie des circonstances exceptionnelles. Lorsque le juge français constate que des circonstances réellement exceptionnelles ont justifié l'adoption des mesures qui lui ont été déférées, alors des décisions, qui seraient en période normale illégales, voire gravement illégales (tel qu'un défaut de compétence de son auteur), ne sont pas considérées comme telles et échappent à l'annulation – pourvu qu'elles aient bien été prises dans un but impérieux d'intérêt général.[3] Si une telle dérogation

---

peur de sa vie, 2019, https://www.lexpress.fr/actualite/politique/gilets-jaunes-le-jour-ou-macron-a-eu-la-peur-de-sa-vie_2106480.html (dernièrement consulté le 21/02/2022), c'était le 4 décembre 2018, lors de sa visite inopinée à Puy-en-Velay, petite ville de 20.000 habitants ayant voté à 77 % pour lui un an auparavant au second tour de la présidentielle, et où la préfecture avait été incendiée (avec des fonctionnaires à l'intérieur qui ont vu la mort en face ! Mais ils ont heureusement tous survécu).

[1] V. art. 1 du décret n° 2020-260 du 16 mars 2020 portant réglementation des déplacements dans le cadre de la lutte contre la propagation du virus covid-19, JORF n° 0066 du 17 mars 2020.

[2] V. BULANT, J., *Sondage BFMTV – 93 % des Français approuvent la mise en place du confinement limitant les déplacements*, 2020, https://www.bfmtv.com/societe/sondage-bfmtv-93percent-des-francais-approuvent-la-mise-en-place-du-confinement-limitant-les-deplacements-1876782.html (dernièrement consulté le 26/05/2021).

[3] V. CE, 28 juin 1918, *Heyriès*, n° 63412, Rec. Leb. p. 651; 18 février 1919, *Dames Dol et Lauren*, n° 61593, Rec. Leb. p. 208 ; GONOD, P., *Droit administratif général*, 2e éd., Paris, Dalloz, 2020, p. 95.

n'était pas nécessaire, le juge annulerait la mesure.[1] Compte tenu des circonstances particulières de l'espèce, la Cour constitutionnelle a validé une loi organique adoptée en violation de règles de procédure prévues par la Constitution elle-même.[2] La théorie des circonstances exceptionnelles est le plus souvent relative aux périodes de guerre, d'avant- ou d'après-guerre, de troubles politiques importants ou de cataclysme naturel.[3]

245.En Allemagne, la maxime *salus populi suprema lex* est en voie de canalisation. Pour commencer, il est admis que la violation des règles procédurales de la Loi fondamentale ne conduit pas forcément à l'inconstitutionnalité de la loi adoptée, mais seulement quand la violation est suffisamment grave.[4] La Cour constitutionnelle fédérale s'est donnée ici une marge de manœuvre. Les droits fondamentaux (devoirs fondamentaux pour l'État) jouent un rôle crucial et notamment l'art. 2 al. 2 phrase 1 GG, exigeant de l'État une protection de la vie et de l'intégrité physique. En Allemagne, le devoir constitutionnel de l'État de respecter les droits fondamentaux peut mener à ce que certains puissent être fortement impactés dans le but d'en protéger d'autres de valeur plus importante – notamment la protection de la vie et de l'intégrité physique (art. 2 al. 2 phrase 1 GG). En 2021, la Cour constitutionnelle fédérale s'est expressément (aussi)

---

[1] V. CE, 31 janvier 1958, *Chambre syndicale du commerce d'importation en Indochine*, n° 95214, Rec. Leb. p. 63 ; CE Ass., 12 juillet 1969, *Chambre de Commerce et d'Industrie de Saint-Étienne*, n° 76089, Rec. Leb. p. 379.

[2] V. Cons. const., 26 mars 2020, n° 2020-799 DC, § 3, JORF n° 0078 du 31 mars 2020, texte n° 5.

[3] V. CE, 18 mai 1983, *Rodes*, n° 25308, Rec. Leb. p. 199 (éruption volcanique à la Guadeloupe).

[4] V. PEUCKER, M., *Staatsorganisationsrecht [Droit d'organisation de l'État]*, 3e éd., Heidelberg, C.F. Müller, 2013, n° 206.

appuyée sur le devoir constitutionnel étatique de protéger la vie et l'intégrité physique pour valider les mesures étatiques prises dans la lutte contre la pandémie mortelle et ayant constitué des atteintes sans précédent dans l'histoire de la République fédérale d'Allemagne dans les droits fondamentaux de ses citoyens.[1] Il n'est pas garanti que l'Allemagne parvienne dans le futur toujours encore à légiférer à temps. Dans ces cas-là, l'Allemagne pourrait s'inspirer de la doctrine et de la jurisprudence déjà existantes dans son pays voisin, la France, à propos de la théorie des circonstances exceptionnelles.

La Constitution française opère une distinction entre des circonstances provoquant un danger fondamental pour le pays, pour lesquels s'applique l'art. 16 Const., et les circonstances exceptionnelles qui ne vont pas jusque-là. De plus se pose la question rarissime dans le monde, mais applicable à la France, de qui peut décider quand un ordre de tir nucléaire, en l'espèce dans l'État de droit qu'est la Vème République. L'utilisation de l'arme nucléaire peut conduire à l'extinction de l'humanité, et ce, en un temps record.[2] L'arme nucléaire est même *si* dangereuse qu'elle contribue paradoxalement à ce jour à éviter à travers la dissuasion nucléaire une troisième guerre mondiale. C'est, littéralement, une option « nucléaire »[3].

---

[1] V. la Cour constitutionnelle fédérale – BVerfG –, décision du 19 novembre 2021 – 1 BvR 781/21 –, n° 64.

[2] Cf. les mots d'Einstein en 1949: „I know not what weapons World War III will be fought, but World War IV will be fought with sticks and stones.", cité par CALAPRICE, A., *The new quotable Einstein*, Princeton, Princeton University Press, 2005, p. 173.

[3] Cf. WOLF, Z. B., *What to know about the Senate's nuclear option*, 2022, https://edition.cnn.com/2022/01/10/politics/nuclear-option-senate-filibuster/index.html (dernièrement consulté le 20/02/2022).

§ 2. Fédéralisme et outre-mer potentiellement plutôt un frein qu'une richesse

246.Réagir à des circonstances exceptionnelles va très souvent de pair avec vitesse de réaction. Dans cette situation par définition exceptionnelle, le fédéralisme est un frein ; car si la fédération n'a pas compétence, mais les Lands, il y a soudainement seize dirigeants devant prendre les décisions qui s'imposent, et ce, dans un voisinage immédiat.[1] La France peut aussi avoir des difficultés quand Paris n'est pas compétent pour tout le territoire national en raison de compétences exclusives de territoires ultramarins, où habitent des millions de Français, tout particulièrement en Nouvelle-Calédonie (territoire possédant son propre chapitre dans la Constitution, v. titre XIII). Le problème, bien que pouvant exister, est cependant considérablement moins important qu'en Allemagne. Tout d'abord, l'apparition de circonstances exceptionnelles en France métropolitaine ne signifie pas forcément qu'ils vont également apparaître dans les différents territoires ultra-marins qui se trouvent à des milliers de kilomètres les uns des autres, à commencer par vis-à-vis de la métropole – la Nouvelle-Calédonie se trouvant par exemple à plus de 16.000 kilomètres de la métropole ! Mais, même dans de tels cas, où tout le territoire français est touché par des circonstances exceptionnelles, la France est moins touchée, car des règles divergentes ne débordent pas aisément entre les différentes parties de la France en raison de leur énorme distance géographique. Un exemple notable

---

[1] V. BEHNKE, N., *Föderalismus in der (Corona-)Krise ?, Föderale Funktionen, Kompetenzen und Entscheidungsprozesse [Fédéralisme dans la crise (de corona)?, Fonctions fédérales, compétences et processus de décision]*, 2020, https://www.bpb.de/shop/zeitschriften/apuz/314343/foederalismus-in-der-corona-krise/ (dernièrement consulté le 14/03/2022).

où des circonstances exceptionnelles ont touché la totalité de la France et où Paris a souhaité agir immédiatement pour la totalité de la France, est la pandémie du coronavirus (Covid-19). Le virus particulièrement contagieux s'est répandu de la Chine en fin 2019 à tous les continents du globe, et ce, à une vitesse déconcertante – même l'Antarctique a été touchée dès l'année suivante (2020).[1] Lorsque le Premier ministre a décrété[2] en mars 2020 le confinement pour toute la France (v. art. 1 du décret n° 2020-260[3]), outre-mer inclus (v. arts. 3 et 4 dudit décret), en se basant expressément dans le visa du décret sur « les circonstances exceptionnelles découlant de l'épidémie de covid-19 » et « l'urgence » (v. le visa dudit décret), la Polynésie française et la Nouvelle-Calédonie n'étaient pas incluses, car ces territoires sont compétents en matière de santé publique[4]. Il ne peut cependant être

---

[1] V. MONIN, É., *Covid-19 : épargné jusqu'ici, l'Antarctique connaît son premier foyer de contamination, 36 personnes ont été testées positives sur une base militaire chilienne, suscitant tristesse et inquiétude chez leurs confrères français. Sans matériel de réanimation, la station franco-italienne Concordia n'est pas équipée pour gérer d'éventuels cas graves*, 2020, https://www.francetvinfo.fr/sante/maladie/coronavirus/covid-19-epargne-jusqu-ici-l-antarctique-connait-son-premier-foyer-de-contamination_4229525.html (dernièrement consulté le 13/03/2022).

[2] L'édictement de mesures de police applicables à l'ensemble du territoire et justifiées par les nécessités de l'ordre public, au nombre desquelles figurent les impératifs de santé publique, revient au Premier ministre, v. CE, 19 mars 2007, *Le Gac*, n° 300467, Rec. Leb. p. 123.

[3] Du 16 mars 2020 portant réglementation des déplacements dans le cadre de la lutte contre la propagation du virus covid-19, JORF n° 0066 du 17 mars 2020.

[4] V. pour la Polynésie française arts. 13 et 14 de la loi organique n°2004-192 du 27 février 2004 portant statut d'autonomie de la Polynésie française et pour la Nouvelle-Calédonie art. 22 n° 4 de la loi n° 99-209 organique du 19 mars 1999 relative à la Nouvelle-Calédonie.

conclu que le fédéralisme (ou outre-mer institutionnellement décentralisé) soit inapproprié pour faire face à des circonstances exceptionnelles. En effet, si les circonstances exceptionnelles conduisent à une incapacité du pouvoir central à diriger le pays entier, ou dans le cas français jusqu'à l'outre-mer, le fédéralisme ou les gouvernements ultra-marins locaux s'avèrent d'une grande aide pour agir vite et bien, même en l'absence d'action centrale efficace.

§ 3. Toucher au cœur battant de la démocratie : décaler des élections – voire les élections suprêmes

247.Le droit en vigueur se doit par nature d'être le plus souple possible pour pouvoir répondre efficacement aux circonstances exceptionnelles. Il n'est toutefois pas exclu que la situation exige une réponse tellement rapide que le droit en vigueur faisant obstacle ne peut pas être changé assez vite. Au besoin, il faut alors pouvoir déroger au droit (notamment constitutionnel) en vigueur, conformément à la maxime *salus populi suprema lex*, déjà canalisée en France et en voie de canalisation en Allemagne. Dans certains cas, la gestion de la crise doit même être priorisée audessus d'élections, pourtant le cœur battant de toute démocratie. Une prorogation des mandats d'élus est possible, même en cours de mandat. En Allemagne, la Loi fondamentale le prévoit expressément dans le cadre de l'état de défense (v. art. 115h al. 1 phrases 1 et 2 GG). Toutes les élections allemandes majeures sont concernées, soit la présidentielle ainsi que les législatives fédérales (Bundestag) et des *Länder* (v. ibid.). En France, la jurisprudence l'a admis.[1] Toutefois, cette prorogation doit rester limitée, revêtir un caractère exceptionnel et transitoire, ne pas créer de confusion dans l'esprit des électeurs avec d'autres consultations électorales, répondre aux objectifs que s'est fixé le législateur et, dès lors, répondre à une nécessité.[2] Une réduction du mandat pour motif d'intérêt général est également imaginable.[3]

248.Au besoin, alors que c'est extrêmement problématique, il est concevable de devoir interrompre une élection commencée. Il ne peut être exclu que des circonstances exceptionnelles gravissimes arrivent dans l'entre-deux-tours d'une élection. C'est exactement ce qui est arrivé en France en 2020, lorsque le coronavirus (Covid-19) a bouleversé les élections municipales – et ce, alors même que seulement une semaine séparait les deux tours de l'élection effectuée partout en France (v. décret n° 2019-928 du 4 septembre 2019[4]). En dépit du fait que le premier tour avait déjà eu lieu,[5] le second tour a, en raison du coronavirus attaquant de plus en plus violemment la France,

---

[1] Au lieu de 2007, les municipales eurent lieu en 2008, pour alléger le calendrier électoral déjà chargé de 2007, v. Cons. const., 15 décembre 2005, n° 2005-529 DC, Rec. p. 165.

[2] Jurisprudence constante v. Cons. const., 6 décembre 1990, n° 90-280 DC, § 10, Rec. p. 84 ; 6 juillet 1994, n° 94-341 DC, § 6, Rec. p. 88; 6 février 1996, n° 96-372 DC, § 1, Rec. p. 40 ; 9 mai 2001, n° 2001-444 DC, § 5, Rec. p. 59 ; cf. aussi Cons. const., 29 novembre 1995, n° 95-367 DC, Rec. p. 233.

[3] V. Cons. const., 23 mai 1979, n° 79-104 DC, § 9, Rec. p. 27.

[4] « fixant la date du renouvellement des conseillers municipaux et communautaires, des conseillers de Paris et des conseillers métropolitains de Lyon, et portant convocation des électeurs », JORF n° 0206 du 5 septembre 2019.

[5] V. MINISTÈRE DE L'INTÉRIEUR, *Élections municipales 2020 – résultats 1er tour*, 2020, https://www.data.gouv.fr/fr/datasets/elections-municipales-2020-resultats-1er-tour/ (dernièrement consulté le 20/03/ 2022).

été repoussé[1] – avec l'aval du Conseil d'État[2] et de tous les partis politiques[3]. Le report du second tour d'une élection était jusque-là sans précédent dans l'histoire contemporaine française.[4] Si le report devient trop conséquent, au-delà de quelques mois, le Conseil d'État a estimé nécessaire que l'ensemble des opérations électorales doive être recommencé – en l'espèce, dans le cadre des municipales, dans les communes où les conseils municipaux sont incomplets.[5] L'année suivante, en 2021, à nouveau en raison du coronavirus, sévissant toujours à travers le globe, dont la France, les élections régionales et départementales ont également été repoussées de plusieurs mois.[6]

249.Même les élections suprêmes (parlementaire, aussi présidentielle en France – notamment en raison de l'art. 16 Const.) peuvent devoir être reculées. Outre-Rhin, lors de la Première Guerre mondiale, l'empire allemand (de 1871, se développant de plus en plus vers une démocratie), n'a pas tenu d'élections pendant la guerre, la dernière ayant

---

[1] V. MINISTÈRE DE L'INTÉRIEUR, *Résultats des élections municipales et communautaires 2020*, 2020, https://www.interieur.gouv.fr/Elections/Les-resultats/Municipales/elecresult__municipales-2020/(path)/municipales-2020/ (dernièrement consulté le 20/03/2022).

[2] V. CE commission permanente, 18 mars 2020, *Avis sur un projet de loi d'urgence pour faire face à l'épidémie de Covid-19*, NOR : PRMX2007883L.

[3] V. DE RAVINEL, S., *Le second tour des municipales repoussé après la crise sanitaire*, 2020, https://www.lefigaro.fr/politique/le-second-tour-des-municipales-repousse-apres-la-crise-sanitaire-20200316 (dernièrement consulté le 20/03/2022).

[4] V. CE commission permanente, 18 mars 2020, *Avis sur un projet de loi d'urgence pour faire face à l'épidémie de Covid-19*, NOR : PRMX2007883L.

[5] V. ibid.

[6] V. loi n° 2021-191 du 22 février 2021 portant report, de mars à juin 2021, du renouvellement général des conseils départementaux, des conseils régionaux et des assemblées de Corse, de Guyane et de Martinique, JORF n° 0046 du 23 février 2021, texte n° 1.

lieu en 1912. Lors de la Seconde Guerre mondiale, l'empire allemand (la dictature nazie), n'a pas tenu d'« élections » non plus pendant la guerre, la dernière ayant lieu en 1938. En France, il s'est trouvé que très peu avant la Première Guerre mondiale, des élections législatives avaient été tenues (en avril 1914), ce pourquoi la question ne s'est pas posée pour la durée de la tragédie mondiale. En ce qui concerne la Deuxième Guerre mondiale, il est notable que la France a pris très peu avant le déclenchement de cette nouvelle tragédie mondiale une décision similaire à celle d'outre-Manche, avec le décret du 29 juillet 1939[1], basée sur la loi du 19 mars 1939 accordant au Gouvernement des pouvoirs spéciaux[2], prorogeant de deux ans les mandats des députés (pour une élection en 1942 au lieu de 1940)[3]. Les évènements suivants ont éliminé le problème – comme quelques années plus tard en Allemagne – en conduisant à la chute du régime en place (la IIIe République en France, la dictature en Allemagne). Le Royaume-Uni, au moment des deux guerres mondiales, est allé jusqu'à repousser les élections législatives à après la guerre, soit les repousser pour une durée indéterminée[4] ! Il n'y a ainsi pas eu d'élection parlementaire britannique entre 1910 et 1918 et entre 1935 et 1945.[5]

250.Un problème se pose quand un différend naît à propos de savoir si la tenue des élections, notamment suprêmes, apparaît comme désormais raisonnablement possible ou pas encore. Une situation claire dénuée de mau-

---

[1] JORF n° 0178 du 30 juillet 1939.

[2] JORF n° 0068 du 20 mars 1939.

[3] V. art. 1 dudit décret.

[4] « On fait la guerre quand on veut, on la termine quand on peut »… (Machiavel).

[5] V. RALLINGS, Const., THRASHER, M., *British electoral facts, 1832-2006*, 7e éd., Ashgate Publishing Limited, 2007, p. 59.

vaise foi n'est pas garantie. Un tel différend a en l'occurrence eu lieu au Royaume-Uni en 1945. Le parti travailliste, avec à sa tête le futur Premier ministre Attlee, a voulu des élections dès la victoire sur le continent européen (les dernières législatives ayant maintenant atteint une décennie d'âge !), alors que le parti conservateur, avec à sa tête le Premier ministre Churchill, ne voulait des élections qu'après la victoire finale, soit aussi après la victoire en Asie, où l'empire britannique était effectivement encore en guerre.[1] Les deux arguments étaient recevables, sans qu'il n'y ait de mauvaise foi de l'une ou l'autre des parties. En l'espèce, suite à la démission du parti travailliste du Gouvernement d'union nationale, des élections ont été tenues en juillet 1945, après la victoire en Europe (mai 1945), mais avant la fin définitive de la Seconde Guerre mondiale (septembre 1945).[2] En Allemagne, la Cour constitutionnelle fédérale serait, comme toujours, amenée à trancher conformément à l'art. 93 al. 1 n° 1 variante 1 GG.[3] En France, c'est plus compliqué, notamment en raison de l'existence de l'art. 16 Const.. Le Conseil constitutionnel devrait être amené à donner son avis sur la question, à défaut de pouvoir rendre un jugement contraignant.

---

[1] V. LARRES, K. W., *When a winner becomes a loser: Winston Churchill was kicked out of office in the British election of 1945*, 2020, https://theconversation.com/when-a-winner-becomes-a-loser-winston-churchill-was-kicked-out-of-office-in-the-british-election-of-1945-129746 (dernièrement consulté le 16/03/2022).

[2] V. ibid.

[3] Même si sa décision serait extrêmement difficile car hautement politique.

Section 3. Circonstances exceptionnelles durant l'expédition des affaires courantes

251.Le terme « affaires courantes » doit être entendu dans un double sens selon la jurisprudence du Conseil d'État : d'une part au sens « d'ordinaire », ce sont les décisions d'administration quotidienne, mais aussi d'autre part au sens « d'urgentes », soit exigeant des décisions immédiates, même si un choix important est impliqué.[1] La Belgique, voisine commune de la France et de l'Allemagne, est une habituée de la situation où des affaires non courantes doivent être traitées par le Gouvernement chargé d'expédier les affaires courantes. La Belgique est ainsi double championne du monde en titre d'absence de Gouvernement de plein exercice,[2] elle a déjà passé au total plusieurs années sans gouvernement de plein exercice,[3] et tous les Belges sont habitués à cette situation[4]. Au fil des années, des gouvernements belges

---

[1] V. AVRIL, P., GICQUEL, J., *Droit constitutionnel*, 8e éd., PUF, Paris, 2001, p. 8.

[2] Absence de Gouvernement belge de plein exercice en 2010-2011 (FRANCE 24, *La Belgique bat le record du monde de la plus longue crise politique*, 2011, https://www.france24.com/fr/20110217-belgique-crise-politique-prive-gouvernement-record-monde-battu-irak-presse-flamands-francophones, dernièrement consulté le 27/05/2021) et 2018-2020 (MESSOUDI, H., *Le Parlement accorde sa confiance au Gouvernement Wilmès II*, 2020, https://www.rtbf.be/info/belgique/detail_le-parlement-accorde-sa-confiance-au-gouvernement-wilmes-ii?id=10462023, dernièrement consulté le 27/05/2021)

[3] V. SÉRÉ, L., *Affaires courantes : la Belgique sans Gouvernement ?*, 2018, https://www.la-croix.com/Monde/Europe/Affaires-courantes-Belgique-sans-gouvernement-2018-12-19-1200990655 (dernièrement consulté le 27/05/2021).

[4] V. VASSEUR, Q., *Pourquoi la Belgique est-elle sans Gouvernement depuis 250 jours ?*, 2020, https://france3-regions.francetvinfo.fr/hauts-de-france/pourquoi-belgique-est-elle-gouvernement-250-jours-17142

d'affaires courantes ont, passé un budget, présidé le Conseil européen ou fait la guerre.[1]

252.Lors de la pandémie du coronavirus (Covid-19), c'est en Belgique un Gouvernement expédiant les affaires courantes qui a décidé en 2020 de la mesure inédite du confinement[2] et qui devait obtenir les pouvoirs spéciaux[3]. Finalement, les partis politiques, après d'âpres difficultés,[4] parvinrent à établir dans les jours suivants pour gérer la crise un Gouvernement de plein exercice – minoritaire –.[5] En Macédoine du Nord, c'est également un Gouvernement

---

11.html (dernièrement consulté le 27/05/2021), « Nos voisins sont coutumiers du fait. ».

[1] V. A.F., *Les affaires courantes, une vieille histoire en Belgique*, 2018, https://www.rtbf.be/info/belgique/detail_les-affaires-courantes-une-vieille-histoire-en-belgique?id=10101249 (dernièrement consulté le 27/05/2021).

[2] V. MESSOUDI, H., GROUTARS, E., *Coronavirus : la Belgique en confinement à partir de ce mercredi midi, avec quelles mesures ?*, 2020, https://www.rtbf.be/info/belgique/detail_coronavirus-un-conseil-de-securite-a-16h?id=10460292 (dernièrement consulté le 27/05/2021).

[3] V. LE SOIR, *Sophie Wilmès et son gouvernement avec des pouvoirs spéciaux : « Le sens du devoir nous anime »*, 2020, https://www.lesoir.be/287357/article/2020-03-15/sophie-wilmes-et-son-gouvernement-avec-des-pouvoirs-speciaux-le-sens-du-devoir (dernièrement consulté le 27/05/2021).

[4] V. COLLEYN, M., *L'idée d'un Gouvernement d'urgence ne passe toujours pas*, 2020, https://www.lecho.be/economie-politique/belgique/federal/l-idee-d-un-gouvernement-d-urgence-ne-passe-toujours-pas/10212690.html (dernièrement consulté le 27/05/2021) et TOURIEL, A., *Le Gouvernement Wilmès va être doté de pouvoirs spéciaux pendant 6 mois*, 2020, https://www.rtbf.be/info/belgique/detail_en-route-vers-un-gouvernement-wilmes-2-0-suivez-la-conference-de-presse-en-direct?id=10458538 (dernièrement consulté le 27/05/2021).

[5] V. DUBUISSON, M., *Vote de confiance au Gouvernement Wilmès en mode coronavirus*, 2020, https://www.lesoir.be/287820/article/2020-03-17/vote-de-confiance-au-gouvernement-wilmes-en-mode-coronavirus (dernièrement consulté le 27/05/2021).

chargé d'expédier les affaires courantes qui s'est vu obligé en 2020, en raison du coronavirus, de décaler les élections législatives.[1] C'était une situation constitutionnelle particulièrement insatisfaisante – mais dénuée de mauvaise foi –, car la Macédoine du Nord a un Parlement monocaméral (v. arts. 61 et 68 al. 1 de la Constitution de la Macédoine du Nord) et l'Assemblée macédonienne venait de voter sa dissolution peu avant que la pandémie ne frappe l'Europe,[2] soit il n'y avait même plus de parlementaires du tout lorsque le Gouvernement chargé d'expédier les affaires courantes a dû prendre de nombreuses décisions pas courantes du tout pour faire face au coronavirus.

Chapitre 2. Actes administratifs présidentiels en temps normal et exceptionnel

253.La France et l'Allemagne n'ont pas la même conception de ce qu'est un acte administratif.[3] Le terme d'acte administratif est beaucoup plus large en France qu'en

---

[1] V. GOVERNMENT OF THE REPUBLIC OF NORTH MACEDONIA, *Oliver Spasovski*, https://vlada.mk/node/26298?ln=en-gb (dernièrement consulté le 27/01/2022) ; EUROPEAN WESTERN BALKANS, *Government of North Macedonia officially postpones the elections*, 2020, https://europeanwesternbalkans.com/2020/03/23/government-of-north-macedonia-officially-postpones-the-elections/ (dernièrement consulté le 27/01/2022).

[2] V. art. 63 al. 4 de la Constitution de la Macédoine du Nord ainsi que LE FIGARO, REUTERS, *Macédoine du Nord : le Parlement vote sa dissolution et fixe des élections*, 2020, https://www.lefigaro.fr/international/macedoine-du-nord-le-parlement-vote-sa-dissolution-et-fixe-des-elections-20200216 (dernièrement consulté le 27/01/2022).

[3] V. BAYER, N. H., *Verwaltungsakt, acte administratif ?*, https://www.nhbayer.de/de/deutsch-franzoesisches-rechtswoerterbuch-alt/verwaltungsakt/ (dernièrement consulté le 25/07/2021).

Allemagne.[1] L'Allemagne inclut dans sa définition même d'acte administratif certains critères qui, certes, existent également en France, mais seulement dans le cadre de subdivisions ultérieures.[2] En ce qui concerne l'acte administratif règlementaire en particulier, la France et l'Allemagne n'en ont pas non plus la même conception.[3] Une clarification ce concernant s'impose donc. L'analyse tiendra par la suite compte de cet aspect en incluant les actes présidentiels allemands pas considérés comme administratifs en Allemagne, mais qui le seraient en France. En effet, des actes identiques des deux côtés du Rhin existent, tels que l'adoption par le chef de l'État d'un règlement intérieur pour la présidence.

254.La France et l'Allemagne ne comprennent pas la même chose sous le terme d'« acte administratif », nécessitant ainsi d'abord une définition de ce qui constitue un acte administratif présidentiel. Celui-ci doit être délimité de l'acte de gouvernement. Par ailleurs peuvent être dégagées différentes activités administratives présidentielles communes, à commencer par les nominations.

Section 1. Règlements en général

255.En France, il n'existe pas de définition légale de ce qu'est un acte administratif – alors que c'est le cas en Allemagne. Ceci étant dit, le CRPA, en vigueur depuis 2016, a enrichi, significativement et de différentes manières, la

---

[1] V. VAN LANG, A., GONDOUIN, G., INSERGUET-BRISSET, V., *Dictionnaire de droit administratif*, 8e éd., Paris, Sirey, 2021, p. 10 ; § 35 phrase 1 VwVfG [loi allemande sur la procédure administrative non contentieuse].

[2] V. GUINCHARD, S., DEBARD, Th. (dir.), *Lexique des termes juridiques 2020-21*, 28e éd., Paris, Dalloz, 2020, p. 19.

[3] V. JACQUEMET-GAUCHÉ, A., *Droit administratif allemand*, Paris, PUF, 2022, nos 469 et 474.

théorie de l'acte administratif unilatéral en France.[1] L'art. L200-1 CRPA distingue notamment les actes administratifs unilatéraux décisoires des actes administratifs unilatéraux non décisoires.[2] Cependant, le CRPA ne va pas jusqu'à définir l'acte administratif, comme le VwVfG [loi allemande sur la procédure administrative non contentieuse] le fait à l'aide de son § 35 pour l'Allemagne.[3] Conformément à la jurisprudence qui l'a façonné, l'acte administratif français peut aujourd'hui être défini comme étant le moyen juridique d'action de l'administration.[4] Crucialement par rapport à l'Allemagne, un acte administratif peut aussi être en France un contrat administratif.[5] Un contrat administratif est un acte administratif multilatéral.[6] L'acte administratif étant toujours un acte de l'administration, il n'est pour autant pas nécessairement issu d'une

---

[1] V. MELLERAY, F., *Les apports du CRPA à la théorie de l'acte administratif unilatéral*, AJDA 2015, p. 2491, 2491 ; cf. aussi JACQUEMET-GAUCHÉ, A., *Droit administratif allemand*, Paris, PUF, 2022, n° 539.

[2] « Les actes administratifs unilatéraux décisoires comprennent les actes réglementaires, les actes individuels et les autres actes décisoires non réglementaires. Ils peuvent être également désignés sous le terme de décision, ou selon le cas, sous les expressions de décisions réglementaires, de décisions individuelles et de décisions ni réglementaires ni individuelles. » (art. L200-1 al. 2 CRPA).

[3] V. MELLERAY, F., *Les apports du CRPA à la théorie de l'acte administratif unilatéral*, AJDA 2015, p. 2491, 2491.

[4] V. VAN LANG, A., GONDOUIN, G., INSERGUET-BRISSET, V., *Dictionnaire de droit administratif*, 8e éd., Paris, Sirey, 2021, p. 10.

[5] V. WALINE, J., *Droit administratif*, 28e éd., Paris, Dalloz, 2020, n° 424.

[6] V. COLIN, F., *Droit public, Droit constitutionnel, Droit administratif, Institutions administratives, Fonction publique, Droit administratif des biens, Finances publiques*, 4e éd., Issy-les-Moulineaux, Gualino, une marque de Lextenso, 2017, p. 237.

autorité administrative.[1] L'acte administratif unilatéral peut être individuel, ou au contraire être de portée générale, c'est-à-dire réglementaire.[2] « Considéré sous l'angle de son régime juridique, l'acte administratif est tout acte relevant du droit administratif et de la compétence de la juridiction administrative, que cet acte soit unilatéral ou conventionnel, qu'il émane ou non d'une autorité administrative. »[3]

256.En Allemagne, conformément au § 35 phrase 1 VwVfG [loi allemande sur la procédure administrative non contentieuse], « un acte administratif est toute prescription, décision ou autre mesure de puissance publique prise par une autorité administrative pour régler un cas d'espèce dans le domaine du droit public et destinée à produire directement des effets de droit à l'extérieur de l'administration ». L'acte administratif est d'office clairement différencié du contrat de droit public qui possède sa propre définition au § 54 phrase 1 VwVfG [loi allemande sur la procédure administrative non contentieuse]. Bien que le VwVfG [loi allemande sur la procédure administrative non contentieuse] constitue la pierre angulaire du droit administratif allemand, son champ d'application direct est restreint.[4] Les dispositions du VwVfG [loi allemande sur la procédure administrative non contentieuse] sont cependant généralement très largement reprises, voire entièrement à l'identique, par les autres normes formellement

---

[1] V. CE, 13 janvier 1961, *Sieur Magnier*, n° 43548, Rec. p. 33 (actes pris par une personne morale de droit privé exerçant une mission de service public et à qui le législateur a conféré des prérogatives de puissance publique).

[2] V. GUINCHARD, S., DEBARD, Th. (dir.), *Lexique des termes juridiques 2020-21*, 28e éd., Paris, Dalloz, 2020, p. 19.

[3] V. ibid.

[4] V. JACQUEMET-GAUCHÉ, A., *Droit administratif allemand*, Paris, PUF, 2022, n° 322.

applicables (cf. par exemple le § 35 mot pour mot identique du VwVfG [loi allemande sur la procédure administrative non contentieuse] sarrois, le « SVwVfG [loi sarroise sur la procédure administrative non contentieuse] »). Conformément au § 1 al. 4 VwVfG [loi allemande sur la procédure administrative non contentieuse], l'autorité administrative est « tout service assurant des tâches d'administration publique ». L'approche fonctionnelle prime sur l'approche organique, c'est-à-dire que ne sont pas uniquement visées les entités composant l'appareil administratif, mais toutes les personnes qui sont appelées à prendre en charge des missions d'administration, soit aussi des organes constitutionnels, tel le Président fédéral.[1] Le § 35 phrase 1 à la fin VwVfG [loi allemande sur la procédure administrative non contentieuse] (« destinée à produire directement des effets de droit à l'extérieur de l'administration ») prive aux actions destinées exclusivement à l'ordre administratif interne la qualification d'acte administratif.

257.L'acte administratif, au sens du droit français, serait mieux traduit en allemand par « *Verwaltungshandlung* » (action administrative).[2] L'acte administratif, au sens du droit allemand, serait mieux traduit en français par « acte unilatéral décisoire ».[3] La traduction franco-allemande des termes se rapportant à l'acte administratif

---

[1] V. ibid., n° 351.

[2] V. BAYER, N. H., *Verwaltungsakt, acte administratif ?*, https://www.nhbayer.de/de/deutsch-franzoesisches-rechtswoerterbuch-alt/verwaltungsakt/ (dernièrement consulté le 25/07/2021).

[3] V. SEILLER, B., *Droit administratif, 2. L'action administrative*, 8e éd., Paris, Flammarion, 2021, p. 381 ; JACQUEMET-GAUCHÉ, A., *Droit administratif allemand*, Paris, PUF, 2022, n° 340 ; BAYER, N. H., *Verwaltungsakt, acte administratif ?*, https://www.nhbayer.de/de/deutsch-franzoesisches-rechtswoerterbuch-alt/verwaltungsakt/ (dernièrement consulté le 25/07/2021).

n'est pas aisée, la différence de régime entre les droits français et allemand constituant un obstacle supplémentaire.[1] Pour qu'un acte administratif présidentiel soit compris comme tel des deux côtés du Rhin, l'acte administratif présidentiel français doit donc être précisé plus en détail comme étant unilatéral et décisoire.

258.Une distinction commune à la France et à l'Allemagne est de savoir si l'acte administratif (unilatéral décisoire)[2] est de caractère individuel ou règlementaire. Selon la jurisprudence française, l'acte administratif est individuel si les destinataires sont identifiables et il est règlementaire s'il est de portée générale et impersonnelle ou concerne une catégorie de personnes définie de façon globale.[3] L'acte administratif règlementaire allemand consiste, de manière décisive, de tous les critères du § 35 phrase 1 VwVfG [loi allemande sur la procédure administrative non contentieuse], avec comme seule distinction l'absence d'individualité, devenant selon le § 35 phrase 2 VwVfG [loi allemande sur la procédure administrative non contentieuse] « une prescription collective […] qui s'adresse à un cercle de personnes déterminé ou déterminable d'après des critères généraux ou qui concerne la nature de droit public d'un bien ou son utilisation par la

---

[1] V. JACQUEMET-GAUCHÉ, A., *Droit administratif allemand*, Paris, PUF, 2022, n° 340, nommant le cas du retrait de l'acte administratif, qui peut ne pas être rétroactif en Allemagne.

[2] V. SEILLER, B., *Droit administratif, 2. L'action administrative*, 8e éd., Paris, Flammarion, 2021, p. 381 ; JACQUEMET-GAUCHÉ, A., *Droit administratif allemand*, Paris, PUF, 2022, n° 340 ; BAYER, N. H., *Verwaltungsakt, acte administratif ?*, https://www.nhbayer.de/de/deutsch-franzoesisches-rechtswoerterbuch-alt/verwaltungsakt/ (dernièrement consulté le 25/07/2021).

[3] V. BAYER, N. H., *Verwaltungsakt, acte administratif ?*, https://www.nhbayer.de/de/deutsch-franzoesisches-rechtswoerterbuch-alt/verwaltungsakt/ (dernièrement consulté le 25/07/2021).

collectivité. »[1] Durant la gestion de la pandémie du coronavirus (Covid-19), la prescription collective du § 35 phrase 2 VwVfG [loi allemande sur la procédure administrative non contentieuse] a été beaucoup utilisée –[2] indépendamment de la question de savoir si le fondement juridique était suffisant pour l'importance des mesures décidées[3]. Le règlement, comme il est compris en France, ne peut être édicté que sur la base de l'art. 80 al. 1 GG (nécessité d'une loi) –[4] unique exception faite du Président fédéral dans de rarissimes cas (v. notamment art. 59 al. 2 GG)[5]. Il revient principalement au législateur de décider si

---

[1] V. AUTEXIER, Ch., et al., *Loi sur la procédure administrative non contentieuse / Verwaltungsverfahrensgesetz (VwVfG), Verwaltungsverfahrensgesetz (VwVfG), vom 25. Mai 1976 (BGBl. I, S. 1253) in der Fassung vom 23. Januar 2003 geändert durch das Gesetz vom 21. Juni 2019 (BGBl. I, S. 102), Inkrafttreten am 1. November 2019, Loi sur la procédure administrative non contentieuse, du 25 mai 1976 (Journal officiel fédéral I, p. 1253) dans sa version consolidée publiée le 23 janvier 2003 modifiée par la loi du 21 juin 2019 (Journal officiel fédéral I, p. 102), entrée en vigueur le 1er novembre 2019, Version synoptique bilingue*, 2019, https://www.bijus.eu/?p=13091 (dernièrement consulté le 16/12/2022), § 35 phrase 2 VwVfG [loi allemande sur la procédure administrative non contentieuse].

[2] V. JACQUEMET-GAUCHÉ, A., *Droit administratif allemand*, Paris, PUF, 2022, n° 353.

[3] V. COSSALTER, Ph., *Le droit public allemand face au coronavirus*, in : DUPRÉ DE BOULOIS, X. et al. (dir.), *Colloque virtuel « Droit et coronavirus »*, 2020, https://www.youtube.com/watch?v=z9YVAZi6-EI&t=127s (dernièrement consulté le 20/03/2022) ; KLAFKI, A., *Corona-Pandemie: Ausgangssperre bald auch in Deutschland? [Pandémie du coronavirus : le couvre-feu bientôt aussi en Allemagne ?]*, 2020, https://www.juwiss.de/27-2020/ (dernièrement consulté le 20/03/2022) ; v. aussi n° 548.

[4] V. JACQUEMET-GAUCHÉ, A., *Droit administratif allemand*, Paris, PUF, 2022, n°s 469 et 474.

[5] V. HUWAR, G., *Der Erlaß von Rechts- und Verwaltungsverordnungen durch den Bundespräsidenten [La promulgation de règlements*

une situation doit être réglée à l'aide d'une prescription collective conformément au § 35 phrase 2 VwVfG [loi allemande sur la procédure administrative non contentieuse] ou à l'aide d'un règlement.[1]

259.Certains actes présidentiels qui auraient pu être considérés comme administratifs ne le sont pas dans les deux pays conformément à la théorie des actes de gouvernement. Cette théorie a été expressément validée par la plus haute jurisprudence administrative française. Le Conseil d'État a ainsi jugé la décision du Président de la République d'appliquer l'art. 16 Const. comme étant un acte de gouvernement.[2] Originairement fondé sur la théorie du mobile politique,[3] le Conseil d'État y renonce avec la décision Prince Napoléon du Conseil d'État de 1875[4]. Un mobile politique n'est plus suffisant pour caractériser un acte de gouvernement et c'est désormais même l'inverse qui prévaut : un acte inspiré par un mobile politique est de ce seul fait illégal.[5] À ce jour les décisions présidentielles que la jurisprudence considère comme des actes de

---

par le Président fédéral], Berlin, Duncker & Humblot, 1967, p. 53 et 63 ; v. aussi n°s 576 et 578.

[1] V. JACQUEMET-GAUCHÉ, A., *Droit administratif allemand*, Paris, PUF, 2022, n° 476 ; lors du coronavirus (Covid-19), le Bundestag a rapidement adopté une loi faisant un usage massif de l'art. 80 al. 1 phrase 1 GG, v. la loi pour la protection de la population lors d'une situation épidémique de portée nationale (« Gesetz zum Schutz der Bevölkerung bei einer epidemischen Lage von nationaler Tragweite », BGBl. [Journal officiel fédéral] I, 2020, p. 587).

[2] V. CE, 2 mars 1963, *Rubens de Servens*, n°s 55049 et 55055, Rec. Leb. p. 143.

[3] V. CE, 1er mai 1822, *Laffitte*, n° 5363, Rec. Leb. 1821-1825, p. 202 ; 9 mai 1867, *Duc d'Aumale*, n° 39621, Rec. Leb. p. 472.

[4] V. CE, 19 février 1875, *Prince Napoléon*, n° 46707, Rec. Leb. p. 155.

[5] V. CE Ass., 28 mai 1954, *Barel*, n°s 28238, 28493, 28524, 30237 et 30256, Rec. Leb. p. 308.

gouvernement sont : l'acte de promulgation de la loi ;[1] la soumission d'un texte au référendum de l'art. 73 Const. (mais la juridiction administrative est compétente pour connaître du décret organisant la consultation) ;[2] le décret de convocation et de clôture des sessions ainsi que celui convoquant le Congrès ;[3] la nomination d'un membre du Conseil constitutionnel (ainsi que logiquement l'attribution de la présidence du Conseil) ;[4] la conduite des relations internationales de la France ;[5] la mise en œuvre de l'article 16 Const. ;[6] la reprise (ou l'arrêt) d'essais nucléaires[7]. En Allemagne, il n'y a à ce jour pas de décision de la Cour administrative fédérale se référant directement à un acte de gouvernement (« *Regierungsakt* »). Cependant, l'existence de décisions politiques non contrôlables par le juge est reconnue par la Cour administrative fédérale.[8] De plus, de la jurisprudence non-fédérale peut être trouvée, où les juges se sont expressément appuyés sur le terme d'acte de gouvernement.[9] La demande du

---

[1] V. CE, 3 novembre 1933, *Sieur Desreumaux*, Rec. Leb. p. 993 ; 27 octobre 2015, *Fédération démocratique alsacienne*, n° 388807, AJDA 2015, p. 2374.

[2] V. CE, 4 décembre 2003, *M. Feler*, n° 262009, Rec. Leb. p. 491.

[3] V. CE, 28 février 2005, *M. Merkhantar et M. Hoffer*, n° 284937, AJDA 2005, p. 1711.

[4] V. CE Ass., 9 avril 1999, *Mme Ba*, n° 195616, Rec. Leb. p. 124.

[5] V. CE, 5 juillet 2000, *Mégret et Mekhantar*, n°s 206303 et 206965, Rec. Leb. p. 291.

[6] V. CE, 2 mars 1963, *Rubens de Servens*, n°s 55049 et 55055, Rec. Leb. p. 143.

[7] V. CE Ass., 29 septembre 1995, *Association Greenpeace France*, n° 171277, Rec. Leb. p. 347.

[8] V. le recueil de décisions de la Cour administrative fédérale [Entscheidungen des Bundesverfassungsgerichts ; BVerwGE], tome 15, p. 63, 66.

[9] V. Cour administrative d'appel (OVG) de Münster, jugement du 4 janvier 1966, n° de dossier : II A 16/55, DÖV 1967, p. 571 ; Cour

Gouvernement fédéral de déclarer l'état d'urgence législatif (art. 81 GG) doit être considérée comme un acte de gouvernement.[1] Comme en France, les contours précis de l'acte de gouvernement sont très difficiles à cerner en Allemagne.[2]

260.Les particularités françaises existent dans l'édictement de règlements par le Président en raison de la Constitution, de son rôle de chef de service de la présidence, et enfin du régime tout à fait exceptionnel de l'art. 16 Const..

261.Les particularités allemandes existent dans l'édictement par le Président fédéral de règlements en général et le règlement intérieur pour la présidence, règlements qui ne sont pas tous des actes administratifs au sens du droit allemand, mais qui le seraient au sens du droit français.

Section 2. Règlement intérieur en tant que chef de service du palais de l'Élysée

262.Le Président fédéral est souvent décrit comme exerçant surtout des fonctions « notariales ».[3] À l'instar

---

administrative (VG) de Cologne, jugement du 24 avril 1964, n° de dossier : 1 K 2078/62, DVBl. 1965, p. 882.

[1] V. ZIPPELIUS, R., WÜRTENBERGER, Th., *Deutsches Staatsrecht [Droit étatique allemand]*, 33e éd., Munich, C.H. Beck, 2018, § 42 n° 2.

[2] V. GRUPP, K., STELKENS, U. et al., *Lösungsvorschlag, Die Piätsch-Affaire [Proposition de solution, L'affaire Piätsch]*, 2019, https://www.saarheim.de/Faelle/piaetsch-loesung.htm (dernièrement consulté le 23/07/2021).

[3] V. KORNBICHLER, H. et al., *Verfassungsrecht, Schnell erfasst [Droit constitutionnel, Vite appréhendé]*, 2e éd., Berlin ; Heidelberg, Springer, 2001, p. 221 ; HAUG, V. M., *Fallbearbeitung im Staats-*

d'un acte notarié, le simple fait qu'il appose à un acte ou une nomination sa signature augmente tout de suite l'image et par là l'importance de l'acte.[1] Les Présidents français et allemand procèdent en raison de leur rôle de « notaire de l'État »[2] à un très grand nombre de nominations. Le chef de l'État n'a pas de marge de manœuvre politique lors de sa nomination, contrairement à une pratique passée très regrettable en France en période de cohabitation.[3]

263.Le Président de la République française nomme aux emplois civils et militaires (v. art. 13 al. 2 Const.). Sous réserve de cette compétence présidentielle, le Premier ministre nomme également aux emplois civils et militaires (v. art. 21 al 1 phrase 2 Const.). De nombreux postes importants tels que les ambassadeurs et directeurs des administrations centrales sont nommés en Conseil des ministres (v. art. 13 al. 3 Const.). Conformément à l'art. 13 al. 4 Const., une loi organique peut déterminer d'autres emplois auxquels il est pourvu en Conseil des ministres. Dès lors qu'un texte législatif ou réglementaire prévoit qu'une nomination sera faite par décret, sans préciser la nature dudit décret, le Conseil d'État a jugé que la compétence en est attribuée au Président de la Répu-

---

und Verwaltungsrecht, Basiswissen, Übersichten, Schemata [Traitement de cas en droit étatique et administratif, Savoir de base, Aperçus, schémas], 9e éd., Heidelberg, C.F. Müller, 2018, n° 103.

[1] Cf. LEISNER, W., *Der Triumph, Erfolgsdenken als Staatsgrundlage, Gedanken zu einer Staatslehre der großen, dauernden Ordnung [Le triomphe, Pensée de succès comme base étatique, Réflexion à une théorie générale de l'État d'un grand ordre durable]*, Berlin, Duncker und Humblot, 1985, p. 258.

[2] V. BÄTGE, F., *Staatsorganisationsrecht [Droit d'organisation de l'État]*, 5e éd, Heidelberg, C.F. Müller, 2021, n° 167.

[3] V. COHENDET, M.-A., *Cohabitation et constitution*, Pouvoirs, n° 91, 1999, p. 33, 46.

blique.[1] Le Président de la République peut déléguer son pouvoir de nomination (v. art. 13 al. 4 Const.). L'autorité investie du pouvoir de nomination a la faculté de mettre fin par une mesure individuelle aux fonctions des personnes ainsi nommées avant l'expiration de la période prévue par l'acte de nomination pour des motifs tirés de l'intérêt du service.[2] Le pouvoir de mettre fin aux fonctions d'un agent nommé par le Président de la République lui revient de plein droit.[3]

264.Le Président fédéral nomme et révoque les juges fédéraux, les fonctionnaires fédéraux, les officiers et les sous-officiers, sauf disposition légale contraire (v. art. 60 al. 1 GG). Il peut déléguer ces pouvoirs à d'autres autorités (v. art. 60 al. 3 GG). La prérogative de nomination comprend le droit de vérifier dans une mesure limitée le caractère objectif approprié de la nomination : le Président peut vérifier si les conditions de l'art. 33 al. 2 GG sont réunies ou si une nomination est « hautement préjudiciable au bien de l'État ».[4] Le Président fédéral a largement fait usage de la possibilité de transférer la prérogative de nomination et de destitution.[5] La nomination des juges fédéraux est liée par l'élection qui précède ayant eu lieu selon les arts. 94 et 95 GG ; à cet égard, le Président fédéral ne dispose que d'un droit d'examen juridique.[6]

---

[1] V. CE, 26 juin 1963, *Sieur Malezieux*, n°s 57084 et 57085, Rec. Leb. p. 278 ; CE Sect., 28 juin 1963, *Bardon*, n° 55958, Rec. Leb. p. 413.
[2] V. CE Ass., 22 décembre 1989, *Morin*, n° 82237, Rec. Leb. p. 279.
[3] V. CE, 7 octobre 1992, *Reverdy*, n° 106395, Rec. Leb. p. 355.
[4] FINK, U., in: VON MANGOLDT, H., KLEIN, F., STARCK, Ch. (dir.), *GG, Grundgesetz, Band 2,* art. *20-82 [Loi fondamentale, commentaire, tome 2, arts. 20 à 82]*, 7e éd., Munich, C.H. Beck, 2018, art. 60 GG n° 15 et s..
[5] V. ZIPPELIUS, R., WÜRTENBERGER, Th., *Deutsches Staatsrecht [Droit étatique allemand]*, 33e éd., Munich, C.H. Beck, 2018, § 41 n° 23.
[6] V. ibid.

265.Il existe en France depuis la réforme constitutionnelle de 2008[1] un contrôle parlementaire à propos de certaines nominations prévues dans une loi organique (v. art 13 al. 5 Const. en lien avec la loi organique n° 2010-837 du 23 juillet 2020 relative à l'application de l'article 13 de la Constitution[2]). Le Président de la République ne peut pas procéder à une nomination pour laquelle le contrôle existe si l'addition des votes négatifs dans chaque commission représente au moins trois cinquièmes des suffrages exprimés au sein de la commission permanente compétente respective de chaque assemblée (v. art. 13 al. 5 phrases 1 et 2 Const.). En raison du contrôle existant et la possibilité d'un refus parlementaire, le Président peut déjà vouloir renoncer à une certaine personnalité si la victoire au vote semble incertaine. Aux États-Unis, le Président a ainsi déjà renoncé à certains candidats en raison de leur impopularité parmi les parlementaires devant valider la nomination.[3]

266.En principe, chaque nomination présidentielle résulte d'un acte administratif. Une exception notable étant celle du chef de l'État français de nommer un membre du Conseil constitutionnel. D'après l'article 56 al. 1 Const., le Président de la République nomme trois des neuf membres du Conseil constitutionnel ; il en nomme également le président (art. 56 al. 3 Const.). Rien n'oblige à ce que le président du Conseil constitutionnel soit obligatoirement choisi parmi les membres nommés par le Président de la

---

[1] Loi constitutionnelle n° 2008-724 du 23 juillet 2008 de modernisation des institutions de la Ve République, JORF n° 0171 du 24 juillet 2008, p. 11890.

[2] JORF n° 0169 du 25 juillet 2010.

[3] V. DINAN S., *Trump pulls two judicial picks after Grassley warns they would have been defeated*, 2017, https://www.washingtontimes.com/news/2017/dec/13/brett-talley-jeff-mateer-pulled-trump-after-grassl/ (dernièrement consulté le 03/09/2020).

République.[1] La nomination d'un juge constitutionnel – dont l'attribution de la présidence – est un acte de gouvernement.[2] Les nominations présidentielles restent toutefois soumises au contrôle parlementaire conformément à l'art. 56 al. 1 phrase 4 Const. en lien avec l'art. 13 al. 5 Const..

267.Les décrets en Conseil des ministres font partie de ceux qui doivent être contresignés par le Premier ministre et, le cas, échéant par les ministres responsables.[3] Un décret en Conseil des ministres peut prévoir qu'il sera modifié par un décret simple.[4] Un décret est soit simple, c'est-à-dire signé par le Premier ministre, soit un décret en Conseil des ministres, signé alors par le Président.[5] Les décrets pris en Conseil des ministres font – hormis rares exceptions –[6] l'objet d'un contrôle de légalité au même titre que les autres actes réglementaires.[7] La nomination doit no-

[1] V. MAUS, D., *Institutions politiques françaises*, Paris ; Milan ; Barcelone ; Mexico, Masson, 1990, p. 153.

[2] V. CE Ass., 9 avril 1999, *Mme Ba*, n° 195616, Rec. Leb. p. 124 ; ROBERT, J., *Nature juridique de la décision de nomination des membres du Conseil constitutionnel : à propos de l'arrêt Dame Ba du Conseil d'État*, CCC 1999, n° 7.

[3] Jurisprudence constante, v. CE Sect., 10 juin 1966, *Pelon* n° 63563, Rec. Leb. p. 384 ; CE Ass., 9 novembre 1973, *Sieur Siestrunck*, n°s 85074, 85075, 85107 et 85108, Rec. Leb. p. 625 ; CE Sect., 12 juin 1981, *Grimblicher*, n°s 13173 et 13175, Rec. Leb. p. 256.

[4] V. CE, 9 septembre 1996, *Collas* n° 140970, Rec. Leb. p. 347 ; 8 décembre 2000, *Syndicat national des officiers de police*, n° 196252, Rec. Leb. p. 577.

[5] V. MASSOT, J., *Chef de l'État et chef du gouvernement : la dyarchie hiérarchisée*, Paris, La Documentation française, 2008, p. 140 et 141.

[6] Cf. CE Ass., 11 juillet 1975, *Paris de la Bolladière*, n° 92381, Rec. Leb. p. 423.

[7] V. CE, 13 janvier 1995, *Syndicat autonome des inspecteurs généraux et inspecteurs de l'administration*, n°s 145384 et 146855, Rec. Leb. p. 23.

tamment respecter les conditions législatives imposées par le texte prévoyant l'emploi à pourvoir.[1] Le juge veille au respect des prérogatives présidentielles et annule des nominations qui seraient faites par des personnalités incompétentes, qu'il s'agisse du Premier ministre[2] ou des ministres[3]. Les ministres et chefs de service sont souvent délégataires du pouvoir de nomination par des mesures de déconcentration, pour les fonctionnaires relevant de leur autorité.[4] Les dispositions de l'art. 13 al. 2 à 4 Const. n'instituent cependant pas un droit ou une liberté que la Constitution garantit ; leur méconnaissance ne peut donc pas être invoquée à l'appui d'une QPC.[5] Une nomination signée par le Président de la République alors qu'elle n'avait pas à être prise par lui, est considérée comme effectuée sous la seule autorité du Premier ministre, dès lors que celui-ci l'a également signée.[6]

Section 3. Droit de grâce

268.Dans les deux pays, le chef de l'État exerce le droit de grâce à titre individuel (v. art. 17 Const. et 60 al. 2 GG). Un contreseing est nécessaire des deux côtés du Rhin (v. art 19 Const. et art. 58 GG). Le droit de grâce est en Allemagne expressément précisé comme pouvant être délégué conformément à l'art. 60 al. 3 GG. « Le droit de grâce n'est pas un cadeau fait au chef de l'État pour lui

---

[1] V. CE Ass., 6 décembre 1996, *Société Lambda*, n° 167502, Rec. Leb. p. 466.

[2] V. CE, 7 octobre 1992, *Reverdy*, n° 106395, Rec. Leb. p. 355.

[3] V. CE, 20 mars 1981, *SGEN-CFDT*, n° 12399, Rec. Leb. p. 157.

[4] V. MAURIN, A., *Droit administratif*, 12e éd., Paris, Sirey, 2020, p. 319.

[5] V. Cons. const., 12 octobre 2012, n° 2012-281, QPC § 10, Rec. p. 536.

[6] V. CE, 10 février 1965, *Pontillon*, n°s 62588 et 63635, Rec. Leb. p. 92.

permettre d'exercer ses fantaisies », jugeait le Président Pompidou en 1972.[1] « C'est une responsabilité, parfois effrayante, qu'on lui impose, mais qu'il prend au vu des dossiers bien sûr, mais seul, avec sa conscience ».[2]

269.Le droit de grâce est une dérogation au principe de la séparation des autorités administratives et judiciaires qui obéit à une exigence morale autant qu'à une nécessité pratique, notamment en cas de périodes troublées.[3] La qualification juridique de l'exercice du droit de grâce n'est pas aisée dans les deux pays. En France, ce fut à l'origine considéré un acte de gouvernement.[4] Même si ce n'est plus le cas aujourd'hui, le Conseil d'État continue d'exclure sa compétence (mais pour d'autres motifs).[5] Les actes par lesquels le Président de la République accorde ou refuse la grâce sont notamment insusceptibles de recours pour excès de pouvoir.[6] L'idée que ce puisse être un acte administratif lorsqu'une décision présidentielle accordant une grâce revêt la forme d'un décret,[7] a été exclue par les

---

[1] V. MATHIOT, Const., LEBOUCQ, F., *Combien de grâces présidentielles ont été accordées par les précédents Présidents de la République ?*, https://www.liberation.fr/checknews/2018/05/30/combien-de-graces-presidentielles-ont-ete-accordees-par-les-precedents-presidents-de-la-republique_1655112/ (dernièrement consulté le 26/05/2021).

[2] V. ibid.

[3] V. GILBERT, G. H., *La justice*, in : MARTIN, M. (dir.), *Les institutions politiques de la France*, Paris, La Documentation française, 1961, p. 13, 28.

[4] V. TIFINE, P., *Droit administratif français, Tome II, Les actes administratifs, Les activités administratives, La responsabilité administrative*, 6e éd., Éditions juridiques franco-allemandes, Sarrebruck, 2021, n° 941.

[5] V. CE Ass., 28 mars 1947, *Gombert*, Rec. Leb. p. 138.

[6] V. CE, 8 novembre 1961, *Société d'édition du Centre*, Rec. Leb. tables p. 936.

[7] V. MONTEIL, J., *La grâce en droit français moderne*, Paris, Librairies techniques, 1959, p. 312.

juges administratifs : aucune décision que le chef de l'État est appelé à prendre dans l'exercice du droit de grâce n'est considérée comme un acte administratif[1]. L'absence de contrôle judiciaire s'explique par le fait que l'acte ne se détache pas du fonctionnement du service public judiciaire ; lorsque le chef de l'État prend un tel acte, il ne se comporte pas en autorité administrative.[2] En Allemagne, l'exercice du droit de grâce est reconnu comme un acte juridique.[3] Mais sa nature exacte est incertaine. Pour certains, ce n'est pas un acte administratif – excluant par là tout recours –, pour d'autres, c'est certes un acte administratif, mais un acte administratif exceptionnellement non vérifiable par les tribunaux administratifs – ce qui mène au même résultat –.[4] La Cour constitutionnelle fédérale et la Cour administrative fédérale considèrent le droit de grâce comme judiciairement non vérifiable.[5] Toutefois, pour le cas très particulier de la révocation d'une décision de

---

[1] V. CE, 3 septembre 1997, *François*, n° 173125, Rec. Leb. tables p. 823.

[2] V. CE, 30 juin 2003, *Observatoire international des prisons, section française*, n° 244965, Rec. Leb. p. 296 ; DEGOFFE, M., *Droit administratif*, 4e éd., Paris, Ellipses, 2020, n° 162.

[3] V. ERICHSEN, H.-U., *Staatsrecht und Verfassungsgerichtsbarkeit, Band 1 [Droit constitutionnel et juridiction constitutionnelle, tome 1]*, 3e éd., Francfort-sur-le-Main, Athenäum, 1982, p. 98.

[4] Cf. BUTZER, H., in : SCHMIDT-BLEIBTREU, B., HOFMANN, H., HENNEKE, H.-G. (dir.), *GG Kommentar zum Grundgesetz [GG, Commentaire de la Loi fondamentale]*, 15e éd., Cologne, Carl Heymanns, 2022, art. 60 n° 50.

[5] V. le recueil officiel de décisions de la Cour constitutionnelle fédérale [Amtliche Sammlung von Entscheidungen des Bundesverfassungsgerichts ; BVerfGE], tome 24, p. 300, 352 et 362 ; le recueil de décisions de la Cour administrative fédérale [Entscheidungen des Bundesverfassungsgerichts ; BVerwGE], tome 14, p. 73, 74 et s. ; la Cour administrative fédérale – BVerwG –, DVBl. 1982, p. 1147, 1147.

grâce déjà accordée, un contrôle judiciaire existe (sur la base de l'art. 19 al. 4 GG).[1]

270.Dans la pratique, des deux côtés du Rhin, le droit de grâce est pratiquement tombé en désuétude. Au fil des Présidents, le nombre de grâces accordées n'a cessé de diminuer drastiquement. En France, plus de deux-mille grâces ont été accordées par le Président Pompidou (1969-1974), alors que le Président Chirac (1995-2007) n'en aura accordé qu'un peu plus de cent et le Président Hollande (2012-2017) même moins de dix.[2] En Allemagne, plus de trois cent grâces ont été accordées par le Président Scheel (1974-1979), alors que le Président Rau (1999-2004) n'en aura accordé que cinquante-six et le Président Gauck (2012-2017) même tout juste onze.[3]

---

[1] V. le recueil officiel de décisions de la Cour constitutionnelle fédérale [Amtliche Sammlung von Entscheidungen des Bundesverfassungsgerichts ; BVerfGE], tome 30, p. 108, 112.

[2] V. MATHIOT, Const., LEBOUCQ, F., *Combien de grâces présidentielles ont été accordées par les précédents Présidents de la République ?*, https://www.liberation.fr/checknews/2018/05/30/combien-de-graces-presidentielles-ont-ete-accordees-par-les-precedents-presidents-de-la-republique_1655112/ (dernièrement consulté le 26/05/2021).

[3] V. FLADE, F., LAUCK, D., *Steinmeier schweigt zu Begnadigungen [Le Président garde le silence concernant les graciements]*, 2020, https://www.tagesschau.de/investigativ/ndr-wdr/begnadigungen-101.html (dernièrement consulté le 26/05/2021).

Conclusion

271.La France et l'Allemagne d'aujourd'hui connaissent, de par leur caractère démocratique et leurs réalisations[1], respectivement les meilleurs régimes politiques de leur histoire.[2] Certes, ces régimes actuels sont (et seront toujours) perfectibles, mais ils sont fondamentalement satisfaisants. Mais ceci ne garantit néanmoins pas toujours une excellente exécution. La même Constitution peut aboutir, selon la capacité des dirigeants et des circonstances du moment, à des résultats différents. Déjà sous l'Ancien Régime, les mêmes lois fondamentales ont donné à la fois des Gouvernements performants et des Gouvernements désastreux.[3] Les Constitutions française et allemande possèdent une flexibilité considérable en ce qui

---

[1] Notamment en France, championne du monde parmi les démocraties du changement de régime constitutionnel. La France a vu sa Vème République durer au-delà de son fondateur de Gaulle et permettre l'alternance, la cohabitation ainsi que le surmontement de crises.

[2] V. le Président fédéral STEINMEIER, F.-W., *19. Karlsruher Verfassungsgespräch „70 Jahre Grundgesetz – Deutschland in guter Verfassung?» [19ème discussion constitutionnelle de Karlsruhe « 70 ans de la Loi fondamentale – L'Allemagne dans une bonne constitution ? »]*, 2019, https://www.bundespraesident.de/SharedDocs/Reden/DE/Frank-Walter-Steinmeier/Reden/2019/05/190522-Karlsruhe-Bundesverfas sungsgericht.html (dernièrement consulté le 23/01/2022); l'ancien président du Conseil constitutionnel DEBRÉ, J.-L., *Ce que je ne pouvais pas dire, 2007-2016*, Paris, Robert Laffont, 2016, p. 41 ; v. aussi ID., *Préface*, in : BLACHÈR, Ph., GARRIGUES, J., *La Constitution de 1958 à nos jours*, Paris, La Documentation française, 2019, p. 10, 13.

[3] V. DEBRÉ, M., *Ouverture du colloque par Monsieur Michel Debré, premier Premier ministre de la Ve République président d'honneur de l'association*, in : MAUREY, H., DE GUERDAVID, F., MONTASSIER, W. (dir.), *L'Austerlitz politique de la Ve République, Colloque du 25e anniversaire de l'élection du Président de la République au suffrage universel*, Paris, L'Harmattan, 1987, p. 43, 58.

concerne le chef de l'État, et, par ricochet, en ce qui concerne le chef du Gouvernement. À de nombreux égards, ils atteignent ou peuvent atteindre *de facto* des situations très comparables.

272.Le droit ne fonde que partiellement les rapports de pouvoir réels dans l'État.[1] Les institutions demeurent rarement telles que leurs créateurs avaient entendu les concevoir.[2] Ainsi, le locataire de la présidence peut-il exercer une influence très différente sur la direction du pays, en fonction de son élection et de la manière dont son parti s'est organisé. Tant que le dirigeant est à la tête de son parti, il est en principe la personnalité politique décisive, et ses décisions conformes légalement et aux règles internes du parti s'imposent aux autres membres. Si à présent, le chef d'un certain parti est le Président de la République et que le chef du Gouvernement est du même parti, le chef du Gouvernement devra politiquement s'incliner devant la volonté du Président de la République même si, constitutionnellement, le Président n'a pas à donner de directives au chef du Gouvernement. C'est simplement que le titulaire du pouvoir exécutif a pris la décision constitutionnelle de se conformer à la volonté de son supérieur politique, qui se trouve être le Président de la République. Dans une large mesure, le chef du parti peut, à l'idéal pour lui, s'approprier, en tant que Président de la République, outre les prérogatives proprement présidentielles, le rôle de véritable « chef du Gouvernement » ; encore faudra-t-il que le titulaire effectif exécute bel et bien les décisions voulues par le Président. C'est pratiquement devenu le cas

---

[1] V. SCHRÖDER, U. J., *Das Demokratieprinzip des Grundgesetzes [Le principe démocratique de la Loi fondamentale]*, JA 2017, 809, 809.

[2] V. RIVÉRO, J., *Fin d'un absolutisme*, Pouvoirs 1980 (nouvelle édition 1991), n° 13, p. 5, 5.

de figure traditionnel en France et ce, depuis le premier Président de la Vème République, son fondateur le général de Gaulle.

273.Néanmoins, le chef du Gouvernement peut tout simplement faire honneur à sa fonction et être le véritable dirigeant du pays. Il possède tous les outils nécessaires à cet effet. Il est le premier interlocuteur du Parlement et le premier chef de la majorité parlementaire. Alors que, dans les deux pays, le chef du Gouvernement est en contact continu avec le Parlement, les Présidents français et allemand n'ont pour leur part que des contacts restreints (toutefois existants) avec lui. Le chef du Gouvernement est également le premier interlocuteur vis-à-vis des autres membres du Gouvernement. Chaque membre du Gouvernement peut prendre contact avec la présidence, et vice-versa, mais le plus souvent il aura affaire au chef du Gouvernement. Même des décisions convenues par des ministres directement avec le Président devront régulièrement être validées ensuite formellement par le chef du Gouvernement. Il n'est cependant pas possible qu'un chef du Gouvernement s'arroge les prérogatives présidentielles s'il est le supérieur politique du Président, à l'instar de la situation inverse. En effet, le chef de l'État a un rôle de « notaire »[1] que personne d'autre ne peut exercer. Le chancelier ne pourrait ainsi pas dire au Président fédéral comment il doit exercer son droit (et devoir) de contrôle des lois avant la promulgation d'une loi en particulier. Enfin, les actions présidentielles liées à « l'inauguration des chrysanthèmes »[2] sont généralement apolitiques, donc

[1] V. BÄTGE, F., *Staatsorganisationsrecht [Droit d'organisation de l'État]*, 5e éd, Heidelberg, C.F. Müller, 2021, n° 167.

[2] Charles de Gaulle a consacré l'effacement présidentiel des IIIe et IVe Républiques par cette formule, v. MASSOT, J., *Chef de l'État et chef du gouvernement : la dyarchie hiérarchisée*, Paris, La Documentation française, 2008, p. 24.

lui dire quoi faire est le plus souvent dénué de sens. Le Président allemand ne possède guère de pouvoirs propres et ceux du Président français sont en grande majorité conformes à ceux qu'un chef de l'État de régime parlementaire typique possède.[1] Les autres prérogatives sont dans une large mesure négligeables et constituent plus un frein qu'un veto. La Constitution française ne prévoit l'effacement du chef du Gouvernement devant le Président de la République que lorsque l'art. 16 al. 1 Const. est activé (qui requiert que « les institutions de la République, l'indépendance de la nation, l'intégrité de son territoire ou l'exécution de ses engagements internationaux [soient] menacées d'une manière grave et immédiate et que le fonctionnement régulier des pouvoirs publics constitutionnels [soit] interrompu »). Il est certes possible, mais pratiquement extrêmement improbable, que ces conditions (cumulatives) soient réunies : cela n'est arrivé jusqu'ici qu'une fois et seulement brièvement au début de la Vème République, lors du putsch des généraux en 1961.[2] D'ailleurs, dès que les conditions de l'art. 16 al. 1 Const. ne sont plus réunies, le Président doit rendre ses pouvoirs exceptionnels.[3] Le Premier ministre français est, sous le régime reconnu de cohabitation, le véritable dirigeant de la France. En Allemagne, c'est traditionnellement le chef du

[1] V. ESPLUGAS-LABATUT, P., in : CAPORAL-GRÉCO, S., ESPLUGAS-LABATUT, P., SÉGUR, Ph., TORCOL, S., *Droit constitutionnel*, Paris, Ellipses, 2017, p. 237.

[2] V. Cons. const., 23 avril 1961, n° 61-1 AR16, Rec. p. 69.

[3] Il y a des garanties pour éviter que le Président français ne soit tenté d'abuser de la situation ; notamment le Conseil constitutionnel peut de plein droit constater après soixante jours d'exercice des pouvoirs exceptionnels la disparition de la réunion des conditions, v. art. 16 al. 4 Const., sans même compter sur le fait que les Français ont un riche passé de renverser un dirigeant autoritaire s'ils se sentent bafoués – l'art. 20 al. 4 GG (protégé par l'art. 79 al. 3 GG) constitutionnalise pour l'Allemagne une telle révolte, voire révolution.

Gouvernement qui dirige son pays et ce, depuis son premier chancelier de la République actuelle, Konrad Adenauer.

274.Le rôle de chef du Gouvernement n'est jamais anodin, même dans le cas idéal pour lui, d'un Président de la République ajoutant à ses tâches celle de la direction du pays. Il y a pour cela deux raisons principales, une de forme et une de fond. Tout d'abord, même si le Président prend une certaine décision politique et que le chef du Gouvernement acquiesce, encore faut-il que ce dernier la mette le cas échéant en œuvre. C'est un point extrêmement important. Constitutionnellement, la direction du pays n'est pas la tâche du Président. Il faut attendre que le chef du Gouvernement dise (répète) la décision du Président. Le Président français – pourtant souvent critiqué comme « hyper-Président », « jupitérien », etc. –[1], est considéré à ce titre comme un nain administratif, contrairement au Premier ministre. La Constitution, en ayant dissocié les rôles, ne permet pas qu'un Président agisse comme un chef de l'État *et* du Gouvernement à l'états-unienne et conduise, par exemple, en l'absence du titulaire, des entrevues avec chaque ministre individuellement pour faire le point sur les objectifs qui lui ont été confiés lors de sa nomination – ce que le Président « jupitérien » Macron[2] a pourtant fait.[3] Ceci mène directement à une raison de

---

[1] V. BLACHÈR, Ph., *Travaux dirigés de droit constitutionnel*, 2e éd., Paris, LexisNexis, 2018, p. 131.

[2] V. LE RÉPUBLICAIN LORRAIN du 7 mai 2018, p. 10, article intitulé : « Un exercice monarchique du pouvoir ».

[3] V. CAPORAL-GRÉCO, S., *Les mutations de la fonction présidentielle*, in : BLACHÈR, Ph. (dir.), *La Constitution de la Ve République, 60 ans d'application (1958-2018)*, Issy-les-Moulineaux, LGDJ, 2018, p. 169, 182 ; il n'est pas étonnant qu'un Président qui court-circuite tous les corps intermédiaires devienne alors la cible directe des manifestants et opposants à sa politique, v. l'académicien FINKIEL-

fond : Le chef du Gouvernement n'est pas constitutionnellement obligé de suivre ou d'attendre les décisions du Président. Le chef du Gouvernement est une limite au pouvoir présidentiel. Même si, comme l'écrivait Shakespeare, cette limite est plus souvent honorée par son empiètement que par son respect,[1] néanmoins elle existe. Les détenteurs du pouvoir politique doivent toujours respecter les institutions, qu'il s'agisse des organes mis en place ou des procédures et des mécanismes prévus.[2] Un Président qui agirait déraisonnablement pourrait rapidement être stoppé, ou, s'il avait à décider mais qu'il ne le faisait pas, le Premier ministre pourrait (et devrait) décider à sa place sans attendre, en agissant par ces décisions conformément à la Constitution. Une situation similaire à celle des États-Unis en 2021, où le Congrès (Parlement) a littéralement été envahi et où le Président Trump a tout d'abord sciemment décidé de ne rien faire, si bien que les intrus pro-Trump eurent pendant de longues heures l'occasion de saccager le cœur de la démocratie et interrompre un procès constitutionnel vital (en l'espèce l'installation du prochain Prési-

---

KRAUT, A. et l'ancienne juge constitutionnelle SCHNAPPER, D., tout deux cité par MAMOU, Y., *Pourquoi les « gilets jaunes » haïssent à ce point Emmanuel Macron*, 2019, https://www.lefigaro.fr/vox/societe/2019/01/30/31003-20190130ARTFIG00241-pourquoi-les-gilets-jaunes-haissent-a-ce-point-emmanuel-macron.php (dernièrement consulté le 21/02/2022) ; BYRNE, Const., KLOPP, J., AFP, *"Gilets jaunes" : la "haine" contre le "roi" Macron, moteur de la colère*, 2018, https://www.publicsenat.fr/article/politique/gilets-jaunes-la-haine-contre-le-roi-macron-moteur-de-la-colere-136141 (dernièrement consulté le 21/02/2022).

[1] V. SHAKESPEARE, W., *The Tragedy of Hamlet, Prince of Denmark*, édité par MOWAT, B. A, WERSTINE, P., Folger Shakespeare Library, 2012, Acte 1, scène 4 (p. 49).

[2] V. MÉLIN-SOUCRAMANIEN, F., PACTET, P., *Droit constitutionnel*, 38e éd., Paris, Sirey, 2019, n° 98.

dent de la République),[1] n'est pas possible en France ou en Allemagne. Le chef du Gouvernement peut (et doit) agir immédiatement.

275.De plus, le fait que pratiquement tout passe d'abord par les services du chef du Gouvernement lui donne une puissance et par là une importance pratique majeure. Il est entendu que le chef de l'État doit être informé de tout ce qui est important. Mais la différenciation entre ce qui est important au point que le Président doive être informé ou non, est faite par le chef du Gouvernement et ses services. Il existe ici une marge de manœuvre en faveur du chef du Gouvernement. Si une question est urgente, la nécessité d'attendre une décision présidentielle préalable requiert un contrôle accru. En effet, le chef du Gouvernement est déjà compétent pour décider et un délai pour des raisons politiques ne sera pas toujours possible, s'il était même déjà souhaitable. Dans tous les cas où le chef du Gouvernement aura jugé que l'urgence primait, un chef de l'État même « jupitérien » n'aura pas pris de décision. La majorité des décisions quotidiennes ne sont en conséquence pas prises par le Président et ses services, mais par le chef du Gouvernement et ses propres services. Enfin, même si le chef du Gouvernement est fidèle au Président, il peut, sur certains dossiers importants, avoir une opinion divergente de celle du Président et peut, en dépit de son infériorité hiérarchique politique reconnue, atteindre ses objectifs grâce à sa position-clé au sein de l'État. Un chef du Gouvernement reste en effet constitutionnellement compétent pour ses décisions, même en cas de subordination politique. Michel Rocard, ancien Premier ministre, tout en reconnaissant le Président Mitterrand, qui

---

[1] V. UNITED STATES OF AMERICA, *Proceedings and debates of the 117th Congress, First session*, Congressional Record, vol. 167 n° 25, p. S616.

l'avait nommé, comme le véritable dirigeant de son Gouvernement, confia ainsi avoir à plusieurs reprises pris par des astuces des décisions non négligeables et (qu'il savait) pourtant contraires aux volontés du Président – comme lors du choix d'un nouveau PDG pour une grande entreprise publique d'importance mondiale.[1]

276.En considération d'une pratique remontant au début de la Vème République,[2] de l'interprétation en ce sens de son premier Président, Charles de Gaulle – « plus grand Français de tous les temps » –[3], et de l'adhésion massive des Français à l'élection présidentielle – surtout comparé à leur adhésion nettement moindre aux élections législatives –[4], il faut valider la possibilité constitutionnelle d'une lec-

[1] V. l'ancien Premier ministre ROCARD, M., cité par SPONCHIADO, L., *La compétence de nomination du Président de la Cinquième République*, Paris, Dalloz, 2017, p. 559.

[2] V. DUVERGER, M., *Institutions politiques et droit constitutionnel*, 7e éd., Paris, PUF, 1963, p. 506.

[3] V. CONSEIL DE LA RÈPUBLIQUE, *Message de M. le Président de la République au Parlement, Transmis au Conseil de la République par M. le président de l'Assemblée nationale et lu par M. Gaston MONNERVILLE, président du Conseil de la République*, Session ordinaire de 1957-1958, Annexe au procès-verbal de la séance du 29 mai 1958, p. 3, « Dans le péril de la patrie et de la République, je [Président de la République René Coty] me suis tourné vers le plus illustre des Français, vers celui qui, aux années les plus sombres de notre histoire, fut notre chef pour la reconquête de la liberté[,] le général de Gaulle. » ; L'OBS, *De Gaulle plus grand Français de tous les temps*, 2005, https://www.nouvelobs.com/culture/20050405.OBS3037/de-gaulle-plus-grand-francais-de-tous-les-temps.html (dernièrement consulté le 03/01/2022), « le général Charles de Gaulle a été désigné lundi soir 4 avril „plus grand Français de tous les temps". Lors d'une émission diffusée en direct du Sénat sur France 2 ».

[4] Dès les débuts de la Vème République, la participation électorale a toujours été la plus élevée dans le cas d'une présidentielle (v. MINISTÈRE DE L'INTÉRIEUR, *Élections, Les résultats*, https://www.interieur.gouv.fr/Elections/Les-resultats – dernièrement consulté le 25/04/2022 –) ; en 2017, la participation à l'élection présidentielle (78 %) a

ture présidentialiste de la Constitution de 1958 et valider le fait que l'art. 5 al. 1 Const., décrivant le Président comme étant un arbitre, n'est pas un obstacle insurmontable à une telle lecture. Le Conseil d'État ne lit également pas la Constitution en abstraction totale de la pratique : « Compte tenu du rôle que le Président assume depuis l'entrée en vigueur de la Constitution du 4 octobre 1958 dans la définition des orientations politiques de la nation ».[1] L'art. 5 al. 1 Const. n'a jamais été réformé et reste en vigueur, mais doit donc être interprété comme n'empêchant pas un Président chef de parti et dirigeant en cette fonction le pays. L'histoire du droit et le droit comparé montrent qu'une telle interprétation est justifiable, un écart sensible séparant souvent les textes constitutionnels de l'application qui en est faite, et ce, dans tous les pays du monde.[2]

277.C'est dans le cas de figure d'une concordance des majorités présidentielle et parlementaire que les Présidents français et allemand peuvent bénéficier du plus de pouvoir que leurs Constitutions respectives ne le leur permettent. En Allemagne, le chef de l'État peut utiliser les prérogatives que lui accorde la Loi fondamentale de la manière la plus politique possible que le lui permettra la Cour consti-

---

même été presque le double de celle de l'élection législative (43 %), v. MINISTÈRE DE L'INTÉRIEUR, *Résultats de l'élection présidentielle 2017*, 2017, https://www.interieur.gouv.fr/Elections/Les-resultats/Presidentielles/elecresult__presidentielle-2017/(path)/presidentielle-2017/FE.html (dernièrement consulté le 25/04/2022) et ID., *Résultats des élections législatives 2017*, 2017, https://www.interieur.gouv.fr/Elections/Les-resultats/Legislatives/elecresult__legislatives-2017/(path)/legislatives-2017/FE.html (dernièrement consulté le 25/04/2022).

[1] V. CE Ass., 8 avril 2009, *Hollande et Mathus*, n° 311136, Rec. Leb. p. 140.

[2] V. DUVERGER, M., *Les régimes politiques*, 6e éd., Paris, PUF, 1961, p. 101.

tutionnelle fédérale et le chef de l'État français peut le plus laisser l'art. 5 al. 1 Const. de côté, qui impose au Président d'être un arbitre. Le soutien de la majorité législative est « la » condition de la prééminence présidentielle.[1] Sans elle, le Président de la République ne saurait prétendre être un acteur engagé de la vie politique même si, par ailleurs, il n'est pas condamné au mutisme et à l'inaction.[2] Ce sont les élections législatives qui sont décisives et la personne la plus importante dans l'État, c'est le chef du Gouvernement. Dans la mesure où le Président n'est pas proche du Gouvernement, les chefs d'État des deux côtés du Rhin ne peuvent, en cas de cohabitation, qu'exercer un rôle d'opposition au sommet de l'État alors que les chefs du Gouvernement décident de la politique nationale.

278.Un Président ne partageant pas l'opinion politique du Gouvernement peut être bénéfique pour la nation. En effet, il représente une partie de l'électorat qui n'est pas directement représentée au sein du Gouvernement. Grâce à ses nombreux contacts avec le Gouvernement, en France déjà de par sa présence obligatoire au Conseil des ministres qu'il préside (v. art. 9 Const.), le chef de l'État peut veiller à ce que les opinions de parties supplémentaires de la population soient directement prises en considération lors de la fixation de la politique gouvernementale. En France, la population apprécie la cohabitation.[3]

---

[1] V. JAN, P., *Les Constitutions de la France, Tome 3, la Constitution de 1958, La République gouvernée*, Issy-les-Moulineaux, LGDJ, 2017, p. 117.

[2] V. ibid.

[3] V. LES ÉCHOS, *Les Français sont de plus en plus attachés à la cohabitation selon Sofres*, 1999, https://www.lesechos.fr/23/02/1999/LesEchos/17843-011-ECH_les-francais-sont-de-plus-en-plus-attaches-a-la-cohabitation--selon-la-sofres.htm (dernièrement consulté le 05/09/2020) ; PUBLIC SÉNAT, *Sondage: 56 % des Français souhaitent une cohabitation*, 2022, https://www.publicsenat.fr/article/

279.En France et en Allemagne, les candidats à la présidence, puis Présidents, peuvent choisir de se mettre en retrait de la vie politique quotidienne et être en premier lieu au service d'un rôle de représentation, tout en ayant également occasionnellement un rôle d'arbitre. En France, l'art. 5 al. 1 Const. dispose expressément que le Président « assure, par son arbitrage, le fonctionnement régulier des pouvoirs publics ainsi que la continuité de l'État. ». La tâche de déterminer et de conduire la politique de la nation est, elle, clairement dédiée au Gouvernement (v. art. 20 al. 1 Const.). Outre le fait que la Constitution française n'ait pas été réformée sur ce point, soit que le texte offre cette flexibilité nonobstant une pratique contraire, il est intéressant de noter que les parlementaires français ont sciemment rejeté une proposition de réforme visant à ce que le Gouvernement ne fasse qu'exécuter les directives présidentielles.[1] Un Président arbitre se doit de laisser les appréciations uniquement politiques au Gouvernement et doit donc s'exécuter tant qu'il n'existe pas de doutes juridiques. Une autre attitude mènerait à freiner l'action du Gouvernement, ce qui n'est pas assurer « le fonctionnement régulier des pouvoirs publics » comme le commande l'art. 5 al. 1 Const. au Président français. Un Président arbitre peut être amené à devoir prendre des décisions fortes lors d'arbitrages constitutionnellement requis – c'est ce qui le distingue de chefs d'État parlementaires clas-

---

politique/sondage-56-des-francais-souhaitent-une-cohabitation-203610, (dernièrement consulté le 26/04/2022), « 56 % des personnes interrogées souhaitent qu'Emmanuel Macron [réélu comme chef de l'État] perde les élections législatives et „qu'il y ait une cohabitation avec un Gouvernement de l'opposition qui l'empêche de mettre en œuvre son programme" ».

[1] V. art. 8 du projet de loi constitutionnelle portant modernisation des institutions de la Vème République du 23 avril 2008, JORF n° 0171 du 24 juillet 2008.

siques.[1] La longue pratique allemande d'un Président neutre peut servir d'exemple à un Président français souhaitant emprunter cette voie. Un Président arbitre est le cas traditionnel en Allemagne, et ce, depuis son premier Président, Theodor Heuss.

280.En 1969, le Président français par intérim Alain Poher préconisait en tant que candidat présidentiel une conception arbitrale de la présidence, limitative, voire « passive », correspondant à la lettre et à l'esprit initial de la Ve République.[2] Alain Poher s'inclina finalement au second tour face à Georges Pompidou, ancien Premier ministre de la présidence gaullienne.[3] Depuis la victoire de Georges Pompidou, porteur d'une vision gaullienne sur les institutions, plus aucun candidat d'importance n'a jusqu'ici proposé une présidence arbitrale au sein des institutions de la Vème République.[4] Le Président français peut demander au Parlement une nouvelle délibération de la loi ou de certains de ses articles, sans que cette délibération ne puisse lui être refusée (v. art. 10 al. 2 phrases 2 et 3 Const.). En Allemagne, dans le silence de la Loi fondamentale, mais avec la validation par la Cour constitutionnelle fédérale, le Président fédéral possède un pouvoir

---

[1] V. BOUDON J., *Manuel de droit constitutionnel, tome 2, la Ve République,* 2e éd., Paris, 2016, PUF, n° 294.

[2] V. HÉRIN, J.-L., *Le président du Sénat : la voix du pluralisme au sommet de l'État*, in : BLACHÈR, Ph. (dir.), *La Constitution de la Ve République, 60 ans d'application (1958-2018)*, Issy-les-Moulineaux, LGDJ, 2018, p. 303, 307.

[3] V. DIRECTION DE L'INFORMATION LÉGALE ET ADMINISTRATIVE, *Résultats de l'élection présidentielle de 1969*, 2019, https://www.vie-publique.fr/eclairage/24178-resultats-de-lelection-presidentielle-1969 (dernièrement consulté le 14/05/2022).

[4] V. HÉRIN, J.-L., *Le président du Sénat : la voix du pluralisme au sommet de l'État*, in : BLACHÈR, Ph. (dir.), *La Constitution de la Ve République, 60 ans d'application (1958-2018)*, Issy-les-Moulineaux, LGDJ, 2018, p. 303, 307.

similaire à son homologue français, à savoir que le Président fédéral détient un droit (et devoir) de contrôle sur les lois avant de les promulguer. Les contours précis de son contrôle juridique sont discutés mais le principe d'un contrôle est accepté. Le simple fait que le Président décale la promulgation d'une certaine loi pour raison de contrôle attire l'attention, jusqu'à celle du peuple entier, sur le contenu précis d'une loi, et peut conduire par là à une nouvelle réflexion à propos de la loi. En 2014 le Président fédéral Gauck a ainsi attendu deux mois avant de nier une inconstitutionnalité « manifeste » de la loi augmentant les indemnités des parlementaires.[1]

281.La Loi fondamentale, telle qu'elle est en vigueur à ce jour, n'empêche pas un Président fédéral chef de parti et, par là, dirigeant le pays. La Loi fondamentale peut bien sûr continuer à être appliquée dans le sens d'un Président fédéral généralement en retrait de la joute politique quotidienne. Mais une Constitution vit sa propre vie sans nécessairement être fidèle aux intentions de son ou de ses fondateurs.[2] La logique des institutions s'étend à tout ce qu'elles rendent possible.[3] Il faut interpréter la Loi fonda-

---

[1] V. WALKER, B., *Gauck zögert in Sachen Diätenerhöhung [Gauck hésite dans la question de l'augmentation des indemnités des parlementaires]*, 2014, http://www.badische-zeitung.de/deutschland-1/gauck-zoegert-in-sachen-diaetenerhoehung--86699587.html (dernièrement consulté le 14/09/2020) et DPA, *Gauck willigt in Diätenerhöhung ein [Gauck donne son accord pour l'augmentation des indemnités des parlementaires]*, 2014, https://www.zeit.de/politik/deutschland/2014-07/gauck-diaeten-bundestag-zustimmung (dernièrement consulté le 14/09/2020).

[2] V. RAYNAUD, Ph., *La Vᵉ République selon de Gaulle*, Commentaire n° 173 (printemps 2021), p. 37, 37.

[3] V. CARCASSONE, G., *Changer de régime sans changer de Constitution : l'initiative des acteurs*, in : BON, P., DELPÉRÉE, F., GHEVONTIAN, R., MAUS, D., MÉLIN-SOUCRAMANIEN, F., ROUX,

mentale de manière à ce que des marges de manœuvre restent ouvertes pour les forces politiques.[1] Sous réserve d'un souci déontologique de chacun des membres du corps social d'assurer l'efficience du système constitutionnel,[2] cette option inhérente à la Loi fondamentale peut être appliquée. La présence du Président fédéral aux réunions du Gouvernement fédéral est tout à fait possible, et notamment conforme à la Loi fondamentale, seul le règlement du Gouvernement fédéral nécessiterait une légère réforme. À l'instar de la solution française[3] et du précédent roumain[4], c'est, du chef de l'État ou du Gouvernement, le dirigeant politique légitime du pays au moment du sommet qui représentera son pays aux sommets européens et internationaux les plus importants. Si ce dirigeant est en Alle-

---

A. (dir.), Renouveau du droit constitutionnel, Mélanges en l'honneur *de Louis Favoreu*, Paris, Dalloz, 2007, p. 543, 547.

[1] V. PEINE, F.-J., *Systemgerechtigkeit, Die Selbstbindung des Gesetzgebers als Maßstab der Normenkontrolle*, Baden-Baden, Nomos, 1985, p. 161.

[2] V. PLUEN, O., *Constitution de la Ve République, De sa rédaction initiale à sa version aujourd'hui en vigueur, Approche historique et légistique*, 2e éd., Bayonne, Institut Universitaire Varenne, 2017, p. 70.

[3] V. n° 150.

[4] V. GUVERNUL ROMÂNIEI, *Nouvelles fraîches, Jeudi 28 juin 2012, Le Premier minister Victor Ponta: Si le Président ne vient pas aujourd'hui, en vertu du mandat confié par le Parlement, je représenterai la Roumanie au Conseil européen*, 2012, https://gov.ro/fr/nouvelles/le-premier-ministre-victor-ponta-si-le-president-ne-vient-pas-aujourd-hui-en-vertu-du-mandat-confie-par-le-parlement-je-representerai-la-roumanie-au-conseil-europeen (dernièrement consulté le 05/02/2022); L'EXPRESS, 2012, https://static.lexpress.fr/medias_7962/w_1936,h_1090,c_fill,g_north/v1389885660/sommet-europeen-bruxelles-28-juin-2012_4076674.jpg (dernièrement consulté le 06/02/2022), le Premier ministre roumain Victor Ponta est en haut à droite sur la photo de groupe du Conseil européen des 28 et 29 juin 2012, le deuxième à droite de la chancelière Merkel.

magne le Président fédéral, c'est lui qui aura la tâche de représenter son pays à ces sommets d'envergure. Éventuellement, dans la mesure du possible[1] et simplement pour respecter une raison historique honorable, le chancelier pourra l'accompagner à l'instar de l'exemple français, où chef de l'État et chef du Gouvernement ont fait tous deux le déplacement.[2]

282. L'histoire constitutionnelle française, en particulier par ses très nombreuses expérimentations constitutionnelles, permet d'affirmer que la France est ouverte d'esprit en ce qui concerne une nouvelle conception et pratique constitutionnelles à la tête de son État. De plus, sous le régime ayant vécu la plus grande longévité depuis la Révolution française, la IIIème République, la France a déjà vu son Président changer de rôle (en l'espèce justement vers une attitude plus passive). La Vème République est en passe de devenir le régime français le plus durable depuis 1789, justement grâce à son extraordinaire flexibilité face aux circonstances. S'il est considéré qu'une présidence non-jupitérienne, mais au contraire plutôt arbitrale, est la meilleure réponse à la situation, la France empruntera vraisemblablement cette voie. L'inspirateur de la Vème République, le général de Gaulle, avait déclaré dès 1946 dans son discours fondamental de Bayeux : « Les Grecs demandèrent un jour au sage Solon : „Quelle est la meilleure constitution ?". Il répondit : „Dites-moi d'abord pour quel peuple et pour quelle époque ?" ».[3] Le destin d'une

---

[1] Le Conseil européen exige depuis le traité de Lisbonne qu'un seul représentant par pays, v. art. 10 al. 2 sous-alinéa 2 TUE.

[2] V. L'OBS, *Sommet européen délicat pour Chirac et Jospin*, 2002, https://www.nouvelobs.com/economie/20020315.OBS3984/sommet-europeen-delicat-pour-chirac-et-jospin.html (dernièrement consulté le 06/01/2022).

[3] V. DE GAULLE, Ch., *Discours et Messages*, Tome II, Dans l'attente 1946-1958, S.l. Plon, Paris, 1970, p. 10.

Constitution résulte de l'interaction entre sa conception, situation et interprétation à travers le temps.[1]

283. L'histoire constitutionnelle allemande montre, en revanche, qu'un changement de mœurs n'est pas particulièrement vraisemblable à ce jour en Allemagne. Peu de nouvelles options sont explorées et encore moins tentées. Il semble exister une certaine rigidité intellectuelle qui permet, certes, une excellente exécution du connu mais qui conduit à une absence immédiate de solutions en cas d'inconnu. Qu'un événement démocratique habituel et normal, simplement inhabituel en Allemagne se produise, tel que des négociations de coalition qui échouent, et c'est l'émoi.[2]

284. Les juges constitutionnels sont très importants dans les deux pays, mais tout particulièrement en Allemagne,

---

[1] V. GRIMM, D., *Missglückt oder glücklos ?, Die Weimarer Verfassung im Widerstreit der Meinungen [Raté ou malchanceux? la Constitution de la République de Weimar dans le conflit des opinions]*, in : WINKLER, H. A. (dir.), *Weimar im Widerstreit, Deutungen der ersten deutschen Republik im geteilten Deutschland [La République de Weimar dans la discussion, interprétations de la première République allemande dans l'Allemagne divisée]*, Oldenbourg, Munich, 2002, p. 151, 152.

[2] V. le secrétaire-général de l'Union sociale-chrétienne bavaroise SCHEUER, A., cité par BAYERNKURIER, *Sondierung, FDP lässt Jamaika platzen [Entretiens exploratoires, le parti libéral fait éclater la coalition « jamaïcaine »]*, 2017, https://www.bayernkurier.de/inland/30099-fdp-laesst-jamaika-platzen/ (dernièrement consulté le 14/09/2020), « Wir haben eine Lage, die sehr ernst ist [Nous avons une situation qui est très sérieuse] » ; l'historien et professeur universitaire CONZE, E., *Regierungsbildung, Das alte Weimarer Drama? [Formation du Gouvernement, le vieux dilemme de Weimar ?]*, 2017, https://www.zeit.de/2017/49/regierungsbildung-spd-grosse-koalition-weimar-reichstag (dernièrement consulté le 14/09/2020) ; le titre « Stunde Null [Année zéro] » (sous-titre : « Land ohne … Richtung, … Einigkeit, … Kanzlerin ? [Pays sans… cap…, ni unité…, ni chancelière ?] » du n° 48/2017 de l'hebdomadaire d'informations DER SPIEGEL.

parce que la Cour constitutionnelle fédérale a toujours compétence à juger. La procédure de règlement des litiges entre organes constitutionnels (art. 93 al. 1 n° 1 variante 1 GG) fait partie du noyau dur conceptuel de la justice constitutionnelle allemande.[1] C'est une procédure très rare dans le monde.[2] Bien qu'elle n'existe pas en France, elle existe cependant aussi chez un autre de ses voisins, l'Italie[3]. Il est à prendre en considération le fait que, si les juges constitutionnels français ont l'occasion de s'exprimer, c'est que la Constitution a tenu à leur donner la compétence en connaissance de cause du domaine en question, ce qui renforce encore leur compétence. À l'instar d'une réforme constitutionnelle, un revirement jurisprudentiel, même au plus haut niveau, doit être et est toujours possible. En effet, le Président fédéral Richard von Weizsäcker a ainsi expressément précisé lors d'un discours officiel devant les juges que ce que décide la Cour constitutionnelle n'est pas parole d'évangile.[4] No-

---

[1] V. MARSCH, N., in : GAILLET, A. et al., *Droits constitutionnels français et allemand, Perspective comparée*, Issy-les-Moulineaux, LGDJ, 2019, n° 641.

[2] GROTE, R., *Rechtskreise im öffentlichen Recht [Espaces juridiques dans le droit public]*, AöR n° 126, 2001, p. 53.

[3] V. art. 134 de la Constitution italienne : « La Cour constitutionnelle juge : […] des conflits d'attribution entre les pouvoirs de l'État ».

[4] Cité par SCHOLLER, H., in : *Das Bundesverfassungsgericht und sein System der Kontrolle in der Bundesrepublik Deutschland [La Cour constitutionnelle fédérale et son système de contrôle dans la République Fédérale d'Allemagne]*, in : ÁDÁM, A., SCHOLLER, H. (dir.), *Die Verfassung als Katalysator zwischen Gesellschaft und Staat, Das Grundgesetz der Bundesrepublik Deutschland nach 40 Jahren im Vergleich mit den Bestrebungen der ungarischen Verfassungsreform, Ergebnisse eines ungarisch-deutschen Kolloquiums am 18. und 19 Mai 1989 im Goethe-Institut Budapest [La constitution comme catalyseur entre société et État, La loi fondamentale de la République Fédérale d'Allemagne après 40 ans en comparaison avec les aspirations de la réforme constitutionnelle hongroise, Résultat*

tamment si la jurisprudence n'est pas encore consolidée ou que le cadre environnant a évolué de manière significative, les acteurs constitutionnels peuvent appliquer de nouvelles interprétations des textes constitutionnels ou des interprétations précédemment écartées par les juges constitutionnels de l'époque.

285.Cette recherche a permis de démontrer que les Constitutions française et allemande possèdent une flexibilité suffisante pour permettre une pratique très différente au sommet de l'État et du Gouvernement. Ce n'était pas une évidence, car dans d'autres pays, comme par exemple au Sénégal, une pratique différente des institutions, telle que voulue par l'opposition, en l'espèce le fait de pouvoir imposer un Premier ministre de cohabitation,[1] n'est constitutionnellement pas possible en l'état (v. art. 42 al. 4 et art. 53 al. 2 phrase 1 de la Constitution sénégalaise[2]).[3]

---

d'un colloque germano-hongrois les 18 et 19 mai 1989 à l'Institut Goethe de Budapest], Munich, Südosteuropa-Gesellschaft, 1990, p. 99, 115.

[1] V. RÉDACTION AFRICANEWS, AFP, *Sénégal : l'opposition veut « imposer une cohabitation » à Macky Sall*, 2022, https://fr.africanews.com/2022/06/03/senegal-l-opposition-veut-imposer-une-cohabitation-a-macky-sall// (dernièrement consulté le 15/11/2022).

[2] Constitution du 22 janvier 2001, tel que notamment réformé par le référendum constitutionnel du 20 mars 2016.

[3] V. NDAO, M. T., *Une cohabitation politique au Sénégal: entre fantasme et chimère*, 2017, https://www.dakaractu.com/Une-cohabitation-politique-au-Senegal-entre-fantasme-et-chimere_a131614.html (dernièrement consulté le 15/11/2022); FALL, I. M., *De l'impossibilité structurelle de la « cohabitation » au Sénégal*, 2022, https://www.seneplus.com/opinions/de-limpossibilite-structurelle-de-la-cohabitation-au-senegal (dernièrement consulté le 15/11/2022), « Il y a, fondamentalement, une incompatibilité de nature entre le régime politique sénégalais et la cohabitation […] dont la survenance est possible dans les régimes élisant leur Président au suffrage universel ».

286.Les Constitutions française et allemande existent déjà depuis de nombreuses décennies, ce qui représente une durée considérable compte tenu de l'histoire mouvementée de leurs pays, mais pas tant que cela tout de même en les comparant aux Constitutions de d'autres très grandes démocraties mondiales. Comparées à la Constitution états-unienne, les Constitutions française et allemande sont encore relativement jeunes. Aujourd'hui, en ce XXIème siècle, le régime états-unien est vu comme présidentiel ; mais pendant le XIXème siècle, c'est le Congrès qui a été vu comme dominant, le Président n'étant que son « serviteur ».[1] Cette recherche permet donc de poser des jalons pour les prochaines décennies des démocraties française et allemande, si elles décident d'explorer de nouveaux horizons sur la base de leurs Constitutions existantes.

287.Une présidence différente en France et en Allemagne (selon le cas arbitrale ou politiquement engagée), si elle venait à se répéter, n'empêcherait nullement le retour dès la prochaine présidentielle à une présidence du type précédent. La même chose vaut pour le chef du Gouvernement. La flexibilité constitutionnelle française et allemande, inspirée des expériences respectivement vécues, offre des options, sans que l'application de l'une ne se fasse au détriment de l'autre.

[1] V. ROGOWSKI, J. C., *Presidential Influence in an Era of Congressional Dominance*, American Political Science Association May 2016 (vol. 110, no 2), p. 325, 325.

Bibliographie

I) Sources françaises

AFP, L.GAM., *Affaire Benalla : « Le seul responsable, c'est moi, qu'ils viennent me chercher », lance Emmanuel Macron à ses troupes*, 2018, https://www.20minutes.fr/politique/2312643-2018 0724-affaire-benalla-seul-responsable-viennent-chercher-lance-emmanuel-macron-troupes (dernièrement consulté le 21/02/2022).

AMPHOUX, J., *Le chancelier fédéral dans le régime constitutionnel de la République fédérale d'Allemagne*, Paris, LGDJ, 1962.

ASSEMBLÉE NATIONALE, *Fiche de synthèse n° 5 : Les incompatibilités*, https://www2.assemblee-nationale.fr/decouvrir-l-assemblee/folder/les-deputes/le-statut-des-deputes/les-incompatibilites2 (dernièrement consulté le 27/07/2021).

ASSEMBLÉE NATIONALE, *La Troisième République (1870-1940), La crise du 16 mai 1877*, https://www2.assemblee-nationale.fr/decouvrir-l-assemblee/histoire/histoire-de-l-assemblee-nationale/la-troisieme-republique-1870-1940#node_2078 (dernièrement consulté le 27/05/2022).

ASSEMBLÉE NATIONALE, *Les élections législatives depuis 1958*, https://www.assemblee-nationale.fr/dyn/decouvrir-l-assemblee/les-elections-legislatives-depuis-1958 (dernièrement consulté le 09/04/2022).

ASSEMBLÉE NATIONALE, *IXe législature, 23 juin 1988 - 1er avril 1993*, https://www.assemblee-nationale.fr/histoire/leg5repnew.asp (dernièrement consulté le 30/07/2021).

ASSEMBLÉE NATIONALE, *Les élections législatives des 25 mai et 1er juin 1997*, http://www.assemblee-nationale.fr/connaissance/elections-1997.asp (dernièrement consulté le 14/09/2020).

ASSEMBLÉE NATIONALE, *Engagements de responsabilité du Gouvernement sur son programme ou sur une déclaration de politique générale depuis 1958*, 2017, http://www.assemblee-nationale.fr/connaissance/engagements-49-1.asp (dernièrement consulté le 14/09/2020).

ASSEMBLÉE NATIONALE, *Motions de censure depuis 1958*, 2015, http://www.assemblee-nationale.fr/connaissance/engagements-49-2.asp (dernièrement consulté le 14/09/2020).

ASSEMBLÉE NATIONALE, *M. Jean-Luc Reitzer*, https://www2.assemblee-nationale.fr/deputes/fiche/OMC_PA2529 (dernièrement consulté le 09/04/2022).

ASSEMBLÉE NATIONALE, *Tous les gouvernements depuis 1958*, http://www2.assemblee-nationale.fr/decouvrir-l-assemblee/histoire/la-ve-republique/tous-les-gouvernements-depuis-1958 (dernièrement consulté le 15/09/2020).

AUVRET, P., *La faculté d'empêcher du Président de la République*, RDP, 1986.

AVRIL, P., GICQUEL, J., *Droit constitutionnel*, 8e éd., PUF, Paris, 2001.

AVRIL, P., *Le Président de la République, Chef de la majorité ou arbitre*, in : MAUREY, H., DE GUERDAVID, F., MONTASSIER, W. (dir.), *L'Austerlitz politique de la Ve République, Colloque du 25e anniversaire de l'élection du Président de la République au suffrage universel*, Paris, L'Harmattan, 1987, p. 119-130.

AVRIL, P., *Préface*, in : MASSOT, J., *Chef de l'État et chef du gouvernement : la dyarchie hiérarchisée*, Paris, La Documentation française, 2008, p. 10-11.

BALLADUR, É., article publié dans Le Monde du 12 septembre 2000.

BERSTEIN, S., *Chef de l'État, L'histoire vivante des 22 présidents à l'épreuve du pouvoir*, Paris, A. Colin, 2002.

BLACHÈR, Ph. (dir.), *La Constitution de la Ve République, 60 ans d'application (1958-2018)*, Issy-les-Moulineaux, LGDJ, 2018.

BLACHÈR, Ph., *Travaux dirigés de droit constitutionnel*, 2e éd., Paris, LexisNexis, 2018.

BODINEAU, P., VERPEAUX, M., *Histoire constitutionnelle de la France*, Paris, PUF, 2020.

BONTE, B., *Dans le secret du Conseil des ministres*, Paris, Éditions du Moment, 2011.

BOUDON J., *Manuel de droit constitutionnel, tome 2, la Ve République,* 2e éd., PUF, Paris, 2016.

BOUSQUET, G., *29 mai 1968, la journée où le général de Gaulle disparaît à Baden-Baden*, 2018, https://www.ladepeche.fr/article/2018/05/30/2807694-29-mai-1968-journee-general-gaulle-disparait-baden-baden.html (dernièrement consulté le 21/02/2022).

BRACHET, B., *Droit constitutionnel, droit administratif, Capacité en droit, Deug droit, Deug AES, Préparation aux concours administratifs*, Paris, Montchrestien, 1990.

BRACONNIER, C., *Les sages interpellés. Quelques usages profanes du Conseil constitutionnel*, Revue Française de Science politique, 2008.

BREHIER, T., FERENCZI, T., in : *Un entretien avec Robert Badinter*, article publié dans Le Monde du 5 mars 1995.

BULANT, J., *Sondage BFMTV – 93 % des Français approuvent la mise en place du confinement limitant les déplacements*, 2020, https://www.bfmtv.com/societe/sondage-bfmtv-93percent-des-francais-approuvent-la-mise-en-place-du-confinement-limitant-les-deplacements-1876782.html (dernièrement consulté le 26/05/2021).

BULL, M., *Now it's Draghi's turn: once again Italy resorts to a technician to solve its problems*, 2021, https://theloop.ecpr.eu/now-its-draghis-turn-italy-resorts-once-again-to-a-technician-to-solve-its-problems/ (dernièrement consulté le 26/05/2021).

BURDEAU, G., *Droit constitutionnel et institutions politiques : conforme au programme des facultés de droit et écoles d'enseignement supérieur*, Paris, LGDJ, 1962.

BYRNE, C., KLOPP, J., AFP, *"Gilets jaunes" : la "haine" contre le "roi" Macron, moteur de la colère*, 2018, https://www.publicsenat.fr/article/politique/gilets-jaunes-la-haine-contre-le-roi-macron-moteur-de-la-colere-136141 (dernièrement consulté le 21/02/2022).

CADALEN, P.-Y., GARRIDO, R. (dir.), *Pour une assemblée constituante, Les livrets thématique de l'Avenir en commun, édition 2022*, 2022, https://melenchon2022.fr/wp-content/uploads/2022/03/Livret_UP_40_6e-REP_web.pdf (dernièrement consulté le 10/04/2022).

CAPORAL-GRÉCO, S., ESPLUGAS-LABATUT, P., SÉGUR, Ph., TORCOL, S., *Droit constitutionnel*, Paris, Ellipses, 2017.

CAPORAL-GRÉCO, S., *Les mutations de la fonction présidentielle*, in : BLACHÈR, Ph. (dir.), *La Constitution de la Ve République, 60 ans d'application (1958-2018)*, Issy-les-Moulineaux, LGDJ, 2018.

CARCASSONE, G., *Changer de régime sans changer de Constitution : l'initiative des acteurs*, in : BON, P., DELPÉRÉE, F., GHEVONTIAN, R., MAUS, D., MÉLIN-SOUCRAMANIEN, F., ROUX, A. (dir.), Renouveau du droit constitutionnel, Mélanges en l'honneur *de Louis Favoreu*, Paris, Dalloz, 2007, p. 543-552.

CARCASSONNE, G., GUILLAUME, M., *La Constitution, introduite et commentée par Guy Carcassonne et Marc Guillaume*, 15e éd., Paris, Points, 2019.

CARDOSA DA COSTA, M. M., *La Cour constitutionnelle portugaise face à une Constitution en changement*, in : BON, P., DELPÉRÉE, F., GHEVONTIAN, R., MAUS, D., MÉLIN-SOUCRAMANIEN, F., ROUX, A. (dir.), Renouveau du droit constitutionnel, Mélanges en l'honneur *de Louis Favoreu*, Paris, Dalloz, 2007, p. 71-81.

CARLESIMO, C. *Emmanuel Macron touché par le Covid-19 : le Président apparaît fatigué lors du Conseil des ministres*, 2020, https://www.closermag.fr/politique/emmanuel-macron-touche-par-le-covid-19-le-president-apparait-fatigue-lors-du-conseil-des-ministres-1217719 (dernièrement consulté le 21/12/2020).

CERDA-GUZMAN, C., *Cours de droit constitutionnel et des institutions de la Ve République*, 6e éd., Paris, Gualino, 2020.

CHAGNOLLAUD DE SABOURET, D., DE MONTALIVET, P., *Droit constitutionnel contemporain 1, Théorie générale, Régimes étrangers, Histoire constitutionnelle*, 10e éd., Dalloz, Paris, 2019.

CHIRAC, J., *Clôture du colloque*, in : MAUREY, H., DE GUERDAVID, F., MONTASSIER, W. (dir.), *L'Austerlitz politique de la Ve République, Colloque du 25e anniversaire de l'élection du Président de la République au suffrage universel*, Paris, L'Harmattan, 1987, p. 165-175.

CLÉMENT, R., *Gouvernement Philippe : le grand retour de la « République des experts »*, 2017, https://www.challenges.fr /politique/gouvernement-philippe-le-grand-retour-de-la-republique -des-experts_482157 (dernièrement consulté le 29/05/2021).

COHENDET, M.-A., *Cohabitation et constitution*, Pouvoirs, n° 91, 1999, p. 33-57.

COHENDET, M.-A., *Le Président de la République*, 2e éd., Paris, Dalloz, 2012.

COHENDET, M.-A., *Droit constitutionnel, Conseils de méthodes, Sujets d'examens et exercices corrigés*, 11e éd., Paris, Economica, 2021.

COLIN, F., *Droit public, Droit constitutionnel, Droit administratif, Institutions administratives, Fonction publique, Droit administratif des biens, Finances publiques*, 4e éd., Issy-les-Moulineaux, Gualino, une marque de Lextenso, 2017.

CONSEIL CONSTITUTIONNEL, *Communiqué de presse du 12 novembre 2020 : Enquête grand public BVA – 10 ans de la QPC*, 2020, https://www.conseil-constitutionnel.fr/actualites/communique/communique-de-presse-du-12-novembre-2020-enquete-grand-public-bva-10-ans-de-la-qpc (dernièrement consulté le 04/04/2022).

CONSEIL DE LA RÉPUBLIQUE, *Message de M. le Président de la République au Parlement, Transmis au Conseil de la République par M. le président de l'Assemblée nationale et lu par M. Gaston MONNERVILLE, président du Conseil de la République*, Session ordinaire de 1957-1958, Annexe au procès-verbal de la séance du 29 mai 1958.

COSSALTER, Ph., *Le droit public allemand face au coronavirus*, in : DUPRÉ DE BOULOIS, X., MAMOUDY, O., ROLIN, F., SLAMA, S., TINIÈRE, R. (dir.), *Colloque virtuel « Droit et coronavirus »*, 2020, https://www.youtube.com/watch?v=z9YVAZi6-EI&t=127s (dernièrement consulté le 20/03/2022).

COUR DES COMPTES, *Les acteurs publics face à la crise : une réactivité certaine, des fragilités structurelles accentuées*, 2022, https://www.ccomptes.fr/system/files/2022-02/20220216-rapport-RPA-2022.pdf.

DAUTERIBES, A., *Le Premier ministre, Le Premier ministre en France et en Grande-Bretagne*, in : VERPEAUX, M. (dir.), *Les annales du droit 2017, Droit constitutionnel*, Paris, Dalloz, 2016, p. 162-175.

DAVID, R., in : *Ce qu'il faut retenir du premier Conseil des ministres du nouveau Gouvernement Borne*, 2022, https://www.publicsenat.fr/article/politique/ce-qu-il-faut-retenir-du-premier-conseil-des-ministres-du-nouveau-gouvernement (dernièrement consulté le 24/07/2022).

DEBRÉ, J.-L., *Ce que je ne pouvais pas dire, 2007-2016*, Paris, Robert Laffont, 2016.

DEBRÉ, J.-L., *Préface*, in : BLACHÈR, Ph., GARRIGUES, J., *La Constitution de 1958 à nos jours*, Paris, La Documentation française, 2019, p. 10-14.

DEBRÉ, M., *Discours devant le Conseil d'État le 27 août 1958,* http://mjp.univ-perp.fr/textes/debre1958.htm (dernièrement consulté le 29/05/2021).

DEBRÉ, M., *Ouverture du colloque par Monsieur Michel Debré, premier Premier ministre de la Ve République président d'honneur de l'association*, in : MAUREY, H., DE GUERDAVID, F., MONTASSIER, W. (dir.), *L'Austerlitz politique de la Ve République, Colloque du 25e anniversaire de l'élection du Président de la République au suffrage universel*, Paris, L'Harmattan, 1987, p. 43-59.

DE GAULLE, Ch., *Discours et Messages, Tome II : Dans l'attente 1946-1958*, Paris, Plon, 1970.

DE GAULLE, Ch., *Mémoires d'espoir, Tome I : Le renouveau 1958-1962*, Paris, Plon, 1970.

DEGOFFE, M., *Droit administratif*, 4e éd., Paris, Ellipses, 2020.

DELHOMMAIS, P.-A., *Coronavirus : avec Macron, le PS tient enfin son candidat à la présidentielle, ÉDITO. En annonçant que toutes les mesures nécessaires seront prises pour combattre le coronavirus, le chef de l'État prend un sacré virage à gauche*, 2020, https://www.lepoint.fr/editos-du-point/pierre-antoine-delhommais/coronavirus-avec-macron-le-ps-tient-enfin-son-candidat-a-la-presidentielle-13-03-2020-2367000_493.php (dernièrement consulté le 16/03/2022).

DE MONTIS, A., *La « séparation des pouvoirs » sous la Ve République : de la prééminence à la tempérance de l'organe exécutif*, in : BLACHÈR, Ph. (dir.), *La Constitution de la Ve République, 60 ans d'application (1958-2018)*, Issy-les-Moulineaux, LGDJ, 2018, p. 35-48.

DE RAVINEL, S., *Le second tour des municipales repoussé après la crise sanitaire*, 2020, https://www.lefigaro.fr/politique/le-second-tour-des-municipales-repousse-apres-la-crise-sanitaire-20200316 (dernièrement consulté le 20/03/2022).

DEROSIER, J.-Ph., *Le Conseil des ministres*, in : BLACHÈR, Ph. (dir.), *La Constitution de la Ve République, 60 ans d'application (1958-2018)*, Issy-les-Moulineaux, LGDJ, 2018, p. 219-232.

DIRECTION DE L'INFORMATION LÉGALE ET ADMINISTRATIVE, *Plate-forme commune du RPR et de l'UDF intitulée « Plate-forme pour gouverner ensemble » signée le 16 janvier 1986 par M. Jacques Chirac, président du RPR et M. Jean Lecanuet, président de l'UDF. Troisième partie : « redonner sa vraie place à la France ».*, 1986, https://www.vie-publique.fr/discours/130106-plate-forme-commune-du-rpr-et-de-ludf-intitulee-plate-forme-pour-gouve (dernièrement consulté le 05/07/2021).

DIRECTION DE L'INFORMATION LÉGALE ET ADMINISTRATIVE, *Résultats de l'élection présidentielle de 1969*, 2019, https://www.vie-publique.fr/eclairage/24178-resultats-de-lelection-presidentielle-1969 (dernièrement consulté le 14/05/2022).

DIRECTION DE L'INFORMATION LÉGALE ET ADMINISTRATIVE, *Qu'est-ce que la dissuasion nucléaire ?*, 2020, https://www.vie-publique.fr/fiches/274936-quest-ce-que-la-dissuasion-nucleaire (dernièrement consulté le 25/01/2022).

DJAMSHIDI, A., HACOT, V., MARTINAT, Ph., *Gouvernement, Assemblée, administration… Macron recadre à tous les étages*, 2017, https://www.leparisien.fr/politique/gouvernement-assemblee-administration-macron-recadre-a-tous-les-etages-09-08-2017-7183326.php (dernièrement consulté le 21/02/2022).

DUPAS, M., GIRARD, Ch. (dir.), *L'avenir en commun, Mélenchon 2017, Changer de République pour faire place au peuple*, 2017, https://avenirencommun.fr/livret-assemblee-constituante/ (dernièrement consulté le 10/04/2022).

DUSSEAULX, A.-CH., *Ayrault, victime du « syndrome Cresson » ?*, 2017, https://www.lejdd.fr/Politique/Ayrault-victime-du-syndrome-Cresson-572575-3132326 (dernièrement consulté le 22/07/2020).

DUVERGER, M., *Droit public*, Paris, PUF, 1957.

DUVERGER, M., *Les régimes politiques*, 6e éd., Paris, PUF, 1961.

DUVERGER, M., *Institutions politiques et droit constitutionnel*, 7e éd., Paris, PUF, 1963.

DUVERGER, M., *I. - Un régime semi-présidentiel*, Le Monde du 26 novembre 1969.

ÉLYSÉE, *Les Présidents de la République*, https://www.elysee.fr/la-presidence/les-presidents-de-la-republique (dernièrement consulté le 09/04/2022).

ÉLYSÉE, *L'investiture de Georges Pompidou*, https://www.elysee.fr/la-presidence/l-investiture-de-georges-pompidou (dernièrement consulté le 15/09/2020).

ÉLYSÉE, *Jacques Chirac, 1995-2007*, https://www.elysee.fr/jacques-chirac (dernièrement consulté le 26/05/2021) et LE PARISIEN, *La guerre Chirac-Balladur en toile de fond*, 2010, https://www.leparisien.fr/faits-divers/la-guerre-chirac-balladur-en-toile-de-fond-23-11-2010-1161993.php (dernièrement consulté le 26/05/2021).

ÉLYSÉE, *Emmanuel Macron – Biographie*, http://www.elysee.fr/la-presidence/emmanuel-macron-biographie/ (dernièrement consulté le 14/02/2020).

ESPLUGAS-LABATUT, P., *Les règles de l'élection présidentielle*, in : BLACHÈR, Ph. (dir.), *La Constitution de la Ve République, 60 ans d'application (1958-2018)*, Issy-les-Moulineaux, LGDJ, 2018, p. 157-168.

FABIUS, L., *Avant-propos*, in : SALLES, S., *Le conséquentialisme dans la jurisprudence du Conseil constitutionnel*, Issy-les-Moulineaux, LGDJ, 2016, p. XI-XII.

FAURE, B., *Le Président de la République, L'ambiguïté du rôle du chef de l'État sous la Ve République*, in : VERPEAUX, M., (dir.), *Les annales du droit 2017, Droit constitutionnel*, Paris, Dalloz, 2016, p. 154-161.

FAVOREU, L., *La politique saisie par le droit, Alternances, cohabitation et Conseil constitutionnel*, Paris, Economica, 1988.

FLAHAULT-DOMERGUE, I., TRONQUOY, Ph., *Le Président de la République, En 30 questions*, Paris, La Documentation française, 2017.

FRAISSEIX, P., *Droit constitutionnel, Tout le cours + des conseils méthodologiques*, 6e éd., Paris, Vuibert, 2013.

FRANCEINFO, AFP, *Législatives: François Baroin conduira la campagne de la droite*, 2017, https://www.francetvinfo.fr/elections/legislatives/legislatives-francois-baroin-conduira-la-campagne-de-la-droite_2172334.html (dernièrement consulté le 05/09/2020)

FRANCEINFO, *Lexique de campagne: qu'est-ce que le dégagisme en politique?*, 2017, https://www.francetvinfo.fr/elections/presidentielle/lexique-de-campagne-qu-est-ce-que-le-degagisme-en-politique_2073467.html (dernièrement consulté le 09/04/2022).

FRANCEINFO, *Covid-19 : Emmanuel Macron diagnostiqué positif, annonce l'Élysée*, 2020, https://www.francetvinfo.fr/sante/maladie/coronavirus/covid-19-emmanuel-macron-diagnostique-positif-annonce-l-elysee_4223083.html (dernièrement consulté le 21/12/2020).

FRANCE INTER, *Technicien, à droite, « monsieur sport » : 7 choses à savoir sur le nouveau Premier ministre Jean Castex*, 2020, https://www.franceinter.fr/politique/technicien-a-droite-monsieur-sport-7-choses-a-savoir-sur-le-nouveau-premier-ministre-jean-castex (dernièrement consulté le 29/05/2021).

France 24, *Gérard Collomb candidat à la mairie de Lyon, annonce son futur départ du Gouvernement*, 2018, https://www.france24.com/fr/20180918-france-gerard-collomb-candidat-mairie-lyon-2020-annonce-futur-depart-gouvernement (dernièrement consulté le 27/07/2021).

France 24, *Gérard Collomb, toujours démissionnaire malgré le refus d'Emmanuel Macron*, 2018, https://www.france24.com/fr/20181002-france-politique-emmanuel-macron-gerard-collomb-demission-beauvau (dernièrement consulté le 29/05/2021).

GAILLET, A., HOCHMANN, Th., MARSCH, N., VILAIN, Y., WENDEL, M., *Droits constitutionnels français et allemand, Perspective comparée*, LGDJ, Issy-les-Moulineaux, 2019.

GALIERO, E., BORDAS, W., *Gérard Larcher : « Macron tente d'enjamber la présidentielle »*, 2022, https://www.lefigaro.fr/elections/presidentielles/gerard-larcher-macron-tente-d-enjamber-la-presidentielle-20220314 (dernièrement consulté le 24/03/2022).

GARNIER, R., *Un modèle européen de démocratie : le cas portugais, Préface de Jorge Miranda*, Paris, LGDJ, 2005.

GARRIGOU, A., *La politique en France de 1940 à nos jours*, Paris, La Découverte, 2017.

GÉLARD, P., *Quelques conseils au constitutionnaliste de droit comparé*, in : BON, P., DELPÉRÉE, F., GHEVONTIAN, R., MAUS, D., MÉLIN-SOUCRAMANIEN, F., ROUX, A. (dir.), Renouveau du droit constitutionnel, Mélanges en l'honneur *de Louis Favoreu*, Paris, Dalloz, 2007, p. 705-711.

GESLOT, Ch., *L'équilibre des pouvoirs, L'équilibre des pouvoirs sous la Ve République*, in : VERPEAUX, M., (dir.), Les annales du droit 2017, Droit constitutionnel, Paris, Dalloz, 2016, p. 190-199.

GICQUEL, J.-É., *Le contrôle parlementaire sous la Ve République : entre illusions et faux-semblants*, in : BLACHÈR, Ph. (dir.), *La Constitution de la Ve République, 60 ans d'application (1958-2018)*, Issy-les-Moulineaux, LGDJ, 2018, p. 359-371.

GICQUEL, J., GICQUEL, J.-E., *Droit constitutionnel et institutions politiques*, 35e éd., Paris La Défense, LGDJ, 2021, n° 983.

GILBERT, G. H., *La justice*, in : MARTIN, M. (dir.), *Les institutions politiques de la France*, Paris, La Documentation française, 1961, p. 13-34.

GISCARD D'ESTAING, V., *Entrevue accordée à L'Express*, 10 mai 1985.

GOAR, M., *Législatives: la droite lance la bataille de la cohabitation*, 2017, http://www.lemonde.fr/elections-legislatives-2017/article/2017/05/20/legislatives-la-droite-lance-la-bataille-de-la-cohabitation_5131150_5076653.html
(dernièrement consulté le 14/02/2020).

GONOD, P., *Droit administratif général*, 2e éd., Paris, Dalloz, 2020.

GONZALEZ, A., *Institutions de la Ve République, Une vue d'ensemble des institutions de la Ve République*, 2e éd., Paris La Défense, Gualino, 2020.

GOUVERNEMENT, *Les Premiers ministres de la Ve République de 1958 à 2020*, https://www.gouvernement.fr/les-premiers-ministres-de-la-ve-republique-de-1958-a-2020 (dernièrement consulté le 08/04/2022).

GOUVERNEMENT, *Communiqué à l'issue du Conseil des ministres du 14 novembre, Le Conseil des ministres, convoqué par le Président de la République, s'est réuni le 14 novembre à 00h.*, 2015, https://www.gouvernement.fr/communique-a-l-issue-du-conseil-des-ministres-du-14-novembre-3254 (dernièrement consulté le 09/04/2022).

GOUVERNEMENT, *Manuel Valls*, https://www.gouvernement.fr/manuel-valls (dernièrement consulté le 29/05/2021).

GUCHET, Y., *La Ve République*, La Garenne-Colombes, Erasme, 1990.

GUETTIER, Ch., *Le président sous la Ve République*, Paris, PUF, 1995.

GUINCHARD, S., DEBARD, Th. (dir.), *Lexique des termes juridiques 2020-21*, 28e éd., Paris, Dalloz, 2020.

HALISSAT, I., *Transparence : les « vérifications » retardent la composition du Gouvernement*, 2017, https://www.liberation.fr/politiques/2017/05/16/transparence-les-verifications-retardent-la-composition-du-gouvernement_1569944/ (dernièrement consulté le 26/05/2021).

HAMON, F., TROPER, M., *Droit constitutionnel*, 42e éd., Paris La Défense, LGDJ, 2021.

HAMON, T., AFP, *En cinq ans, le terrorisme islamiste a tué 250 personnes en France*, 2020, https://www.cnews.fr/france/2020-01-05/en-cinq-ans-le-terrorisme-islamiste-tue-250-personnes-en-france-914441 (dernièrement consulté le 14/03/2022).

HAQUET, A., *Droit constitutionnel*, 2e éd., Paris, Dalloz, 2019.

HAUSALTER, L., *Saupoudrage, Partis politiques ou société civile : d'où viennent les ministres de Macron ?*, 2017, https://www.marianne.net/politique/partis-politiques-et-societe-civile-d-ou-viennent-les-ministres-du-gouvernement-de-macron (dernièrement consulté le 16/03/2022).

HÉRIN, J.-L., *Le président du Sénat : la voix du pluralisme au sommet de l'État*, in : BLACHÈR, Ph. (dir.), *La Constitution de la Ve République, 60 ans d'application (1958-2018)*, Issy-les-Moulineaux, LGDJ, 2018, p. 303-316.

HERREROS, R., BALU, M., *Congrès à Versailles : Pourquoi il n'y a pas de « survivant désigné » quand tous les pouvoirs sont réunis en France*, 2017, https://www.huffingtonpost.fr/2017/07/03/congres-a-versailles-pourquoi-il-ny-a-pas-de-survivant-desig_a_23013511/ (dernièrement consulté le 17/12/2020).

INA, *Discours du 25 avril 1969*, https://fresques.ina.fr/de-gaulle/fiche-media/Gaulle00134/discours-du-25-avril-1969.html (dernièrement consulté le 09/04/2022).

INA, *Pierre Messmer présente la démission du Gouvernement / Sortie de l'Elysée*, 1974, http://www.ina.fr/video/I00007081 (dernièrement consulté le 15/09/2020).

INA, *Lionel Jospin sur le quinquennat*, 1995, https://www.ina.fr/video/I05081227 (dernièrement consulté le 05/09/2020).

INSTITUT FRANÇAIS D'OPINION PUBLIQUE, CHARLOT, J., *Les Français et de Gaulle*, Paris, Plon, 1971.

JACQUEMET-GAUCHÉ, A., *Droit administratif allemand*, Paris, PUF, 2022.

JAFFRÉ, J., *De Gaulle, la Ve République et les élections*, Commentaire n° 172 (hiver 2020-2021), p. 747-760.

JAN, P., *Les Constitutions de la France, Tome 3, la Constitution de 1958, La République gouvernée*, Issy-les-Moulineaux, LGDJ, 2017.

JAURÈS, J., *Constitution républicaine*, éditorial dans La Dépêche du 6 mai 1888).

JEANNENEY, J., *Le réformisme constitutionnel sous la Ve République*, in : BLACHÈR, Ph. (dir.), *La Constitution de la Ve République, 60 ans d'application (1958-2018)*, Issy-les-Moulineaux, LGDJ, 2018, p. 135-153.

JOSPIN, L., *Lionel raconte Jospin, Entretiens avec Pierre Favier et Patrick Rotman*, Paris, Éditions du Seuil, 2010.

LE POURHIET, A.-M., *Les élections présidentielles. Qui t'a fait roi ? Que fait le roi ? Regards historiques et comparés sur le mode de désignation des chefs d'État – Synthèse de la journée d'études de Rennes – 31 mai 2012*, in : LEVADE, A., MATHIEU, B., ROUSSEAU, D. (dir.), *L'élection présidentielle*, Paris, Dalloz, 2013, p. 11-21.

L'OBS, *Le précédent Mitterrand*, 2006, https://www.nouvelobs.com/politique/20051223.OBS9919/le-precedent-mitterrand.html (dernièrement consulté le 22/07/2020).

LA DOCUMENTATION FRANÇAISE, *Règlement intérieur des travaux du Gouvernement*, Notes documentaires et études, n° 605 (série française – CXXXI), 1947.

LA RÉDACTION [de « Voici »], *Emmanuel Macron : comment recadre-t-il ses ministres tard le soir quand Brigitte dort ?*, 2021, https://www.voici.fr/news-people/actu-people/emmanuel-macron-sen-prend-a-ses-ministres-en-chuchotant-quand-brigitte-dort-702835 (dernièrement consulté le 21/02/2022).

LAROUSSE, *Léon Gambetta*, https://www.larousse.fr/encyclopedie/personnage/L%C3%A9on_Gambetta/120756 (dernièrement consulté le 18/08/2021).

LAROUSSE, *Dégagisme*, https://www.larousse.fr/dictionnaires/francais/dégagisme/188511 (dernièrement consulté le 09/04/2022).

LAUVAUX, Ph., *Destins du présidentialisme*, Paris, PUF, 2002.

LE DIVELLEC A., *La nomination du Gouvernement, pierre de touche du parlementarisme négatif de la Ve République. Une lecture constitutionnelle*, 2020, http://blog.juspoliticum.com/2020/07/10/la-nomination-du-gouvernement-pierre-de-touche-du-parlementarisme-negatif-de-la-ve-republique-une-lecture-constitutionnelle-par-armel-le-divellec/ (dernièrement consulté le 03/09/2020).

LE FIGARO, REUTERS, *Macédoine du Nord : le Parlement vote sa dissolution et fixe des élections*, 2020, https://www.lefigaro.fr/international/macedoine-du-nord-le-parlement-vote-sa-dissolution-et-fixe-des-elections-20200216 (dernièrement consulté le 27/01/2022).

LE MONDE, *Tous les programmes des candidats à la présidentielle 2007*, 2007, http://www.lemonde.fr/societe/article_interactif/2006/10/16/tous-les-programmes_822922_3224.html (dernièrement consulté le 14/02/2020).

LE MONDE DIPLOMATIQUE, *Un régime semi-présidentiel*, avril 1982 (n° 4), p. 8.

LE PARISIEN, *En avion, des règles spéciales aux chefs d'État*, 2010, https://www.leparisien.fr/international/en-avion-des-regles-speciales-aux-chefs-d-etat-11-04-2010-881963.php (dernièrement consulté le 17/02/2022).

LE POURHIET, A.-M., *Droit constitutionnel*, 11e édition, Paris, Economica, 2021.

LE RÉPUBLICAIN LORRAIN du 7 mai 2018, article intitulé : « Un exercice monarchique du pouvoir ».

LES ÉCHOS, *Les Français sont de plus en plus attachés à la cohabitation selon Sofres*, 1999, https://www.lesechos.fr/23/02/1999/LesEchos/17843-011-ECH_les-francais-sont-de-plus-en-plus-attaches-a-la-cohabitation--selon-la-sofres.htm (dernièrement consulté le 05/09/2020).

LES ÉCHOS, *Gérard Collomb a présenté sa démission, refusée par Emmanuel Macron*, 2018, https://www.lesechos.fr/politique-societe/politique/gerard-collomb-a-presente-sa-demission-refusee-par-emmanuel-macron-140575 (dernièrement consulté le 27/07/2021).

LES ÉCHOS, *Inversion du calendrier électoral : le Parti socialiste pressé d'aboutir*, 2000, https://www.lesechos.fr/2000/11/inversion-du-calendrier-electoral-le-parti-socialiste-presse-daboutir-757930 (dernièrement consulté le 05/09/2020).

LES ÉCHOS, INSTITUT MONTAIGNE, RADIO CLASSIQUE, *Les Français et le « quoi qu'il en coûte »*, 2021, https://www.institutmontaigne.org/ressources/pdfs/elabe/sondage-les-francais-et-le-quoiquil-en-coute.pdf (dernièrement consulté le 16/03/2022).

LEVADE, A., *La République, la Constitution et l'Union européenne*, in : BLACHÈR, Ph. (dir.), *La Constitution de la Ve République, 60 ans d'application (1958-2018)*, Issy-les-Moulineaux, LGDJ, 2018.

L'EXPRESS, 2012, https://static.lexpress.fr/medias_7962/w_1936,h_1090,c_fill,g_north/v1389885660/sommet-europeen-bruxelles-28-juin-2012_4076674.jpg (dernièrement consulté le 06/02/2022).

L'EXPRESS, *Nicolas Sarkozy, l'ex-chef de l'État éliminé de la primaire à droite pour 2017*, 2016, https://www.lexpress.fr/actualite/politique/lr/nicolas-sarkozy-president-de-l-ump_1627363.html (dernièrement consulté le 05/09/2020).

L'EXPRESS.FR, *Démission de Collomb : vaudeville en sept actes*, 2018, https://www.lexpress.fr/actualite/politique/demission-de-collomb-un-vaudeville-en-sept-actes_2038085.html (dernièrement consulté le 29/05/2021).

L'EXPRESS.FR, *Intérim, Passation glaciale entre Collomb et Philippe*, 2018, https://www.lexpress.fr/actualite/politique/la-passation-glaciale-de-pouvoirs-entre-collomb-et-philippe_2038037.html (dernièrement consulté le 29/05/2021).

L'OBS, *De Gaulle plus grand Français de tous les temps*, 2005, https://www.nouvelobs.com/culture/20050405.OBS3037/de-gaulle-plus-grand-francais-de-tous-les-temps.html (dernièrement consulté le 03/01/2022).

L'OBS, *Sommet européen délicat pour Chirac et Jospin*, 2002, https://www.nouvelobs.com/economie/20020315.OBS3984/sommet-europeen-delicat-pour-chirac-et-jospin.html (dernièrement consulté le 06/01/2022).

L'OBS, *Ségolène Royal propose une « VIe République »*, 2007, https://www.nouvelobs.com/politique/elections-2007/20070318.OBS7656/segolene-royal-propose-une-vie-republique.html (dernièrement consulté le 29/05/2021).

LUCAS, R., *Valls : « Je refuse que les thèmes de Marine Le Pen s'imposent dans le débat »*, 2011, https://www.leparisien.fr/politique/valls-je-refuse-que-les-themes-de-marine-le-pen-s-imposent-dans-le-debat-03-06-2011-1478646.php (dernièrement consulté le 29/05/2021).

MACHET, A.-Y., *Emmanuel Macron "harcèle" ses ministres par SMS*, 2017, https://www.closermag.fr/politique/emmanuel-macron-harcele-ses-ministres-par-sms-728995 (dernièrement consulté le 21/02/2022).

MACRON, E., *Adresse aux Français, 12 mars 2020*, 2020, https://www.elysee.fr/emmanuel-macron/2020/03/12/adresse-aux-francais (dernièrement consulté le 26/05/2021).

MADINIER, A.-L., *L'évolution présidentialiste des services de la présidence de la République*, 2020, https://www.revuegeneraledudroit.eu/blog/2020/03/06/levolution-presidentialiste-des-services-de-la-presidence-de-la-republique (dernièrement consulté le 22/05/2021).

MAMOU, Y., *Pourquoi les « gilets jaunes » haïssent à ce point Emmanuel Macron*, 2019, https://www.lefigaro.fr/vox/societe/2019/01/30/31003-20190130ARTFIG00241-pourquoi-les-gilets-jaunes-haissent-a-ce-point-emmanuel-macron.php (dernièrement consulté le 21/02/2022).

MANDONNET, E., *Gilets jaunes : le jour où Emmanuel Macron a eu le peur de sa vie*, 2019, https://www.lexpress.fr/actualite/politique/gilets-jaunes-le-jour-ou-macron-a-eu-la-peur-de-sa-vie_2106480.html (dernièrement consulté le 21/02/2022).

MASSOT, J., *L'Arbitre et le capitaine, Essai sur la responsabilité présidentielle*, Paris, Flammarion, 1987.

MASSOT, J., *Chef de l'État et chef du gouvernement : la dyarchie hiérarchisée*, Paris, La Documentation française, 2008.

MATHIOT, C., LEBOUCQ, F., *Combien de grâces présidentielles ont été accordées par les précédents Présidents de la République ?*, https://www.liberation.fr/checknews/2018/05/30/combien-de-graces-presidentielles-ont-ete-accordees-par-les-precedents-presidents-de-la-republique_1655112/ (dernièrement consulté le 26/05/2021).

MAUS, D., *Institutions politiques françaises*, Paris ; Milan ; Barcelone ; Mexico, Masson, 1990.

MÉLENCHON, J.-L., *Je demande aux Français de m'élire Premier ministre*, 2022, https://www.youtube.com/watch?v=gwQpG4WhxKE (dernièrement consulté le 25/04/2022).

MÉLIN-SOUCRAMANIEN, F., PACTET, P., *Droit constitutionnel*, 38e éd., Paris, Sirey, 2019.

MELLERAY, F., *Les apports du CRPA à la théorie de l'acte administratif unilatéral*, AJDA 2015.

MÉNY, Y., SUREL, Y., *Politique comparée, les démocraties, Allemagne, États-Unis, France, Grande-Bretagne, Italie*, 4e éd., Paris, Montchrestien, 1993.

MINISTÈRE DE L'INTÉRIEUR, *Législatives*, https://www.interieur.gouv.fr/Elections/Les-resultats/Legislatives (dernièrement consulté le 01/03/2021).

MINISTÈRE DE L'INTÉRIEUR, *Résultats de l'élection présidentielle 2007*, 2007, https://www.interieur.gouv.fr/Elections/Les-resultats/Presidentielles/elecresult__presidentielle_2007/(path)/presidentielle_2007/FE.html (dernièrement consulté le 14/02/2020).

MINISTÈRE DE L'INTÉRIEUR, *Résultats de l'élection présidentielle 2017*, 2017, https://www.interieur.gouv.fr/Elections/Les-resultats/Presidentielles/elecresult__presidentielle-2017/(path)/presidentielle-2017/FE.html (dernièrement consulté le 14/02/2020).

MINISTÈRE DE L'INTÉRIEUR, *Résultats des élections législatives 2017*, 2017, https://www.interieur.gouv.fr/Elections/Les-resultats/Legislatives/elecresult__legislatives-2017/(path)/legislatives-2017/FE.html (dernièrement consulté le 25/04/2022).

MINISTÈRE DE L'INTÉRIEUR, *Résultats des élections législatives 2017, Haut-Rhin (68) – (3ème circonscription)*, 2017, https://www.interieur.gouv.fr/Elections/Les-resultats/Legislatives/elecresult__legislatives-2017/(path)/legislatives-2017//068/06803.html (dernièrement consulté le 09/04/2022).

MINISTÈRE DE L'INTÉRIEUR, *Élections municipales 2020 – résultats 1er tour*, 2020, https://www.data.gouv.fr/fr/datasets/elections-municipales-2020-resultats-1er-tour/ (dernièrement consulté le 20/03/2022).

MINISTÈRE DE L'INTÉRIEUR, *Résultats des élections municipales et communautaires 2020*, 2020, https://www.interieur.gouv.fr/Elections/Les-resultats/Municipales/elecresult__municipales-2020/(path)/municipales-2020/ (dernièrement consulté le 20/03/2022).

MINISTÈRE DE L'INTÉRIEUR, *Résultats de l'élection présidentielle 2022*, 2022, https://www.resultats-elections.interieur.gouv.fr/presidentielle-2022/FE.html (dernièrement consulté le 11/04/2022).

MINISTÈRE DE L'INTÉRIEUR, *Élections législatives 2022*, 2022, https://www.resultats-elections.interieur.gouv.fr/legislatives-2022/FE.html (dernièrement consulté le 24/07/2022).

MINISTÈRE DE L'INTÉRIEUR, *Élections, Les résultats*, https://www.interieur.gouv.fr/Elections/Les-resultats (dernièrement consulté le 25/04/2022).

MIRKOVIC, Ph., *13 novembre 2015 : les explosions au stade de France, premiers attentats d'une nuit d'horreur*, 2021, https://www.ouest-france.fr/faits-divers/attentats-paris/proces/13-novembre-2015-les-explosions-au-stade-de-france-premiers-attentats-d-une-nuit-d-horreur-c96ac66e-0968-11ec-82a5-fcae259b0fc1 (dernièrement consulté le 09/04/2022).

MITTERRAND, F., *Déclaration sur Europe 1*, 9 décembre 1986.

MONGOUIN, D., *Les rapports entre le Président de la République et le Premier ministre, in :* BLACHÈR, Ph. (dir.), *La Constitution de la Ve République, 60 ans d'application (1958-2018)*, Issy-les-Moulineaux, LGDJ, 2018, p. 201-218.

MONIN, É., *Covid-19 : épargné jusqu'ici, l'Antarctique connaît son premier foyer de contamination, 36 personnes ont été testées positives sur une base militaire chilienne, suscitant tristesse et inquiétude chez leurs confrères français. Sans matériel de réanimation, la station franco-italienne Concordia n'est pas équipée pour gérer d'éventuels cas graves*, 2020, https://www.francetvinfo.fr/sante/maladie/coronavirus/covid-19-epargne-jusqu-ici-l-antarctique-connait-son-premier-foyer-de-contamination_4229525.html (dernièrement consulté le 13/03/2022).

MONTEIL, J., *La grâce en droit français moderne*, Paris, Librairies techniques, 1959.

MONTESQUIEU, Charles Louis de Secondat, baron de La Brède et de Montesquieu, *De l'esprit des loix, Ou du rapport que les loix doivent avoir avec la Constitution de chaque Gouvernement, les Mœurs, le Climat, la Religion, le Commerce &c., à quoi l'Auteur a ajouté, Des recherches nouvelles sur les Loix Romaines touchant les Successions, sur les Loix Françoises et sur les Loix Féodales*, Tome I, Genève, Chez Barrillot & Fils, 1748, Livre XXIX Chapitre XI.

MOUZET, P., *Le Président de la République, Le pouvoir présidentiel*, in : VERPEAUX, M. (dir.), *Les annales du droit 2017, Droit constitutionnel*, Paris, Dalloz, 2016, p. 141-153.

MULIER, Th., *Les relations extérieures de l'État en droit constitutionnel français*, Mare & Martin, 2020.

NABILI, I., *Testé positif au Covid-19, Emmanuel Macron s'isole à la Lanterne*, 2020, https://www.lci.fr/politique/coronavirus-pandemie-epidemie-teste-positif-au-covid-19-emmanuel-macron-pourrait-s-isoler-a-la-lanterne-versailles-2173101.html (dernièrement consulté le 18/12/2020).

NAVARRO, J., propos recueillis par MONOD, O., in : *Le cumul des mandats rend les élus moins efficaces*, 2014, https://www.lexpress.fr/actualite/politique/le-cumul-des-mandats-rend-les-elus-moins-efficaces_1304738.html (dernièrement consulté le 27/07/2021).

PACTET, P., *Institutions politiques, droit constitutionnel*, 10e éd., Paris ; Milan ; Barcelone ; Mexico, Masson, 1991.

PASCAL, J., in : HERREROS, R., BALU, M., *Congrès à Versailles : Pourquoi il n'y a pas de « survivant désigné » quand tous les pouvoirs sont réunis en France*, 2017, https://www.huffingtonpost.fr/2017/07/03/congres-a-versailles-pourquoi-il-ny-a-pas-de-survivant-desig_a_23013511/ (dernièrement consulté le 17/12/2020).

PERROT, X., *Histoire des institutions jusqu'en 1789, Gouverner l'État monarchique (XVIème - XVIIIème siècles)*, https://cours.unjf.fr/repository/coursefilearea/file.php/155/Cours/08_item/indexI0.htm (dernièrement consulté le 26/07/2021).

PLUEN, O., *Constitution de la Ve République, De sa rédaction initiale à sa version aujourd'hui en vigueur, Approche historique et légistique*, 2e éd., Bayonne, Institut Universitaire Varenne, 2017.

PORTELLI, H., EHRHARD, Th., *Droit constitutionnel*, 13e éd., Paris, Dalloz, 2019.

POIROT, H., *Comment percevoir la logistique*, in : SMEETS, J. M. (dir.), *Logistique sans frontières ?, Grenzenlose Logistik ?*, Sarrebruck, Repa Druck, 2020, p. 60.

PRÉLOT, M., *Institutions politiques et droit constitutionnel*, 2e éd., Paris, Dalloz, 1961 et 3e éd., Paris, Dalloz, 1963.

PUBLIC SÉNAT, *Sondage: 56 % des Français souhaitent une cohabitation*, 2022, https://www.publicsenat.fr/article/politique/sondage-56-des-francais-souhaitent-une-cohabitation-203610, (dernièrement consulté le 26/04/2022).

RABIER, J., *Mesures d'urgences Covid-19 : une large approbation, des abstentions et un vote contre*, 2020, https://www.publicsenat.fr/article/parlementaire/mesures-d-urgences-covid-19-une-large-approbation-des-abstentions-et-un-vote (dernièrement consulté le 26/05/2021).

RAYNAUD, Ph., *La Vᵉ République selon de Gaulle*, Commentaire n° 173 (printemps 2021).

RICHIR, I., *Le Président de la République et le Conseil constitutionnel*, Paris, PUF, 1998.

RIVÉRO, J., *Fin d'un absolutisme*, Pouvoirs 1980 (nouvelle édition 1991).

ROBERT, J., *Nature juridique de la décision de nomination des membres du Conseil constitutionnel : à propos de l'arrêt Dame Ba du Conseil d'État*, CCC 1999.

ROSANVALLON, P., article publié dans Le Monde du 17 juin 2011.

ROUDIER, K., *État d'exception, État d'urgence, état de droit*, in : BLACHÈR, Ph. (dir.), *La Constitution de la Vᵉ République, 60 ans d'application (1958-2018)*, Issy-les-Moulineaux, LGDJ, 2018, p. 459-471.

ROUDIER, K., *Droit constitutionnel, En fiches pratiques*, 3ᵉ éd., Levallois-Perret, Bréal, 2021.

ROUSSEAU, D., *Préface*, in : SALLES, S., *Le conséquentialisme dans la jurisprudence du Conseil constitutionnel*, Issy-les-Moulineaux, LGDJ, 2016, p. 223-249.

ROUSSILLON, H., *Préface*, in : ZARKA, J.-C., *Fonction présidentielle et problématique majorité présidentielle-majorité parlementaire sous la Cinquième République (1986-1992)*, Paris, LGDJ, 1993, p. 1-8.

ROUVILLOIS, F., *Droit constitutionnel 2, La Ve République*, 4ᵉ éd., Paris, Flammarion, 2014, p. 228.

RUELLO, A., *Apprentissage : la réforme qui a ébranlé la Macronie*, 2018, https://www.lesechos.fr/economie-france/social/apprentissage-la-reforme-qui-a-ebranle-la-macronie-132133 (dernièrement consulté le 17/05/2022).

SALLES, S., *Le conséquentialisme dans la jurisprudence du Conseil constitutionnel*, Issy-les-Moulineaux, LGDJ, 2016.

SEILLER, B., *Droit administratif, 2. L'action administrative*, 8ᵉ éd., Paris, Flammarion, 2021.

SÉNAT, *Histoire, Le Sénat de la Vème République*, http://www.senat.fr/histoire/senat_cinquieme_republique (dernièrement consulté le 15/12/2020).

SÉNAT, *Le démocrate républicain*, https://www.senat.fr/evenement/archives/D24/1877.html (dernièrement consulté le 18/08/2021).

SÉNAT, *Victor Schoelcher, un sénateur philanthrope*, https://www.senat.fr/evenement/archives/D36/1877.html (dernièrement consulté le 18/08/2021).

SPONCHIADO, L., *La compétence de nomination du Président de la Cinquième République*, Paris, Dalloz, 2017.

SUDOUEST.FR, AFP, *Najat Vallaud-Belkacem : pourquoi concentre-t-elle le feu des critiques ?*, 2014, https://www.sudouest.fr/2014/08/27/najat-vallaud-belkacem-pourquoi-concentre-t-elle-le-feu-des-critiques-1652986-710.php?nic (dernièrement consulté le 29/05/2021).

TIFINE, P., *Droit administratif français, Tome II, Les actes administratifs, Les activités administratives, La responsabilité administrative*, 6e éd., Éditions juridiques franco-allemandes, Sarrebruck, 2021.

TOURET, D., *L'élection présidentielle au cœur des institutions de la Ve République*, Paris, Les Éditions d'Organisation, 1994.

TROTABAS, L., *Manuel de droit public et administratif : conforme au programme de capacité en droit (arrêté du 12 juillet 1956), Capacité, première et deuxième années*, 13e éd., Paris, LGDJ, 1962.

VAN LANG, A., GONDOUIN, G., INSERGUET-BRISSET, V., *Dictionnaire de droit administratif*, 8e éd., Paris, Sirey, 2021.

VEDEL, G., *Préface*, in : MASSOT, J., *Chef de l'État et chef du Gouvernement*, Paris, la Documentation française, 1993, p. 9.

VEDEL, G., Variations et cohabitations, Pouvoirs 1997 n° 83.

VEDEL, G., *Préface*, in : CARCASSONNE, G., GUILLAUME, M., *La Constitution, introduite et commentée par Guy Carcassonne et Marc Guillaume*, 15e éd., Paris, Points, 2019, p. 11-14.

VÉDRINE, H., *Préface*, in : LOMBART, L., *Le Président de la Vème République française sur la scène internationale, de Charles de Gaulle à Jacques Chirac*, Aix-en-Provence, PU Aix-Marseille, 2008, p. 11-14.

VERNAY, S., *Vers le Gouvernement le plus étoffé de la Ve République ?*, 2020, https://www.ouest-france.fr/politique/gouvernement/remaniement/vers-le-gouvernement-le-plus-etoffe-de-la-ve-republique-6901725 (dernièrement consulté le 04/06/2021).

VERPEAUX, M., DE MONTALIVET, P, ROBLOT-TROIZIER, A., VIDAL-NAQUET, A., *Droit constitutionnel, Les grandes décisions de la jurisprudence,* 2e éd., Paris, PUF, 2017.

VERPEAUX, M., *La Constitution*, 2e éd., Paris, Dalloz, 2016.

VERPEAUX, M., *La Constitution de la Ve République dans l'histoire constitutionnelle française*, in : BLACHÈR, Ph., *La Constitution de la Ve République, 60 ans d'application (1958-2018)*, Issy-les-Moulineaux, LGDJ, 2018, p. 1-19.

VERPEAUX, M., *Préface*, in : MULIER, Th., *Les relations extérieures de l'État en droit constitutionnel français*, Mare & Martin, 2020, p. 1-19.

VIANSSON-PONTÉ, P., *Les gaullistes, Rituel et annuaire*, Paris, Seuil, 1963.

VIDAL-NAQUET, A., *Mutations et évolutions des élections présidentielles : le regard de l'histoire. Compte rendu de la journée d'études décentralisée d'Aix-Marseille du 16 mars 2012*, in : LEVADE, A., MATHIEU, B., ROUSSEAU, D. (dir.), *L'élection présidentielle*, Paris, Dalloz, 2013, p. 23-29.

VIGOGNE, L., *Comment le Covid-19 a reformaté le conseil des ministres*, 2020, https://www.lopinion.fr/edition/politique/comment-covid-19-a-reformate-conseil-ministres-215687 (dernièrement consulté le 15/09/2020).

WALINE, J., *Droit administratif*, 28e éd., Paris, Dalloz, 2020.

ZARKA, J.-C., *L'essentiel de l'histoire constitutionnelle et politique de la France (de 1789 à nos jours)*, 8e éd., Paris, Gualino, 2017.

ZORGBIBE, Ch., *De Gaulle, Mitterrand et l'esprit de la Constitution*, Paris, Hachette, 1993.

II) Sources allemandes

ADENAUER, K., *Erinnerungen 1955-1959 [Mémoires 1955-1959]*, Stuttgart, Deutsche Verlags-Anstalt, 1967.

AFP, DPA, REUTERS, *Affäre, Bundespräsident Wulff tritt zurück [Affaire, Le Président fédéral Wulff démissionne]*, 2012, https://www.zeit.de/politik/deutschland/2012-02/bundespraesident-wulff-ruecktritt (dernièrement consulté le 22/05/2022).

ARCHIV FÜR CHRISTLICH-DEMOKRATISCHE POLITIK DER KONRAD-ADENAUER-STIFTUNG, *Die Ära Kohl, 1982-1998 [L'ère Kohl, 1982-1998]*, Bad Honnef, Gottschalk-Graphik, 2002.

AUSWÄRTIGES AMT, *Außenminister von 1951 bis heute [Ministres des Affaires étrangères de 1951 à aujourd'hui]*, https://www.auswaertiges-amt.de/de/aamt/geschichte-des-auswaertigen-amts/aussenminister-node (dernièrement consulté le 20/09/2021).

AUTEXIER, Ch., CATHALY-STELKENS, A., LANGLOIS, H., KORDEVA, M., COSSALTER, Ph., STELKENS, U., *Loi sur la procédure administrative non contentieuse / Verwaltungsverfahrensgesetz (VwVfG), Verwaltungsverfahrensgesetz (VwVfG), vom 25. Mai 1976 (BGBl. I, S. 1253) in der Fassung vom 23. Januar 2003 geändert durch das Gesetz vom 21. Juni 2019 (BGBl. I, S. 102), Inkrafttreten am 1. November 2019, Loi sur la procédure administrative non contentieuse, du 25 mai 1976 (Journal Officiel fédéral I, p. 1253) dans sa version consolidée publiée le 23 janvier 2003 modifiée par la loi du 21 juin 2019 (Journal Officiel fédéral I, p. 102), entrée en vigueur le 1er novembre 2019, Version synoptique bilingue*, 2019, https://www.bijus.eu/?p=13091 (dernièrement consulté le 16/12/2022).

BÄTGE, F., *Staatsorganisationsrecht [Droit d'organisation de l'État]*, 5e éd, Heidelberg, C.F. Müller, 2021.

BAYER, N.H., *Verwaltungsakt, acte administratif ?*, https://www.nhbayer.de/de/deutsch-franzoesisches-rechtswoerterbuch-alt/verwaltungsakt/ (dernièrement consulté le 25/07/2021).

BAYERISCHER LANDTAG, *Wahlergebnisse für die Wahlperioden ab 1946 und für die in den Landtag gewählten Parteien [Résultats électoraux pour les législatures à partir de 1946 et pour les partis élus au Landtag]*, https://www.bayern.landtag.de/fileadmin/Internet_Dokumente/Wahlergebnisse.pdf (dernièrement consulté le 08/04/2022).

BAYERNKURIER, *Sondierung, FDP lässt Jamaika platzen [Entretiens exploratoires, le parti libéral fait éclater la coalition « jamaïcaine »]*, 2017, https://www.bayernkurier.de/inland/30099-fdp-laesst-jamaika-platzen/ (dernièrement consulté le 14/09/2020).

BEHNKE, N., *Föderalismus in der (Corona-)Krise ?, Föderale Funktionen, Kompetenzen und Entscheidungsprozesse [Fédéralisme dans la crise (de corona)?, Fonctions fédérales, compétences et processus de décision]*, 2020, https://www.bpb.de/shop/zeitschriften/apuz/314343/foederalismus-in-der-corona-krise/ (dernièrement consulté le 14/03/2022).

BERLINER ZEITUNG, *Dürfen in Deutschland Kanzlerin und Minister gemeinsam im Flugzeug reisen ? [Est-ce qu'en Allemagne chancelière et ministres peuvent voyager ensemble en avion ?]*, 2010, https://www.bz-berlin.de/artikel-archiv/duerfen-in-deutschland-kanzlerin-und-minister-gemeinsam-im-flugzeug-reisen (dernièrement consulté le 17/02/2022).

BLECKMANN, A., *Staatsrecht, Band 1, Staatsorganisationsrecht, Grundlagen, Staatszielbestimmungen und Staatsorganisationsrecht des Bundes [Droit de l'organisation étatique, Bases, Dispositions de buts étatiques et droit de l'organisation étatique de la Fédération]*, Cologne ; Berlin ; Bonn ; Munich, Heymann, 1993.

BUNDESRAT, *Präsidentinnen und Präsidenten des Bundesrates seit 1949 [Présidentes et présidents du Bundesrat depuis 1949]*, https://www.bundesrat.de/DE/bundesrat/praesidium/bisher/bisher-node.html (dernièrement consulté le 02/05/2022).

BUNDESREGIERUNG, *Beschlüsse im Bundeskabinett [Décisions au sein du Conseil de cabinet]*, 2018, https://www.bundesregierung.de/breg-de/aktuelles/beschluesse-im-bundeskabinett-1508604 (dernièrement consulté le 15/09/2020).

BUNDESVERWALTUNGSAMT, *Aktuelles zum Brexit und dessen Auswirkungen auf die Staatsangehörigkeitsverfahren beim Bundesverwaltungsamt [Actualités concernant le Brexit et ses conséquences sur les procédures de nationalité à l'Office fédérale de l'administration]*, https://www.bva.bund.de/DE/Services/Buerger/Ausweis-Dokumente-Recht/Staatsangehoerigkeit/_documents/Meldung/Meldung_Brexit.html (dernièrement consulté le 29/05/2021).

BUNDESZENTRALE FÜR POLITISCHE BILDUNG, *Die Bundestagswahl 2021 [L'élection au Bundestag 2021]*, 2021, https://www.bpb.de/politik/hintergrund-aktuell/340714/bundestagswahl-2021 (dernièrement consulté le 01/11/2021).

CONZE, E., *Regierungsbildung, Das alte Weimarer Drama? [Formation du Gouvernement, le vieux dilemme de Weimar ?]*, 2017, https://www.zeit.de/2017/49/regierungsbildung-spd-grosse-koalition-weimar-reichstag (dernièrement consulté le 14/09/2020).

DEGENHART, Ch., *Staatsrecht I, Staatsorganisationsrecht, Mit Bezügen zum Europarecht [Droit étatique I, Droit d'organisation étatique, avec des références au droit européen]*, 37e éd., Heidelberg, C.F. Müller, 2021.

DER BUNDESKANZLER, *Bundeskabinett, Friedrich übernimtt Aigners Aufgaben [Cabinet fédéral, Friedrich prend en charge les tâches d'Aigner]*, 2013, https://www.bundeskanzler.de/bk-de/aktuelles/friedrich-uebernimmt-aigners-aufgaben-370406 (dernièrement consulté le 20/03/2022).

DER BUNDESKANZLER, *Bundeskanzler seit 1949 [Chanceliers fédéraux depuis 1949]*, https://www.bundeskanzler.de/bk-de/kanzleramt/bundeskanzler-seit-1949 (dernièrement consulté le 08/04/2022).

DER BUNDESRAT, *Wahlpraxis im Bundesrat, Warum politische Erwägungen bei der Reihenfolge der Bundesratspräsidenten keine Rolle spielen [Pratique électorale au Bundesrat, Pourquoi des considérations politiques ne jouent aucun rôle pour l'ordre des présidents du Bundesrat]*, Bundesrat, 2020, https://www.bundesrat.de/DE/bundesrat/praesidium/kuenftig/koenigsteiner-abkommen/koenigsteiner-abkommen-node.html (dernièrement consulté le 22/07/2020).

DER BUNDESWAHLLEITER, *Bundestagswahl 2013, Ergebnisse [Élections au Bundestag en 2013, résultats]*, 2013, https://www.bundeswahlleiter.de/bundestagswahlen/2013/ergebnisse.html (dernièrement consulté le 09/09/2020).

DER BUNDESWAHLLEITER, *Bundestagswahl 2021, 284 : Offenburg*, https://www.bundeswahlleiter.de/bundestagswahlen/2021/ergebnisse/bund-99/land-8/wahlkreis-284.html (dernièrement consulté le 09/04/2022).

DER BUNDESWAHLLEITER, *Ergebnisse früherer Bundestagswahlen [Résultats d'élections précédentes au Bundestag]*, Der Bundeswahlleiter, Wiesbaden, 2022.

DER LANDESWAHLLEITER DES FREISTAATES BAYERN, *Bundestagswahl am 26. September 2021, - Endgültiges Ergebnis – [Élection au Bundestag le 26 septembre 2021, résultat définitif]*, 2021, https://www.bundestagswahl2021.bayern.de/ (dernièrement consulté le 01/11/2021).

DER SPIEGEL, n° 48/2017.

DETJEN, S., *Die Präsidentschaftskrise [La crise présidentielle]*, 1999, https://www.deutschlandfunk.de/die-praesidentschaftskrise.934.de.html?dram:article_id=131551 (dernièrement consulté le 21/03/2022).

DEUTSCHER BUNDESTAG, *Bundespräsident [Président fédéral]*, https://www.bundestag.de/services/glossar/glossar/B/bundespraes-245354 (dernièrement consulté le 14/05/2022).

DEUTSCHER BUNDESTAG, *Die Bundesversammlungen seit 1949 – Dokumentation [Les Assemblées fédérales depuis 1949 – documentation]*, https://www.bundestag.de/parlament/aufgaben/bundesversammlung/bundesversammlungen_seit_1949 (dernièrement consulté le 14/02/2020).

DEUTSCHER BUNDESTAG, *Bundestagswahlergebnisse seit 1949 – Zweitstimmen [Résultats des élections au Bundestag depuis 1949 – deuxièmes voix]*, https://www.bundestag.de/parlament/wahlen/ergebnisse_seit1949-244692 (dernièrement consulté le 12/06/2022).

DEUTSCHER BUNDESTAG, *Abgeordnete, Dr. Wolfgang Schäuble, CDU/CSU*, https://www.bundestag.de/abgeordnete/biografien/S/schaeuble_wolfgang-857936 (dernièrement consulté le 09/04/2022).

DICK, W., *Wenn Abgeordnete die Seiten Wechseln [Quand des députés changent de côté]*, 2017, https://www.dw.com/de/wenn-abgeordnete-die-seiten-wechseln/a-40014644, dernièrement consulté le 17/08/2021).

DIE BUNDESREGIERUNG, *Kabinettsumbildung, Rösler neuer Wirtschaftsminister, Bahr übernimmt Gesundheitsressort*

[Remaniement du Gouvernement, Rösler est le nouveau ministre de l'Économie, Bahr prend en charge le ministère de la Santé], 2011, https://archiv.bundesregierung.de/archiv-de/roesler-neuer-wirtschaftsminister-bahr-uebernimmt-gesundheitsressort-429706 (dernièrement consulté le 29/05/2021).

DIE BUNDESREGIERUNG, *Philipp Rösler*, https://www.bundesregierung.de/breg-de/bundesregierung/bundeskabinett/philipp-roesler-422290 (dernièrement consulté le 29/05/2021).

DIE WELT, *Merkel: Die stärkste Fraktion stellt den Kanzler [Merkel : C'est le groupe parlementaire le plus fort qui désigne le chancelier]*, 2005, https://www.welt.de/politik/article165796/Merkel-Die-staerkste-Fraktion-stellt-den-Kanzler.html (dernièrement consulté le 14/02/2020).

DÖLLE, H., *Der Beitrag der Rechtsvergleichung zum Deutschen Recht [La contribution du droit comparé au droit allemand]*, in : CAEMMERER, E. V. (dir.), *Hundert Jahre Deutsches Rechtsleben: Festschrift zum 100jährigen Bestehen des Deutschen Juristenttages 1860-1960; im Auftrag der Ständigen Deputation des Deutschen Juristentages, Band 2 [100 ans de vie du droit allemand: Hommage au 100ème anniversaire du congrès annuel des juristes allemands 1860-1960; conformément à la mission de la délégation permanente de la députation permanente du congrès annuel des juristes allemands, tome 2]*, Karlsruhe, Müller, 1960, p. 19-32.

DPA, *Gauck willigt in Diätenerhöhung ein [Gauck donne son accord pour l'augmentation des indemnités des parlementaires]*, 2014, https://www.zeit.de/politik/deutschland/2014-07/gauck-diaeten-bundestag-zustimmung (dernièrement consulté le 14/09/2020).

DPA, *Merkel strikt gegen Neuwahlen, [Merkel est strictement contre de nouvelles élections]*, 2017, https://www.welt.de/regionales/hamburg/article170953624/Merkel-strikt-gegen-Neuwahlen.html (dernièrement consulté le 14/09/2020).

DPA, REUTERS, *Regierungssprecher bestätigt, CDU-Vorsitzende AKK wird Verteidigungsministerin [Porte-parole du Gouvernement confirme, La présidente du parti CDU Annegret Kramp-Karrenbaueur devient ministre de la Défense]*, 2019, https://www.faz.net/aktuell/politik/inland/cdu-vorsitzende-akk-folgt-von-der-leyen-als-verteidigungsministerin-16288606.html (dernièrement consulté le 04/03/2022).

DPA, AFP, TFP, GUB, *Kramp-Karrenbauer erklärt Trennung von CDU-Vorsitz und Kanzleramt für gescheitert [La présidente du parti CDU Kramp-Karrenbauer déclare la séparation entre la présidence du parti CDU et la chancellerie pour échouée]*, 2020, https://www.welt.de/politik/deutschland/article205730443/AKK-erklaert-Trennung-von-CDU-Vorsitz-und-Kanzleramt-fuer-gescheitert.html (dernièrement consulté le 04/03/2022).

DREIER, H. (dir.), *GG, Grundgesetz Kommentar, Band II, Artikel 20–82, [Loi fondamentale, Commentaire de la Loi fondamentale, tome II, articles 20 à 82]*, 3e éd., Munich, C.H. Beck, 2015.

EICHLER, H., *Verfassungsbewegungen in Amerika und Europa [Mouvements constitutionnels en Amérique et Europe]*, Francfort-sur-le-Main ; Bern, Lang, 1985.

ERICHSEN, H.-U., *Staatsrecht und Verfassungsgerichtsbarkeit, Band 1 [Droit constitutionnel et juridiction constitutionnelle, tome 1]*, 3e éd., Francfort-sur-le-Main, Athenäum, 1982.

FERBER, M., *Wiedergewählt: Angela Merkel, die Dritte [Réélue : Angela Merkel III]*, 2013, https://www.augsburger-allgemeine.de/politik/Wiedergewaehlt-Angela-Merkel-die-Dritte-id28154937.html (dernièrement consulté le 09/09/2020).

FERRARIS, L. V., *Die Vorbildwirkung ausländischer Verfassungswerke [L'effet d'exemple de textes constitutionnels étrangers]*, in : STERN, K. (dir.), *40 Jahre Grundgesetz, Entstehung, Bewährung und internationale Ausstrahlung, Internationales Symposion vom 17. bis 20 Mai 1989, veranstaltet vom Institut für Öffentliches Recht und Verwaltungslehre der Universität zu Köln und der Fritz Thyssen Stiftung [40 ans de Loi fondamentale, Genèse, Probation et rayonnement international, Symposium international du 17 au 20 mai 1989, organisé par l'institut de droit public et enseignement en droit administratif de l'université de Cologne et de la fondation Fritz Thyssen]*, Munich, C.H. Beck, 1990, p. 13-22.

FLADE, F., LAUCK, D., *Steinmeier schweigt zu Begnadigungen [Le Président garde le silence concernant les graciements]*, 2020, https://www.tagesschau.de/investigativ/ndr-wdr/begnadigungen-101.html (dernièrement consulté le 26/05/2021).

FRANKFURTER ALLGEMEINE, *Das sind die Pläne der „Ampel"-Parteien [Ceci sont les plans des partis « feu tricolore »]*, 2021, https://www.faz.net/aktuell/politik/inland/ergebnisse-der-sondierungen-das-sind-die-plaene-der-ampel-parteien-17595292.html (dernièrement consulté le 01/11/2021).

FRANKFURTER ALLGEMEINE, *Ampel erste Option, FDP und Grüne wollen mit SPD sondieren [« Feu tricolore » première option, les partis FDP et Les Verts veulent négocier avec le SPD]*, 2021, https://www.faz.net/aktuell/politik/bundestagswahl/fdp-und-gruene-wollen-mit-spd-sondieren-17571778.html (dernièrement consulté le 01/11/2021).

GABRIEL, S., *The German Energiewende – Our contribution to a sustainable energy system*, 2014, https://www.un-ilibrary.org/content/books/9789210568609s005-c005 (dernièrement consulté le 29/05/2021).

GEBAUER, K.-E., *Konsensfindung in und zwischen Verfassungsorganen im System parzellierter Staatsgewalt: Ein Erfahrungsbericht [Trouver des consensus au sein et entre organes constitutionnel dans un système de pouvoir étatique éparpillé: un rapport d'expérience]*, in : MAGIERA, S., SOMMERMANN, K.-P. (dir.), *Gewaltenteilung im Verfassungsstaat, Grenzüberschreitungen und Konfliktlösungen, Symposium zu Ehren von Klaus-Eckart Gebauer [Séparation des pouvoirs dans l'État constitutionnel, Dépassements de frontières et résolution de conflits, Symposium à l'honneur de Klaus-Eckart Gebauer]*, Berlin, Duncker & Humblot, 2013, p. 63-68.

GEIGER, K., *2011, 2015, 2022 – Die seltsame Radikalität der deutschen Politik [2011, 2015, 2022, L'étrange radicalité de la politique allemande]*, 2022, https://www.welt.de/debatte/kommentare/plus237289137/Zeitenwende-Die-seltsame-Radikalitaet-der-deutschen-Politik.html (dernièrement consulté le 17/04/2022).

GEIS, M.-E., Examens-Repetitorium Staatsrecht, Staatsorganisationsrecht und Grundrechte [Cours préparatoires à l'Examen d'État : Droit étatique, Droit de l'organisation de l'État et Droits fondamentaux], 4e éd., Heidelberg, C.F. Müller, 2022.

GEPPERT, D., *Die Einheit Deutschlands im Innern [L'union de l'Allemagne en interne]*, in : KÜSTERS, H. J., LAPPENKÜRPER, U. (dir.), *Kanzler der Einheit, Bismarck, Adenauer, Kohl, Herausforderungen und Perspektiven [Les chanceliers de l'unité,*

Bismarck, Adenauer, Kohl, Défis et perspectives], Sankt Augustin ; Berlin, Konrad-Adenauer-Stiftung, 2012, p. 45-63.

GIESE, F., *Einführung in die Rechtswissenschaft [Introduction à la science juridique]*, Wiesbaden, Betriebswirtschaftlicher Verlag Gabler, 1950.

GIESE, F., SCHUNCK, E., *Grundgesetz für die Bundesrepublik Deutschland, vom 23. Mai 1949 [Loi fondamentale pour la RFA du 23 mai 1949]*, 9e éd., Francfort sur le Main, Kommentator-Verlag, 1976.

GRIMM, D., KIRCHHOF, P., in : GRIMM, D., KIRCHHOF, P., EICHBERGER, M., *Entscheidungen des Bundesverfassungsgerichts: Studienauswahl [Décisions de la Cour constitutionnelle fédérale: Choix pour les études]*, tome 2, 3e éd., Tubingue, Mohr Siebeck, 2007.

GRIMM, D., *Missglückt oder glücklos ?, Die Weimarer Verfassung im Widerstreit der Meinungen [Raté ou malchanceux? la Constitution de la République de Weimar dans le conflit des opinions]*, in : WINKLER, H. A. (dir.), *Weimar im Widerstreit, Deutungen der ersten deutschen Republik im geteilten Deutschland [La République de Weimar dans la discussion, interprétations de la première République allemande dans l'Allemagne divisée]*, Oldenbourg, Munich, 2002, p. 151-161.

GRÖPL, Ch., *Staatsrecht I, Staatsgrundlagen, Staatsorganisation, Verfassungsprozess, mit Einführung in das juristische Lernen [Droit étatique I, Fondements de l'État, Organisation de l'État, Procédure constitutionnelle, Avec introduction aux études juridiques]*, 13e éd., Munich, C.H. Beck, 2021.

GROß, R., *Zur geschäftsführenden Regierung [À propos du Gouvernement chargé d'expédier les affaires courantes]*, DÖV 1982 (Heft 24).

GROTE, R., *Rechtskreise im öffentlichen Recht [Espaces juridiques dans le droit public]*, AöR n° 126, 2001, p. 10-59.

GRUBER, D., *Die Stellung des Regierungschefs in Deutschland und Frankreich, Eine rechtsvergleichende Studie [La situation du chef du Gouvernement en Allemagne et en France. Une étude en droit comparé]*, Hamburg, Hansischer Gildenverlag Heitmann, 1964.

GRUPP, K., STELKENS, U., SEIFERT, O., TRÉSORET, J.-A., *Lösungsvorschlag, Die Piätsch-Affaire [Proposition de solution, L'affaire Piätsch]*, 2019, https://www.saarheim.de/Faelle/piaetsch-loesung.htm (dernièrement consulté le 23/07/2021).

GRUPP, K., STELKENS, U., SEIFERT, O., TRÉSORET, J.-A., *Chefsache: Lösungsvorschlag zur Frage 1 [La proposition de solution concernant la question 1, c'est une affaire de chef]*, 2019, http://www.saarheim.de/Faelle/chefsache-loesung1.htm (dernièrement consulté le 28/07/2021).

HAFERKAMP, L, *SPD-Chefin Esken zu Ukraine-Hilfe: Kanzler Scholz handelt entschlossen [La cheffe du parti SPD à propos de l'aide pour l'Ukraine : le chancelier Scholz agit de manière déterminée]*, 2022, https://www.vorwaerts.de/artikel/spd-chefin-esken-ukraine-hilfe-kanzler-scholz-handelt-entschlossen (dernièrement consulté le 07/08/2022).

HALL, K.-H., *Überlegungen zur Prüfungskompetenz des Bundespräsidenten [Réflexions à propos de la compétence de contrôle du Président fédéral]*, JZ 1965.

HAMANN, A., *Das Grundgesetz für die Bundesrepublik Deutschland vom 23. Mai 1949, ein Kommentar für Wissenschaft und Praxis [La Loi fondamentale pour la République Fédérale d'Allemagne]*, 2e éd., Neuwied, Luchterhand, 1960.

HAMEL, W., *Deutsches Staatsrecht, Band 1, Grundbegriffe [Droit étatique allemand, tome 1, termes de base]*, Berlin, Duncker & Humblot, 1971.

HARPRECHT, K., *Willy Brandt*, in : VON STERNBURG, W. (dir.), *Die deutschen Kanzler, Von Bismarck bis Kohl [Les chanceliers allemands, De Bismarck à Kohl]*, Berlin, Aufbau-Taschenbuch Verlag, 1998, p. 419-437.

HARTMANN, p. C., *Französische Verfassungsgeschichte der Neuzeit (1450-2002), Ein Überblick [Histoire constitutionnelle française des temps modernes (1450-2002), Un aperçu]*, 2e éd., Berlin, Duncker & Humblot, 2003.

HAUG, V. M., *Fallbearbeitung im Staats- und Verwaltungsrecht, Basiswissen, Übersichten, Schemata [Traitement de cas en droit étatique et administratif, Savoir de base, Aperçus, schémas]*, 9e éd., Heidelberg, C.F. Müller, 2018.

HEINZE, A.-P., *Systematisches Fallrepetitorium Verfassungsrecht, Staatsorganisationsrecht, Grundrechte, Europarecht [Cas préparatoires systématiques en Doit constitutionnel, Droit d'organisation de l'État, en Droits fondamentaux et en Droit européen]*, Berlin, De Gruyter, 2014.

HEINZE, R., G., *Regieren durch Verhandeln? [Gouverner en négociant?]*, in : WERNER, J., KÖNIG, K. (dir.), *Regieren zu Beginn des 21. Jahrhunderts [Gouverner au début du XXIème siècle]*, Tubingue, Mohr Siebeck, 2008, p. 230-258.

HELFRITZ, H., *Allgemeines Staatsrecht, mit einem Abriss der Staatstheorien [Droit étatique général, avec un aperçu des théories étatiques]*, 5e éd., Nauck, Carl Heymanns, 1949.

HERZOG, R., *Allgemeine Staatslehre [Théorie générale de l'État]*, Francfort-sur-le-Main, Athenaeum, 1971.

HERZOG, R., *Bundespräsident und Bundesverfassungsgericht [Président fédéral et Cour constitutionnelle fédérale]*, in : BÖRNER, B., *Einigkeit und Recht und Freiheit: Festschrift für Karl Carstens zum 70. Geburtstag am 14. Dezember 1984, Band 2 [Unité et droit et liberté, hommage à Karl Carstens pour son 70ème anniversaire le 14 décembre 1984, tome 2]*, Cologne, Heymanns, 1984.

HESSELBERGER, D., *Das Grundgesetz, Kommentar für die politische Bildung [La Loi fondamentale, Commentaire pour l'éducation politique]*, 13e éd., Munich, Luchterhand, 2003.

HIRSCH, B., *In bester Verfassung? – Parlament und Parteien [Dans la meilleure constitution? – Parlement et partis]*, in : BUCHWALD, M., BAHR, E., *In bester Verfassung? Anmerkungen zum 40. Geburtstag des Grundgesetzes [Dans la meilleure constitution? Annotations à l'occasion du 40ème anniversaire de la Loi Fondamentale]*, Gerlingen, Bleicher, 1989, p. 35-49.

HOFFMANN, G., *Das Recht der politischen Parteien in der Bundesrepublik Deutschland, Parteienprivileg und Parteienpluralismus als Indikatoren für innerstaatliche Demokratie [Le droit des partis politiques dans la République Fédérale d'Allemagne, Le privilège des partis de l'art. 21 al. 4 GG et pluralisme des partis comme indicateurs d'une démocratie interne]*, in : ÁDÁM, A., SCHOLLER, H. (dir.), *Die Verfassung als Katalysator zwischen Gesellschaft und Staat, Das Grundgesetz der Bundesrepublik Deutschland nach 40 Jahren im Vergleich mit den Bestrebungen der ungarischen Verfassungsreform, Ergebnisse eines ungarisch-deutschen Kolloquiums am 18. und 19 Mai 1989 im Goethe-Institut Budapest [La constitution comme catalyseur entre société et État, La loi fondamentale de la République Fédérale d'Allemagne après 40 ans en comparaison avec les aspirations de la réforme constitutionnelle hongroise, Résultat d'un colloque *germano-hongrois les 18 et 19 mai 1989 à l'Institut Goethe de Budapest]*, Munich, Südosteuropa-Gesellschaft, 1990, p. 116-139.

HONNIGFORT, B., *David McAllister ist Niedersachsens neuer Ministerpräsident [David McAllister est le nouveau Ministre-président de la Basse-Saxe]*, 2010, https://www.badische-zeitung.de/david-mcallister-ist-niedersachsens-neuer-ministerpraesident--32866001.html (dernièrement consulté le 04/06/2021).

HUWAR, G., *Der Erlaß von Rechts- und Verwaltungsverordnungen durch den Bundespräsidenten [La promulgation de règlements par le Président fédéral]*, Berlin, Duncker & Humblot, 1967.

IPSEN, H. P., *Über das Grundgesetz, gesammelte Beiträge seit 1949 [À propos de la Loi Fondamentale : contributions réunies depuis 1949]*, Tubingue, Mohr, 1988.

IPSEN, J., *Repetitorium Staatsrecht, Teil 1, Staatsorganisationsrecht [Répétitorat droit étatique, Partie 1, Droit de l'organisation étatique]*, Neuwied ; Kriftel, Luchterhand, 1999.

IPSEN, J., *Der Staat der Mitte, Verfassungsgeschichte der Bundesrepublik Deutschland [L'État du centre, histoire constitutionnelle de la République Fédérale d'Allemagne]*, Munich, C.H. Beck, 2009.

ISENSEE, J., KIRCHHOF, P. (dir.), *Handbuch des Staatsrechts, Band II, Verfassungsstaat [Manuel du Droit étatique, tome II, État constitutionnel*], 3e éd., Heidelberg, Müller, 2004.

JANKOWSKI, H., *Kurz schlägt Kickls Entlassung vor, FPÖ-Minister verlassen Regierung [Le chancelier Kurz a proposé au Président fédéral la révocation du ministre de l'Intérieur Kickl, les ministres FPÖ quittent le Gouvernement]*, 2019, https://www.diepresse.com/5631502/kurz-schlagt-kickls-entlassung-vor-fpo-minister-verlassen-regierung (dernièrement consulté le 17/08/2021).

JARASS, H. D., PIEROTH, B., GG, *Grundgesetz für die Bundesrepublik Deutschland, Kommentar [Loi fondamentale, Loi fondamentale pour la République Fédérale d'Allemagne]*, 16e édition, Munich, C.H. Beck, 2020.

KAHL, W., WALDHOFF, Ch., WALTER, Ch. (dir.), *Bonner Kommentar zum Grundgesetz (Commentaire de Bonn de la Loi fondamentale)*, Heidelberg, C.F. Müller, 1950- (livraisons complémentaires), décembre 2021, 178e livraison complémentaire 2016.

KÄMMERER, J. A., *Staatsorganisationsrecht [Droit d'organisation de l'État]*, 4e éd., Munich, Franz Vahlen, 2022, n° 32.

KATZ, A., SANDER, G., *Staatsrecht, Grundlagen, Staatsorganisation, Grundrechte [Droit étatique, Bases, Organisation étatique, Droits fondamentaux]*, 19e éd., Heidelberg, C.F. Müller, 2019.

KELLERHOFF, S. F., *Als Lübke den Köhler machte [Quand Lübke jouait au soutier]*, 2010, https://www.welt.de/politik/deutschland/article7862004/Als-Luebke-den-Koehler-machte.html (dernièrement consulté le 15/09/2020).

KELLERHOFF, S. F., *Müssen Kanzler immer Parteivorsitzende sein? [Est-ce que les chanceliers doivent toujours être présidents de partis ?]*, 2018, https://www.welt.de/geschichte/article182965986/Bundesrepublik-Muessen-Kanzler-immer-Parteivorsitzende-sein.html (dernièrement consulté le 24/03/2021).

KLAFKI, A., *Corona-Pandemie: Ausgangssperre bald auch in Deutschland? [Pandémie du coronavirus : le couvre-feu bientôt aussi en Allemagne ?]*, 2020, https://www.juwiss.de/27-2020/ (dernièrement consulté le 20/03/2022).

KLECHA, S., *Bundeskanzler in Deutschland, Grundlagen, Funktionen, Typen [Le chancelier fédéral en Allemagne, Fondements, fonctions, types]*, Opladen; Berlin, Budrich, 2012.

KLOEPFER, M., *Verfassungsrecht, Band I, Grundlagen, Staatsorganisationsrecht, Bezüge zum Völker- und Europarecht [Droit constitutionnel, Tome I, Bases, Droit étatique, Rapports au droit international et européen]*, Munich, C.H. Beck, 2011.

KLÖPFER, S., *Koalitionsgespräche, Söder sieht Jamaika-Koalition als Option – aber nicht um jeden Preis [Négociations de coalition, le chef du parti CSU Söder voit une coalition « jamaïcaine » comme une option – mais pas à tout prix]*, 2021, https://www.augsburger-allgemeine.de/bayern/Koalitionsgespraeche-Soeder-sieht-Jamaika-Koalition-als-Option-aber-nicht-um-jeden-Preis-id60660046.html (dernièrement consulté le 01/11/2021).

KOELLREUTTER, O., *Deutsches Staatsrecht [Droit étatique allemand]*, Stuttgart, Kohlhammer, 1953.

KÖNIG, K., *Rollenkonflikte des Regierens [Conflits de rôles lors du gouvernement]*, in : MAGIERA, S., SOMMERMANN, K.-P. (dir.), *Gewaltenteilung im Verfassungsstaat, Grenzüberschreitungen und Konfliktlösungen, Symposium zu Ehren von Klaus-Eckart Gebauer [Séparation des pouvoirs dans l'État constitutionnel, Dépassements de frontières et résolution de conflits, Symposium à l'honneur de Klaus-Eckart Gebauer]*, Berlin, Duncker & Humblot, 2013, p. 53-61.

KORIOTH, S., *Staatsrecht I, Staatsorganisationsrecht unter Berücksichtigung europäischer und internationaler Bezüge [Droit étatique I, Droit d'organisation de l'État prenant en compte des références européennes et internationales]*, 5e éd., Stuttgart, W. Kohlhammer, 2020.

KORNBICHLER, H., POSTER, J., TIEDE, W., URABL, A.,, *Verfassungsrecht, Schnell erfasst [Droit constitutionnel, Vite appréhendé]*, 2e éd., Berlin ; Heidelberg, Springer, 2001.

KREMSER, H., LEISNER-EGENSPERGER, A., *Verfassungsrecht, Teil 3, Staatsorganisationsrecht [Droit constitutionnel, Partie 3, Droit de l'organisation étatique]*, Munich, C.H. Beck, 1999.

KROPP, S., *Regieren in Parlamentarismus und Parteiendemokratie : Informale Institutionen als Handlungsressource für Exekutive und Parlament [Gouverner dans le parlementarisme et démocratie de partis: institutions informelles comme ressource d'action pour l'exécutif et le Parlement]*, in : WERNER, J., KÖNIG, K. (dir.), *Regieren zu Beginn des 21. Jahrhunderts [Gouverner au début du XXIème siècle]*, Tubingue, Mohr Siebeck, 2008, p. 49-86.

LAKÄMPER, B.-M., *Koalitionen : So wurde Deutschland seit 1949 regiert [Coalitions : Ainsi a été gouvernée l'Allemagne depuis 1949]*, 2021, https://www.waz.de/politik/bundesregierung-koalition-geschichte-kabinett-cdu-spd-fdp-gruene-id233460630.html (dernièrement consulté le 09/04/2022).

LANDTAG NRW, *Reinhard Rauball neuer Justizminister*, Landtag intern, 30ème année, édition 4 du 02/03/1999.

LAUFER, H., *Verfassungsordnung und Verfassungsentwicklung [Ordre constitutionnel et développement constitutionnel]*, in : SCHNEIDER, F. (dir.), *Der Weg der Bundesrepublik, Von 1945 bis zur Gegenwart [La voie suivie par la République Fédérale d'Allemagne de 1945 à nos jours]*, Munich, C.H. Beck, 1985, p. 154-176.

LEIBHOLZ, G., RINCK, H.-J., *Grundgesetz für die Bundesrepublik Deutschland, Kommentar an Hand der Rechtsprechung des Bundesverfassungsgerichts [Loi fondamentale pour la République Fédérale d'Allemagne, Commentaire à l'aide de la jurisprudence de la Cour constitutionnelle fédérale]*, Cologne-Marienburg, Otto Schmidt, 1966.

LEISNER, W., *Der Triumph, Erfolgsdenken als Staatsgrundlage, Gedanken zu einer Staatslehre der großen, dauernden Ordnung [Le triomphe, Pensée de succès comme base étatique, Réflexion à une théorie générale de l'État d'un grand ordre durable]*, Berlin, Duncker und Humblot, 1985.

LERCHE, P., *Entwicklungstendenzen im gegenwärtigen Verfassungsrecht der Bundesrepublik Deutschland [Tendances de développement dans l'actuel droit constitutionnel de la République Fédérale d'Allemagne]*, in : ÁDÁM, A., SCHOLLER, H. (dir.), *Die Verfassung als Katalysator zwischen Gesellschaft und Staat, Das Grundgesetz der Bundesrepublik Deutschland nach 40 Jahren im Vergleich mit den Bestrebungen der ungarischen Verfassungsreform, Ergebnisse eines ungarisch-deutschen Kolloquiums am 18. und 19 Mai 1989 im Goethe-Institut Budapest [La constitution comme catalyseur entre société et État, La loi fondamentale de la République Fédérale d'Allemagne après 40 ans en comparaison avec les aspirations de la réforme constitutionnelle hongroise, Résultat d'un colloque germano-hongrois les 18 et 19 mai 1989 à l'Institut Goethe de Budapest],* Munich, Südosteuropa-Gesellschaft, 1990, p. 153-169.

LINK, H.-Ch., *Bericht von Professor Dr. Heinz-Christoph Link [Rapport du professeur Heinz-Christoph Link]*, in : LINK, H.-Ch., RESS, G., *Staatszwecke im Verfassungsstaat – nach 40 Jahren Grundgesetz [Buts étatiques dans l'État constitutionnel – après 40 ans de Loi fondamentale]*, in : *Berichte und Diskussionen auf der Tagung der Vereinigung der Deutschen Staatsrechtslehrer in Hannover vom 4. bis 7. Oktober 1989 [Rapports et discussions au congrès de l'association des enseignants de droit étatique allemand à Hanovre du 4 au 7 octobre 1989]*, Berlin ; New York, De Gruyter, 1990, p. 7-49.

LIPPERT, M. R., *Bestellung und Abberufung der Regierungschefs und ihre funktionale Bedeutung für das parlamentarische Regierungssystem, Entwickelt am Beispiel des deutschen Bundeskanzlers und des britischen Premierministers [Désignation et renvoi du chef du gouvernement et leur importance pour le système de gouvernement parlementaire, développée à l'exemple du chancelier fédéral allemand et du Premier ministre britannique]*, Berlin, Duncker & Humblot, 1973.

MAACK, H., *Verfassungsrecht für die öffentliche Verwaltung, Teil 1, Verfassungsprinzipien und Staatsorganisation [Droit constitutionnel pour l'administration publique, Partie 1, Principes constitutionnels et organisation étatique]*, Stuttgart, Kohlhammer, 1983.

MAGER, U., *Staatsrecht I, Staatsorganisationsrecht unter Berücksichtigung der europarechtlichen Bezüge [Droit étatique, Droit d'organisation de l'État tenant compte des références au Droit européen],* 9e éd., Stuttgart, Kohlhammer, 2021.

MAIER, H., *40 Jahre Grundgesetz, Eine Bestandsaufnahme [40 ans de Loi fondamentale, Une analyse à ce jour]*, Bonn, Bouvier, 1990.

MAIER, H., *Die Kabinettsregierung, Entstehung, Wirkungsweise, aktuelle Probleme, Vorgetragen in der Sitzung vom 13. Januar 2006 [Le gouvernement du cabinet, origine, fonctionnement, problèmes actuels, présentés lors de la session du 13 janvier 2006]*, Munich, Verl. der Bayerischen Akad. der Wiss. in Komm. bei Beck, 2006.

MAIER, W., *Staats- und Verfassungsrecht [Droit étatique et constitutionnel]*, 4e éd., Achim, Fleischer, 2001.

MARQUART, M., *Wie sicher fliegen Deutschlands Politiker ? [Avec quelle sécurité est-ce que les personnes politiques allemandes volent-elles ?]*, 2010, https://www.spiegel.de/politik/deutschland/katastrophen-szenario-wie-sicher-fliegen-deutschlands-politiker-a-688547.html (dernièrement consulté le 18/02/2022).

MAURER, H., *Hat der Bundespräsident ein politisches Mitspracherecht? [Est-ce que le Président fédéral a voix au chapitre à propos de questions politiques ?]*, DÖV 1966.

MAURER, H., *Staatsrecht I, Grundlagen, Verfassungsorgane, Staatsfunktionen [Droit étatique I, Fondamentaux, Organes constitutionnels, Fonctions étatiques]*, 6e éd., C.H. Beck, Munich, 2010.

MAURER, H., WALDHOFF, Ch., *Allgemeines Verwaltungsrecht [Droit administratif général]*, 20e éd., Munich, 2020.

MENZEL, J., *Verfassungsrechtsprechung im siebten Jahrzehnt, Einführende Überlegungen zur Verfassungsgerichtsbarkeit, zum Bundesverfassungsgericht und zur Bedeutung seiner Judikate [Jurisprudence constitutionnelle dans sa septième décennie, réflexions introductives concernant la juridiction constitutionnelle, la Cour constitutionnelle fédéral et l'importance de ses arrêts]*, in : MENZEL, J., MÜLLER-TERPITZ, R. (dir.), *Verfassungsrechtspre-*

chung, Ausgewählte Entscheidungen des Bundesverfassungsgerichts in Retrospektive [Jurisprudence constitutionnelle, Décisions choisies de la Cour constitutionnelle en rétrospective], 3e éd., Tubingue, Mohr Siebeck, 2017, p. 1-44.

MERKEL, A., *Vorwort der Bundeskanzlerin Dr. Angela Merkel zur Neuauflage der Publikation „Bundeskanzleramt und Bundesregierung» [Avant-propos de la chancelière fédérale Dr. Angela Merkel à propos de la nouvelle édition de la publication „Chancellerie fédérale et Gouvernement fédéral"]*, in : BUSSE, V., HOFMANN, H., *Bundeskanzleramt und Bundesregierung, Handbuch für Wissenschaft und Praxis, Mit einem Vorwort von Angela Merkel [Chancellerie fédérale et Gouvernement fédéral, Manuel pour la science et la pratique, Avec un avant-propos de la chancelière Angela Merkel]*, 7e éd., Baden-Baden, Nomos, 2019, p. 5.

MERKUR, *Beben nach Hessen-Wahl: Merkel kündigt Politik-Aus an [Tremblement après l'élection de Hesse : la chancelière Merkel annonce son départ de la politique]*, 2018, https://www.merkur.de/politik/angela-merkel-kanzlerin-kuendigt-ruecktritt-als-cdu-parteivorsitzende-an-alle-news-zr-10309374.html (dernièrement consulté le 04/03/2022).

MORLOK, M., MICHAEL, L., *Staatsorganisationsrecht [Droit d'organisation de l'État]*, 5e éd., Baden-Baden, Nomos, 2021.

MÜNCH, I. v., *Grundbegriffe des Staatsrechts, Eine Einführung anhand von Fällen [Principes de base de droit étatique, Une introduction à base de cas]*, 4e éd., Stuttgart ; Berlin ; Cologne ; Mayence, Kohlhammer, 1987.

VON MÜNCH, I., MAGER, U., *Staatsrecht I, Staatsorganisationsrecht unter Berücksichtigung der europarechtlichen Bezüge [Droit étatique, Droit d'organisation de l'État tenant compte des références au Droit européen],* 8e éd., Stuttgart, Kohlhammer, 2016 n° 281.

OBERRATH, J.-D., *Öffentliches Recht, mit Europarecht und Öffentliches Wirtschaftsrecht, Lernbuch, Strukturen, Übersichten [Droit public, y compris Droit européen et Droit commercial public, manuel, structures, vues d'ensemble]*, 7e éd., Munich, Franz Vahlen, 2021.

OLDIGES, BRINKTRINE, R., M., SACHS, M., *GG, Grundgesetz, Kommentar [GG, Loi fondamentale, Commentaire]*, 8e éd., Munich, C.H. Beck, 2018.

PAPIER, H.-J., KRÖNKE, Ch., *Grundkurs Öffentliches Recht 1, Grundlagen, Staatsstrukturprinzipien, Staatsorgane und -funktionen [Cours de base en Droit public 1, fondements, principes de la structure de l'État, organes de l'État et leurs fonctions]*, 3e éd, Heidelberg, C.F. Müller, 2019.

PEINE, F.-J., *Das Recht als System [Le droit comme système]*, Berlin, Duncker und Humblot, 1983.

PEINE, F.-J., *Systemgerechtigkeit, Die Selbstbindung des Gesetzgebers als Maßstab der Normenkontrolle*, Baden-Baden, Nomos, 1985.

PEINE, F.-J., SIEGEL, Th., *Allgemeines Verwaltungsrecht [Droit administratif général]*, 13e éd., Heidelberg, C.F. Müller, 2020.

PEUCKER, M., *Staatsorganisationsrecht [Droit d'organisation de l'État]*, 3e éd., Heidelberg, C.F. Müller, 2013.

PFLÜGER, F., *Wenig Macht – viel Autorität, Das Amt des Bundespräsidenten [Peu de pouvoir – beaucoup d'autorité, La fonction de Président fédéral]*, in : BENZ, W., MOOS, D. (dir.), *Das Grundgesetz und die Bundesrepublik Deutschland, 1949-1989, Bilder und Texte zum Jubiläum, mit 1159 Abbildungen im Text und auf Tafeln [La Loi Fondamentale et la République Fédérale d'Allemagne, 1949-1989, Images et textes pour le jubilé, avec 1159 illustrations au sein du textes et dans des tableaux]*, Munich; Rehm; Gräfelfing, Moos, 1989, p. 65-68.

RAU, J., *Vom Gesetzesprüfungsrecht des Bundespräsidenten [Du Droit du Président fédéral d'examiner les lois]*, DVBl 2004.

RAUSCHNING, D. *« Das parlamentarische Regierungssystem des Grundgesetzes in der Rechtsprechung des Bundesverfassungsgerichts » [Le système de gouvernement parlementaire de la Loi fondamentale dans la jurisprudence de la Cour constitutionnelle fédérale]*, in : STARCK, Ch. (dir.), *Bundesverfassungsgericht und Grundgesetz, Festgabe aus Anlaß des 25jährigen Bestehens des Bundesverfassungsgerichts, Band 2, Verfassungsauslegung [Cour constitutionnelle fédérale et Loi fondamentale, Hommage en raison du 25ème anniversaire de l'existence de la Cour constitutionnelle fédérale, Tome 2, Interprétation constitutionnelle]*, Tubingue, Mohr, 1976, p. 214-232.

REICH, A., *Magdeburger Kommentar zum Grundgesetz für die Bundesrepublik Deutschland [Commentaire de Magdebourg de la*

Loi fondamentale pour la République Fédérale d'Allemagne], Bad Honnef, Bock, 1998.

REICHSGESETZBLATT *[Journal officiel de l'Empire allemand]* du 21 mars 1878.

RESS, G., *Bericht von Professor Dr. Dr. Georg Ress [Rapport du professeur Georg Ress]*, in : LINK, H.-Ch., RESS, G., *Staatszwecke im Verfassungsstaat – nach 40 Jahren Grundgesetz [Buts étatiques dans l'État constitutionnel – après 40 ans de Loi fondamentale]*, in : *Berichte und Diskussionen auf der Tagung der Vereinigung der Deutschen Staatsrechtslehrer in Hannover vom 4. bis 7. Oktober 1989 [Rapports et discussions au congrès de l'association des enseignants de droit étatique allemand à Hanovre du 4 au 7 octobre 1989]*, Berlin ; New York, De Gruyter, 1990, p 56-111.

ROTH, Ch. T., *Bundeskanzlerermessen im Verfassungsstaat [Marge de manœuvre du chancelier fédéral dans l'État constitutionnel]*, Berlin, Duncker & Humblot, 2009.

SAARLÄNDISCHER RUNDFUNK, *Erste Reaktionen auf AKK-Wechsel [Premières réactions sur le changement de Annegret Kramp-Karrenbauer]*, 2018, https://www.sr.de/sr/home/nachrichten/reaktionen_akk_generalsekretaerin100.html (dernièrement consulté le 05/07/2021).

SACHS, M., *GG, Grundgesetz, Kommentar [GG, Loi fondamentale, Commentaire]*, 9e éd., Munich, C.H. Beck, 2021.

SCHENKE, W.-R., *Die Aufgabenverteilung innerhalb der Bundesregierung [La répartition des tâches au sein du Gouvernement fédéral]*, JURA 1982.

SCHEUNER, U., *Politische Koordination in der Demokratie [Coordination politique en démocratie]*, in : BRACHER, K. D., DAWSON, Ch., GEIGER, W., SMEND, R. (dir.), *Die moderne Demokratie und ihr Recht, Modern Constitutionalism and Democracy, Festschrift für Gerhard Leibholz zum 65. Geburtstag, Zweiter Band : Staats- und Verfassungsrecht [La démocratie moderne et son droit, Modern Constitutionalism and Democracy, Hommage à Gerhard Leibholz pour son 65ème anniversaire, tome 2: Droit étatique et constitutionnel]*, Tubingue, Mohr, 1966, p. 899-922.

SCHEUNER, U., *Das Amt des Bundespräsidenten als Aufgabe verfassungsrechtlicher Gestaltung [La fonction de Président fédéral comme tâche de conception de droit constitutionnel]*, Tubingue, Rainer Wunderlich, 1966.

SCHMIDT-BLEIBTREU, B., HOFMANN, H., HENNEKE, H.-G. (dir.), *GG Kommentar zum Grundgesetz [GG, Commentaire de la Loi fondamentale]*, 15e éd., Cologne, Carl Heymanns, 2022.

SCHMOLLACK, S., *SPD-Familienministerin im Wahlkampf, Das Lächeln der Katarina B. [La ministre SPD de la famille en combat électoral, Le sourire de Katarina Barley]*, 2017, https://taz.de/SPD-Familienministerin-im-Wahlkampf/!5445454/ (dernièrement consulté le 29/05/2021).

SCHNEIDER, H.-P., *Die parlamentarische Opposition im Verfassungsrecht der Bundesrepublik Deutschland [L'opposition parlementaire dans le droit constitutionnel de la République fédérale d'Allemagne]*, tome 1, Francfort-sur-le-Main, Klostermann, 1974.

SCHOLLER, H., in : *Das Bundesverfassungsgericht und sein System der Kontrolle in der Bundesrepublik Deutschland [La Cour constitutionnelle fédérale et son système de contrôle dans la République Fédérale d'Allemagne]*, in : ÁDÁM, A., SCHOLLER, H. (dir.), *Die Verfassung als Katalysator zwischen Gesellschaft und Staat, Das Grundgesetz der Bundesrepublik Deutschland nach 40 Jahren im Vergleich mit den Bestrebungen der ungarischen Verfassungsreform, Ergebnisse eines ungarisch-deutschen Kolloquiums am 18. und 19 Mai 1989 im Goethe-Institut Budapest [La constitution comme catalyseur entre société et État, La loi fondamentale de la République Fédérale d'Allemagne après 40 ans en comparaison avec les aspirations de la réforme constitutionnelle hongroise, Résultat d'un colloque germano-hongrois les 18 et 19 mai 1989 à l'Institut Goethe de Budapest]*, Munich, Südosteuropa-Gesellschaft, 1990, p. 99-115.

SCHOLZ, O., *Bundeskanzler Olaf Scholz: Wir erleben eine Zeitenwende [Chancelier fédéral Olaf Scholz : Nous vivons un changement d'époque]*, 2022, https://www.bundestag.de/dokumente/textarchiv/2022/kw08-sondersitzung-882198 (dernièrement consulté le 17/04/2022).

SCHRÖDER, U. J., *Das Demokratieprinzip des Grundgesetzes [Le principe démocratique de la Loi fondamentale]*, JA 2017.

SEIBERT, S. tweet, 2018, https://twitter.com/RegSprecher/status/973895308705976321 (dernièrement consulté le 20/08/2021).

SOMMER, Th., in : VON STERNBURG, W. (dir.), *Die deutschen Kanzler, Von Bismarck bis Schmidt [Les chanceliers allemands, De Bismarck à Schmidt]*, Königstein im Thaunus, Athenäum, 1985, p. 435-453.

SONNENBERGER H.-J., CLASSEN C. D. (dir.), *Einführung in das französische Recht [Introduction au droit français]*, 4e éd., Francfort-sur-le-Main, Deutscher Fachverlag GmbH, Fachmedien Recht und Wirtschaft, 2012.

STEINMEIER, F.-W., *Bundespräsident Frank-Walter Steinmeier im Gespräch mit Daniel Goffart, Robert Schneider und Jörg Harlan Rohleder vom Focus Magazin im Amtszimmer von Schloss Bellevue [Entretien du Président fédéral Frank-Walter Steinmeier avec Daniel Goffart, Robert Schneider et Jörg Harlan Rohleder du magazine « Focus » dans son bureau de fonctions au château de Bellevue]*, 2018, http://www.bundespraesident.de/SharedDocs/Reden/DE/Frank-Walter-Steinmeier/Interviews/2018/180113-Interview-Focus.html (dernièrement consulté le 14/09/2020).

STEINMEIER, F.-W., *Eröffnung der 1000. Sitzung des Bundesrates [Ouverture de la 1000ème séance du Bundesrat]*, 2021, https://www.bundespraesident.de/SharedDocs/Reden/DE/Frank-Walter-Steinmeier/Reden/2021/02/210212-Bundesrat.html (dernièrement consulté le 19/04/2022).

STEINMEIER, F.-W., *Erklärung von Bundespräsident Steinmeier zur Regierungsbildung [Déclaration du Président fédéral Steinmeier sur la formation du Gouvernement]*, 2017, http://www.bundespraesident.de/SharedDocs/Reden/DE/Frank-Walter-Stein meier/Reden/2017/11/171120-Statement-Regierungsbildung.html (dernièrement consulté le 14/09/2020).

STEINMEIER, F.-W., *Erklärung von Bundespräsident Steinmeier zur Regierungsbildung [Déclaration du Président fédéral Steinmeier sur la formation du Gouvernement]*, 2017, http://www.bundespraesident.de/SharedDocs/Reden/DE/Frank-Walter-Stein meier/Reden/2017/11/171120-Statement-Regierungsbildung.html (dernièrement consulté le 14/09/2020).

STEINMEIER, F.-W., *Gedenkstunde des Deutschen Bundestages zum Tag des Gedenkens an die Opfer des Nationalsozialismus [Séance commémorative du Bundestag allemand pour le jour de commémoration des victimes du nationalsocialisme]*, 2020, https://www.bundespraesident.de/SharedDocs/Reden/DE/Frank-Walter-Steinmeier/Reden/2020/01/200129-Gedenken-Bundestag.html (dernièrement consulté le 19/04/2022).

STEINMEIER, F.-W., *19. Karlsruher Verfassungsgespräch „70 Jahre Grundgesetz – Deutschland in guter Verfassung? » [19ème discussion constitutionnelle de Karlsruhe « 70 ans de la Loi fondamentale – L'Allemagne dans une bonne constitution ? »]*, 2019, https://www.bundespraesident.de/SharedDocs/Reden/DE/Frank-Walter-Steinmeier/Reden/2019/05/190522-Karlsruhe-Bundesverfassungsgericht.html (dernièrement consulté le 23/01/2022).

STENDER-VORWACHS, J., *Prüfungstraining Staats- und Verwaltungsrecht, Methodik der Fallbearbeitung [Entraînement à l'examen de droit étatique et administratif, Méthode de la résolution de cas]*, 4e éd., Neuwied ; Kriftel, Luchterhand, 2003.

STERN, K., *Das Staatsrecht der Bundesrepublik Deutschland, Band 1, Grundbegriffe und Grundlagen des Staatsrechts, Strukturprinzipien der Verfassung [Le droit étatique de la République Fédérale d'Allemagne, tome 1, Principes de base et bases du droit étatique, Principes structuraux de la Constitution]*, 2e éd., Munich, C.H. Beck, 1984.

STERN, *Ampel-Regierung, Koalitionsverhandlungen beginnen: Das passiert in den nächsten Wochen [Gouvernement « feu tricolore », négociations de coalition commencent: voilà ce qu'il va se passer dans les prochaines semaines]*, 2021, https://www.stern.de/politik/deutschland/koalitionsverhandlungen-beginnen--das-passiert-in-den-naechsten-wochen-30851912.html (dernièrement consulté le 01/11/2021).

STEUCK, J.-P., *Die ständige Teilnahme von Fraktionsvorsitzenden an Kabinettssitzungen der Bundesregierung – ein Verstoß gegen das Gewaltenteilungsprinzip? [La participation permanente de présidents de groupes aux conseils des ministres – une violation du principe de la séparation des pouvoirs ?]*, ZRP 1999.

STIFTUNG HAUS DER GESCHICHTE DER BUNDESREPUBLIK DEUTSCHLAND, *Biografie Willy Brandt [Biographie Willy Brandt]*, 2016, https://www.hdg.de/lemo/biografie/willy-brandt.html (dernièrement consulté le 29/05/2021).

SÜDDEUTSCHE ZEITUNG, DPA, AFP, REUTERS, DMO„ *Nach Ski-Unfall, Merkel regiert aus dem Home Office [Après l'accident de ski, Merkel gouverne depuis son bureau à domicile]*, 2014, https://www.sueddeutsche.de/politik/nach-ski-unfall-merkel-regiert-aus-dem-home-office-1.1856359 (dernièrement consulté le 15/09/2020).

SULTAN, H., ABENDROTH, W., *Buerokratischer Verwaltungsstaat und soziale Demokratie, Beiträge zur Staatslehre und Staatsrecht der Bundesrepublik [État administratif bureaucratique et démocratie sociale, contributions à la théorie de l'État et au droit étatique de la République Fédérale]*, Hanovre, Goedel, 1955.

TAGESSCHAU, *Läuft es 2024 wie 2008?, Putins Zukunftsplan, 2018 [Est-ce que les choses se dérouleront en 2024 comme en 2008?, le plan d'avenir de Poutine]*, 2018, https://www.tagesschau.de/ausland/putin-ministerpraesident-101.html (dernièrement consulté le 14/02/2020).

THIESER, M., BURMEISTER, A., *Kramp-Karrenbauer setzt auf eigene Popularität [Kramp-Karrenbauer mise sur sa propre popularité]*, 2017, https://www.sr.de/sr/home/nachrichten/politik_wirtschaft/Kramp_Karrenbauer_Facebook100.html (dernièrement consulté le 05/07/2021).

TSATSOS, D., *Das Grundgesetz im internationalen Wirkungszusammenhang der Verfassungen, Eine Einleitung [La Loi fondamentale dans l'interdépendance internationale des constitutions, Une introduction]*, in : BATTIS, U., MAHRENHOLZ, E. G., TSATSOS, D. (dir.), Das Grundgesetz im internationalen Wirkungszusammenhang der Verfassungen, 40 Jahre Grundgesetz [La Loi fondamentale dans la corrélation internationale des constitutions, 40 ans de Loi fondamentale], Berlin, Duncker & Humblot, 1990, p. 9-16.

VOßKUHLE, A., WISCHMEYER, Th., *Die Verfassung der Mitte [la Constitution du centre]*, Munich, Carl Friedrich von Siemens Stiftung, 2016.

VON DOEMMING, K. B., *Jahrbuch des öffentlichen Rechts, Band 1, Entstehungsgeschichte der Artikel des Grundgesetzes [Annuaire du droit public, tome 1, Histoire de la genèse des articles de la Loi fondamentale]*, Tubingue, Mohr, 1951.

VON DOHNANYI, K., *Grundgesetz und Wählerwille [Loi fondamentale et volonté des électeurs]*, in : BUCHWALD, M., BAHR, E., *In bester Verfassung? Anmerkungen zum 40. Geburtstag des Grundgesetzes [Dans la meilleure constitution? Annotations à l'occasion du 40ème anniversaire de la Loi Fondamentale]*, Gerlingen, Bleicher, 1989, p. 22-34.

VON MANGOLDT, H., KLEIN, F., STARCK, Ch. (dir.), *GG, Grundgesetz, Band 2,* art. *20-82 [Loi fondamentale, commentaire, tome 2, arts. 20 à 82]*, 7e éd., Munich, C.H. Beck, 2018.

VON MÜNCH, I., KUNIG, Ph. (dir.), *Grundgesetz Kommentar, Band 2, Artikel 70–146 [Commentaire de la Loi fondamentale, tome 2, préambule, articles 70 à 146]*, 6e éd., Munich, C.H. Beck, 2012.

WAHL, R., *Stellvertretung im Verfassungsrecht [L'intérim dans le droit constitutionnel]*, Berlin, Duncker & Humblot, 1971.

WALKER, B., *Gauck zögert in Sachen Diätenerhöhung [Gauck hésite dans la question de l'augmentation des indemnités des parlementaires]*, 2014, http://www.badische-zeitung.de/deutschland-1/gauck-zoegert-in-sachen-diaetenerhoehung--86699587.html (dernièrement consulté le 14/09/2020).

WESEL, U., *Der Gang nach Karlsruhe, Das Bundesverfassungsgericht in der Geschichte der Bundesrepublik Deutschland [La marche vers Karlsruhe, La Cour constitutionnelle fédérale dans l'histoire de la République fédérale]*, Munich, éd. Karl Blessing, 2004.

WEWER, G., *Regierung und Parlament – fünfzehn Thesen [Gouvernement et Parlement – quinze thèses]*, in : MAGIERA, S., SOMMERMANN, K.-P. (dir.), *Gewaltenteilung im Verfassungsstaat, Grenzüberschreitungen und Konfliktlösungen, Symposium zu Ehren von Klaus-Eckart Gebauer [Séparation des pouvoirs dans l'État constitutionnel, Dépassements de frontières et résolution de conflits, Symposium à l'honneur de Klaus-Eckart Gebauer]*, Berlin, Duncker & Humblot, 2013, p. 47-51.

VON WEIZSÄCKER, R., *Vier Zeiten, Erinnerungen [Quatre époques, Souvenirs]*, 2e éd., Berlin, Siedler, 1997.

WIELAND, J., *Diskussion über Präsidentenanklage, Drohanrufe könnten Wulff den Job kosten [Discussion à propos d'une mise en accusation présidentielle, Les menaces par téléphone pourraient coûter la présidence à Christian Wulff]*, 2012, https://www.lto.de/recht/hintergruende/h/diskussion-ueber-praesidentenanklage-drohanrufe-koennten-wulff-den-job-kosten/ (dernièrement consulté le 22/05/2022).

WISSENSCHAFTLICHE DIENSTE [Services scientifiques du Bundestag], *Sachstand, Vertretungsregelungen für das Amt des Bundeskanzlers und des Bundespräsidenten [État de la situation, Règles d'intérim pour les fonctions de Président et chancelier fédéral]*, Numéro de dossier: WD 3 - 3000 - 016/14, Berlin, Deutscher Bundestag, 2014.

WISSENSCHAFTLICHE DIENSTE [Services scientifiques du Bundestag], *Sachstand, Verlängerung der Wahlperiode auf fünf Jahre [État, de la situation, Prolongement de la législature à cinq ans]*, Numéro de dossier: WD 3 - 3000 - 058/21, Berlin, Deutscher Bundestag, 2021.

ZEH, W., *Parlament und Regierung [Parlement et Gouvernement]*, in : MAGIERA, S., SOMMERMANN, K.-P. (dir.), *Gewaltenteilung im Verfassungsstaat, Grenzüberschreitungen und Konfliktlösungen, Symposium zu Ehren von Klaus-Eckart Gebauer [Séparation des pouvoirs dans l'État constitutionnel, Dépassements de frontières et résolution de conflits, Symposium à l'honneur de Klaus-Eckart Gebauer]*, Berlin, Duncker & Humblot, 2013, p. 39-46.

ZEIT ONLINE, *Bundespräsident, Staatsanwaltschaft will Wulffs Immunität aufheben lassen [Président fédéral : le Parquet veut faire lever l'immunité de Wulff]*, 2012, https://www.zeit.de/politik/deutschland/2012-02/wulff-immunitaet/komplettansicht (dernièrement consulté le 15/09/2020).

ZICHT, W., *Ergebnisse der Bundestagswahlen [Résultats des élections au Bundestag]*, 2017, http://www.wahlrecht.de/ergebnisse/bundestag.htm (dernièrement consulté le 13/09/2020).

ZIPPELIUS, R., Rechtsphilosophie, ein Studienbuch [Philosophie du droit, un livre d'étude], 6e éd., Munich, C.H. Beck, 2011.

ZIPPELIUS, R., *Allgemeine Staatslehre [Science étatique générale]*, 17e éd., Munich, C.H. Beck, 2017.

ZIPPELIUS, R., WÜRTENBERGER, Th., *Deutsches Staatsrecht [Droit étatique allemand]*, 33e éd., Munich, C.H. Beck, 2018.

III) <u>Sources de douzaines d'autres pays</u>

<u>Algérie</u> :

KARIM BEN SAÏD, *En Algérie, un ministre démissionne pour ne pas perdre sa nationalité française*, 2020, https://www.courrierinternational.com/revue-de-presse/couac-en-algerie-un-ministre-demissionne-pour-ne-pas-perdre-sa-nationalite-francaise (dernièrement consulté le 20/01/2022).

<u>Australie</u> :

NFSA [National Film & Sound Archive of Australia], *The death of Harold Holt*, 2008, https://dl.nfsa.gov.au/module/1607/ (dernièrement consulté le 22/07/2020).

<u>Autriche</u> :

ADAMOVICH, L., *Der österreichische Bundespräsident als Grenzwächter des Gesetzgebers [le Président fédéral autrichien en tant que gardien des limites du législateur]*, in : HERDEGEN, M., KLEIN, H. H., PAPIER, H.-J., SCHOLZ, R. (dir.), *Staatsrecht und Politik, Festschrift für Roman Herzog zum 75. Geburtstag [Droit étatique et politique, hommage à Roman Herzog pour son 75ème anniversaire]*, Munich, C.H. Beck, 2009, p. 1-6.

[AT] BUNDESKANZLERAMT, *Regierungen seit 1945, Zusammensetzung der Regierungen seit 1945 [Gouvernements depuis 1945, Composition des Gouvernements depuis 1945]*, https://www.bundeskanzleramt.gv.at/bundeskanzleramt/geschichte/regierungen-seit-1945.html (dernièrement consulté le 03/01/2021).

[AT] BUNDESKANZLERAMT, *Bundeskanzler Schallenberg: Gemeinsame Sacharbeit wieder in den Vordergrund stellen [Chancelier fédéral Schallenberg: Mettre à nouveau le travail de fond commun au premier plan]*, 2021, https://www.bundeskanzleramt.gv.at/bundeskanzleramt/nachrichten-der-bundesregierung/2021/10/bundeskanzler-schallenberg-gemeinsame-sacharbeit-wieder-in-den-vordergrund-stellen.html (dernièrement consulté le 04/03/2022).

[AT] BUNDESMINISTERIUM FÜR INNERES, *Bundespräsidentenwahlen [Élections présidentielles]*, https://www.bmi.gv.at/412/Bundespraesidentenwahlen/Historischer_Rueckblick.aspx (dernièrement consulté le 03/01/2021).

[AT] BUNDESMINISTERIUM FÜR INNERES, *Nationalratswahlen, Historischer Rückblick [Élections législatives, Rétrospective historique]*, https://www.bmi.gv.at/412/Nationalratswahlen/ (dernièrement consulté le 03/01/2021).

DAS GUPTA, O., SAROVIC, A., *Der halbe Rückzug des Wunderknaben [Le demi-retrait de l'enfant prodige]*, 2021, https://www.spiegel.de/ausland/oesterreich-sebastian-kurz-tritt-ab-der-halbe-rueckzug-des-wunderknaben-a-7af52932-dae2-44af-84ac-e2a6fb8342eb (dernièrement consulté le 04/03/2022).

INDUSTRIEMAGAZIN, *Wirtschaftliche Maßnahmen zu COVID-19, "Koste es, was es wolle": Regierung stockt Corona-Hilfspaket auf 38 Milliarden auf*, 2020, https://industriemagazin.at/a/koste-es-was-es-wolle-regierung-stockt-corona-hilfspaket-auf-38-milliarden-auf (dernièrement consulté le 16/03/2022).

REDAKTION, ÖRF.AT/AGENTUREN, *„Ibiza-Skandal", Kurz wird Kickl-Entlassung vorschlagen [« Scandale d'Ibiza », Le chancelier Kurz va proposer au Président fédéral la révocation du ministre de l'Intérieur Kickl]*, 2019, https://orf.at/stories/3123212/ (dernièrement consulté le 17/08/2021).

REDAKTION, ÖRF.AT/AGENTUREN, *Kabinett, Das ist das Regierungsteam*, 2020, https://orf.at/stories/3149514/ (dernièrement consulté le 16/03/2022).

REDAKTION, ÖRF.AT/AGENTUREN, *„Schattenkanzler zum Wort des Jahres gekürt" [« Chancelier dans l'ombre » choisie comme le mot de l'année]*, 2021, https://orf.at/stories/3238690/ (dernièrement consulté le 04/03/2022).

REPUBLIK ÖSTERREICH, PARLAMENT, *Plenarsitzung des Nationalrates, Stenographisches Protokoll, 78. Sitzung des Nationalrates der Republik Österreich, XXVI Gesetzgebungsperiode, Montag, 27. Mai 2019 [Séance plénière du Parlement autrichien, Protocole sténographique, 78ème séance du Parlement autrichien de la République d'Autriche, XXVIème législature, lundi 27 mai 2019]*, p. 68 ; ID., *Nationalrat entzieht der Regierung das Vertrauen [Correspondance parlementaire n° 589 du 27/05/2019, Le Nationalrat retire au Gouvernement sa confiance]*, Correspondance parlementaire n° 589 du 27 mai 2019.

SASE, ÖRF.AT/AGENTUREN, *Einhelliger Tenor, Medien sehen Kurz als „Schattenkanzler" [Ténor unanime, Les médias voient Kurz comme « chancelier dans l'ombre »]*, 2021, https://orf.at/stories/3231825/ (dernièrement consulté le 04/03/2022).

SCHUCHTER, N., *ÖVP stellt sich mit Nehammer als Kanzler neu auf, Karner übernimmt Innenministerium, Faßmann geht [L'ÖVP se restructure avec Nehammer comme chancelier, Karner prend en charge le ministère de l'Intérieur, Faßmann part]*, 2021, https://www.salzburg24.at/news/oesterreich/karl-nehammer-neuer-kanzler-und-oevp-parteichef-113454007 (dernièrement consulté le 04/03/2022).

Azerbaïdjan :

PROVOST, L., *Élection en Azerbaïdjan : les résultats publiés la veille du vote*, 2013, https://www.huffingtonpost.fr/2013/10/10/election-azerbaidjan-resultats-avant-vote_n_4075830.html (dernièrement consulté le 19/02/2022).

Belgique :

A.F., *Les affaires courantes, une vieille histoire en Belgique*, 2018, https://www.rtbf.be/info/belgique/detail_les-affaires-courantes-une-vieille-histoire-en-belgique?id=10101249 (dernièrement consulté le 27/05/2021).

COLLEYN, M., *L'idée d'un Gouvernement d'urgence ne passe toujours pas*, 2020, https://www.lecho.be/economie-politique/belgique/federal/l-idee-d-un-gouvernement-d-urgence-ne-passe-toujours-pas/10212690.html (dernièrement consulté le 27/05/2021).

DUBUISSON, M., *Vote de confiance au Gouvernement Wilmès en mode coronavirus*, 2020, https://www.lesoir.be/287820/article/2020-03-17/vote-de-confiance-au-gouvernement-wilmes-en-mode-coronavirus (dernièrement consulté le 27/05/2021).

FRANCE 24, *La Belgique bat le record du monde de la plus longue crise politique*, 2011, https://www.france24.com/fr/20110217-belgique-crise-politique-prive-gouvernement-record-monde-battu-irak-presse-flamands-francophones, dernièrement consulté le 27/05/2021).

LA DERNIÈRE HEURE, *« Di Rupo est le dernier Premier ministre belge »*, 2011, https://www.dhnet.be/actu/belgique/di-rupo-est-le-dernier-premier-ministre-belge-51b76e9ce4b0de6db97c4b37 (dernièrement consulté le 29/05/2021).

LE SOIR, *Sophie Wilmès et son gouvernement avec des pouvoirs spéciaux : « Le sens du devoir nous anime »*, 2020, https://www.lesoir.be/287357/article/2020-03-15/sophie-wilmes-et-son-gouvernement-avec-des-pouvoirs-speciaux-le-sens-du-devoir (dernièrement consulté le 27/05/2021).

MESSOUDI, H., *Le Parlement accorde sa confiance au Gouvernement Wilmès II*, 2020, https://www.rtbf.be/info/belgique/detail_le-parlement-accorde-sa-confiance-au-gouvernement-wilmes-ii?id=10462023, dernièrement consulté le 27/05/2021).

SÉRÉ, L., *Affaires courantes : la Belgique sans Gouvernement ?*, 2018, https://www.la-croix.com/Monde/Europe/Affaires-courantes-Belgique-sans-gouvernement-2018-12-19-1200990655 (dernièrement consulté le 27/05/2021).

VASSEUR, Q., *Pourquoi la Belgique est-elle sans Gouvernement depuis 250 jours ?*, 2020, https://france3-regions.francetvinfo.fr/hauts-de-france/pourquoi-belgique-est-elle-gouvernement-250-jours-1714211.html (dernièrement consulté le 27/05/2021).

MESSOUDI, H., GROUTARS, E., *Coronavirus : la Belgique en confinement à partir de ce mercredi midi, avec quelles mesures ?*, 2020, https://www.rtbf.be/info/belgique/detail_coronavirus-un-conseil-de-securite-a-16h?id=10460292 (dernièrement consulté le 27/05/2021).

RÉDACTION RTBF, *21 juillet: le Roi hausse le ton*, 2011, https://www.rtbf.be/info/belgique/detail_21-juillet-le-roi-hausse-le-ton?id=6481543 (dernièrement consulté le 30/07/2021).

TOURIEL, A., *Le Gouvernement Wilmès va être doté de pouvoirs spéciaux pendant 6 mois*, 2020, https://www.rtbf.be/info/belgique/detail_en-route-vers-un-gouvernement-wilmes-2-0-suivez-la-conference-de-presse-en-direct?id=10458538 (dernièrement consulté le 27/05/2021).

Danemark :

MINISTRY OF FOREIGN AFFAIRS OF DENMARK, *Kingdom of Denmark, Greenland : the world's largest island*, https://denmark.dk/people-and-culture/greenland (dernièrement consulté le 07/06/2022).

Espagne :

DÍEZ, A., *España se instala en el bloqueo político [L'Espagne s'installe dans le blocage politique]*, 2019, https://elpais.com/politica/2019/07/09/actualidad/1562697594_115840.html (dernièrement consulté le 04/01/2021).

États-Unis :

BLACK, A., *The First Ladies of the United States of America*, 12e éd., White House Historical Association, 2009, cité par THE WHITE HOUSE, *Edith Bolling Galt Wilson*, https://www.whitehouse.gov/about-the-white-house/first-ladies/edith-bolling-galt-wilson/ (dernièrement consulté le 22/07/2020).

BOMBOY, S., *Why is there a designated survivor for the State of the Union ?*, 2019, https://constitutioncenter.org/blog/why-is-there-a-designated-survivor-for-the-state-of-the-union (dernièrement consulté le 18/12/2020).

BROWNSTEIN, R., *Who wins the Senate ? Watch the presidential race*, 2020, https://us.cnn.com/2020/11/03/politics/senate-and-presidential-race-analysis/index.html, dernièrement consulté le 18/02/2022).

BUCKLEY, F. H., METZGER, G., *Common Interpretation, Twenty-Second Amendment*, https://constitutioncenter.org/interactive-constitution/amendments/amendment-xxii (dernièrement consulté le 05/09/2020).

CALAPRICE, A., *The new quotable Einstein*, Princeton, Princeton University Press, 2005.

COLE, J. P., GARVEY, T., *The impeachment and trial of a former President*, Congressional Research Service, LSB10565, 2021, https://crsreports.congress.gov/product/pdf/LSB/LSB10565/2 (dernièrement consulté le 11/06/2022).

DINAN S., *Trump pulls two judicial picks after Grassley warns they would have been defeated*, 2017, https://www.washingtontimes.com/news/2017/dec/13/brett-talley-jeff-mateer-pulled-trump-after-grassl/ (dernièrement consulté le 03/09/2020).

GUGGENHEIM, D., *Designated Survivor*, ABC, 2016-2019.

LEOPOLD, S., *US-Landwirtschaftsminister als "Notfallpräsident » [Le ministre états-unien de l'agriculture comme « Président d'urgence »]*, 2018, https://www.agrarheute.com/politik/us-landwirtschaftsminister-notfallpraesident-542268 dernièrement consulté le 19/12/2020).

UNITED STATES OF AMERICA, *Proceedings and debates of the 117th Congress, First session*, Congressional Record, vol. 167 n° 24, n° 25 ; ibid., vol. 167 n° 28, p. S733; *Roll call vote 117th*

Congress - 1st session, Question, Guilty or not guilty (article of impeachment against former President Donald John Trump), 2021, https://www.senate.gov/legislative/LIS/roll_call_votes/vote 1171/vote_117_1_00059.htm (dernièrement consulté le 11/06/ 2022).

WOLF, Z. B., *What to know about the Senate's nuclear option*, 2022, https://edition.cnn.com/2022/01/10/politics/nuclear-option-senate-filibuster/index.html (dernièrement consulté le 20/02/2022).

PANETTA, G., CHOI, D., *Interior Secretary David Bernhardt stayed behind during Trump's State of the Union speech – here's how past 'designated survivors' spent their evenings under high security*, 2020, https://www.businessinsider.com/past-designated-survivors-during-state-of-the-union-2018-1?IR=T (dernièrement consulté le 18/12/2020).

SIEGEL, B., *Meet Congress' State of the Union Designated Survivors, The "designated survivors you haven't heard of"*, 2016, https://abcnews.go.com/Politics/meet-congress-state-union-designa ted-survivors/story?id=36177467 (dernièrement consulté le 18/12/ 2020).

ROGOWSKI, J. C., *Presidential Influence in an Era of Congressional Dominance*, American Political Science Association May 2016 (vol. 110, no 2).

SINGH, S., *The Vice President's Boeing 757 – Inside Air Force Two*, 2020, https://simpleflying.com/air-force-two/ (dernièrement consulté le 18/02/2022).

<u>Finlande</u> :

PHILLIPS, L., *Spats over who gets to go to EU summit break out in Poland, Finland*, 2008, https://euobserver.com/political/ 26658 (dernièrement consulté le 21/10/2021).

<u>Israël</u> :

GOVERNMENT OF ISRAEL, *The Government*, 2020, https://www.gov.il/en/Departments/General/gov34 (dernièrement consulté le 26/05/2021).

KNESSET, *What is a „rotation"? When was there "rotation» in the Knesset and in the Government?*, https://www.knesset.gov.il/main/eng/trivia/trivia_details_eng.asp?t_id=23 (dernièrement consulté le 08/10/2021).

TAIT, R., *Benjamin Netanyahu's control of Israeli ministries challenged by senior judge*, 2015, https://www.telegraph.co.uk/news/worldnews/middleeast/israel/11726412/Benjamin-Netanyahus-control-of-Israeli-ministries-challenged-by-senior-judge.html (dernièrement consulté le 26/05/2021).

TAIT, R., *Netanyahu is slated as the PM who holds four ministries*, 2015, https://www.independent.ie/world-news/middle-east/netanyahu-is-slated-as-the-pm-who-holds-four-ministries-31363452.html (dernièrement consulté le 26/05/2021).

THE JERUSALEM POST, *Bennett announces plan to form gov't with Lapid that will oust Netanyahu*, https://www.jpost.com/breaking-news/yesh-atid-new-hope-teams-to-meet-669589 (dernièrement consulté le 09/10/2021).

<u>Italie</u> :

ANSA, *Fiducia al Senato e alla Camera – Parte il governo Gonte [Confiance à la fois du Sénat et aussi de la Chambre des députés –le gouvernement Conte démarre]*, 2018, http://www.ansa.it/sito/notizie/politica/2018/06/06/governo-fiducia-camera-conte_2c51cf80-d0c3-46d0-9fc0-e4ea60ef732d.html (13/09/2020).

BULL, M., *Now it's Draghi's turn: once again Italy resorts to a technician to solve its problems*, 2021, https://theloop.ecpr.eu/now-its-draghis-turn-italy-resorts-once-again-to-a-technician-to-solve-its-problems/ (dernièrement consulté le 26/05/2021).

CUSTODERO, A., *Scontro istituzionale sul nuovo governo. Conte rinuncia, Mattarella convoca Cottarelli. "No a un ministro dell'Economia antieuro". E Di Maio e Meloni invocano impeachment [Querelle institutionnelle au sujet du nouveau gouvernement : le Premier ministre désigné Conte renonce, le Président de la République Mattarella convoque Corarelli. « Non à un ministre de l'Économie anti-euro ». Tant Di Maio, chef du parti M5S que Meloni, chef de la FdI, exigent la destitution du Président de la République]*, 2018, http://www.repubblica.it/politica/2018/05/27/news/il_premier_incaricato_rimette_il_mandato-197504092/ (dernièrement consulté le 13/09/2020).

IL DENARO, *Di Maio-Salvini: „Governo politico con Conte premier", Tria per l'Economia [Le chef du parti M5, Di Maio et celui de la Ligue du Nord, Salvini : « Un gouvernement politique avec Conte comme Premier ministre et le professeur Tria au ministère de l'Économie »]*, 2018, https://www.ildenaro.it/di-maio-salvini-governo-politico-con-conte-premier-tria-per-leconomia/ (dernièrement consulté le 13/09/2020).

PRESIDENZA DELLA REPUBBLICA, *Cerimonia di giuramento del Governo Conte [Cérémonie de prestation de serment du Gouvernement Conte]*, 2018, https://www.quirinale.it/elementi/3288 (dernièrement consulté le 13/09/2020).

Japon :

RICH, M., *Why the governing party election is the main event in Japan, The country has free elections, opposition parties and, lately, public discontent. So why are the Liberal Democrats nearly assured to remain in power ?*, 2021, https://www.nytimes.com/2021/09/28/world/asia/japan-liberal-democratic-party-election.html (dernièrement consulté le 08/04/2022).

Macédoine du Nord :

EUROPEAN WESTERN BALKANS, *Government of North Macedonia officially postpones elections*, 2020, https://europeanwesternbalkans.com/2020/03/23/government-of-north-macedonia-officially-postpones-the-elections/ (dernièrement consulté le 27/01/2022).

LE FIGARO, REUTERS, *Macédoine du Nord : le Parlement vote sa dissolution et fixe des élections*, 2020, https://www.lefigaro.fr/international/macedoine-du-nord-le-parlement-vote-sa-dissolution-et-fixe-des-elections-20200216 (dernièrement consulté le 27/01/2022).

GOVERNMENT OF THE REPUBLIC OF NORTH MACEDONIA, *Oliver Spasovski*, https://vlada.mk/node/26298?ln=en-gb (dernièrement consulté le 27/01/2022).

Nouvelle-Zélande :

NZ HERALD, *The Queen's new helicopter rule for Prince William and Kate Middleton*, 2021, https://www.nzherald.co.nz/lifestyle/the-queens-new-helicopter-rule-for-prince-william-and-kate-middleton/G6EH6KGHTDDL7YYERC27MYFI7I/ (dernièrement consulté le 18/02/2022).

Pays-Bas :

ANP, *Kabinet zwijgt over nationaliteit Beatrix, Het kabinet wil niets zeggen over de moglijke dubbele nationaliteit van koningin Beatrix [Le cabinet gouvernemental garde le silence à propos de la nationalité de Beatrix, Le cabinet gouvernemental ne veut rien dire à propos de la possible double nationalité de la reine Beatrix]*, 2009, https://www.nu.nl/algemeen/1927960/kabinet-zwijgt-over-nationaliteit-beatrix.html (dernièrement consulté le 19/04/2022).

VAN ERVEN, W., *Een Argentijnse koningin [Une reine argentine]*, 2013, https://eenvandaag.avrotros.nl/item/een-argentijnse-koningin/ (dernièrement consulté le 19/04/2022).

NOS, *Vicepremier Kajsa Ollongren (D66), een vertrouweling van Rutte [Vice-première minister Kajsa Ollongren (parti D66), une confidente du Premier minister Rutte]*, 2017, https://nos.nl/artikel/2199005-vicepremier-kajsa-ollongren-d66-een-vertrouweling-van-rutte.html (dernièrement consulté le 26/05/2021).

NOS, *Wie is de Nederlandse 'designated survivor' ? [Qui est le « survivant désigné » néerlandais ?]*, 2017, https://nos.nl/op3/artikel/2153841-wie-is-de-nederlandse-designated-survivor.html (dernièrement consulté le 17/12/2020).

TROUW, *Koningin Beatrix is ook Britse, Koningin Beatrix blijkt Brits staatsburger te zijn. De jurist prof. H. U. Jesserun d'Oliveira van de Universiteit van Amsterdam onthulde haar dubbele nationaliteit gisteren bij de VPRO-radio [La reine Beatrix est aussi britannique, La reine Beatrix s'avère être citoyenne britannique. Le professeur de droit H. U. Jesserun d'Oliveira de l'université d'Amsterdam dévoila sa double nationalité hier à la radio publique VPRO]*, 1997, https://www.trouw.nl/nieuws/koningin-beatrix-is-ook-britse~b1ddad5d/ (dernièrement consulté le 19/04/2022).

Pologne :

OMTZIGT, P., *Le crash de l'avion polonais TU-154 transportant la délégation polonaise, le 10 avril 2010 sur le territoire de la Fédération de Russie, Rapport*, 2018, in : CONSEIL DE L'EUROPE, *Commission des questions juridiques et des droits de l'homme*, http://www.assembly.coe.int/LifeRay/JUR/Pdf/TextesProvisoires/2018/20180625-PolishCrash-FR.pdf (dernièrement consulté le 17/12/2020).

Portugal :

CARDOSA DA COSTA, M. M., *La Cour constitutionnelle portugaise face à une Constitution en changement*, in : BON, P., DELPÉRÉE, F., GHEVONTIAN, R., MAUS, D., MÉLIN-SOUCRAMANIEN, F., ROUX, A. (dir.), Renouveau du droit constitutionnel, Mélanges en l'honneur *de Louis Favoreu*, Paris, Dalloz, 2007, p. 71-81.

COMMISSÃO NACIONAL DE ELEIÇÕES, *Eleição para o Presidente da República 1986 [Élection présidentielle de 1986]*, www.cne.pt/sites/default/files/dl/resultados_pr_1986_primeiravolta.pdf (dernièrement consulté le 04/01/2021).

COMMISSÃO NACIONAL DE ELEIÇÕES, *Eleição para o Presidente da República 2016 [Élection présidentielle de 2016]*, www.cne.pt/sites/default/files/dl/pr_2016_mapa_oficial_resultados_3_2016.pdf (dernièrement consulté le 04/01/2021).

COMMISSÃO NACIONAL DE ELEIÇÕES, *Eleição para o Presidente da República 2021 [Élection présidentielle de 2021]*, www.cne.pt/sites/default/files/dl/2021_pr_mapa_oficial_resultados.pdf (dernièrement consulté le 25/02/2021).

ASSEMBLEIA DA REPÚBLICA, *Résultats électoraux*, https://www.parlamento.pt/sites/FR/Parlement/Paginas/Resultats-electoraux.aspx (dernièrement consulté le 02/01/2021).

ASSEMBLEIA DA REPÚBLICA, *Résultats électoraux précédents*, https://www.parlamento.pt/sites/FR/Parlement/Paginas/RssultatsElectorauxPrecdentes.aspx (dernièrement consulté le 02/01/2021).

CVCE, *Group photo of the Hague European Council (The Hague, 26 and 27 june 1986)*, https://www.cvce.eu/en/obj/group_photo_of_the_hague_european_council_the_hague_26_and_27_june_1986-en-d5b14ca7-a5f1-40e3-9923-51e0c0106748.html (dernièrement consulté le 19/01/2022).

NOVAIS, J. R., in : BARRUCHO, L., *'Semipresidencialismo não é solução para o Brasil', diz constitutioncalista português ['Le semi-présidentialisme n'est pas une solution pour le Brésil', dit un constitutionnaliste portugais]*, 2016, https://www.bbc.com/portuguese/noticias/2016/03/160328_semipresidencialismo_entrevista_lgb (dernièrement consulté le 02/01/2021).

PRESIDENCY OF THE PORTUGUESE REPUBLIC, *Aníbal Cavaco Silva*, https://www.presidencia.pt/?idc=13&idi=103405&idl=2 (dernièrement consulté le 02/01/2020).

PRESIDENCY OF THE PORTUGUESE REPUBLIC, *Jorge Sampaio*, https://www.presidencia.pt/?idc=13&idi=3335&idl=2 (dernièrement consulté le 02/01/2021).

PRESIDENCY OF THE PORTUGUESE REPUBLIC, *Mário Soares*, https://www.presidencia.pt/?idc=13&idi=3351&idl=2 (dernièrement consulté le 02/01/2021).

PRESIDENCY OF THE PORTUGUESE REPUBLIC, *Ramalho Eanes*, https://www.presidencia.pt/?idc=13&idi=3350&idl=2 (dernièrement consulté le 02/01/2021).

REPÚBLICA PORTUGUESA, XXII GOVERNO, *Consulta de Governos Anteriores [Consultation des gouvernements antérieurs]*, https://www.portugal.gov.pt/pt/gc22/governo/governos-anteriores (dernièrement consulté le 02/01/2021).

Roumanie :

GUVERNUL ROMÂNIEI, *Nouvelles fraîches, Jeudi 28 juin 2012, Le Premier minister Victor Ponta: Si le Président ne vient pas aujourd'hui, en vertu du mandat confié par le Parlement, je représenterai la Roumanie au Conseil européen*, 2012, https://gov.ro/fr/nouvelles/le-premier-ministre-victor-ponta-si-le-president-ne-vient-pas-aujourd-hui-en-vertu-du-mandat-confie-par-le-parlement-je-representerai-la-roumanie-au-conseil-europeen (dernièrement consulté le 05/02/2022).

Royaume-Uni :

AUDICKAS, L., CRACKNELL, R., LOFT, Ph., *UK election statistics: 1918-2019*, House of Commons library, 2020.

BBC, *Who is Mark Carney, new governor of the Bank of England?*, 2013, https://www.bbc.co.uk/newsround/23128254 (dernièrement consulté le 26/05/2021).

BOFFEY, D., *Brexit: Johnson sends unsigned letter asking for delay, and second arguing against it, PM sends to Donald Tusk a photocopy of the request required by Benn Act, with a conflicting view in a second letter*, 2019, https://www.theguardian.com/politics/2019/oct/19/eu-will-grant-brexit-extension-if-johnson-sends-letter-says-brussels (dernièrement consulté le 27/03/2022).

CHURCHILL, W.L.S., *Speech delivered at the university of Zurich, 19 september 1946*, 1946, https://rm.coe.int/CoERMPublicCommonSearchServices/DisplayDCTMContent?documentId=09000016806981f3 (dernièrement consulté le 12/06/2022).

CURTICE, J., *What do the people think*, in : BALE, T., CYGAN, A., RUSSEL, M. (dir.), *Parliament and Brexit*, 2020, https://ukandeu.ac.uk/wp-content/uploads/2020/03/Parliament-and-Brexit-report.pdf, p. 8-10.

INSTITUTE FOR GOVERNMENT, *Confidence motions and Parliament*, https://www.instituteforgovernment.org.uk/explainers/confidence-motions-parliament (dernièrement consulté le 22/09/2022).

KIRBY, J., *British Prime minister Theresay May wins confidence vote despite Brexit defeat, Labour's gambit to force general elections failed. But the UK still has to figure out Brexit.*, 2019, https://www.vox.com/world/2019/1/16/18185172/theresa-may-confidence-vote-wins-parliament (dernièrement consulté le 04/04/2022).

LANGDON, J., *The difficulty of ruling with a slim majority*, 2015, https://www.bbc.com/news/uk-politics-32844483, dernièrement consulté le 17/08/2021).

LARRES, K. W., *When a winner becomes a loser: Winston Churchill was kicked out of office in the British election of 1945*, 2020, https://theconversation.com/when-a-winner-becomes-a-loser-winston-churchill-was-kicked-out-of-office-in-the-british-election-of-1945-129746 (dernièrement consulté le 16/03/2022).

LYNN, J., JAY, A., *The complete Yes Minister, The Diaries of a Cabinet Minister by the Right Hon. James Hacker MP*, London, BBC Books, 1989.

MCCARTHY, N., *Theresa May's snap election gamble has backfired spectacularly*, 2017, https://www.forbes.com/sites/niallmccarthy/2017/06/09/theresa-mays-snap-election-gamble-has-backfired-spectacularly-infographic/ (dernièrement consulté le 04/04/2022).

PILLING, S., CRACKNELL, R., *UK election statistics: 1918-2021: A century of elections*, House of Commons library, 2021.

BBC, *Coronavirus: Boris Johnson moved to intensive care as symptoms worsen*, 2020, https://www.bbc.com/news/uk-52192604 (dernièrement consulté le 22/07/2020).

UK GOVERNMENT, *History, Past Prime Ministers, David Lloyd George,* https://www.gov.uk/government/history/past-prime-ministers/david-lloyd-george (dernièrement consulté le 13/09/2020).

RALLINGS, C., THRASHER, M., *British electoral facts, 1832-2006*, 7e éd., Ashgate Publishing Limited, 2007.

SHAKESPEARE, W., *The Tragedy of Hamlet, Prince of Denmark*, édité par MOWAT, B. A, WERSTINE, P., Folger Shakespeare Library, 2012.

STEWART, H., *May suffers heaviest defeat parliamentary defeat of a British PM in the democratic era*, 2019, https://www.theguardian.com/politics/2019/jan/15/theresa-may-loses-brexit-deal-vote-by-majority-of-230 (dernièrement consulté le 04/04/2022).

TOLHURST, A., 2019, https://twitter.com/Alain_Tolhurst/status/1154311240006742016 (dernièrement consulté le 16/08/2021).

Russie :

FRANCE 24, *Russie : Poutine signe la loi l'autorisant à briguer deux nouveaux mandats*, 2021, https://www.france24.com/fr/asie-pacifique/20210405-russie-poutine-signe-la-loi-l-autorisant-%C3%A0-briguer-deux-nouveaux-mandats (dernièrement consulté le 18/02/2022).

Sénégal :

DIOUF, Y., *Les Sages du Conseil constitutionnel*, 2021, https://lequotidien.sn/les-sages-du-conseil-constitutionnel/, dernièrement consulté le 23/01/2022).

FALL, I. M., *De l'impossibilité structurelle de la « cohabitation » au Sénégal*, 2022, https://www.seneplus.com/opinions/de-limpossibilite-structurelle-de-la-cohabitation-au-senegal (dernièrement consulté le 15/11/2022).

NDAO, M. T., *Une cohabitation politique au Sénégal: entre fantasme et chimère*, 2017, https://www.dakaractu.com/Une-cohabitation-politique-au-Senegal-entre-fantasme-et-chimere_a131614.html (dernièrement consulté le 15/11/2022).

RÉDACTION AFRICANEWS, AFP, *Sénégal : l'opposition veut « imposer une cohabitation » à Macky Sall*, 2022, https://fr.africanews.com/2022/06/03/senegal-l-opposition-veut-imposer-une-cohabitation-a-macky-sall// (dernièrement consulté le 15/11/2022).

Somalie :

ASSOCIATED PRESS, *Somalia's President gives up US citizenship, but unclear why*, 2019, https://www.voanews.com/a/africa_somalias-president-gives-us-citizenship-unclear-why/6173028.html (dernièrement consulté le 17/06/2022).

Sri Lanka :

FREEDOM HOUSE, *Freedom in the world 2021, Sri Lanka*, 2021, https://freedomhouse.org/country/sri-lanka/freedom-world/2021 (dernièrement consulté le 27/01/2022).

Suisse :

SIEGENTHALER, P., *Que fait le chancelier de la Confédération ?*, 2019, https://www.swissinfo.ch/fre/politique/fonction-politique-_que-fait-le-chancelier-de-la-conf%C3%A9d%C3%A9ration-/45456460 (dernièrement consulté le 22/05/2022).

SRF, *Regierungskrise, Österreichs Bundeskanzler Kurz tritt nun doch zurück [Crise gouvernementale, Le chancelier fédéral autrichien Kurz démissionne maintenant quand même]*, 2021, https://www.srf.ch/news/international/regierungskrise-oesterreichs-bundeskanzler-kurz-tritt-nun-doch-zurueck (dernièrement consulté le 15/04/2022).

Suriname :

DE OVERHEID VAN DE REPUBLIEK SURINAME, *Ambassades en consulaten [Ambassades et consulats]*, https://www.gov.sr/themas/diaspora/ambassades-en-consulaten/ (dernièrement consulté le 07/06/2022).

STARNIEUWS, *Frankrijk belangrijk in strategisch beleid [La France est importante dans la direction stratégique]*, 2010, https://www.starnieuws.com/index.php/welcome/index/nieuwsitem/2528 (dernièrement consulté le 07/06/2022).

Afrique :

PAMBAZUKA NEWS, *Présidents africains à double nationalité*, 2013, https://www.pambazuka.org/fr/governance/présidents-africains-à-double-nationalité (dernièrement consulté le 17/06/2022).

Table des matières

Introduction 7

Première partie – Présidence étatique et direction gouvernementale **35**

Titre 1. Caractère décisif du déroulement et résultat électoral **36**

Chapitre 1. Le caractère disputé de l'élection présidentielle 38

Section 1. Élection avec un combat électoral notable 39

Section 2. Élection sans combat électoral notable 44

Chapitre 2. Limites strictes à respecter lors de la nomination du Gouvernement entier, dont la composition se base sur celle de l'Assemblée nationale ou du Bundestag 56

Section 1. Règles toujours applicables lors de la formation d'un Gouvernement 57

§ 1. Désignation du Premier ministre ou du chancelier 57

§ 2. Nomination des autres membres du Gouvernement 66

§ 3. Cohabitation 92

Section 2. Règles particulières en cas d'absence de majorité parlementaire claire prête à soutenir un Gouvernement 110

§ 1. Négociations en vue de la formation d'un nouveau Gouvernement 110

§ 2. Le Président est l'arbitre et met in fine un terme au processus 115

§ 3. Gouvernement expédiant les affaires courantes existe pendant les négociations 119

Titre 2. Nature de la relation réciproque selon le choix du type de présidence 120

Chapitre 1. Présidence arbitrale 121

Chapitre 2. Présidence politiquement engagée 136

Section 1. Concordance des majorités présidentielle et parlementaire 137

Section 2. Cohabitation 149

§ 1. Régime général 150

§ 2. Représentation du pays aux sommets européens et internationaux 160

§ 3. Cohabitation partielle (coalition) 163

Seconde partie – Direction du pays en fonction du type de présidence et de gouvernance **.................................. 165**

Titre 1. Relations envers le Parlement et le reste du Gouvernement 167

Chapitre 1. Relations du Président arbitral ou politiquement engagé... 168

Section 1. Avec le Parlement.............................. 168

Section 2. Avec le Gouvernement outre son chef.. 177

Chapitre 2. Relations du Premier ministre ou du chancelier.. 181

Section 1. Avec le Parlement.............................. 181

§ 1. Régime général.. 182

§ 2. Contrôle parlementaire............................. 191

Section 2. Avec les autres membres du Gouvernement... 198

Titre 2. Rôle et actes administratifs présidentiels en cas de circonstances exceptionnelles....................... 205

Chapitre 1. Rôle du Président en général accru...... 206

Section 1. Intérim et gestion des affaires courantes 208

§ 1. Intérim 208

§ 2. La gestion des affaires courantes 224

Section 2. Circonstances exceptionnelles 231

§ 1. Régime général 232

§ 2. Fédéralisme et outre-mer potentiellement plutôt un frein qu'une richesse 240

§ 3. Toucher au cœur battant de la démocratie : décaler des élections – voire les élections suprêmes 242

Section 3. Circonstances exceptionnelles durant l'expédition des affaires courantes 247

Chapitre 2. Actes administratifs présidentiels en temps normal et exceptionnel 249

Section 1. Règlements en général 250

Section 2. Règlement intérieur en tant que chef de service du palais de l'Élysée 258

Section 3. Droit de grâce 263

Conclusion **.. 267**

Bibliographie **.. 287**

I) Sources françaises 287

II) Sources allemandes 308

III) Sources de douzaines d'autres pays 332

Table des matières **... 347**

Structures éditoriales du groupe L'Harmattan

L'Harmattan Italie
Via degli Artisti, 15
10124 Torino
harmattan.italia@gmail.com

L'Harmattan Hongrie
Kossuth l. u. 14-16.
1053 Budapest
harmattan@harmattan.hu

L'Harmattan Sénégal
10 VDN en face Mermoz
BP 45034 Dakar-Fann
senharmattan@gmail.com

L'Harmattan Cameroun
TSINGA/FECAFOOT
BP 11486 Yaoundé
inkoukam@gmail.com

L'Harmattan Burkina Faso
Achille Somé – tengnule@hotmail.fr

L'Harmattan Guinée
Almamya, rue KA 028 OKB Agency
BP 3470 Conakry
harmattanguinee@yahoo.fr

L'Harmattan RDC
185, avenue Nyangwe
Commune de Lingwala – Kinshasa
matangilamusadila@yahoo.fr

L'Harmattan Congo
219, avenue Nelson Mandela
BP 2874 Brazzaville
harmattan.congo@yahoo.fr

L'Harmattan Mali
ACI 2000 - Immeuble Mgr Jean Marie Cisse
Bureau 10
BP 145 Bamako-Mali
mali@harmattan.fr

L'Harmattan Togo
Djidjole – Lomé
Maison Amela
face EPP BATOME
ddamela@aol.com

L'Harmattan Côte d'Ivoire
Résidence Karl – Cité des Arts
Abidjan-Cocody
03 BP 1588 Abidjan
espace_harmattan.ci@hotmail.fr

Nos librairies en France

Librairie internationale
16, rue des Écoles
75005 Paris
librairie.internationale@harmattan.fr
01 40 46 79 11
www.librairieharmattan.com

Librairie des savoirs
21, rue des Écoles
75005 Paris
librairie.sh@harmattan.fr
01 46 34 13 71
www.librairieharmattansh.com

Librairie Le Lucernaire
53, rue Notre-Dame-des-Champs
75006 Paris
librairie@lucernaire.fr
01 42 22 67 13

www.ingramcontent.com/pod-product-compliance
Lightning Source LLC
LaVergne TN
LVHW011158061026
849535LV00003B/784